U0755957

"博学而笃志，切问而近思。"

(《论语》)

博晓古今，可立一家之说；
学贯中西，或成经国之才。

复旦博学 · 复旦博学 · 复旦博学 · 复旦博学 · 复旦博学 · 复旦博学

内 容 提 要

　　本书是一本优秀的生产运作管理教材。本书密切结合我国实际，系统地阐述了生产运作管理的基本概念、基本理论和方法，将生产运作管理丰富的内容从系统设计、运行、维护和改进的视角组织起来，体系合理、结构完整。本次修改基本上遵循原版本的总体结构，但部分章节内容有很大调整。原书的第四章和第五章关于生产系统布局和布置的内容合并为一章；原书的第九章和第十章关于两种生产类型的作业计划合并为一章；原书的第十八章和第十九章关于供应链管理的内容合并为一章。合并后的主要概念更突出，内容更简洁。

　　本书每一章前都有具有启发性的引导案例，章后有可供研究的讨论案例，还提供丰富的练习题，并在书后附有答案。本书编写逻辑性强，语言深入浅出，通俗易懂。本书可作为高等院校管理、经济类师生使用，同时，也可做作为MBA学员教材。

第 一 版 序 言

"生产管理"是一门传统的经典课程,发展至今已有近百年历史,是一门成熟的学科。但由于经济活动一直是社会活动中最基本、最活跃的部分,特别是由于科学技术的加速度发展,以及企业竞争加剧,使得企业的生产方式与制造方法的变革加快了,与之相应的生产管理的思想与方法也在不断发展。因此,生产管理的教材也需要不断更新,把新的管理思想与方法充实到新的教材中去。我们力求在编写本教材中能体现这个思想。本书的特点表现在以下几点。

(1) 把生产管理放在企业系统的环境中进行讨论,突出了企业的整体性。教材主要强调了两个方面:一是生产管理与企业其他管理职能的关系是密切相关的;二是生产管理自身的组织、计划、控制三职能是相对独立、密不可分的。强调企业各职能管理的整体协调是当前管理理论与实践的热点,是基于泰罗科学管理的功能管理(function management)体系的变革。本教材在第一章、第二章和第十二章以后各章都有系统整体性方面的内容介绍。特别是第十七、第十八章,把 MRPII 和精益生产方式作为成功的系统管理模式进行介绍。在第十九章专门讨论生产系统的改进问题。

(2) 把提高企业竞争力作为生产管理的第一目标加以讨论,把传统的提高效率和效益目标放到第二位,这也符合当前社会的经济特征。目前,越来越多的企业把增强竞争力放在经营活动的首位,而企业的生产系统正是企业竞争力的基础。本教材除了在第二章生产战略部分作总体上的叙述外,在以后各章中对这个思想都有所体现。特别在第三章、第四章、第十七章及以后各章均有较多的讨论。

(3) 突出管理思想,强调实用性。由于企业类型五花八门,生产方式各种各样,现有教材都源于机械制造类企业的生产管理,书上介绍的方法有行业方面的局限性。如果教材在介绍方法时不注意方法所蕴含的思想,读者难以掌握本质的东西。我们认为不同企业的具体的生产方式可以是不同的,但是生产管理的基本原理和思想是共同的。所以本教材注重对管理思想的阐述,对许多定量的优化方法尽可能作适用性分析。实用性还表现在加强了生产控制活动的内容。在实际的生产活动中,控制活动所占比重最大,但几乎在所有已出版的教材中,关于生产控制的内容非常少,这样就降低了教材的实用价值。本教材用了五章的篇幅讲生产控制,弥补了以往教材的不足。另外,实用性也体现在结合我国的实情讲解生产管理,不照搬国外的资料。

(4) 本教材在把制造业生产管理引入服务经济领域方面作了一些尝试。在这方面,发达国家已作了少说也有二十几年的努力。我国近几年出版的教材中也有提到这个问题的,但仅仅提到而已,没有作进一步的尝试。本教材在强调生产管理原理相通性的基础上,在有些章节就服务企业的一般特点作说明,希望能够达到启发读者思路的效果,以扩展本教材的适用面。服务业已成为我国一个十分重要的经济大类,对服务业管理的研究已到了刻不容缓的地步,本教材仅作小的尝试,希望能起到抛砖引玉的效果。

全书共有十九章,其中第十一、第十四、第十五章由龚益鸣编写,其余各章均由龚国华编写。

在编写中,管理学院研究生郑大兵、易卫平作了部分章节的资料搜集、整理和输入工作。在编写过程中参考了大量的国内外书刊和文献资料。在此深表感谢。

由于编者的个人经验有限,成稿时间仓促,书中难免有不妥甚至错误之处,敬请读者批评和指正。

编　者
1998 年 1 月

第 二 版 序 言

本书自 1998 年出版以来已 4 年有余,这 4 年无论是世界经济还是我国经济都发生了很大变化。我国经济的迅速崛起,已成为世界第四生产大国,以物质产出量计算已列为世界第二大生产国(美国第一),有 100 多种产品的年产量位居世界第一,涉及家电、通讯、纺织、医药、机械、钢铁等重要行业。由于我国所具有的成本优势,以及巨大的市场,大量境外资本进入我国,使世界经济的格局正逐渐发生变化,我国已成为制造大国,但不是制造强国,这正为运营管理提供了一个广阔的舞台。

这 4 年又是 IT 技术高速发展的 4 年,由此引发了管理理论和管理技术的大发展,大规模定制、供应链管理、双赢、共赢、合作竞争、竞合等新思想、新概念层出不穷,新理论、新方法促使全球经济一体化的进程加快了。在新形势下,生产与运营管理的理论与方法也有新的发展,为了反映本学科的最新动态,我们利用再版的机会,对全书内容作适当的调整。增加了大规模定制和供应链管理两大内容。考虑到许多学校开设质量管理课程,在本版中删除了原版第十四章质量控制部分,同时还删去了第十九章生产系统改进与工作研究。

本版的第十八章和第十九章由博士研究生王国才编写,龚国华教授对每一章作了不同程度的修改与补充。

编　者

2002 年 8 月

第 三 版 序 言

　　根据第二版以来的我国经济与企业管理实践的发展,以及多年来对教育实践的认识,我们认为有必要对本书内容作调整和修改。本版基本上遵循原版本的总体结构,但部分章节内容有较大调整。原书的第四章和第五章关于生产系统布局和布置的内容合并为一章;原书的第九章和第十章关于两种生产类型的作业计划合并为一章;原书的第十八章和第十九章关于供应链管理的内容合并为一章。合并后的主要概念更突出,内容更简洁。此外增加两章新的内容,分别为第六章随机服务系统(即排队系统)和第十八章运营管理中的绿色理念和方法。排队系统内容是专为服务业企业运营管理需要安排的,清洁生产是当前可持续发展所要求的,作为基本知识介绍列为一章。

　　其他有多处补充,如库存控制中补充准时化原理与方法,精益生产中补充了实施方法介绍。有关章节的案例也作了更新和补充。在此不一一列举。

　　第三版由李旭副教授参与编写第八章、第十章、第十五章、第十八章,其余部分为龚国华教授编写。

编　者

2009 年 12 月

目　　录

第一章 导 论

企业的本质是什么？不同的经济发展阶段有不同的理解。最初的观点认为办企业就是为了营利，以后又认为是为了满足顾客的需求，即所谓的"顾客上帝论"，而近年来又进一步提升境界，认为企业的本质是为顾客创造需求。海尔的首席执行官张瑞敏认为："企业做到极致，便是创造需求，无有他奇，只是本然。"企业达到如此境界，何愁产品无销路？但是，无论企业处于何种阶段，从100多年前的单个企业经营，到现代的供应链竞争，企业首先需要生存，而生存能力取决其自身的竞争力。本教程就是围绕着企业竞争力的载体——产品，帮助学生理解生产与运营管理（production and operations management）对于形成产品竞争能力所具有的重要作用。教程奉献给学生的有关基本概念和方法，是为企业建立一个具有优异竞争能力的运营系统所必需的。除了上述的重要性以外，学习本课程的理由还有以下几点。

（1）如果一个学工商管理的学生不了解运营管理方面的现代方法，其知识结构是不完整的。任何企业不是制造产品，就是提供服务，因此学生应该了解并掌握关于制造产品或服务的管理方法。

（2）运营管理为管理者提供一个注重企业运作过程的系统方法，它着眼于解决实际问题，具有广泛的应用性。无论你是在考虑如何参与国际竞争，还是在思考如何解决诸如银行柜台前面的排队问题，运营管理都有助于增强你的分析能力。

（3）运营管理为社会提供饶有兴趣的职业机会，它可以是运营管理经理，也可以是具体业务部门的主管，如物料管理经理、质量管理经理以及咨询公司的咨询师。

（4）运营管理的概念和工具可以广泛用于其他商务管理。每个经理都需要做计划，关注质量控制，追求有效的生产率。其他的职能人员，如会计、营销、设计、信息分析师都需要了解生产管理对他们自身工作的影响。

第一节　运营管理学科简介

运营管理是企业或非营利性机构的基本管理职能，其主要职能是把机构的资源组织起来形成一个流程，以完成该机构的任务，实现相关的目标。所有的作业要求达到快速、有效、准确无误的水准。

一、运营管理定义

运营管理可以定义为关于企业运营系统的设计、运行与改进。它与市场营销、财务会计一样，是企业的一项职能管理。这个概念非常重要，它有别于运筹学、管理科学、工业工程。它的研究对象是企业生产转换过程，而运筹学或管理科学研究用于各种领域的定量决策方法，工业工程则是一门工程学科。

社会经济活动是一个不断发展的过程，由最初的农牧渔业生产发展到加工业生产，以后是服务业的经济活动比例逐步上升，至今服务业已成为一门十分重要的行业，无论是就业人数，还是生产总值在社会经济活动总量中都占有很大的比重。服务业与制造业相比，在产品形态上存在极大的差别。制造业产品是物质的、有形可见的、可保存的、可用于以后消费的。而服务业的产品往往是不可见的、不可保存的。其生产过程与消费过程合二为一。如航空公司提供的客运服务，特定的航线就是一种产品，产品的生产过程也就是消费过程。但是，它们也有许多共同之处，不论是工厂、银行还是超级市场，它们都需面对市场，为用户提供有竞争力的产品；它们都需要把设备和人员组织起来，使之形成生产能力；都要对设备和作业进行计划与控制，使之成为有效的系统。因此有人认为制造业中成熟的生产管理理论和方法可以移植到服务业。不过也有人认为这两大行业的生产过程差异太大,制造业的管理方法难以简单地用于服务业。

近来的发展趋势表明,制造业与服务业的界限正变得越发模糊,海尔已提出向服务业转型,这绝不是说海尔不制造产品了,恰恰相反,它要造好产品,更好地服务于顾客。它是把制造业的客户服务提升到基于整个产品生命周期的服务。这包含着市场调研、产品设计的"思维服务",产品制造过程的"品质服务"和低成本的"真诚回报服务",顾客消费过程的"优质售后服务"。在这转变过程中也产生出许多新的管理方法,丰富了运营管理学科的内容。

英特尔的前总经理 A. 格罗弗用早餐工厂的例子来说明运营管理,再好不过地说明了企业中生产制造与服务是同时并存的。有家早餐工厂生产的产品是早餐,需要配备工人,购买设备,设计生产流程,工艺流程和质量标准。假定顾客要的早餐是相同的,有一个鸡蛋、一块面包和一杯咖啡。它们的作业内容包括:煮鸡蛋、烤面包和涂奶油、冲泡咖啡。要求三样东西一次送到餐桌,并做到及时、新鲜、保持一定温度。需要设计运营系统,如图 1-1 所示。

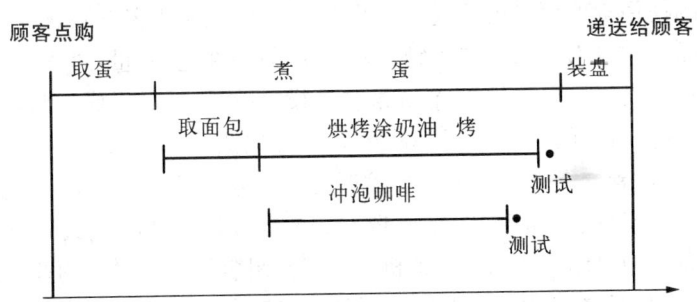

图 1-1 早餐工厂运营系统

提供早餐的企业是餐饮业,属于服务业,但它制造的早点又具有加工业的特点。我们可以认为制造业中的生产管理的基本原理和许多方法是适合于服务业的,如资源的有效利用原理、质量保证体系、工艺流程设计、成本控制、地点选择、过程重组等等。

二、运营管理的目的与决策

运营管理虽然是一项职能管理，但是在学习与从事运营管理时切不可把注意力仅集中于运营系统的经济效率和操作层面上的问题，而忽视了它的根本目的。必须明白企业运营系统的经济效益和效率是很重要的，但在企业的经营目标中它只占第二位，而不是首位。

（一）运营管理目的

运营管理的目的无论是制造业还是服务业都是要建立一个高效率的运营系统，为企业提供有竞争力的产品。请注意"有竞争力的产品"这个重要概念，它要求企业面向市场，为消费者提供满意的产品。这是运营管理的首要目的，而一个高效率的运营系统，是实现目的的基本保证。

产品竞争力可以定义为满足市场需求的程度，主要体现为产品的性能、质量、价格三要素。产品性能指一产品所具有的实际使用价值方面的特性，它是一产品区别于另一产品的主要标志；质量则是用户对产品使用价值的满意程度；而价格就是用户为取得产品的使用价值而付出的代价。只要这三个要素让客户满意了，这产品还愁没人要吗？现代研究表明，产品的性能、质量、成本（价格优势的实质是成本优势）首先取决于设计阶段，然后形成于制造阶段，这些阶段的管理工作都属于运营管理范围。进入 20 世纪 90 年代，随着分工理论的进一步发展，提出"核心竞争力"概念，企业只专注于自己的最强的能力，把不属于自己专长的业务分离出去，由专门的协作企业承担，"整机厂"成为"组装厂"，这时采购业务增加，采购管理的内容也更丰富，采购业务理所当然地属于运营管理的范畴。

运营管理的目的告诉我们两点：第一点，企业在充分研究市场需求之后，开发研制的产品必须在性能、质量和成本上具优势，如无优势则无竞争力，企业就会陷入经营危机；第二点，产品竞争力三要素的优势主要取决于运营管理,而不是其他的职能管理。

(二)运营决策

运营决策是企业决策的一部分,它必须服从企业的整体目标,如图1-2所示。

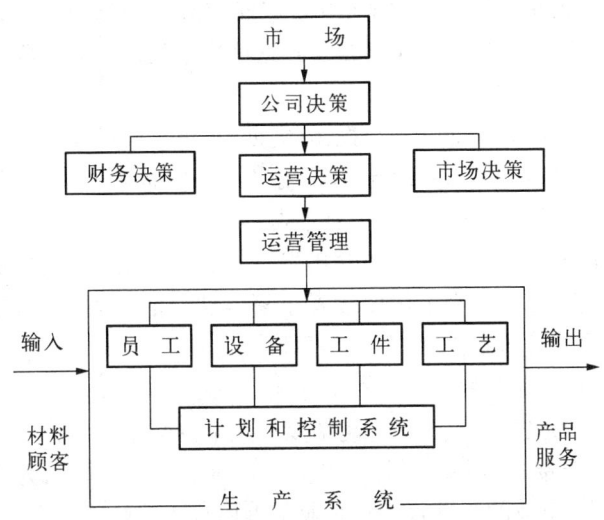

图1-2 运营决策在企业决策中的位置

公司战略受制于市场环境,它反映了公司的用户对产品或服务的需求,它规定了公司的主要使命,也表明了公司将怎样使用自己的全部资源与管理力量(市场的、财务的、运营的)以获取竞争优势。在公司决策的引导下,运营决策专门考虑如何组织生产能力以支持企业决策的实现。

在运营管理职能方面,决策可以分为以下三个层次。

第一层次为战略(长期)决策,它考虑企业经营方针上的问题。如需要回答公司将采用什么方式制造产品?公司将在哪儿设点建厂?公司需要建成多大的规模?公司在什么时候可以扩大规模?等等。处理这些问题需要较阔的视野,因此要有较长的时间跨度,往往要两三年或更长的时间,这取决于不同的行业(第二章将对运营战略作深入的讨论)。

第二层次为战术(中期)决策。这是下一层次的决策。当战略决策作出以后,公司的经营条件就固定下来了,如产品与厂址已经选定,这时企业需要做出中短期的决策。中期决策就是要在长期决策的约束条件下,考虑如何有效地安排人力与物力。如公司需要多少员工? 是加班还是开二班? 这些决策又是作业层面的约束条件。

第三层次为作业计划与控制(短期)决策。它是关于企业最低作业层的决策。如需要决定本周或当天内应做哪些工作,分配谁去做这些工作,哪些工作需重点考虑,等等。

从管理就是决策这个概念出发,运营决策的内容包含了运营管理的全部工作。为了帮助读者了解本课程的基本内容,下面列出主要的决策内容。

1. 中长期决策

中长期决策的主要内容包括以下几个方面。

(1) 产品的选择与设计。产品对于企业的重要性已为大量事实所证实,企业的兴衰直接与企业是否拥有适销对路的产品有关。所谓“成也产品,败也产品”是指产品在市场上的命运决定企业的命运,所以产品的选择与设计是一项重要的决策。

(2) 设备与生产方式的选择。对于一种既定的需求(产品或服务)通常可以用不同的设备和生产方式来实现,但其中必有一个是最适合自己的,企业主管必须作出最好的选择。

(3) 职务与作业设计。职务与作业设计是整个系统设计的一个不可分割的部分,它包括了系统的全部岗位职务和全部作业内容。

(4) 厂址选择。工厂建在哪里不是一个随随便便的决策,厂址一旦选定,意味着企业的不动产就锁定在那个地方。特别是那些与市场远近或与原料供应距离有关的成本要素比重很大的工厂,厂址选择显得更为重要。

(5)厂区与设备的平面布置。这项工作直接与生产费用相关,它要求总的物件运送费用能够降到最低程度,或满足某些更复杂的要求。

(6)编制定员。定编定员的前期工作是劳动定额,劳动定额是企业两大基础定额(另一为材料定额)之一。基础工作是企业管理的重要工作,基础工作不扎实,会影响其他工作的效果。科学的定编定员工作可以避免人员冗余,提高人力资源的利用率。

(7)年度与进度计划。年度计划以利润最大化为目标,而进度计划以成本最小化为目标,在这方面有许多定量决策要做。

(8)供应商选择。发展到供应链制造产品阶段,供应商选择成为决定供应链成败的重大事件。国外供应链做得好的企业经验证明,选好供应商是成败关键。

2. 短期决策

短期决策的主要内容包括以下几个方面。

(1)生产作业计划。它是一项日常性工作,根据短期内的实际情况,科学地组织人员、任务和设备,以获得最佳的资源利用率。

(2)进度控制。根据进度计划,需要对人员和设备的负荷情况作调整,以及处理种种突发事件,如设备故障、人员缺勤、停工待料、订单变动等等。

(3)质量控制。这是一项事关重大的工作,是全员全过程的管理。

(4)库存控制。库存现象到处可见,它对保证生产过程的连续性起了重要的调节作用。不过,过量的库存产生许多负面影响,有关库存的决策要兼顾正反两方面的影响。在现今,以信息替代库存的原理指导下,运用信息技术,令供应链上的库存降低到很低的水平。

(5)成本控制。成本优势竞争是企业普遍采用的策略,降低成本是企业管理的永恒主题之一。成本与质量一样,都是形成于整个生产过程,也是一项日常的全员全过程的管理。

三、运营系统

运营系统是企业系统的一个子系统,运营管理的核心是对运营系统的管理。运营系统的主要功能是转换功能,任何一个运营系统都执行着将系统输入转换成预定的输出,即某种产品或服务。产品或服务又须转化为现金,并以此购买更多生产资源作为输入,转换过程就是这样不断地循环。

不同的运营系统有不同的输入内容、不同的转换过程、不同的输出对象,典型运营系统的输入、转换、输出之间的关系如表1-1。

表1-1　运营系统类型举例

系统类型	输　入	系统资源	转换功能	输　出
医　院	病人	医生、护士、药品、医疗器械	健康治疗	治愈的病人
饭　店	饥饿的顾客	食物、厨师、服务员、店堂	提供饭菜服务	满意的顾客
配送中心	入库的货物	仓库、保管员	货物储存与运输	运送的货物
汽车厂	钢板、发动机、零部件	工具、设备、工人	加工与装配汽车	成品车
大　学	高中毕业生	教师、教学资料、教室、实验室	传授知识和技能	大学毕业生
百货商店	购买者	售货员、货柜、橱窗	引导顾客、推销商品	购物离去的顾客

从表1-1中可以看出,系统资源具有不同形态,但不外乎是人员、设备、物料等。而转换功能倒是各种各样的,工厂具有物理的或化学转换过程,交通业是地点的转移,零售业是交换功能,物流业是存储与运输功能,医院是治疗功能,通信业是信息传送。系

统不同,管理的方法不尽相同,但管理的原理应该是有共性的。作为一门学科不可能为每一系统提供一套管理方法,但可以在基本原理指导下创造出特定系统的管理方法。

关于运营系统的管理可以分成三个子职能,它们是计划、组织和控制。每个职能有自己的工作内容和工作方法,三者相对独立,但又紧密相关,共存于一个系统。图1-3把系统过程与三个职能之间的关系表达在一张图上。

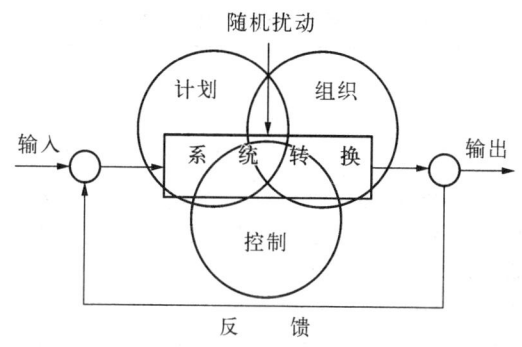

图1-3　系统职能关系

系统的观点对现代管理来说实在是人重要了。系统是一个整体,整体观是第一重要的。虽然我们在论述时将计划、组织、控制分门别类地讲述。但是必须强调,在现实的管理活动中,这三方面的工作是互相影响、互相制约的。

加拿大曾经对一些工厂的主管人员、工厂经理、生产经理及其他类似的管理人员作了调查。表1-2给出调查结果。结果表明,如果认定出现的相对次数大于3%的活动为经常遇到的问题,则表中有16项,在这16个经常遇到的问题中,有4个属于计划工作,3个属于组织工作,4个为控制工作。这告诉我们,企业中大量的工作集中在生产过程,而工作中大量的问题又与方方面面互相关联,没有一个是纯粹属于计划、组织、控制活动范围的。他们所遇到的绝大多数问题是与运营系统有关的,也与计划、组织、控制活动有关。进一步的调查还发现他们所遇到的每个问题,很难用三个职能中的任何一个来表明。例如,某摩托车厂发现库存费用太高,需要控制,这是费用(成本)控制问题。但是,进一步的调查发现,库存费用高是因为库存量大,而库存量又是由计划确定的,计划量之所以大,是因为生产过程被分成过多的阶段,设置了过多的在制品库而造成的。由此可见,这是一个系统问题。所以需要用系统工程的方法分析问题、解决问题。

表 1-2 经营管理遇到的主要问题

活 动 属 性	相对次数(%)
劳资关系	7.0
生产过程中的费用控制	6.7
生产控制	6.6
质量控制	6.6
生产过程设计	6.3
生产计划工作	6.0
生产进度安排	5.9
人事	5.7
设备维修	5.4
物资采购	5.4
库存控制	5.2
市场预测	3.9
资金预算	3.6
安全生产	3.5
订货设计	3.2
长期计划工作	3.2
产品设计	2.9
会计/控制	2.0
制定劳动定额	1.9

活 动 属 性	相对次数（%）
生产工艺选择	1.8
厂址选择	1.8
销售	1.6
成本预算和定价	1.3
发货	1.1
财务	0.9

四、人在运营管理中的重要作用

运营系统的主体是人,系统运行的质量与人的素质、人的劳动热情密切相关。现代管理理论认为,企业中最重要资源是人才。管理的最重要的任务是调动和运用员工的劳动热情,激发他们的创造性。现代成功企业的实践证明,光有高层管理者的热情还不够,需要调动每一个员工的工作热情。作为一个管理者,他可以掌握管理知识,可以拥有丰富的经验。但是,他不大可能了解许多具体操作细节,不可能,也不需要对所有的细节问题作计划和实施控制。事实上他也不可能做好这些事情。而实际的操作者最了解自己的工作对象,他们知道怎样才能把事情做得更好。此外,生产过程是一个动态的过程,情况在不断地变化。在目前的管理条件下,管理者不可能及时掌握随时变化着的信息,如果通过正常的信息渠道传递信息,必定延误时机。基于这些理由,也需要放权给操作者,让他们处理这些问题。

毛泽东在战争实践中已经认识到这个问题,以后在经济建设中又重申了这个问题。20 世纪 60 年代的"鞍钢宪法"和"大庆精神"都强调了人的重要性。在发达国家,从经济活动中也认识到调动人的积极性的重要意义。美国钢铁大王卡内基曾说:"将我所有的工厂、设备、市场、资金全部都拿去,但只要保留我的组织人员,4

年以后,我将仍是一个钢铁大王。"大量的事实证明,这个观点是正确的。在这方面,许多企业取得了极大的成功。如日本的丰田公司,在各方面的条件都不如美国同行的情况下,积极推行以班组活动为基础的准时化生产方式,充分调动全体员工的积极性,以人的灵活性、创造性增强运营系统的柔性,来与美国企业的先进设备竞争。经过 20 年的努力奋斗,劳动生产率超过美国三大汽车公司。这些成功的案例,对处于发展中的我国企业,具有十分重要的现实意义。调动员工积极性的主要思路是培养他们的主人翁精神,我国的社会主义制度保证了职工的主人地位,在这一点上我们没有理由比西方国家做得还差。

第二节　运营管理在企业管理中的地位

一、企业管理三大基本职能

　　源于泰罗的科学管理原理,企业管理按照职能分工,形成众多的管理职能,其中最基本的也是最主要的是运营管理、营销管理、财务管理。市场营销专司开拓市场与销售,它负责产品在市场上的"惊险一跃",实现价值的转换,将成品资金转换成现金。运营管理主内,负责将原材料转换成产品或服务,在企业的资金运动链上,通过采购它把现金变成生产准备资金,再变成生产资金,最后转换成成品资金。财务管理的对象是企业的资金,它负责资金的筹措、运用和核算。图 1-4 是企业职能分布图,其中 A 图是制造业,B 图是服务业。

　　分工使管理职能细化,导致了职能的专业化,形成了专门的管理学科,提高了职能管理的水平。但是,与此同时却削弱了不同职能之间的联系。事实上这三大管理职能是互相关联、不可分割的。

二、运营管理与市场营销的关系

　　这两项管理在层次上处于同一水平,相对独立。在关系上,市

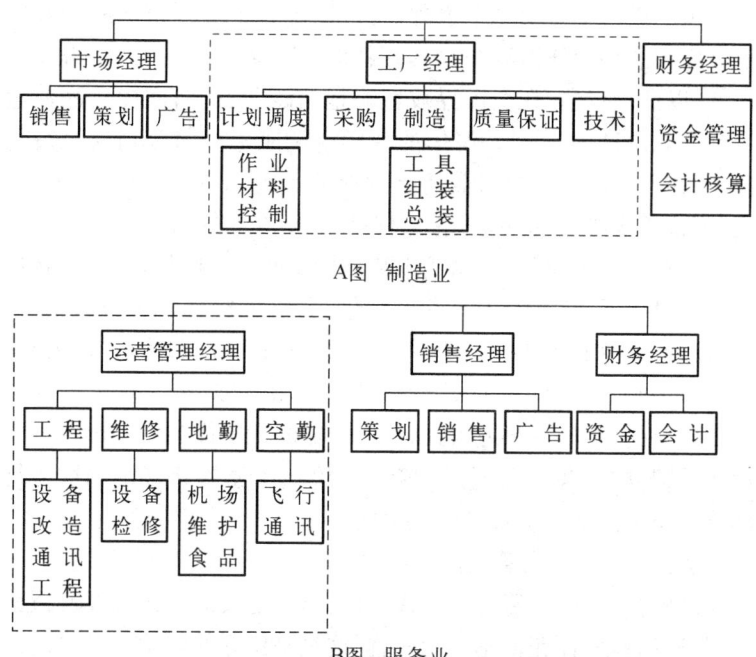

A图　制造业

B图　服务业

图1-4　运营管理在企业管理中的位置

场营销是先导,企业选择什么产品,生产多少数量,什么时候交货,都由销售部门决定,简言之,营销职能要解决为企业选择"好的产品"。而运营管理的任务是在市场营销导向下,按质、按量、按时、低成本地制造产品或提供服务。它要为营销部门提供有竞争力的产品,即把产品造好,它处于基础地位。两者之间的关系是非常简单而明了的,我们之所以在此把它提出来,是因为存在一些模糊不清的概念。当我国的经济实现转轨时,把我们的眼光从企业内部只关心生产转向企业外部关心市场需求,是非常重要的。但是,如果把市场营销的作用看得过重,而忽视了生产管理的基础地位,企业也难以在市场立足。道理十分简单,因为你的产品缺乏竞争力。

为了进一步说明这个道理,可以回顾一下中外市场的一些例子。广东的格兰仕微波炉以其独特的运营管理,把产品造得成本很低,以低价竞争,在全世界攻城略地,在不长的时间内产品数量达到全球总量的 75%。海信的变频空调刚上市时公司反复讨论价位,在上市前一周公司最高层讨论了 8 次,最后决定让利 1 000元,很快占据变频机市场,长期保持 60% 以上的市场份额。再如世界汽车市场的竞争,美国通用和福特长期占据销售量的前两位。2003 年世界汽车市场开始发生变化,那年销售量排名为通用、丰田、福特;销售收入排位为通用、福特、丰田;而利润却是丰田最高。说明什么呢?丰田车的平均价格最低,但由于成本很低,加上性能和质量上的优势,竞争力很强,取得明显的竞争优势。丰田汽车的优势是建立在它的精益生产基础之上的。企业在市场上的优势是建立在坚实的运营管理基础之上的。

三、运营管理与财务管理的关系

从财务角度看,营销是挣钱的,运营是花钱的。人们都希望钱挣得越多越好,而花得越少越好,但这只是良好的愿望。在目前我国的企业管理实践活动中,在"管钱的"与"用钱的"这一对矛盾中,财务管理尚处于相对被动的地位。由于运营管理不善,占用了大量的资金,而财务部门对其却无能为力。从经营管理角度看,财务应当处于主导地位,运营活动的钱怎样花,应该受到财务上的指导。企业资金绝大部分投在生产过程中,运营管理对资金也负有管理责任,这个责任体现在如何用好各种资源,如何缩短生产周期。海尔集团提出零运营资金的概念,在一般人看来这是不可能的,一家工厂制造产品不投入流动资金怎么可能呢?怎样把这看似不可能的事情办成呢?从国内现状看,采购物资付款期有较长的滞后,一两个月是很普遍的,如果企业的产品售后的资金回收期相对短些,那么只要生产周期小于付款滞后时间与应收款时间之差,就存在零运营资金的可能,海尔就是基于这样的分析提出此财务目标的。可见通过运营管理使物流加速,财务管理与运营管理的目标就一致了。

四、企业系统的整体性

企业系统的整体性是指企业的经营活动是为了实现其整体目的。早期的企业因为规模小，管理职能集中于少数几个人，甚至集中于一人，这时企业的整体性很容易得到保证。随着企业规模的扩大，管理工作量的增加，管理事务变得日益复杂，这时产生了分工，出现了专门的职能管理部门。如果各部门偏重于本部门的工作方便，甚至偏重本部门的利益，系统效率就会变差，企业的整体性就会受到削弱，经营状况会恶化。对于分工产生的这种负面作用，越来越引起人们的注意，企业在强调高层领导的协调作用时，也要强调各部门的自觉的主动协调。

在本节中，我们已经介绍了三大职能管理之间的关系，这三者都是企业管理系统中的子系统。企业离不开这三大职能，缺少了其中任何一项，企业都无法运转。哪怕削弱了其中任一项，都会影响企业的经营效果。可以想象，如果一个企业的市场营销这一块较弱，那么即使拥有竞争力很强的产品，也难以将产品卖出去，不会在市场上占有优势。反之，如果一个企业的运营系统较弱，那么即使有很强的销售系统，但企业拿不出像样的产品参与市场竞争，也不会有市场优势。再者，如果企业的财务系统较弱，尽管它有好的产品和很强的销售能力，终究因为没有足够的资金，而不能将市场做大。因此，我们在考虑问题时，不应该片面地强调某一方面的管理是如何的重要。那种认为企业以某种管理为中心的观点是十分有害的。

企业的经营活动是一个周而复始的动态过程，在这过程中，各职能管理之间的发展可能是不平衡的，有些职能的管理水平由于种种原因而下降，以致影响全局，这时提出以某种职能管理为重点的观点是正确的。著名的"水桶原理"已证明了这一观点。我国鄂城钢厂是个很好的案例。该厂在 20 世纪 90 年代初因财务状况不佳，为了调动各分厂的积极性，把财权下放，但事与愿违。此举分散了财力,也分解了企业整体,全厂形成多中心,财务状况继续恶化。后来从系统管理着手,集中财权,加强生产与销售管理,经营状况全面好转。他们在生产管理方面,狠抓了采购与加工两个环节。他们总结出采购工作的"三多"原则:多从生产厂、多从国有企业、多从近处进货,大大降低了采购成本。在制造过程采取了"组织快"的措施,规定在制品库存少于 10 天,生产周期小于 30 天。销售要快,成品库存不许超过 10 天。在诸多职能部门的努力下,该厂流动资金周转天数仅为 74.8 天,远远好于 279 天的行业平均水平,资产负债率仅为 25.2%,远远低于行业 79% 的平均水平,积累的自有资金达到 8 亿元。

本课程讲的是运营管理,但在此我们再次强调,学习这门课程时应该将其放到企业环境中去理解。在实际工作中,更应该如此。至于企业的整体协调问题,光凭员工的自觉性与主动性是不够的,还应该在组织结构上采取措施。而最终解决问题的还是靠信息技术,靠管理信息系统。

第三节　运营管理的发展历程

自从人类有了生产活动,就有了管理实践。在古代甚至已经有了管理建造金字塔、万里长城这类巨大工程的经验,但是终究没有上升为科学。管理成为一门学科,是 20 世纪初的事情。表1-3列出了自 1910 年以来运营管理发展的重大事件。在此仅对其中的主要概念作简要说明。

表 1-3　生产管理发展大事年表

年　　份	概　念　和　方　法	发源国别
1911	科学管理原理;标准时间研究和工作研究	美　　国
1911	行为研究;工业心理学基本概念	美　　国

年　　份	概　念　和　方　法	发源国别
1913	移动流水装配线	美　国
1914	作业计划图(甘特图)	美　国
1917	库存控制中的经济批量模型	美　国
1931	抽样检验和统计图技术在质量控制中应用	美　国
1927~1933	霍桑试验	美　国
1934	工作抽样	英　国
1940	处理复杂系统问题的多种训练小组方法	英　国
1947	线性规划的单纯形解法	美　国
1950~1960	运筹学快速发展,如模拟技术、排队论、决策论、数学规划;计算机硬、软件技术;PERT和CPM	美国和西欧
1970 年代	处理车间计划、库存、工厂布置、预测和工程项目等日常事务的软件包大量研制成功	美国和西欧
1980 年代	JIT,TQC 和工厂自动化(CIM,FMS,CAD,CAM 以及机器人)成为制造战略的主要竞争武器	美国、日本和西欧
1990 年代	TQM 普及化;各国推行 ISO 9000;BPR 简化了生产过程;大规模定制;供应链管理	日本、美国和西欧

1. 科学管理

虽然运营管理自从有了人类的生产活动就已经存在,但是泰罗的科学管理学说无疑是本学科发展史上的里程碑。泰罗管理哲学的基本观点如下。

(1) 对一个人工作的各个组成部分进行科学研究,可以准确确定一天的工作量。

(2) 对工人进行科学的挑选和培养,可以正确地执行管理者的意图。

(3) 合理区分工人与管理部门的工作,各自承担最合适的工作,可以充分利用人力资源。

(4) 科学的方法可以应用于一切管理问题。泰罗生活在一个保守的年代,当时的工厂是允许工人自己选择自己的制作方法,他们凭自己的技能和经验加工产品,对劳动时间和生产成本的管理很不科学,存在着大量的浪费。泰罗的管理哲学从根本上动摇了旧的管理机构与方法。

2. 福特流水生产线

1913 年,福特发明的流水生产线拉开了现代大工业生产的序幕。在福特的汽车厂采用流水生产以前(1913 年 8 月以前),每一辆汽车底盘由一名工人装配,大约需要 12.5 h。8 个月以后,在最后改进的装配线上,每个工人只需做很小一部分工作,每辆底盘的平均作业时间只需 93 min。这项管理技术上的重大突破,是在科学管理和劳动分工原理的指导下取得的,这些原理至今仍然是十分有效的。

3. 霍桑实验

自泰罗时代开始,数学的和统计的方法在运营管理发展中居支配地位,只有一个例外,这就是霍桑实验。该试验始于 1924 年,完成于 1930 年。梅奥等人在西方电气设备公司的霍桑工厂研究工厂环境对工作效率的影响,研究结果出乎意外,他们发现人的因素要比以前理论工作者想象的重要得多。例如,尊重工人比只靠增加工资要重要得多。他们认为,工人的态度和行为取决于个人和社会作用的发挥,组织和社会对工人的尊重与关心是提高劳动生产率的重要条件。霍桑实验大大地推动了行为科学理论的发展,使管理的重点由物转向人。

4. 管理科学

二战期间,在研究战争物资的合理调配中,以定量的优化方法为主要内容的运筹学得到迅速发展。战后,20 世纪 50～60 年代,这些成果被广泛地应用于工厂等领域,运营管理发展到一个新的阶段。由于有些方法在某些方面取得了极大的成功,人们对优化方法给予很大的期望。这期间人们也发现,运营管理的对象是社会经济运动,是一种最复杂的运动形式,其行为主体是人,数学模型很难准确地描述运营系统。另一个原因是模型所使用的数据主要是成本,而财务成本数据基本上不能直接用于决策,关于这一点本学科的代表人物 E. S. 伯法早就有明确的论述,加上数学模型本身的局限性,使模型的使用受到限制。

5. 计算机技术与 MRP

20 世纪 70 年代的主要进展是计算机技术在运营管理中得到了广泛应用。在制造业中,重大突破是 MRP(物料需求计划)被用于生产计划与控制,这个技术可以把一个结构复杂的产品的全部零部件统一管理起来。它也能使计划人员迅速地调整生产作业计划和库存采购计划以适应对最终产品需求的变化。在 MRP 的基础上,进一步发展成 MRPII。MRPII 技术已不仅仅局限于运营管理,它的管理范围扩展到销售部门和财务管理,它的意义在于人们已经可以利用计算机技术把运营、营销、财务三大职能管理的信息集中管理。随着互联网技术的发展,信息技术的优势得到更好的发挥,使管理能力得到极大的提升,实现更大系统的管理,如大的企业集团、供应链管理等。

6. JIT,TQC

进入 20 世纪 80 年代,管理哲学和技术上的成就当属 JIT(准时化生产)。这一成果是由日本丰田汽车公司从 20 世纪 50 年代开始,经过 20 余年的努力后取得的。JIT 包含有丰富的管理思想和方法,并且将它们有机地组成一个体系,它用最少的库存生产最多的产品,并且把 TQC 也融合在里面,实现了零缺陷生产。它经受住了 1973 年的石油危机的考验,被认为是一种具有新的管理哲学的生产方式,在 20 世纪 80 年代得到发达国家的承认,并受到普遍的重视。经研究又根据其"客户要什么,就给什么"的理念,把它改称为精益生产(lean production)。

7. 服务质量和生产率

服务业是一个非常广泛的行业,从航空公司到动物园,有两千多种不同的形式。然而,研究发现一种在某一企业十分成功的管理方法,其核心部分是关于质量和生产率的,可以表达为怎样提供高价值的标准化服务。这一管理思想是相通的,所以麦当劳的运营系统方式可以成功地用在钢铁公司的高效微型轧机上,这是管理原理上的新发现。

8. TQM、质量保证

20世纪80年代在管理实践和理论上,另一项重要贡献是TQM(全面质量管理)和质量保证体系。在80年代,TQM在许多公司得到实施,但广泛地应用于企业是在90年代。ISO 9000是国际标准化组织提出的关于企业质量管理和质量保证体系标准,是每个企业在国际市场上共同遵守的关于质量方面的准则。

9. BPR(企业管理过程重组)

面对20世纪90年代的全球性经济衰退,企业需要精简以提高竞争力,推动企业去寻找新的管理理论和方法,它应该是新的变革而不是方法的改良,M.哈默提出了这一概念。它从管理的全过程出发,去掉多余的环节,简化过程,并采用计算机管理,以期达到预想的产出。

10. 大规模定制

大规模定制是指以大规模生产的成本和速度,为单个客户或单件(或小批量)多品种的市场定制加工任意多数量的产品,是为了适应消费需求个性化,提升企业竞争力而发展成的一种全新的生产经营模式。

11. 供应链管理

供应链是围绕核心企业,从采购原材料开始,经制造过程制成中间产品以及最终产品,最后由销售网络把产品送到消费者手中,将供应商、制造商、分销商、零售商、直到最终用户连成一个整体的功能网络结构模式。供应链管理则是通过对信息流、物流、资金流的控制,实现对供应链的系统管理。供应链管理使竞争上到一新的台阶,即合作竞争。这也可以理解为一种新的生产方式。

第四节　运营管理发展的规律

运营管理的发展轨迹并不是企业家选择的结果,更不是学者的研究成果,它是社会发展的必然结果,有其自身的内在规律。自进入工业社会以来,企业间竞争加剧,为了取得竞争优势,需要不断地寻求新的生产方式以增强企业的竞争力。这时,企业首先要确定自己的战略定位,明确自己应该向市场提供怎样的产品。其次需要考虑采用怎样的生产组织形式和技术手段制造产品,才能实现目标。从这两条可以看出,运营管理发展的原因有内外部因素,而发展动力来自两方面:一是市场需求的拉动力;二是科学技术的推动力。

一、企业内外部原因

（一）企业的外部原因

企业是一个复杂系统,有自身的特定功能。它又是个开放系统,是外部更大的系统——社会系统的一个子系统,与外部大系统有着大量的信息、能量和物质的交换。企业之所以能存在下去,完全取决它能否与外部环境成功地进行信息、能量和物质的交换。企业的功能就是从外部获取所需要的资源,按市场需求将资源转换成产品或劳务,返回市场进行交换。交换成功,则进行下一轮循环过程,如交换不成功,则意味着企业无法继续从外部获得维持再生产所必需的资源,生产不能继续,经营就会陷入困境。在这里我们可以看到,实现马克思所谓的"惊人的一跃"是关键,而要实现这"一跃"的关键在于企业要提供适销对路的产品。除此以外,企业的外部系统是社会系统,还有一些更复杂因素要适应,这样就对运营系统提出了改进的要求,外部原因主要有以下几条。

1. 顾客需求爱好变化

在竞争日益加剧的销售市场上,顾客的爱好变化很快,企业能否敏锐地觉察顾客的需求变化,并采取措施满足这种变化,取得经营的主动权,显得十分重要。这就涉及运营系统的改进,使它具有提供新产品的能力。

2. 技术原因

技术的发展呈现出加速度规律,每当新技术的产生,都会对企业产生极大的推动力。一项新的技术问世可能会使企业的现有产品变得落后过时,也可能使现有的加工手段变得很不经济,这时运营系统的改进迫在眉睫。

3. 竞争对手原因

在市场经济中,竞争对手之间始终存在着一股无形的压力,在无情的竞争中,不进则退,对手的任何一项改进都会提高它的竞争优势,而给对方以新的压力,这样就迫使企业不敢有丝毫的懈怠,不断地改进完善自己的运营系统,保持自己的竞争实力。

4. 政治的和法律的原因

社会的价值观念方面的变化,会反映在新制定的法律和政府的某些规定之中。如关于环境保护方面的政策与法规,对大多数企业的运营系统都会提出改进的要求。

(二) 企业的内部原因

运营系统在经过了一段时间的运转以后,一方面系统本身的缺陷会暴露出来,需要改进完善;另一方面,系统最初的设计功能会因系统内某些要素的老化使系统指标变劣,竞争能力减弱,这时必须采取变革的手段。企业内部原因表现在以下几方面:(1) 产品老化;(2) 设备老化;(3) 质量指标下降;(4) 成本上升;(5) 系统内工作效率降低;(6) 企业员工士气不高。

当企业的运营系统不能为顾客提供满意的产品或服务时,系统必须改进,改进的目的是使运营系统的功能能够重新满足市场需求。在这里,重要的是如何发现种种不良倾向,及时采取改进措施。以上列出的几条,有些是可以很容易定量计算的,如废品率、单位产品成本、员工的缺勤率、辞职率等。对可以计算的指标,要确定企业标准,以固定的形式定期记录下来,经常与标准作比较分析,以便发现问题。但是,有些因素却难以计算,如服务质量、员工的不满意情绪等。在这种情况下,那些潜在的问题发展到能够被发现以前,是不可能采取改进措施的,而当发现了问题再采取措施,则代价又是比较大的,这全靠各级管理人员对生产现场的熟悉程度。所以,生产经理要做的工作比检查考核指标、批阅工作汇报要多得多,他们必须深入到生产第一线,和基层员工交换情况和意见,了解并理解员工的心情,从中去发现隐藏在表面现象背后的不良因素,及早采取改进措施。

对于每位生产经营者来说,他都会面临着一个管理上的难题。他希望运营系统是稳定的,各种情况是可以预见的。而企业系统的开放性又决定了企业为了生存,必须不断改进,以适应环境。经营者需要在系统的稳定性和适应性之间作权衡比较。但明智的选择必须是不断变革,因为企业的生存与发展是第一位的。

二、发展动力

1. 市场需求的拉动力

企业是以市场需求来确定自己的战略定位的,在战略目标指导下探索运营管理的创新。以汽车工业为例,20 世纪初,汽车制造的方式是单件小批量,生产率低,成本高,限制了市场容量。那时的市场需求重点是低成本低价格,福特的流水线生产方式能满足这个要求,也就应运而生了。二战后,市场需求变得更为复杂,性能、质量、价格、交货期都成为竞争的目标,丰田公司的 JIT 生产方式在新的需求下出现了。最近 10 年,市场需求个性化的特征越来越明显,大规模定制生产方式也随之而产生了。在运营管理的发展史上,每一个新的理论或新的方法的出现都与市场的需求分不开的,它是第一拉动力。

2. 技术的推动力

生产技术包括制造技术和管理技术,运营管理的每一个新的发展都需要技术的支持。福特的流水线生产需要两个基本条件:第一,零件要能互换;第二,生产线按节拍生产。在当时,工作母机的加工精度已达到零件互换的水平,泰罗的科学管理也已经在理论上和实践上为福特的流水生产线做好了准备,在制造技术和管理技术的推动下,流水线生产方式问世了。MRP 方法受技术推动最为明显。当经济批量理论提出后,在应用中暴露出致命弱点,它无法回答每种库存什么时候要,要多少的问题。而这个十分简单的问题,只是由于因为信息处理工作量大,手工操作难以计划与控制而不能解决。20 世纪 60 年代,数字电子计算机的发展,使 MRP 由设想变成现实。而进入 21 世纪,在因特网等信息技术的支持下,使供应链管理得以实现。

总之,运营管理的创新是市场需求的拉动力与科学技术的推动力两方面综合作用的结果,缺一不可。没有前者,变革失去目标;少了后者,变革失去推动力。

三、运营系统改进的目标与内容

从系统改进的动因看,目标问题是十分清楚的,就是满足市场需求。改进的目标如何产生? 运营系统在哪些方面可作改进? 通过对运营系统作需求与过程分析,上述两个问题就可以得到完整的答案。

对运营系统实施改进,首先要对运营系统的状态进行分析,判断运行状态的好坏,发现改进的对象,判断的依据只能是来自市场的需求。运营系统运转的结果如果能够满足需求,说明系统状况是正常的、好的。反之,系统状况就是不好的,需要查明原因,实施改进。市场对运营系统的需求集中表现在对产品的需求,具体可分为 6 个方面:产品功能、产品质量、供货数量、供货时间、交货地点、产品价格。以上六大需求,为运营系统运行状态的分析提供了非常清晰、非常具体的目标,只要哪个方面没有满足市场需求,就说明系统有改进的地方。

如果我们把系统再划分的细一点,把一个车间,甚至一道工序看成是一个小的系统,后道车间(或工序)就是客户,则上述的六大需求同样存在。这对于加强企业内部管理,特别对实行内部模拟市场管理的企业是有很大帮助的。

从市场对运营系统的需求分析,可以判断系统输出结果是否正常,即是否满足客户需求,但还不能具体发现在运营系统的什么地方出了问题,要查明具体原因,只能到生产过程中去查找。

生产过程是产品的实现过程,它的基本功能是转换功能,把有关的生产资源按照一定的要求加工制造成产品。整个过程可分成投入、转换、产出三个阶段,每个阶段有明确的职能与管理范围:投入阶段执行的主要是技术和物资方面的生产准备职能,包括产品设计和工艺设计,原材料、元器件采购,加工用的工装夹具的制造等;转换阶段是运营系统的基本阶段,对生产对象实施加工手段,使它在性质上、形态上、位置上发生变化;产出阶段负责产成品的检验、包装、入库。在每个阶段上每项具体的工作都有各自的职能部门负责,所以,顺着生产过程很容易查找系统原因。例如,转换过程有问题,可以检查生产计划、组织、设备、加工工艺等方面的问题,再进一步查清是哪个部门的责任,找出原因,采取对策。

从以上的讨论可以知道运营系统改进的内容是非常广泛的。从范围上分,可有整个运营系统的改进和局部的改进;从需求特性上分,可有六大需求的改进;从物质形态上分,可有运营系统硬件的改进,如厂房、设备、产品等的改进和运营系统软件的改进,如运营系统组织结构的改进(包括生产过程的改进)、员工素质行为的改进。所有的改进最终都将体现在物质形态上的改进。下面作进一步的讨论。

1. 产品的改进

从改进动因的内外部因素分析中可以看出,产品改进是一项企业经常性的工作。随着社会的发展,人们需求的个性化、多样化,对同一种产品会表现出不同的需求,有功能上的、外观上的等等,迫使企业开发出各种不同型号、不同系列的产品去争取消费者。此外,为了降低成本也需要对产品作重新设计。

2. 加工方法的改进

随着产品品种的增多,以及生产总量的增加,都会使原来的加工方法不能适应新的变化,需要对它进行改进。加工方法的改进可以表现在设备更新、加工工艺的改进、生产流程的改进等。

3. 操作方法的改进

系统中许多资源利用效率低的原因是操作不科学、不合理,通过操作方法的改进,把作业中不合理、不经济、次序混乱的因素去掉,可以提高资源利用率。

4. 生产组织方式的改进

组织方式的改进会使运营系统发生质的变化。如本来生产单位的设置是按工艺原则,现改成对象原则;原来是成批轮番生产,现改成流水线生产等等。

每一种改进活动都不是孤立的,相互之间有内在的联系。如产品的改进会引起加工方法的改进,加工方法的改进会引起组织结构的变动。每一种改进又需要得到技术的支持,技术的含义包括工程的和管理的两个方面。产品开发、加工工艺、引进新的设备等离不开工程技术的支持;操作方法和生产组织方式的改进需要管理技术的支撑。本书仅限于讨论管理技术方面的问题。

读者也许已经意识到,本书所列出的都是外国人的贡献。我们落后了,该怎么办?我们的观点是:管理科学是没有国界的,我们将它作为人类共同的财富来看待它的发展历程。当然在虚心学习国外先进管理方法时,必须考虑到本国本企业的具体环境,最新的未必是最好的。科学的观点是,大胆学习,积极创新,走自己的路。只有创造出适合自身环境的运营管理理论与方法才能是最有竞争力的。在实践中要懂得以下几点。

1. 渐进性

一个新的运营管理方式从概念到实现要经历一段很长的时

间,表现为一个从量变到质变的过程,所以要有长期的坚持不懈的思想准备。当选定了某种管理方式,想毕其功于一役是不现实的。

2. 并存性

在同一时期多种管理方式并存,这就是并存性。产生并存现象的原因是社会需求多样化和企业发展不平衡。由于企业的环境不同,企业可以按自己的条件选择最适合自己的方式,这样就呈现出多种管理方式并存的局面。企业选择怎样的管理方式不是目的,目的是要争取到竞争优势,只有最适合自己环境条件的生产方式才有竞争力。

3. 变异性

同一种管理方式在不同的企业中会有差异,这种现象称为变异。JIT方式产生于丰田公司,20世纪70年代在日本各汽车公司迅速传播,衍生出不同的形式,在美国又有自己的形式。各个企业情况不同,市场定位有差别,要解决的问题不一样,产生变异是必然的。但它们的基本思想与方法是一致的。这一特性告诉我们,学习人家先进的管理方法,千万不要忽视自身的条件,要将它改造成适合于自己的方式。

改革开放以来,企业经历了从放权让利搞活企业到实现社会主义市场经济的转轨,我国企业的外部环境和内部机制都发生了重大变化,企业的活力增大,竞争力也日益增强,出现了一批有国际竞争力的企业,还创造出具有中国特色的管理模式。如海尔集团独创了市场链管理模式,中国的企业家也能够站在发达国家大学的讲台上,为国外的专家学者企业家上课了,这充分说明我们有能力在企业管理学科上有所作为。

第五节　学　习　方　法

管理学科可以说是一门最好学的课程,也可以说是最难学的课程。说容易学是因为不需要很深的数学工具,所举的例子直观,较容易理解,对付考试不难。说难学是因为其研究对象是社会经济运动,环境变化大,所有的理论与方法具有很大局限性,书本上的理论与方法未必符合读者所面临的环境条件,就不能照搬硬套,需要发挥自己的积极性,寻求适合环境约束的方法,并上升到理性高度。大多数学生毕业后仍然受书本知识的束缚,很少在实践中、在管理方法上有所创新,这也许是中国企业界学习管理专业出身的有影响的领袖人物并不多见的原因,这给我们学习管理学科以有益的启示。

一、重视理解原理及其有效的环境条件

笔者在课堂上经常遇到学生举例反驳所讲的观点,我只能说你讲的没错,但我说得也对,原因是老师说的与学生所举例子的环境不同,学习管理学科用一个特定例子证明某个命题是错的,这是数学所惯用的方法,但由于管理学研究的对象其运动方式的特殊性,采用这种方法是不可取的。所以学习管理原理要结合其有效的环境约束来理解,才能真正懂得其中的道理。

二、结合实践学习书本知识

这是很重要的学习方法,但是对于绝大部分缺乏实践机会的学生来说是很困难的,所以教师能否提供大量的事例显得尤为重要,提供一定数量的案例供学生讨论也不乏为好的教学方法。具有实践经验或机会的学生更应主动联系实际学习本课程。

复习思考题

1. 生产管理学科经历了怎样的发展过程?发展的动力因素是什么?

2. 运营管理与运筹学、工业工程等学科的差别是什么?

3. 运营管理的目的是什么?

4. 运营决策包括哪些内容?

5. 如何理解生产管理三大职能之间的关系？

6. 人的行为在运营管理中有何重要意义？

7. 企业内运营管理与营销管理、财务管理之间的关系是怎样的？

8. 通过考察一个企业，分析企业的整体特性。

第二章　运营战略与竞争力

一个公司的竞争力可以理解为它与其他公司比较后,其产品在市场上满足用户需求的程度,满足程度越高,其竞争力越强。企业竞争力的形成与它的经营战略有关系,而其中又以企业制定的运营战略为基础。如前所说,这个战略是以满足用户的需求为目标的。在本章内,我们将分别讨论制造业的运营战略、服务业的运营战略,以及中国企业所面临的竞争压力。

第一节　运 营 战 略

一、运营战略定义

运营战略定义指的是企业设计的一套运用自己资源的政策和计划,建立一个适应市场需求的生产系统,以支持企业的长期竞争战略。它的着眼点是企业所选定的目标市场,它的工作内容是在既定目标导向下,制定企业建立生产系统时所遵循的指导思想,以及在这指导思想下的决策规划、决策程序和内容。简言之,运营战略就是企业为自己建立一个有竞争力的生产系统。它的目的是使生产系统成为企业立足于市场、并获得长期竞争优势的坚实基础。运营战略内容一般包括如下:

1. 产品选择

目标市场确定以后,需要考虑选择什么产品,怎样的产品才能占领市场。

2. 生产能力需求计划

它需要在战略计划期内,对生产能力数量、时间以及产品柔性等方面作计划。

3. 工厂设施

包括确定工厂规模,选厂址,确定专业化水平。

4. 技术水平

技术装备对竞争力的作用是第一位,选择技术合适的设备,确定自动化程度是一项十分重要的工作。

5. 协作化水平

确定自制与外购的比例,以及协作厂的数量,目前的趋势是组织供应链,联合起来造产品。

6. 劳动力计划

确定所需劳动力的技能水平,工资政策,稳定劳动力的措施。

7. 质量管理

不良品的预防,质量监督与控制。

8. 生产计划与物料控制

资源利用政策,计划集中程度,计划方法。

9. 生产组织

确定生产系统结构,职务设计,职位职责。

本教材将对以上内容(质量管理除外)在各章节作详细论述。

二、对运营战略的新认识

在市场需求旺盛时,人们不注意运营战略问题,这时只关心大量制造产品供应市场。企业面临的问题主要是如何筹措大量资金扩大生产,想方设法扩大市场。公司的战略往往与市场、财务管理有关,还没有意识到生产对企业整体的作用。运营管理的任务仅仅是低价采购,使用简单劳动力操作自动化程度高的机器,全部的目的是成本尽可能小。20世纪五六十年代的美国企业大多数处于这个状态。我国在计划经济时期,认识程度更低,甚至于只管生产,不考虑成本。

20世纪70年代末期,美国学者斯凯纳(W. Sinner)意识到美国制造业的这个弱点,提出要考虑运营战略,与企业已有的市场战略和财务战略相配套。在以后的研究中,学者们不断强调将运营战略作为竞争手段的重要性,如不重视,会失去长期的竞争能力。这个观点到了80年代,当美国的加工业被日本全面赶上并超过时,证明是正确的。

关于运营战略有4个基本点:成本、质量、交货速度和制造柔性。这4个指标可以直接用于运营系统效果的定量分析。

1. 成本

成本一直是个十分重要的竞争力要素,甚至在有些行业,总存在一些市场以低价格作为购物的首选标准,在具有这类特征的市场上要取得竞争优势,企业必须以尽可能低的成本制造产品。但是,并不是企业这样做了就能获利,就能成功。因为,直接以成本为基础定价销售的行业,一般多是日用消费品制造业。由于这种商品市场需求量大,许多企业在潜在的巨额利润诱惑下,盲目进入并扩大生产能力,形成供大于求的局面。在这样的情况下,竞争的结果是非常残酷的,失败率很高。最后只有个别几家大企业能左右市场,由他们确定一个市场价格。在我国发生的家电行业大战,最能说明这个现象。

2. 质量

质量对于企业的重要性是众所周知的。质量可以分为产品质量与生产过程质量,质量是对于消费者的一个相对概念。设计产品质量时,质量标准取决该产品面对的消费者。显然,设计一辆儿童双轮自行车与设计一辆高级赛车的质量标准是大不一样的。因此,确定产品的质量标准只能参照用户的需求。过度提高产品质量标准,超出用户需求是很大的浪费。反之,质量标准低于用户需求,会失去顾客。生产过程的质量就是指运用全面质量管理的手段保证产品质量。生产过程的质量无论对哪种市场都是重要的,不管是童车市场,还是赛车市场,不同的顾客需要的都是没有缺陷的自行车。

3. 交货速度

交货速度是参与市场竞争的又一个重要参数。交货迅速无论对于供应方还是购买者都是有利的。交货快意味着组织生产快、生产周期短,这对于减少库存和增加流动资金十分重要,也为加快资金周转创造了条件。企业良好的交货信誉还可以使企业适当提高产品价格。

4. 制造柔性

从战略眼光看,制造柔性是企业为用户提供多样化产品的能力。柔性也是衡量企业从制造一种产品的生产线快速转换到另一种产品生产线的能力。消费个性化,需求多样化是当今社会生活的特征,多品种,小批量生产才能与这一特征相匹配。因此增强制造柔性已成为企业重要的竞争手段。

通常认为企业难以在 4 个方面同时努力。因此需要判断哪个因素对提高竞争力是重要的,就集中企业的主要资源重点突破。此外,还认为在 4 个目标之间存在冲突,如要提高供货速度,则难以提高制造柔性,而低成本战略也往往与高柔性、快速交货相矛盾。这样就产生了多目标平衡问题。近年来,速度有可能成为竞争策略的第一要素的趋势。特别在高新技术产业,谁能最先推出新产品,就能制定高价格,赢得第一桶金,当紧跟者进入市场时,他会惊愕地发现价格已大幅下跌。数码相机、电脑、手机、彩电无不呈现这种现象。海尔集团首席执行官张瑞敏说:"我们与跨国公司比,论技术不如人家,论资金不如人家,我们唯一能比的就是速度。"海尔能够在 17 h 内把一项设想变为现实,以速度赢得市场。

当然,最好是在 4 个目标上都得到提高。这一观点丰田公司以实践验证了其可行性,丰田公司以事实证明了产品可以造得成本低,质量好,交货快,个性化。这已不是一个理论问题,而是如何实现的问题。

与传统的运营管理思想相比,运营战略提出了两个重要观点。第一,强调了对企业竞争力的保障,通过对 4 个目标优先级的决策,实现生产系统的竞争优势,或成本优势、或质量优势、或交货优势、或性能优势,也可能是综合优势。而传统方法一般以成本和效率为中心,强调系统的高产出和规模经济。第二,运营战略强调系统要素在系统结构框架下的协调性,而传统方法由于过分强调效率和新技术的运用,往往使系统要素组合失调,不能得到系统的最高效率。

总之,运营战略认为生产系统是企业的竞争之本,只有具备了生产系统的竞争优势才能赢得产品的优势,才会有企业的优势,因此运营战略理论是以竞争及其优势的获取为基础的。

第二节　制造业的运营战略框架

一、框架概述

运营战略作为企业战略的一部分是不能独立存在的,要把它置于企业大系统中进行考察。在垂直方向上,从产品设计、物料采购、加工制造,直到销往市场;在水平方向,扩展到企业其他部门,作全面的系统分析。整个运营战略框架如图 2-1 所示。

从图中可以看出运营战略是怎样把企业资源与市场需求联系起来的。在图的最上面是企业经营战略,它规定了企业的目标市场和产品系列,它限定了企业的经营方向。以下的程序是:首先,需要确定用户对新产品和现有产品有哪些需求,包括产品的性能、质量、价格、数量和交货期等,并确定它们的优先级别;然后,明确运营管理的重点,管理重点要与产品需求的优先级别相一致;最后就是运营管理部门动用全部的生产能力(包括供应商),努力实现这些需求,以赢得订货。所谓全部的生产能力是指技术的、系统的和人力的。图中标出的 CIM(计算机集成制造)、JIT(准时化生产方式)、TQM(全面质量管理)仅表示它们在技术、系统、人力三方面各自所需要用到的概念和工具。图中底部的内圈表示生产能力"桶",其中也包括了供应商,当然他们必须是在技术、系统、人力三方面都通过资格认可的协作者。

图 2-1 把产品的需求特性与企业的能力"桶"联系起来,这是

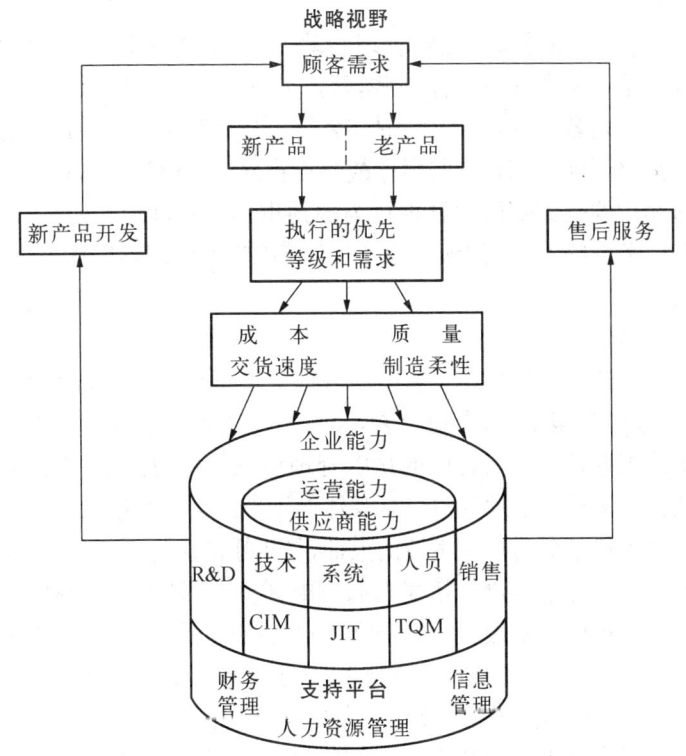

图 2-1 运营战略框架图示

因为产品需求特性不仅仅与运营管理有关,它与其他部门也有一定的关系。可以想象,如果离开了研究与发展工作,失去营销部门的市场信息,缺少了财务、人力、信息等资源的支持,单凭运营管理是无法实现目标的。

二、运营战略的特点与难点

运营战略在企业的经营活动中处于承上启下的地位。向上要遵循企业经营战略,通过运营战略环节把经营战略细化、具体化,向下推动生产系统贯彻执行具体的实施计划以实现经营战略意图。由它在经营管理中的位置决定了它的一些固有特点。

1. 特点

首先,它虽然属于战略管理活动,但它是从属于经营战略的,因此考虑的问题比较具体一些,从产品选择到生产组织都是它研究的具体对象。其次,与营销战略、财务战略紧密相关。即一方面运营战略不能脱离营销与财务战略自我发展、自我实现,在它的运作过程中要受到那两大管理行为的约束;另一方面它又是实现营销和财务战略的必要保证。第三,运营战略考虑问题的面宽、时间跨度长。

2. 难点

由上述特点决定了运营战略管理是一项难度较大的活动。第一,难在时间跨度长,未知因素较多,不易决策;第二,难在涉及面广不易把握;第三,在目前的功能管理组织结构模式下,部门之间协调比较困难。下面通过一个具体例子来体会它的难点。

电视机已成为现代生活的象征,是传播信息的主要媒体,现代生活已离不开电视机。随着人们对电视机的需求越来越高,电视产品发展很快。从最初的电子管技术,经历了晶体管技术、集成块技术;从黑白技术发展到彩色技术;从小屏幕技术发展到大屏幕技术;从真空管显像技术到液晶显像技术。这个发展过程至今未完。企业为了取得市场的制高点,对电视技术的研究从未中断过。在20世纪70年代初,日本企业已在世界电视机市场上拥有优势,他们希望保持这个优势是顺理成章的,计划开发高清晰度电视(HDTV)。这属于经营战略决策,20多年后的今天,证明这个战略决策是正确的。

关于如何制造 HDTV 是运营战略考虑的问题。首先,它需要考虑选用什么技术,是用现有的模拟技术,还是选用数字技术。以模拟技术为基础发展 HDTV,易与现有电视制式兼容,技术上容易实现,对现有电视发射台的改造费用比较低。而数字技术从理论上分析是可以实现的,要成为一种成熟技术,当时估计可能要几十年。其次,需要考虑市场需求的可能性,从产品性能看市场肯定是好的,至于价格问题很难估计,一般认为只要批量大,成本是可以降下来的。第三,需要考虑财力上能否支持,经济上是否有利可图。但由于这些是战略行为,难以估计得很准确。第四,现有生产系统能否支持 HDTV 的加工制造,否则需要重新投资,显然现有制造系统比较有利于改造成模拟技术 HDTV 生产线。最后日本企业选择了模拟技术。1993 年开始向市场推出模拟制 HDTV,每台售价 1.5 万美元,普通百姓无法接受,市场非常小,加上与数字技术 HDTV 比较有明显的种种不足,使日本企业停止了发展模拟技术的 HDTV 计划。

本例中一个关键问题是对数字技术的认识,但由于技术开发有很多偶然因素,使得问题变得难以估计。由于日本的电视机产业在世界上的领先地位,使得他们的决策较多地受到现有基础的束缚,选择了模拟技术。而美国对 HDTV 的研制开始较迟,80 年代末起步,正逢"冷战"结束,原来用于军事的数字技术转向民用。而美国在 80 年代已没有一家自己的电视机厂(因经营不善全部卖给国外企业),没有包袱,一开始就采用数字技术,1991 年取得重大突破。由于 HDTV 形成的市场规模可达 5 000 亿~8 000 亿美元,美国政府与厂商志在夺回电视机优势。在此形势下日本企业放弃原计划是明智的。但已损失了 10 多亿美元和 20 年的时间。

此例也提醒我们,在现今高技术推动经济结构变革的阶段,在制订运营战略时,技术因素应该放在首位。

三、创建世界级生产制造系统

在制造业的运营管理中,加工制造是它的核心部分,因此要取得竞争优势,创建一个世界级制造系统是十分重要的。根据生产系统对企业竞争力的影响程度,生产系统的竞争能力可以分成四等。它们依次是缺乏竞争力,竞争对峙,具有竞赛优势,世界级制造系统。

1. 缺乏竞争力

缺乏竞争力的生产系统它的产品在性能、质量和成本方面都达不到用户的满意水平。这类企业的管理状况是,管理者不懂得生产系统与产品竞争力之间的内在联系,只将注意力更多地集中在生产以外的竞争手段方面。在生产管理上是被动地应付各种突发事件,满足于消除生产环节中的矛盾,还没有意识到改造生产系统可以提高企业的竞争能力。

2. 竞争对峙

竞争对峙是指企业产品基本满足用户需求,有一定的竞争能力,在市场上可以与竞争对手的产品抗衡,保住自己的市场占有率。这类企业的生产系统达到本行业的平均水准,管理者比较重视制造技术的作用,注意技术更新,能紧跟行业内的发展趋势,不断开发新产品,更新旧设备、旧技术。不过企业并未将生产系统视为竞争的重要资源。

3. 具有竞争优势

具有竞赛优势是指企业在市场上对竞争对手有领先的优势,这优势表现在产品已超过用户的基本要求,使用户感到获得了意想不到的满意,具有赢得订货的优势。这类企业的管理者对生产系统的重要性有深刻认识,认为它能够为企业的竞争优势提供巨大的支持与保证,将生产战略列入企业经营战略的一部分,生产系统的建设已纳入生产战略的指导之下,其结构和运行机制都由战略目标驱动。

4. 世界级制造系统

世界级制造系统的产品在世界范围内具有很强的竞争能力,深受用户信赖和推崇。这优势来自企业所拥有的世界上最具竞争力的生产系统。目前,一般认为精益生产方式达到世界级制造系统的水准。企业要达到这个水平,要求企业上下特别是管理者对生产系统在企业中的作用有清醒的认识,要认识到一个高效且有效的生产系统是使产品具有强大竞争力的关键资源。在实践中,要树立起生产系统功能(成本、质量、柔性、交货速度)的改进是永无止境的信念,要不断创新完善,带动其他职能部门协调发展。企业达到这种境界的重要标志是，企业内部各个职能部门的界限模糊了，企业的整体目标突出了，企业整体上的协调性增强了。

有人从5个方面讨论世界级制造系统。第一，实现JIT管理，推行市场需求拉动的物流系统，最大限度地减少库存，加快物流速度；第二，实施TQM，即全面质量管理，信奉质量是品牌的最大支持要素，没有好的质量，品牌无从谈起；第三，推行TPM（total preventive maintenance），即全员设备维修管理，现代观点认为好的设备造好的产品，只有采用全员设备维修管理能使设备保持最佳状态，既能保证产品质量，也能获得最高的利用率；第四，建立SCM（supply chain management），在市场需求日趋个性化的形势下，企业只能靠供应链参与竞争才能应对快速的市场变化，丰田公司的强大竞争优势已证明这个观点；第五，推广EI（employee involvement），即鼓励与吸收全体员工参与企业管理，其理由是企业要想应对快速变化的市场，仅靠少数管理人员是远远不够的，靠固定不变的制度去应对变化的市场是不可能的，要依靠每个岗位上的员工根据新的情况而随机应变。

通过实例讲运营战略更容易理解。

四、案例：上海日用-友捷汽车电子有限公司

该公司前身是日用电机厂，20世纪80年代初，由上海调速机厂与上海电机专用机械厂合并而成的，主要生产交流小电机、金相试验设备和0.5 t电动铲车，工厂机电加工俱全，是典型的小而全工厂。他们看好空调机市场，开发出空调风扇电动机，打开了一片新天地，跻身全国空调电机五强之一。但是空调电机是异步交流机，结构简单容易制造，行业内生产同类产品的企业林立，所以生产总是不太正常，企业一度只能靠银行贷款过日子。企业必须寻找新的发展支点。1987年，国家经委和上海市政府联合召开的桑塔纳轿车国产化会议为国内众多企业带来了机遇，日用厂试图进军汽车行业，生产汽车散热器风扇。对日用厂来讲是一个新领域，

原有设备不适合制造直流电机,需要新的投资,初期的配套任务只有 3 万台,市场需求存在很大的不确定性,具有一定风险。经多方论证由日用厂承担桑塔纳轿车散热器风扇国产化试制项目。这属于企业经营战略,进入一个新领域。接下来的任务是怎样制造的问题,属于运营战略范畴。

日用厂能否研制出符合标准的工装样品?样品能否通过上海大众的鉴定与认可?现有的生产工艺和设备水平能否进行批量生产,顺利地向上海大众供货?区区 3 万台的配套量是否能有利可图?是运营战略考虑的问题。

日用厂的运营战略第一个决策是技术的获取途径,是引进还是自主研发。他们经过经济与技术两方面分析采用自主研发的道路。他们认为借助国内的技术力量,发挥自己积累的经验,调动能工巧匠的聪明才智,是有把握把散热器电机造出来的。

在试制的第一年中,在市横向办的组织协调下,先后三次举行有多方面人员参加的项目会议,反复核对大众的图纸和技术标准,讨论消化技术问题。首先比较顺利地完成了电枢的多方案设计、试验及电磁设计计算。同时由技术科工艺组编制试制工艺方案,在加工制造过程中,他们用自己改装的工艺装备实现了机壳、端盖、轴承座等主要结构件的加工,电枢绕组采用手工绕制,部分工艺通过外协作加工完成。首批样机交付上海大众测试(其中 5 台作 1 000 h 寿命试验,3 台作道路试验)。鉴定结果为:基本符合要求,给予条件认可。不过在道路试验中还是出现故障,说明产品的可靠性有问题。

找到影响可靠性的原因,改动电机结构,把开启式含油轴承改成封闭式的滚珠轴承,使电机寿命大幅度提高。经过试制人员的不懈努力,前后作了 5 次大的改进设计,历时 3 年,共提交 65 台样机,试制的工装样品达到了上海大众要求的标准,个别性能指标优于德国 AEG 公司的产品。日用厂试制的桑塔纳轿车散热器风扇样机达到了国际 80 年代末同类产品的先进水平。试制的总费用不过几十万,主要花费是两套模具和一套自制的测试设备。

一件售价200多元的产品,花了3年时间才得到初步的认可,自主开发的代价是不小的。但由于几乎是白手起家,开发试制过程既是学习过程,又是消化吸收过程,还是一个创新过程。自主开发遇到的挫折比较多,但正是在一次次的失败中,使他们认识了汽车电机,获得了真知灼见,掌握了开发技术上的主动权。更重要的是自主开发培养起一群技术人才,技术科的12位设计人员,人人具备独立设计的能力,正是这个群体在今后的企业发展中起到了不可估量的作用。

第二件决策是把产品造得有利可图。把产品开发出来是一回事,把开发的产品造好又是一回事,能把产品造得有利可图那更是另一回事,而后者才是企业要达到的基本目的。他们根据企业的自身条件、市场容量,采取了持续的滚动发展方式,取得较好的经济效益。

刚开始产品开发出来后,接下来是产品的批量生产问题。当时工厂的制造工艺和设备十分落后,但由于生产批量不大,日用厂没有贸然进行大量投资,而是根据自己的技术力量和财力,采取了在保证质量的前提下,改造利用旧设备,决不贪大求洋的态度。如定子的机壳和端盖加工,虽然工艺复杂,但只要解决了模具问题,原有的冲压设备完全可以利用。自己尚无能力生产的,决不盲目投资,首先考虑外协加工。如电枢的冲片及塑料风叶,设备费用昂贵,小批量生产采用外协方式更经济。工厂集中有经验、有能力的骨干工人参加新产品制造,用人的创造性和干劲弥补了工艺上和设备上的不足,保证了产品的质量。1988年到1991年的初级阶段总共投资690万元,建成桑塔纳轿车散热器风扇总成配套项目。重点引进了电机电枢加工关键设备,并自行设计、建造了两条装配线,形成了年生产散热器风扇总成品10万台套的能力。

1991年又提出了桑塔纳轿车15万辆配套技改项目。该项目投资600万元,引进几台高效高精度的关键设备,使工厂的冲压工艺达到国际先进水平,生产效率和零件质量有明显提高;金属切削工艺采用了简易数控机床和无芯磨床等较先进的专用设备,达到国内先进水平;电枢加工工艺和检测手段采用国外的自动绕线设备,具有较好的单机自动性能,达到国内先进水平;整机装配流水线,采用智能化的自动检测技术,实现数据自动处理,居国内先进水平;电加工工艺应用新材料自黏性漆包线,采用内加热黏结工艺,取代传统的浸漆工艺,大量节约电能并减少大气污染。经过这次技改,实际形成年产散热器风扇 18 万套的能力,生产工艺也有显著提高,达到国际先进水平。无论在规模上还是技术水平上都确立了它在我国同行业中的领先地位。

1992 年 8 月,日用厂根据上汽、一汽、东风公司的发展规划,预测到会有广阔的散热器风扇市场,当 15 万台配套项目还未结束,又提出了年产 40 万台风扇项目的可行性报告。1996 年投资 2 970 万元,形成单班 60 万台的能力,分属两个生产子系统。为桑塔纳轿车配套产品因品种单一、数量大,建成高效的流水生产线;其他品种,因品种数量多批量小,建成高柔性的多品种小批量生产线。

日用电机厂的技术改造和扩大生产能力的投资都获得成功,产生了良好的经济效益。企业的主要经济指标连年大幅度攀升,如销售收入从 1990 年的 913 万元,增加到 1997 年的 10 996 万元;利税从 166 万元,增长到 2133 万元。人们不得不佩服日用厂的精明的决策者们。在决策生产能力扩张时,他们精确地计算投入与产出。尤其是在引进设备方面,他们的经验尤显珍贵。

进入 21 世纪,中国汽车市场进入快速发展期,日用厂抓住机遇大规模扩张,到 2003 年建成 14 条装配线,生产能力达到 170 万台,利税 7 500 万元。

日用厂由于运营战略做得好,使企业长期保持竞争优势,市场占有率一直在 60% 以上。

第三节　服务业的运营战略

一、基本概念

　　服务企业的运营战略与工厂的运营战略一样是企业经营战略的不可分割的一部分。对大多数的服务企业,服务过程也是由一系列的生产作业(多数为手工作业)构成的转换过程,因此,作战略决策时也必须考虑运营方面的问题。然而在服务业中,人们往往不注重运营管理,与其他管理职能相比,运营管理实际上处于次要地位。例如,一家航空公司的市场部在决定开设一条新的航线或增加一种新的空中服务时,它可以不顾具体操作上的可行与否而作出决定。

　　我们认为在讨论制造业的运营战略时所提出的许多概念,对服务业也同样适用。事实上,在这两种不同行业中,我们可以发现许多在运营管理方面的相似之处。例如,当一家工厂的规模不断扩大时,内部组织结构会发生变化,可以从工艺专业化改组成产品专业化。再进一步可以将某种产量特别大的产品从原来的工厂中分离出来,另建一个工厂。甚至可以组织成产品事业部,使每个事业部只负责自己所面对的消费群体,20 年代的美国通用汽车公司就是如此。这些举措具有战略意义,对提高企业竞争力影响巨大。同样的道理,当一家百货公司的规模不断扩大时,在组织结构上也会有类似的变化。服装部可以细分成女装部、男装部、童装部等等。其本质都是采取相应的运营管理措施以支持营销的市场细分化战略。甚至于一家医院也是如此,可以由内科改组成心血管科、消化道科、呼吸道科、泌尿科等,其结果当然是提高了医疗水平,增强了竞争能力。至于制造业中通过采用先进的设计手段,如 CAD(计算机辅助设计),先进的加工手段,如 NC(数控技术)等,来取得对竞争对手的优势的措施,在现今的信息时代,在服务业中也得到广泛地采纳。如最早采用计算机售票网络的航空公司具有明显的竞争优势。拥有计算机服务网络的银行同样如此。

在服务业,企业的竞争能力也可以分成 4 个等级,在 4 个不同等级上,相应的运营管理方面的状况列在表 2-1 中。表中第一列为 4 个等级,第一行仅列出几个表征竞争能力的主要因素。运营管理经理在制订发展战略时必须考虑这些因素。

表 2-1 服务业企业竞争能力等级

等 级	基 本 特 征	服务质量	新 技 术	员工素质	现场管理
I.便利服务	顾客光顾的原因不是服务水平,而是看中便利和服务快	附加费用;质量波动大	当难以生存时被迫采用新技术	流动性大	直接管理工人
II.熟练服务	顾客能接受公司的服务;服务水准中等,缺乏新潮	能满足一些顾客要求;一贯坚持几项关键的服务标准	当需要降低成本时采用新技术	有效利用人力资源;训练有素;满足要求	控制服务过程
III.优势服务	顾客认定公司的声誉;十分强调满足顾客要求	超出顾客的满意程度;坚持全面的质量标准	当需要改善服务时采用新技术	按岗位要求挑选员工	注意倾听顾客意见;训练和帮助员工
IV.世界级服务	公司名称就是优质服务的象征;服务不仅是满足顾客要求,还给顾客以竞争对手无法达到的意外满足感;公司善于学习,勤于创新,使服务内容与方式保持着对竞争对手的明显优势	提高顾客的期望;寻求挑战;不断改进	认为新技术是公司保持领先地位的源泉	具有创新精神	高层管理者把员工的意见看成新思想的源泉;由老师傅帮助训练员工

关于表2-1有以下几点说明:第一,对于任何一个现实中的公司要达到某个竞争能力等级,这是多因素综合作用的结果。在某个特定的阶段,决定竞争能力的每一个主要因素的状态都是确定的,这些确定的因素的集合,决定企业的竞争能力等级。对于不同的因素集合可以有不同的等级。第二,一个并不是每个主要因素都很强的公司可能会有很强的竞争力(处于第三等级,甚至第四等级),这可能是一种例外情况,这往往是因为公司成功的原因正好与几个突出因素有关。第三,竞争能力等级只能逐级提高。在达到竞争优势等级之前,必须先达到竞争对峙等级。在达到世界级以前,它又必须先到竞争优势等级。但是,一个公司可以从某一等级迅速地发展到更高等级。最后,从某个等级倒退到低一层等级是十分容易的,而提高一个级别却并不容易。

二、案例:如家酒店

2001年,梁日新带领着她的创业团队开始策划一家新型的经济型酒店;6年之后,这家名叫如家的酒店,旗下已有200多家酒店,业务覆盖全国50多个城市。短短6年时间,成为经济型酒店行业领跑者,其中奥秘在于有一个好的运营战略。

细分市场创造酒店新模式。如家的诞生,根植于旅游业发展的大环境。大众旅游伴生的是对旅游设施的新需求。当时国内没有既舒适且价格适中的酒店。一个利用携程网的销售网络和行业优势整合经济型酒店资源、建立一个酒店业连锁品牌的想法逐渐成形。如家酒店CEO孙坚认为,针对酒店行业的现状,在行业的不对称发展上能发现一些机会——高档酒店舒适、豪华但不经济,经济的酒店却不够安全和卫生,这是市场中的一个空白。孙坚说:"如家抓住了这个空白,坚持走专业化的道路,拓展自己的发展空间。"

在酒店的设计上,如家突出住宿功能,其他功能简化甚至取消,其核心在于服务有限、设施简约、价廉物美,目的是提供相对于中高档酒店的全套服务中的有限服务。

因此,如家重新确定酒店的定位,在突出了住宿的基本功能之外,同时添加清洁、便利、温馨等要素。一个品牌的定位要直接体现在产品上,且要被顾客体验得到,所以当如家第一步对产品进行了创新,更注重"家"的实用性、"家"的便利性和"家"的亲情性,推出了属于如家自己的经济型酒店模式。基于"家"的实用性,剔除了传统星级酒店过多的豪华装饰、享受服务以及娱乐设施,不设门童;没有豪华、气派的大堂;舍弃投资巨大、利用率低的康乐中心,没有桑拿、KTV、酒吧等娱乐设施;不提供星级酒店的功能服务,如购物区、会议场所等。基于"家"的便利性,如家借助携程网的客源优势,建立了网上预订系统,设立全国订房电话,组建嘉宾俱乐部等形式,使得宾客在如家的各家酒店都能享受到方便与快捷。基于"家"的亲情性,如家通过精心规划使服务和产品的效益达到最高,从而为客户提供干净、温馨的经济型酒店产品。比如,在如家酒店客房的书桌上摆放几本书,提供免费上网等,在细节上尽可能营造出家的温馨。

孙坚说:"其实不需要很多招,只要一招,就能让一个酒店更为贴近一个'家'。而所有的招,都是从消费者的角度出发,让消费者能够实现适度消费。"一句话道出了运营战略的灵魂——按客户的需要规划设计运营系统。

价值延伸培育服务精神。以服务吸引客人,是如家的发展目标。酒店行业需要人与人面对面交流,需要员工在举手投足之间都展示出对消费者的尊敬。在讲究经济价值的同时,另一方面讲究周到的服务,不是单纯用价格留人。比如说我们在十步之内就要注视客人,五步之内就要打招呼,要双手递送物品,还要让顾客时刻看到微笑。

为此,如家制定了16本标准作业程序,成为如家员工每天运作的规范,详细规定了从店长到清洁工每天该做什么事情、什么时候做。例如,开门动作也有规定,任何工作人员要开客人房门一定先敲三声,说一声"服务员",客人答应后,开1/3门,再说一次"你好,我是服务员";在旅馆内看到客人,所有员工都要主动打招呼,并且直视客人的眼睛,任何人违规,都要受到扣分的处罚。为了考核落实程度,每年都要抽查,每家店每年不定期都会有两次彻底检查,每一季都有总部派出的"神秘嘉宾"到全国各店暗中检查,以提升服务品质。

也正是基于如家内部这种服务精神,如家建立了自己的管理培训学院,主要针对酒店内的管理人员进行培训,定期举办培训班,帮助新员工接受全新的如家理念,让如家的服务精神成为其行动指南。

规模"复制"实现快速发展。依托现代化的信息技术以及在美国资本市场的融资,如家在短时间内完成了连锁酒店的快速复制。规模化复制能力是连锁企业的核心竞争力,让不同的消费者都能看到相同的"如家",这才能使如家的客源得到最大限度的保证。在"规模化复制"中,如何保证不走样是解决的关键问题。

可复制首先必须标准化,以开店选址为例,工作人员拿着事先定制好的规范性表格,将待选地址的方位,与附近交通中心、工业园区、商业中心的距离,当地租金等因素一一填写好,就可以形成完整的开店参考数据。如家的连锁扩张策略是直营与加盟同步进行,比例是7∶3。由于如家还是一个新生力量,品牌还没有强大到可以掌控加盟店,因此如家在进入新市场时一定是要开直营店,等开到一两家店之后再考虑加盟;同时,如家的加盟店采用"加盟+派驻管理"的模式,加盟店的总经理是如家的员工,这样才能保证如家品牌与服务的标准化。

为了保证对每个门店的监控,如家投巨资开发了管理系统,把管理平台、采购平台、财务平台以及信息平台四大系统进行整合和连接,使得如家在酒店业能够有一个非常好的信息化的平台和综合的分析以及运用能力。由于有了新的管理系统,在电脑上可以及时查看前一天的所有如家酒店的经营数据和客源结构,并能查看各店每月的成本。新的管理系统成为如家复制店面的利器。

如家的案例说明服务业的运营战略在本质上是一致的,都是为了支持企业的经营战略,而实施的原理也相同,按市场的需求特点建设运营系统,使提供的服务能满足客户的需求。

第四节　中国企业面临的竞争压力和挑战

改革开放以来,我国企业走向市场,走向国际,在竞争中得到磨炼,得到成长。特别是开放程度高的行业,如家电工业、汽车行业等,在较短时间内发展成为世界大国,产生了几个生产规模大、产品质量好、富有竞争力的大企业。自从进入 1996 年,经济结构有新的变化,积 10 余年的发展,经济总量由不足转为过剩,许多产品的生产能力大大超过需求,这将不可避免地带来新的竞争。此外,我国企业在总体上竞争实力还不强,大多数产品在国际市场上档次低,价格低,竞争乏力。在国内市场上也面临着外资企业中国本土化的巨大压力,面临着新一轮竞争。

一、新的竞争压力

1996 年是中国经济发展的一道分水岭,它宣告短缺经济已经成为历史,也表明了中国的经济开始进入一个新的发展阶段;2002年开始,我国加入了世界贸易组织,企业的经营环境发生了重大变化,在新的市场环境中,企业之间的竞争力度将加剧;2008 年的金融危机若应对不当,有可能演变为全球性的实体经济危机,因此需要全球联手反对保护主义,进行跨边界合作,竞争的环境发生变化,竞争的方式也会随之变化。

1996 年的中国市场上最令人注目的是发生了一场波及面极广而其内涵极为深刻的降价风潮。在家电领域,长虹彩电率先降价,引发了家电产品跌价的连锁反应;在生产资料领域,主要产品价格在低价位徘徊,钢材价格止步不前,铜、铝价值大幅回落。这场降价风潮的直接起因就是在供大于求的市场背景下,企业为了确保市场份额而采取的价格竞争。在这场竞争中,谁有规模经济,谁有技术优势,谁有成本优势,谁就有竞争优势。但6年过去后,未见有赢家,价格战仍未停止,原因是我国的企业缺少的是核心技术。进入21世纪,核心技术的竞争有可能成为主题。

在本国企业互相激烈竞争的同时,又遇到了国外产品和外资企业的挑战。在80年代末期,国外进口产品由于加工成本和关税原因,价格较高,在竞争中往往处于不利地位。许多跨国公司则利用我国深化改革开放的机会,大规模地投资我国,凭借其雄厚资本,以收购、控股等为手段,蚕食了一个又一个民族工业品牌。进入21世纪跨国企业基本完成在中国的本土化,大大降低了生产成本,近几年的家电降价风有时是洋品牌引领的。给内资企业提出了一个新课题。

我国加入世贸组织后,服务业的大门也逐步开启,国外的服务企业不甘落后,继饮食业的肯德基、麦当劳之后,零售业、保险业、快递业、航运业等纷纷抢滩中国服务业市场。

面对市场竞争,要么不战自退,其结果是可想而知的,不单是产品,甚至连企业本身都会消失;要么为了生存而迎接挑战,而迎战的唯一武器是增强自身的竞争实力。道理还是那么简单,造好的产品,把产品造好。这一切还得靠企业有一个出色的运营管理部门。

二、迎接挑战

1996年,"竞争力"这个词成了高频度使用的经济词汇。大家都在关注着国家的竞争力,企业的竞争力。国有企业长虹电子集团总经理倪润峰坦言,长虹降价意在抢在外商占据中国彩电市场之前增强企业竞争力;当时的冶金部发出"没有竞争力就谈不上行业的生存"的呼声;化工部则宣称"九五"化学工业的首要任务是增强国际竞争力;有外国专家进言,建议中国决策层在稳定宏观经济以后,把重点放在提高中国企业的竞争力上。

何为"竞争力"? 竞争力首先是指企业生产的产品或提供的服务适合市场需要的能力,该能力可以决定企业在市场上的位置。

市场需要主要表现为对产品功能、质量和价格的要求,所以我国企业除了努力提高产品开发能力,提高产品质量,降低产品成本之外,已别无其他选择。在这方面我国企业有大量艰苦而有意义的事情要做。

产品开发能力低与消费需求结构变化快的矛盾已非常突出。由于消费热点快速转移,产品结构调整滞后,以致产销不对路,生产能力大量过剩。与此同时,居民想买的商品却不能满足,一些产品甚至大量依靠进口,这主要缘于企业技术创新能力不足所造成的。那么提高创新能力是靠引进还是立足自我?我国在20世纪80年代,有许多企业大量引进国外先进技术装备,靠技术先进的时间差取得高额效益的显著优势,但多数企业满足于在国内的竞争实力,不思进取,好景不长便陷入了"引进—落后—再引进—再落后"的恶性循环。进入21世纪后这一情况仍未得到基本改变。尤其是电子产品,例如手机业,自2003年国产厂商急起直追时,诺基亚老总预言:手机不像家电,是高科技行业,不会出现像彩电业那样的局面,给中国的企业后来居上。果然不出所料,当洋品牌进入低端市场后,国内品牌很快陷入困境。国外的技术发明日新月异,难道我们还要靠不断地引进来提高自己的竞争力?还只满足于国内的竞争优势?在跨国公司大举进入的情况下,这已经不可能了。只有靠自主创新和先行发明才是自强之本,才能赢得与国际先进技术合作开发的筹码,才会有我们的竞争力。

提高产品质量是增强竞争力的又一条措施。据对美国市场调查,中国产品的质量连续2年排名第9。对国内市场抽样检查,产品合格率一直在75%左右徘徊。产品质量是一个全员全过程的管理问题,它决定于设计过程,形成于制造过程,除了需要全体员工的质量意识和管理制度以外,性能优良的设备也是一个不容忽视的重要因素。在加工制造过程中,人终归会有疏忽的时候,所以单靠人力是靠不住的,要尽量采用性能优良、具有自动检错功能的设备。

成本历来是我国产品的一大优势,但近几年来这一优势正在逐步丧失。例如,低成本曾使我国纺织业赢得数量上的大幅度增长,但是自 1993 年以来成本不断上升,优势所剩无几,价格接近国际市场价格,出口量大幅下跌。再如钢铁工业,因原料与能源消耗高,劳动生产率低抵消了原料价格低和工资低的优势,钢材价格已无优势可言。再加上产品结构和质量上的种种缺陷,使我国的钢铁产品竞争力十分脆弱。降低成本已成为提高我国产品竞争力的当务之急。

　　以上三方面的管理活动都属于运营管理范畴。提高企业竞争力是企业的整体行为,除了运营管理外,做好市场营销策略,搞好产品售后服务,提高我国企业的竞争力不是不可能的。

　　除此之外,扩大企业规模,增强抵御风险能力也是我国企业发展道路上的必经之路。在 1996 年的价格竞争中,取得主动地位的大多是行业中的领头企业,他们的生产规模相对较大,有较强的综合实力。小企业明显处于劣势。跨国公司之所以敢大胆进入我国许多已经饱和的市场,因为他们有更大的规模、更多的资金、更新的技术,才使他们敢于亏损经营,以低价格竞争,挤垮对手,然后控制市场。在新一轮竞争中,我国大多数企业在规模上处于劣势,这是众所周知的事实。尽管这样,许多有志的企业家、管理者已经面对现实迎接挑战。

　　进入 21 世纪后,世界的经济格局正在发生重大变化,由于我国政局稳定,市场巨大,人口素质不断提高,世界制造业大规模向我国转移,其中也包括汽车、电子、信息等高技术产业。世界 500 强中绝大多数企业都在我国投资设厂,紧随其后的是大量的服务业企业也进入我国。竞争会很激烈,但最新的认识是“双赢”理论将占据主导地位。无论是国内企业,还是跨国公司采取的竞争策略更多的将是竞争中合作,合作中竞争,所谓“竞合”理论,具体的形式可能会广泛采取供应链的形式。在新的形势下,企业也会创造出种种前所未有的策略与方法。如我国的三大汽车集团,与多家外商合资合作,在竞争中取得主动地位,改变了以往在技术获取途径上的被动地位,逐步培育自主品牌。

总而言之,在提高竞争能力,迎接挑战的历史重任中,运营管理职任重大。

复习思考题

1. 什么是运营战略? 它包括哪些内容?
2. 运营战略是怎样把企业经营战略与生产资源联系起来的?
3. 生产系统的竞争力分为哪几个等级? 各有哪些特征?
4. 日用-友捷公司的发展战略中,哪些属于运营战略的内容?
5. 不同竞争力等级水平的服务企业,各有哪些基本特征?
6. 如何解释如家的运营战略?
7. 中国企业的竞争压力来自哪些方面? 有何对策?

第三章 产品开发与工艺选择

产品开发与工艺选择是在企业经营战略指导下进行的。经营战略指明了企业的经营方向,规定了产品规划的原则,通过运营管理,实施对产品的设计和制造,最后才能实现企业的战略意图。产品开发工作需要根据市场需求对产品系列、产品功能、质量特性、产品的成本、产品发展的步骤等作出决策。工艺是指加工产品的方法。从原材料的投入到成品产出,由多个工艺阶段构成制造过程,制造过程对于形成产品的功能、质量、成本有很大影响。此两项工作是生产系统设计中的前期任务,对企业的经营效果影响很大,风险也很大,是需要认真考虑的。

第一节 企业产品开发的意义

产品开发对企业具有特别重要的意义。从表面上看,企业是围绕着产品转的,不断地重复着从制造产品到销售产品的过程。但是,制造与销售产品不是企业的最终目的,企业最终是为了生存,为了创造财富。在现阶段,企业只能在竞争中求生存,在生存中求发展。考虑到产品是企业竞争力的载体这层含义,产品开发对于企业的生存是至关重要的。产品开发的最高境界是创造需求,即开发的产品能引领市场需求的潮流,每开发一种产品都能给消费者惊喜,引发消费热点。这要求企业具备洞察市场发展规律和把握市场动向的能力,这样就能保证开发一个成功一个,使企业永远立于不败之地。

一、巩固与扩大市场占有率

每种产品都有生命周期,或长或短视不同产品不同市场而定,它与社会经济发达的程度有关,它直接受市场需求的变化速度和市场竞争程度的影响。现代社会的需求呈现出多样化的趋势,科学技术呈加速度发展,两者结合的必然结果就是企业开发产品的速度加快了,产品的生命周期变短了,一个产品一种型号能在市场上畅销几年经久不衰已不可能了。因此,企业必须审时度势,不失时机地推出已有市场的替换产品,以巩固市场。此外,市场需求是分层次的,对同一种产品,不同的消费群体表现出不同的需求,企业可以通过开发系列产品来满足各种消费群体,以扩大市场。

在市场上,谁开发产品快,谁就掌握市场的主动权,就能在竞争中处于有利地位。反之,则处于不利地位,面临丧失市场的危险。在我国改革开放 30 年的经济发展过程中已经可以找到许多实例来证实这个观点。80 年代,在我国白色家电产品的生命周期有 2 年,黑色家电有 1 年,到了 90 年代末则都缩短了一半。企业的感受是消费者的需求越来越难以满足,似乎感觉到消费者越来越挑剔,只能通过不断地开发新产品来满足日益多样化的市场需求,甚至有的企业提出"你设计我制造"的口号。例如海尔推出了 B2B、B2C 的模式,以其强大的新产品开发能力满足市场快速变化的需求。

二、开拓新的经营领域

企业的经营规模也是企业竞争力要素之一,企业在单一产品方向上开发新产品和系列产品是可以扩大生产规模的。但是,单一产品的市场容量毕竟是有限的,这样就会限制企业的发展,这就需要企业通过开发另一种产品进入新的领域,寻求新的发展空间。世界上规模巨大的跨国公司几乎都涉足许多行业,不如此难以形成规模。我国企业要能与国外大企业抗衡,组建大的企业集团是必由之路,实现这一目的的途径除了企业兼并以外,开发新产品,打开新领域,走多元化经营也是一条重要的途径。

此外,开拓新的经营领域还可以提高企业抵御市场风险的能力。在市场经济中,各种商品的发展程度是不平衡的,并且具有很大的不确定性,有的产品可以有较长时间的稳定的需求,而有的产品的市场需求却十分短暂。如电视机,自发明以来市场需求旺盛,经久不衰。反观录像机,在80年代中期走俏中国市场,但到了90年代,VCD技术开发成功,大有取代录像机之势,当性能更加优越的DCD进入市场,VCD也不过是一项过渡产品。可以想象如果一个企业只有录像机一种产品,那么它的经营风险是非常大的。开发新的产品,进入新的领域,拓宽经营范围,做到东边不亮西边亮,可以降低经营风险。

我国许多企业都已经认清这个市场规律,当第一种产品取得了稳固的市场份额,积累了一定的实力以后,立即开发第二种、第三种产品进入新的领域,既求得新的发展空间,扩大了经营规模,又增强了抗风险能力。如海尔集团当单一的冰箱产品站稳了市场,建立起了品牌知名度,立即开始实施多元化战略,相继进入空调行业、洗衣机行业、彩电行业、电脑业、手机业、小家电业、厨房用具及装潢业、医药业、物流业和金融业,16年间就发展成销售额超过600亿的大集团公司,再经过实施国际化战略、国际化品牌战略销售收入超过1 000亿元。

三、调整结构适应需求

社会需求是一个动态的发展过程,需求不仅在数量上会发生变化,在品种上也会有变化,统称为结构变化。需求结构变了,生产结构必须随之变化,否则就会产生供需失调的矛盾。自1996年以来,我国不断进行经济结构调整,市场供需严重失调是主要原因。调整结构以适应需求是企业摆脱困境的最有效措施,可以从以下三方面实施。

1. 开发新产品

调整产品结构。供需结构严重失调的主要原因是企业技术改造和研究开发投入不足,导致新产品开发能力薄弱,致使企业产品结构调整缓慢,不能适应市场需求的快速变化。其后果是市场适销产品少,企业成品库存增加,资金积压,而居民却持币待购,无货可买。企业可以通过开发适销对路产品,从根本上实现产品结构调整,以适应消费结构的变化,改善企业经营状况。

2. 开拓经营新领域

调整经营结构。社会消费的发展趋势是从单一到多样,从低层次到高层次,消费的重心也会随着社会经济发展水平而转移。企业增强新产品开发能力,可以使企业跟随消费重心的转移,及时开发各类产品,进入各类市场,避免产品雷同,掌握竞争的主动权。同时也实现了企业经营结构的调整。

3. 调整投资结构

保证产品结构与经营结构的调整。在结构调整中,产品结构是最基本的,靠产品结构的调整来适应市场需求的数量变化与品种变化,来实现企业经营结构的调整。但产品结构调整不是一句空话,它需要投资结构的支持。企业要在整体目标指导下,合理配置资金,集中力量把对调整结构具有显著作用的重点产品和技术改造项目保上去,防止低水平重复。企业要加大对科技的投入,确保在产品开发方面的优势,走活这步棋,则走活全盘棋。

企业产品结构调整是社会宏观经济结构调整的微观基础,调整的起点是企业开发适合市场需求的产品。在那年的全国人代会上,海尔总裁杨绵绵就经济结构调整曾有过一次精辟的谈话,说通过消灭库存实现宏观经济结构调整。此话有两方面含义:一是产品库存大说明产品没销路,如果企业不采取措施,继续生产没人要的产品,倒闭是必然的,这类多余的企业少了,结构自然调整了;另一含义是,如企业都能按市场需求开发产品,产品适销对路,没有库存,就不存在结构不合理问题。通过企业对产品结构的自我调整行为,可以使经济结构得到调整。说明微观层次的结构调整是宏观经济结构调整的基础。

第二节　制造业的产品开发与工艺选择

一、新产品开发流程

新产品开发是一个从产生概念产品开始到制造出成品为止的

完整过程。图3-1描绘了产品开发全过程,它包括概念产品形成阶段、产品设计阶段和加工制造阶段。从图3-1中可以看出,产品开发是以市场为始点,又以市场为终点。从市场需求中产生出新产品的概念,称为概念产品,它可以是存在于头脑中关于产品的种种想法,也可以是关于产品的文字描述。经过产品设计活动,将概念转化成工程图纸,再加工成产品送入市场,满足市场需求。但是,产品的开发过程并未就此结束,还有一个反馈过程,需要根据市场的反馈信息进一步改进产品,完善性能与质量。因此,产品开发是一个周而复始的动态过程。

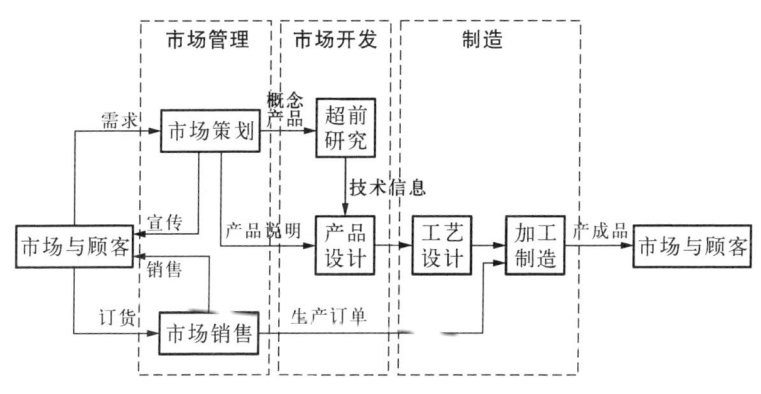

图3-1　新产品开发流程

新产品开发流程的科学性对开发成功率的影响是很大的。评价流程优劣主要还是从能否满足市场需求的角度来考虑。市场要的是怎样的产品?怎样的性能?怎样的质量要求?能接受的价格是多少?

二、市场需求的拉动作用

新产品开发的动力来自两个方面:一是市场需求拉动;另一是技术推动。两者之中,需求是第一位的。产品是为用户而开发,因此说市场需求是产品开发的源头,离开了它,开发活动成了无源之水、无本之木,即使能取得技术上的成功,最终会因为无商业机会而弃之不用。

市场需求为产品开发指明方向,提供机会和激发创新思维的火花,使企业家看到潜在的商业机会,并诱导他们进行产品开发。市场需求是由人们的消费需求构成的,以人们的消费能力为极限,其总和构成市场容量,或称有效的市场需求。任何产品开发活动,只有找到了与其相吻合的市场方位和适当的市场空间,才有可能实现新产品的经济价值。否则,产品的开发活动会因为没有事先弄清有无市场需求和容量大小,使产品开发成功之时即成为失败之日。

市场需求是客观存在的,但又不是显露的,需要我们去寻找、去发现。至于如何去寻找,这是市场分析的任务,市场学有专门的论述,在这里通过几个例子说明问题。

20年前中国被世界各大汽车厂商视为地球上仅剩的一大未被开发的汽车市场,在国内将汽车工业作为"支柱产业"也就不足为奇了。在1986年,国家汽车工业总公司确定了"高起点、大批量、专业化"的发展方针。但是,10年来中国汽车工业在发展"高起点"汽车时,却未能同时也培育出一个"高起点"的私人购车市场。在刚刚具备了100万辆生产能力的时候,各家厂商却为市场销路问题而发愁。"支柱产业"没有支撑起中国经济。直到2003年,中国汽车工业开始发力,到2006年产量突破600万辆,很快成为世界汽车生产大国。到2009年上半年产量上升到全球第一。普通桑塔纳轿车雄居市场10年的时代自然终结了,企业进入靠新产品获取市场的时代,市场上品种之多,新产品开发之快,一般关注者已无法搞清,这是市场需求使然。市场没有发展到这一步,任何想法都是不切实际的空想,是无法实现的。

我国的经济每年以较快的速度增长,居民存款量全球最高,所以说市场是巨大的,不存在市场疲软问题,疲软的只能是过时的产品。

三、技术的推动作用

技术在产品中含量增加的趋势越来越快,新技术的大量发明导致了新型产品的层出不穷,这就是技术对新产品的推动作用。液晶技术问世几十年,但多是小面积的,一旦大面积液晶板制造技术的突破,引来了电视机显示技术的革命。无线通信技术的不断升级,推动了手机产业的发展,新功能手机不断出现。技术又分两类:一类是直接构成产品功能的技术,无线通信技术是属于此类型;还有一类是加工技术,虽不构成产品功能,但是对能否找出新产品是至关重要的,如大面积液晶板制造技术属于后者,液晶板的显示原理基本没变,但加工技术进步了,可以生产大面积面板。因此,认识到技术研发和技术储备对新产品开发的重要性是很重要的。海信公司几十年坚持技术立厂,长期保证技术研发的高投入,近几年来技术优势已经显露出来,产品开发优势、成本优势(节省技术引进费用)很突出。当然与市场需求相比,技术还是处于第二位的。

四、新产品的选择

市场的需求可以说是无尽的,企业能够作的选择是有限的,只有给企业带来竞争优势的产品,才是企业的选择对象。一般应该考虑以下几方面因素。

1. 企业经营方向

这是企业经营战略已经规定了的,事关企业大局,产品选择是实现经营战略的首项具体措施,理所当然要服从企业的经营方向。在经营方向下,还需要进一步参照企业的竞争策略来选择产品。如果竞争策略是主动进攻型的,它要求企业先于对手推出创新产品,在一段时间内以独家产品的优势压倒对手,保持自己的市场优势。这时选择的产品要求是全新的,要有新原理、新技术、新材料和新功能。采取这个策略要求企业具有雄厚的科技力量和资金,也要冒较大的风险。如果企业因为自己的科技实力与资金稍逊一筹,制定了追随型策略。这时产品的选择不在于自我创新,而是分析对手推出的新产品,挑选市场容量大的作为开发对象。这样做风险小,但要求企业在生产和销售方面具有较强的实力,能在短期内形成大批量生产能力，以弥补时间上的落后，达到后发制人的目的。

2. 企业的技术特长

企业在长期的竞争中往往会形成某些有别于竞争对手的专有技术，使自己的产品在某些方面具有突出的优点。以彩电业为例，夏普以液晶技术见长，则开发液晶大屏幕彩电；松下以等离子技术见长，则主打等离子市场。技术特长构成企业竞争力的一个因素，选择的产品是否有利于发挥企业的技术特长，也会影响到产品进入市场后的命运。企业应该尽可能地选择有利于发挥自己专门技术的产品。

3. 产品的获利能力

开发产品的基本目的就是为了能够给企业带来更多的利润，在选择产品时必须谨慎地估计产品的获利能力。有些企业忽视了这项工作，产品虽然开发出来了，但是，或由于开发的投入费用太大，或由于市场太小，或由于生产能力不够等种种原因而未能获得想象中的收益，甚至亏损。计算产品的获利能力应该考虑产品寿命周期内的全部费用，包括支出和收入两部分，支出包括开发费用、生产费用和销售费用。影响生产费用的因素很多，主要为生产方式和生产规模。影响销售收入的主要因素是价格与销售量。如果产品寿命周期较长，要考虑资金的时间价值，这时应该采用资金流量法作计算。

五、产品开发的风险与控制

产品开发面临高风险。产生风险的原因主要来自以下几方面。首先，产品设计是一项技术性很强的工作，产品开发本身存在技术上的风险，因实现产品功能的技术不成熟或加工技术不过关而导致失败。技术发展具有不可预见性，如果产品研制完成时有更先进的替代技术出现，产品则无优势可言，也会导致开发失败。其次，产品设计不仅仅是技术工作，也是一项经济活动，在经济上存在很大的风险，风险大小可以用投入的价值量来衡量，一件大的产品,如大型客机的开发费用达到几十亿美元,我国大飞机项目投资达 400 亿元,如果开发失败将会导致公司破产,所以提高产品开发的成功率应该引起决策者的重视。但由于其技术性强往往由工程技术人员担负此任,很容易陷入片面追求技术完美的误区,而忽视了产品开发的基本目的,很可能导致产品开发出来了,但无人问津,开发工作最终还是失败。第三,市场需求发生变化,如果产品研制成功时市场已经萎缩,则失败已无法避免。市场需求也与供应量有关,如果竞争对手也开发出相同的产品,市场供过于求,则其经济效益会大打折扣。

产品开发成功与否最终以是否赢利为评价标准,这将主要取决于产品是否符合用户需求,费用是否节省,投放市场的时机是否恰当,是否有合适的市场规模与一定的市场占有率。提高产品开发的成功率,降低风险,可以采取以下几条措施。

1. 为用户设计

现代科技的发展日新月异,但切不可认为技术越新,功能越多的产品就是好产品,产品最终是以有需求量的产品才是好产品。现在有些产品,特别是电子产品,设计了许多功能,而用户只使用其中小部分的功能,造成功能过剩的浪费。也有些产品设计时忽视了使用上的方便,用户使用时感到很复杂很不方便,万一使用说明书丢失,会有更大的麻烦。因此,产品设计一定要贯彻为用户着想的原则。戴尔电脑公司从当初只是一家在校学生注册的公司,快速发展到世界第一大电脑公司是因为它的直销模式能做到为客户定制,成本低,做到技术上可靠适用,功能上不过剩,真正使用户体会到货真价实,竞争力自然而然提升了。丰田的 lean production 其核心思想也是客户要什么就给什么,所以赢得了市场。

2. 为制造设计

产品设计与制造成本有紧密的关系,经验表明,在产品开发中,产品设计决定了开发费用的 60%,而产品设计活动本身的费用只占 5%。因此,在产品设计阶段就要考虑到制造,使生产部门能以尽可能低的成本制造产品。设计人员要考虑许多方面的问题,首先是技术原理,选用哪种技术对实现产品性能至关重要;其次是结构问题,结构简洁合理可以为加工制造和维护带来便利性;再次是选材问题,选材关系到产品性能、加工难易性、生产成本等因素,是个不容忽视的问题。此外,在设计时对零件数量,零件的标准化和通用性,零件加工的可行性以及企业制造技术的可行性,都需要做周密的考虑。这样做可以减少开发过程中不必要的返工,缩短开发周期,减少浪费,也可以为改型设计创造条件。一个训练有素且经验丰富的设计者,在设计中他能自觉地与制造工艺结合起来考虑。

3. 运用并行工程方法

图 3-1 是用串行的方法描述产品开发的一般过程,它比较清楚地表达了产品开发的各个阶段,以及各阶段之间的工作次序,这是对产品开发过程的传统认识。长期的实践证明,开发过程的各个阶段不应该分得过分清楚。由于各阶段的工作是互相影响的,例如,市场部门形成了一个概念产品,这个想象中的产品也许是十分完美的,但是能否被设计与加工,还得取决于设计能力和加工水平,这就要求企业各有关部门在开发初期就要加入。客观上要求所有相关部门在产品开发的整个过程中加强联系,参与每一阶段的工作,这样做可以提高每阶段工作的质量,大大减少返工的机会。另外,为了缩短开发周期,各阶段的工作可以交叉进行,如图 3-2 所示,这是一个并行的开发过程。关于这个问题已经形成一整套并行工程的原理与方法,此处不作赘述,我们仅是提醒读者,运用并行工程的

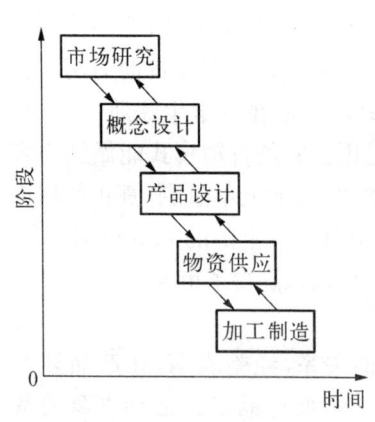

图 3-2　并行开发流程

方法可以大大提高产品开发的成功率,可以缩短开发周期。缩短周期可以有效降低市场需求和技术发展的不确定性带来的风险。

运用并行工程开发产品需要采取必要的组织措施,最普遍的组织形式是由包括用户、供应商在内的各部门人员参加的工作小组。如图 3-3 所示。

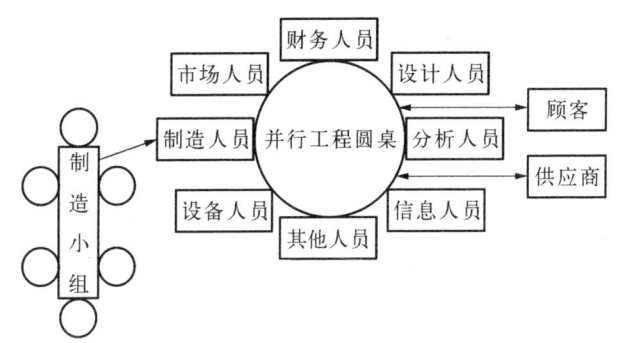

图 3-3 并行工程组织示意

4. 统一各职能管理部门意见

一个产品从形成概念到成品销售,需要企业各管理部门的协同努力,但由于各部门的局部利益不完全一致,在产品选择时会表现出不同的价值取向。市场部门希望开发更多的产品,更多的系列以增强销售的灵活性;生产部门则要求开发的产品具有继承性,成系列,品种不宜过多,市场需求稳定的产品,其主要目的是生产管理简单,生产过程变动小;而财务部门又希望最好选择利润高、资金占用少、销路好、货币回笼快的产品。如果能同时满足各部门要求,这个产品当然是最好的选择,但这种情况是少见的。决策者应该在企业经营战略总体目标下,权衡各职能管理部门的意见后,作出最有利于企业发展的决策,可以避免片面性和盲目性。

六、工艺选择

产品加工工艺也是关系到产品质量、生产效率和生产成本的重要因素。加工一件产品一般需要经过许多道工序,每道工序的加工工艺是不同的。所以工艺选择既要对每道工序采用什么工艺作决策,也要对整个加工过程作选择。由于工艺是属于操作层的技术范畴,不同行业、不同企业、不同产品的加工工艺是不同的,所以具体选择哪种工艺,不是本书讨论的内容,本书从管理的角度讨论工艺选择的一般原则。作工艺选择时通常要作三方面的决策:决定主要的制造技术;决定产品的基本制造流程;决定关键的制造设备。

1. 主要制造技术的选择

根据加工工艺在制造过程中不同性质的作用,可分为基本制造工艺、改性工艺和后处理工艺。基本制造工艺是使产品成形所必不可少的工艺,影响加工质量与效率;改性工艺用于改变材质特性,大大提高了使用价值;后处理工艺指产品成形后为提高使用价值而实施的加工作业,不处理产品也能使用,但处理后因提高了使用价值,可以提高价格。

基本工艺的选择是首当其冲的,选不好工艺就造不出好产品。如大家熟知的炼钢工艺,有平炉、转炉、电炉等,而平炉因其耗能大、效率低、质量差在我国已被强制性淘汰,而纯氧顶吹转炉工艺因其效率高、质量好、能耗低等优点得到大规模应用。改性工艺虽不是制造产品所必需的,但原材料经改性工艺处理后性能大大改善,如处理过的羊毛具有羊绒的特性,制成的羊毛衫价格翻倍。后处理工艺也应当引起我们的重视,我国许多企业有过深刻的教训。例如,服装行业,有些企业产品的款式、面料和做工都不错,就因为不重视后整理工艺,卖不出高价。再如珍珠业,国际市场上向来有"西珠(欧洲产)不如东珠(日本产),东珠不如南珠(中国广西产)"之说,但东珠的价格几倍于南珠,其原因就在于日本企业重视后处理工艺的研究,加工后的珍珠,色泽光亮大大超过南珠。说明以工艺的优势弥补天然原料的不足,同样可以提高产品的竞争优势。

总之,工艺选择不仅是技术选择,还是有关经济效益的选择,企业最高决策者不可轻易放弃。

2. 谨慎选择制造流程

不同的产品性质,不同的生产规模,不同的品种数量,不同的
工艺方法都会影响制造流程的选择。选择的原则是有利于提高设
备利用率和劳动生产率。图3-4描述了4种基本制造流程的特
点和适用原则。

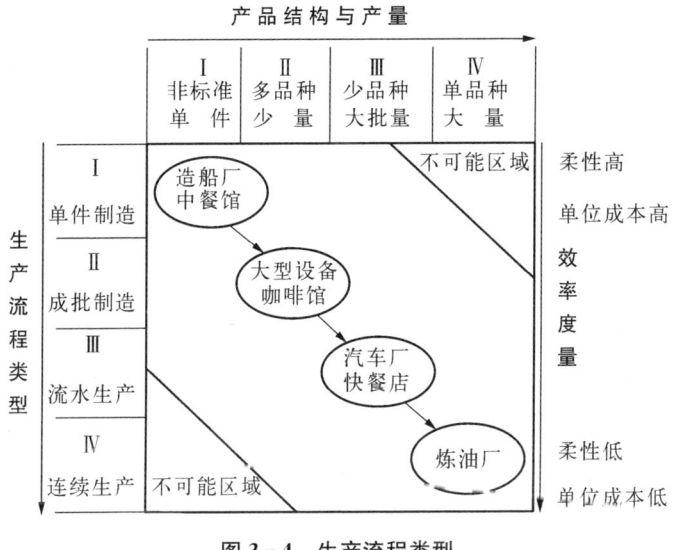

图3-4 生产流程类型

单件小批量生产方式适用于产品体积大,结构复杂,品种数量
多,批量小的企业,例如飞机厂、船舶制造厂、大型机床制造厂等
等。制造这些产品的企业需要大量不同的工艺、不同的加工顺序,
迄今为止这类企业采用单件小批量的方式是最经济的。

批量生产方式一般适用于产品体积较大,需求量比较稳定,品
种与数量也比较大的企业。虽然品种数量较大,但是由于需求稳
定,又有一定的数量,可以按一定的周期实行批量生产。同一批的
产品具有完全相同的加工方法,企业可以组织稳定的生产线,有利
于提高设备利用率和生产效率。

流水线生产方式是一种效率很高的制造流程,它适用于产品

品种单一,生产量大而稳定的企业。这种生产方式是在一条流水线上大量地重复生产同一种产品,生产线被设计成按产品的加工顺序排列,加工对象按节拍从前道工序流向后道工序,逐次加工,可以得到非常高的生产效率。

连续生产流程往往被用于原料是液体或流质的较大生产规模的企业,如炼油厂、啤酒厂、造纸厂等等。

一般而言,企业不难选择适合于自己的制造流程。需要指出的是选择制造流程要谨慎,原因有二。第一,这是一项战略行为,要尽可能考虑到扩大生产规模,选择效率高的流水线生产,如果目前没有条件,但要为以后的发展留下余地。第二,由于计算机技术开始大量进入制造过程,将会改变产品的加工方式,上述4种制造流程的适用原则会有所变化,在计算机技术的支持下,流水线生产会有更大的适用性。

3. 关键设备选择

现代工业告诉我们,先进的设备对产品质量和生产效率的影响因素已排在首位。但这并不是说设备越精良越好,设备选择是经济效益的权衡,对于资金实力不强的企业,应该把有限资金投到关键设备上,即形成产品最重要功能的加工设备。

七、零部件配套方式

零部件配套是机电行业特有的管理工作,所谓配套方式是指零部件自制还是外购,全部自制或者全部外购都不是好的方式,需要确定一个合理的比例。最新的理论提出了"核心竞争力"的概念,每个企业培育自己的领先于竞争对手的难以模仿的专长,而把非专长的业务或作业分包出去,这其实是分工理论的发展与深化。在此理论指导下,许多整机厂已发展成组装厂,如汽车、家电企业。总的趋势是走专业化、协作化的道路,即企业按专业分工,一个企业专门从事少数几种零部件生产,合起来就形成生产某种产品的企业群,这种配套方式具有较大优势,日本汽车工业能在20年内迅速崛起是一个有力的证明。以"大而全"著称的美国几家汽车公司也已减少自制零部件的数量,走专业化、协作化道路,以提高竞争能力。产品由一家造变成多家一起造,由此产生了供应链竞争的新概念。

企业选择专业化、协作化的配套方式应遵循以下几条原则。

(1)表征本企业产品主要技术性能的零部件应自己制造,这样做有助于提高自己的技术水平,掌握产品开发和扩大生产规模的主动权。

(2)选择协作厂要考察其技术水平、产品质量和生产能力等方面是否能满足本企业产品的要求和生产规模。

(3)协作厂的距离不宜太远,这样可以为零库存管理创造必要的条件。

(4)吸收协作厂共同参与新产品开发,既可以减轻资金压力,又可以分担开发风险,还可以缩短开发周期。

(5)整机厂与协作厂要互相信任,利益共享,共同降低成本,共同简化供货手续与物流过程。

选择配套企业(零部件供应商)一般有两种方式:一种是在给出采购订单以前,按照一套程序去寻找和筛选潜在供应商;另一种是通过招标选择供应商,签约后再要求他们改进工作质量,否则取消供销合同。前者,日本、欧洲企业用得较多;美国企业多数采用后者,实际效果不如前者。

第三节　服务业的产品开发与工艺选择

服务业是一个分布面极广的概念,金融业、房地产业、邮电通讯、广播电视、交通运输、零售业、律师咨询业、娱乐业、医疗保健、文化教育等都可以归入服务业。从生产就是制造效用的角度看,服务业的服务过程与制造业的制造过程就没有什么差别。服务业的产品就是我们平时所理解的服务项目,不管是称作项目还是产品都是同一个事物,只是服务项目(产品)除了具有无形的特点以外,各企业产品的外部表现形态差异很大。服务业产品也有自己的生产工艺,由于其产品与工艺的特殊性,使服务业的管理也具有某些特殊性。与制造业一样采用先进的工艺或流程对于提高效率、降低成本、改善服务质量具有很大影响。

一、服务业的产品与服务过程分类

服务业的产品与制造业相比有明显的不同之处,制造业的产品是可见的、可储存的,而服务业的产品一般是不可见的、不可储存的,并且服务业产品的制造过程与消费过程常常是合二为一的。银行的存款业务与贷款业务可理解为银行业的两大产品系列,存款业务中的企业存款与居民存款是两个产品品种,不同存期的存款业务则是不同规格的产品。保险公司以各种险种作为自己的产品;电视台以各档专栏节目作为产品种类,每天不同的播放内容是产品的具体表现形式;航空公司的航线则被认为是产品。电视台播放电视节目是服务过程,而与此同时人们正在收看节目是消费过程;航空公司执行某个飞行航班是服务过程,但同时也是乘客的消费过程。读者可以自行分析自己所熟悉的服务业的产品、服务过程和消费过程。

本节开头所列举的服务行业是以服务内容来分类的,这在统计国民经济数据时是有用的,但是从管理的角度看,由于这种分类忽视了服务过程的特点,是不恰当的。在制造业中,按照制造过程的特点,如加工的连续性、加工的重复性来分类的。在服务业中也可以按照某种特点来分,这就是与顾客的接触程度。所谓接触程度可以粗略地定义为在整个服务时间中顾客在服务系统中的时间,这是一个重要参数,对管理活动影响很大。

接触可以分成 6 个层次:信件联系、现场指导、电话接触、面对面的规范严格的接触、面对面的规范宽松的接触、面对面的顾客化服务。一般说来,接触程度与销售机会成正比,与生产率成反比。随着接触程度提高,相互间的影响也增大,会影响服务所需要的时间和对服务质量的接收程度,同时对服务系统的控制越难。

面对面的规范严格的接触指按照规定的程序服务,服务内容程序化标准化,服务质量容易规定,受服务者也容易感受到质量水平;面对面的规范宽松的接触则是指服务内容有规定,但没有严格限制,在服务过程中需求双方随时沟通,调整服务内容,服务时间和质量均不易控制;面对面的顾客化服务则完全根据客户的需求提供服务,更难规定服务质量标准和时间。如特需门诊,医生提供的服务已远远超出一般的门诊范围,要准备回答病人可能提出的各种各样的问题,耗费的时间很难估计,病人对诊病质量的期望值很高。

总之,只要把服务项目当作产品对待,服务企业就应该像制造业那样主动地推销自己的产品。在制造业中已形成了一套完整的市场营销理论与方法,服务业完全可以从中吸取大量的知识。服务业的服务过程与制造业的加工过程有很大的差别,在制造业中顾客不参与加工过程,但在服务业顾客必须在服务过程中接受服务,他们是服务对象,处于服务系统的中心地位,如何直接使顾客对服务感到满意,是服务业管理的核心问题。

二、服务业产品开发的意义

服务业企业开发新产品的意义与制造业是相同的,同样是为了保持自己的竞争优势,为了扩大市场或开拓新的经营领域寻找新的经济增长点。以我国的国债市场来说明这个道理。刚开始发行国债时,国债市场是不存在的,发放国库券通过行政渠道摊派下去。由于没有国债市场,国库券无法流通,自发地产生出非正式的流通渠道,不利于对国库券的管理。当有了国债市场,国库券可以上市流通,非正式渠道就自然被堵住了。开始时,只有现货交易一个产品,国债市场的交易规模十分有限,以后开发出了期货交易,使国债市场的规模迅速扩大,市场十分活跃,后来又开发了回购交易,进一步增大了市场交易量。许多发展迅速的服务业企业,与不断开发出切合市场需求的产品有密切的关系。

服务业的产品开发与制造业又有许多不同的地方。服务业的产品开发投资少风险小,开发的主要方式是依靠人的创造性思维。

服务业以手工操作为主,所以开发一个新产品一般不涉及大量的设备投资问题,这与制造业完全不同,这些特点是服务业开发产品的优势。企业可以大胆地设想大胆地试,不必顾虑开发失败的后果。因此,服务业完全有理由将产品开发搞得比制造业更活跃。需要注意的是,服务业开发产品也必须贴近市场,为满足市场需求而设计新的产品。

至于我国的服务业,服务项目开发的概念较弱,则存在着更大的机遇。蓝星化学清洗集团公司是一家在国际上也小有名气的清洗工业锅炉与换热设备的专业公司,创建于 1984 年。当初是靠 2 万元贷款起家的,如今已发展到 2 亿多元的固定资产。"蓝星"清洗技术已在全国开花结果,单项技术推广到 8 000 多家,388 家分公司与蓝星总部结成了以研制应用推广科研成果为经营主体的企业集团,创造了我国产业发展史上的一个奇迹。而创建这个企业的缘由十分简单。当年,一个年轻的技术员了解到我国每年因工业锅炉结垢多而消耗 1 750 万 t 煤,全国又没有一家专业清洗企业,可他们单位研制的国家级获奖清洗剂却推而不广,于是萌发了办一个专业化的清洗公司的念头,十几年后却办出了一个大产业。

三、服务业中的加工工艺

在制造业中工艺是指加工产品所使用的特定方法,是一项非常重要的技术工作,按此定义,服务业的服务方法就可以理解为服务业的工艺,它对企业的服务质量、经营效果同样十分重要。

以零售业为例,最初的零售方式是店铺销售,铺面需要装修,需要布置柜台货架等,由营业员一对一地为顾客服务,这种营业方式效率比较低,经营成本高。后来发展出多种营业方式,如连锁超市、仓储式销售、无店铺销售、传销等等,这些方式都具有明显的成本优势。这优势来自服务方式的简化:

(1)店铺装潢简单,甚至没有店铺,节省了开支;(2)货位与仓库合二为一,面积得到充分利用;(3)顾客自己取货运货,参与了服务过程,省下营业员的劳动;(4)使用新技术,如使用 POS 机提高收款速度。

上述优势促使了这些新型的零售企业迅速发展。特别是连锁超市,采取了配送中心统一送货,结算中心统一结账,统一服务标准等措施,降低了成本,提高了服务质量,竞争优势十分明显,许多超市企业都发展成规模巨大的集团公司。如美国沃尔玛公司的年销售额已超过通用汽车公司,坐上世界500强的第一把交椅。中国的超市公司目前的规模虽然还不大,但发展势头十分强劲。

为了对服务业工艺有更深的理解,再举几个例子。

如中医治病开处方是少不了的工序,一张处方十几味药,因此开处方占用了医生大量时间,现在很多医院开发了信息系统,每位病人医疗资料都存入系统内,复诊时医生只需在原处方上做适当调整药味就行了,处方信息同时传递到收费与药房,效率大大提高。银行开发的自动存储款机,以机器替代人工,既节约人工成本,又减少顾客排队的烦恼。

四、服务业的工艺流程

服务企业提供某个服务项目往往也需要几个岗位协作形成流程,类似于制造业中的加工流程。服务业流程对工作效率与质量的影响也很大。例如长期以来,我国银行信贷管理采用信贷员"一揽子"包办制,缺乏监督制约机制,风险防范差,致使银行呆滞贷款比例很高,交通银行海南分行早年的呆滞贷款高达30%。该行行长根据多年从事金融工作的经验,提出了"贷审分离"的管理制度,重新设计服务过程,设立了贷款管理与贷款审查两个机构,前者负责贷款的受理、调查、发放和回收的职能,后者负责把关,对贷款进行审查和监控,并作贷款的风险分析,计算风险度指标。服务方式改变以后,海南分行没有一笔呆滞贷款,收息率100%。

近年来电影业不景气,观众越来越少,常常出现1 000来个座位的电影院,只有两三百人在看。有人认为是票价太高的原因,也有人认为是电视抢走了观众。经调查发现观众的消费习惯也发生了很大变化。例如,在一场电影正在放映时,一般总有一两百人进来转悠,但很少有购票的,经分析大部分是想进来消遣,看场电影。但不是因为电影刚开始,下场电影要等 1 h 以上而离去,就是因为自己想看的电影当天不放映而离去。经询问,消费者都是出来逛街的,路经电影院看到感兴趣的电影,才决定看场电影,如果只需等上半小时就能看下一场电影,他们是愿意等的。显然,人们看电影的消费习惯发生了变化。因此改变电影院的服务模式,适应新的需求特点是走出困境的最有效手段。有些电影院改大厅为多厅小厅,每半小时开放一场电影,同一天安排多部电影,取得非常好的效果。

服务业是劳动密集型行业,手工作业是服务业的主要加工手段,除了个别行业,如医疗、通讯等它们的服务方式得到高科技的支持,使企业与消费者得益,大多数行业很少得到科学技术带来的好处。随着信息技术的发展,为服务业使用新技术创造了良好的条件,如航空公司的售票网络、金融业的信用卡都得益于信息技术的支持,大大改变了服务方式,更方便于顾客。

当今社会服务业依靠信息技术开发新产品的机会也越来越大。电话银行、网上银行、股票市场的电话或网上交易等服务项目大大拓展了交易空间。甚至依靠网络技术产生了很多新兴企业,有提供游戏服务的,有提供购物平台的,等等。在我国的大多数服务行业中,科技人员占就业人员的比例是很低的,这不利于应用新技术,创造新工艺。只要企业敢于打破无所作为的思想,认识到科技在服务业中存在着广阔的应用天地,大胆引进科技人才,积极采用高新技术,改变单纯使用手工作业的服务方式,同样能够提高企业的劳动生产率和竞争力。

复习思考题

1. 新产品开发有什么积极意义?

2. 新产品开发与企业结构调整有何关系?

3. 新产品开发的动力是什么? 是怎样起作用的?

4. 企业选择新产品时会受到哪些因素影响?

5. 怎样才能提高新产品开发的成功率?

6. 加工工艺在生产中起什么作用?

7. 试分析各种不同零部件配套方式的优缺点。

8. 服务业企业的产品有哪些特点? 服务企业的新产品开发有什么意义?

9. 以下为关于同济医院核磁共振检查的描述,医院从病人出发,通过流程再设计很好地解决了问题。试分析医院可能采用的流程。

一年前,女儿被确诊患上脑部胶质瘤之后,医院便成了张女士时常光顾的地方,核磁共振检查必不可少。为什么舍近求远找到同济医院,张女士有一个简单而充分的理由:"方便。检查可以安排在女儿放学以后,而且一个半小时后就能拿到检查报告。"

该院影像科主任黄培军教授排出一张原拍片病人详细流程表,除急诊病人外,每位进行影像检查的病人,特别是要做 CT 或 MR 的病人,完成一次检查平均要跑三次医院,第一次拿着申请单缴费,随后到影像科预约登记,第二次按约到医院接受检查,第三次是到医院取检查报告。整个过程,少则三五天,多则十天半月才能完成。

要改进流程,大家都同意。但怎么改进,看法却不尽一致。有人强调,从检查到拿到报告至少要经过预约、登记、检查、洗片、理片、写报告、审报告、发报告等 8 个环节,科室中每个人已是满负荷工作。改进工作的余地似乎不大。

对此,黄培军教授列出了大家早已熟视无睹的现实:医院中午都有了连续门诊,但影像科基本上保留了午间休息的工作流程,而且,对于读片写报告往往习惯于累计到一定量后再开始,"片子等主任医师"成为"天经地义"的事情(按规定片子必须有主任医师读,该科有 4 位主任医生)。

第四章　生产系统的布局与布置

　　生产系统布局指生产设施在较大空间范围内的安排,主要包括企业地址选择,而生产系统布置则指厂区内生产单位的空间布置,以及车间内部设备的安装排列等内容。系统布置又与生产过程(流程)涉及有关。任何一种产品,从原料到成品都需要经过一定的加工制造过程,从物质形态上看,它是一个产品的形成过程,伴随着这个过程,产品的功能和质量也随之形成了。从价值量上看,它是劳动(包括物化劳动和活劳动)的消耗过程,所以它又是成本的形成过程,同时又是价值的增值过程。因此生产过程也是运营管理的主要对象,其重要性无论怎样强调都不过分。这些管理活动属于生产系统组织职能的前期工作,工作质量的好坏对整个企业的经营效果有长远影响,需要企业作认真考虑。该项工作总的要求是运用科学方法,使建成的生产系统能够满足企业经营战略的需要。

第一节　地　址　选　择

　　地址选择不仅仅是新建企业所面临的决策,老企业在考虑企业发展时,企业改建、扩建、搬迁以及扩张兼并,选择合作伙伴都会遇到这个问题。选址是生产经营活动的第一步,具有很大风险。一旦地址选定,企业的外部环境就基本确定,企业的不动资产也固定下来了,同时它的经营费用也大致限定。由于不动资产难以转移,外部环境无法控制,如果选址有误,给以后的经营活动埋下了隐患,很难挽回,企业会陷入进退两难的境地。所以选址工作对企业经营具有重要意义,要作系统的全面的考虑,要采用科学的决策方法。

特别需要指出的是,随着经济全球化进程的加快,选厂址的范围已经超出本国的疆界。我国入世以后,外商在我国投资建厂的速度加快了,与此同时我国企业到海外建厂的数量也稳步增长,选址的空间越来越大,要考虑的因素也增加了。

一、影响厂址选择的因素

影响因素很多,大致可以分成两类:一类属于自然条件方面的;另一类属于社会环境方面的。

1. 自然资源条件

(1) 土地资源。建厂需要土地,土地的地理位置、面积、地质条件、地价等都是十分重要的因素。

(2) 气候条件。有些对气候有特殊要求的企业,气候条件是非常重要的选址因素。主要考虑温度、湿度、风向、风力、灾害性天气的种类、严重程度和发生概率等。

(3) 水资源。水是生产与生活的必需资源,对水的要求不仅仅是数量问题,还要考虑质量问题。

(4) 物产资源。有些企业需要使用大量的物产资源作为制造产品的原材料,甚至有的企业对资源产地有依赖性,因此,企业接近原料产地对于生产加工是十分有利的。

2. 社会环境条件

(1) 劳动力资源。劳动力是最重要的生产资源,除了数量上的要求外,更重要的是质量方面的要求,如文化水平、技术技能等,另外还要考虑当地的工资水平。

(2) 基础设施条件。设厂地区的基础设施对企业的经营成本有很大影响。主要是煤、电、水的供应是否充足,通讯设施是否便捷,交通运输是否方便。这些基础设施对企业正常的经营活动是必不可少的,而企业又不适宜在这方面作投资的。

(3) 工业综合化基础。现代大工业生产,企业之间有着密切而广泛的联系,互相之间提供大量的原料、零件、能源,以及信息、资金等,形成一条条供应链,结成一张供应网络。如果当地没有一定的经济规模,对生产经营是不利的。

(4)市场空间。越来越多的事实证明,大多数产品具有产地销售的优势,这往往是由于成本优势和服务优势造成的。市场空间大可以为企业提供较大的发展余地。

(5)公众态度。企业在当地是否受到公众的欢迎,对企业今后的日常经营活动是有一定影响的,严重时会使企业无法进行正常的生产活动。如排污严重的企业,生产的产品与当地的宗教信仰相冲突的企业,都会受到公众的谴责和抵制,甚至当地居民会自发采取阻挠行动。

(6)地方政府的政策法规。如产业政策、税收政策、环保政策、土地政策等等,这些政府法规都会对企业产生重大影响。

(7)生活条件。企业职工需要有一个良好的生活环境,包括住房、娱乐、子女教育、生活服务等,良好的生活条件对于稳定职工情绪、恢复体力与脑力都是至关重要的,这是一件不容忽视的大事。

还可以列出许多因素,但需要指出的是,不同的企业对建厂的环境条件有不同的要求,在有的企业看来是十分重要的因素,而对另一个企业可能是无关紧要的。服务业与制造业又有很大不同,服务业产品的生产过程和消费过程是同时发生的,产品又具有不可储存性,市场空间是选址时要考虑的首要因素。总之,选址时要根据企业自身的要求确定所要考虑的因素,并分清主次,区别对待。

二、选址的原则

影响选址的因素很多,如要全面评价各因素的影响作用,需要做科学的定量分析。但大量的成功案例证明,在选址问题上,定性的分析更为重要,定性分析是定量分析的前提。在做定性分析时,为它确定几项原则是必要的。

1. 费用原则

企业首先是经济实体,经济利益对于企业无论何时何地都是重要的。建设初期的固定费用,投入运行后的变动费用,产品出售以后的年收入,都与选址有关。对于制造业这是首条原则,有许多案例可以说明费用原则的有效性。例如联合利华进入我国市场很早,地址选在上海,经营效果很好,但进入 21 世纪经营状况恶化,原因是成本高,价格定位高,导致东南亚的同品牌产品通过各种渠道进入我国。该公司将工厂迁至安徽,成本下来了,什么问题都解决了。许多在华外资企业因费用因素有西迁迹象。

2. 集聚人才原则

人才是企业最宝贵资源,企业地址选得合适有利于吸引人才。反之,因企业搬迁造成员工生活不便,导致员工流失的事实常有发生。当然,企业的凝聚力是多种因素作用的结果,但不可否认地理位置是重要因素。例如上海周边城市的外资台资企业很多,特别在苏州一带,这地带除了有费用优势外,生活方便,交通便利是重要原因,周末到上海休息,甚至居住在上海,上班在昆山,要回国到上海国际机场很方便,很适合外方人士需求。

3. 接近用户原则

对于服务业,几乎无一例外都需要遵循这条原则,如银行营业所、邮电局、电影院、医院、学校、零售业的所有商店等。许多制造企业也把工厂建到消费市场附近,以降低运费和损耗。

4. 长远发展原则

企业选址是一项带有战略性的经营管理活动,因此要有战略意识。选址工作要考虑到企业生产力的合理布局,要考虑市场的开拓,要有利于获得新技术新思想。在当前世界经济越来越一体化的时代背景下,要考虑如何有利于参与国际间的竞争。海尔是最早意识到海外投资重要性的企业之一,当国内市场严重供大于求时,立即考虑到国外开拓市场,除亚洲外,把工厂建到了美国的南卡罗来纳州,在纽约建海尔大厦,为国际化品牌战略打下基础。

三、厂址选择的方法

基于厂址选择的重要性和高风险性,选择厂址时必须提供较多的备选方案,因此它是一个多方案、多因素的决策问题。解决这类问题的方法很多,但归结到一点,就是计算出一个综合性的数值,从中挑选最好的。不同点在于确定各因素的权重的方法差异很大。下面介绍两种方法。

（一）分级加权评分法

为便于叙述,结合一个实例加以说明。某电视机公司因业务发展需要,决定建一新厂,提出 3 个备选厂址(A,B,C),如表 4-1 所示,影响因素共选定 9 个。评价过程分 4 步进行,说明如下:

表 4-1　用分级加权法选厂址计算表

影响因素	权数	备选厂址 A	备选厂址 B	备选厂址 C
土地资源	4	2 / 8	3 / 12	2 / 8
气候条件	1	1 / 1	1 / 1	2 / 2
水资源	3	4 / 12	2 / 6	3 / 9
资源供应条件	6	3 / 18	4 / 24	2 / 12
基础设施条件	7	4 / 28	3 / 21	4 / 28
市场空间	7	4 / 28	2 / 14	3 / 21
生活条件	5	4 / 20	3 / 15	2 / 10
劳动力资源	2	4 / 8	2 / 4	2 / 4
地方法规	5	4 / 20	3 / 15	2 / 10
总评分		143	112	104

1. 确定权数

即对影响因素的相对重要性程度打分,本例中选影响程度最小的气候条件因素为基础,确定其权数为1,其他因素的权数与它比较后确定,结果见表中第二列。一般可由有经验的专业人员完成这项工作。

2. 确定评价标尺并为各因素定级

评价标尺是为影响因素对选址的影响程度规定一组评价等级,本例采用4级评分制,影响最大的得4分,最小的得1分。如对"水资源"因素而言,A厂址最好,得4分;C厂址次之,得3分;B厂址最低,得2分。

3. 计算评价值

计算每因素的权数与其等级得分的乘积得到评价值。如厂址A的"市场空间"因素评价值为$7 \times 3 = 21$,其余类推。

4. 计算总评分

将每个选址方案各因素的评价值总加求和,取总评分最高者为所要选择的最佳厂址。本例中厂址A分数最高,所以选定A厂址。

从上述例子中发现厂址A与B总评分差10分,仅凭这一点点差别就否定另一个方案是否可靠,这是个很值得考虑的问题。在计算过程中可以感觉到,由于确定权数和等级得分完全靠人的主观判断,只要判断有误差就会影响评分数值,最后影响决策的可靠性。目前关于确定权数的方法很多,比较客观准确的方法是层次分析法,该方法操作并不复杂,有较为严密的科学依据,我们推荐在做多方案、多因素评价时,尽可能采用层次分析法(请参阅王莲芬、许树柏编著的《层次分析法引论》,中国人民大学出版社1990年版)。

该方法虽然简单,相对于其他方法却是比较有效的,有着最普遍的使用。

(二)线性规划——运输模型方法

假定几个备选方案的各种影响因素的作用程度差不多,可以不予考虑,这时费用成了唯一的决策因素,处理这类问题运输模型是十分理想的工具。下面通过实例来介绍运输模型在选址中的使用方法。

　　某电视机公司目前在广东和辽宁各有 1 家整机厂,另有 5 家销售中心:东北区、华北区、华东区、中南区、西北区,产品销往全国。产品从工厂运到销售中心,再从各中心运往零售店。西北区销售中心是最近新建的,以便于公司进一步开拓西北市场,并为进入独联体和东欧市场做准备。为了扩大市场份额,公司决定新建一个每周生产能力为 25 000 台的整机厂。经过考察,已初步选定 3 个地点:安徽、陕西和湖北。并采用兼并方式改造原有电视机厂。有关每个工厂的生产成本和分配费用,生产能力和市场需求由表 4-2 给出,表中间部分的数据为分配费用,包括运费、装卸费、库存费,以及销售费用,最下面一行成本指工厂成本。要决策的问题是:在现有 2 个工厂和 5 家销售中心的条件下,新厂建在哪个地区能使公司的总成本最低?

表 4-2　某电视机公司生产与销售数据

	广东厂	辽宁厂	湖北厂	安徽厂	陕西厂	需求量(台)
东北区	420 元	320 元	460 元	440 元	480 元	10 000
中南区	360	440	370	300	450	15 000
华北区	410	420	300	370	430	16 000
华东区	380	480	420	380	460	19 000
西北区	500	490	430	450	270	12 000
产能(台)	27 000	20 000	25 000	25 000	25 000	
成本(元)	2 700	2 680	2 640	2 690	2 620	

　　求解的思路是在原来的基础上分别考察新建一个工厂后的公

司总成本,取最低者为入选厂址。这样就需要建立3个"运输成本表",分别作3次表上作业计算,见表4-3。

表4-3 新建工厂决策计算表

(a)

生产厂 / 销售中心	广东厂	辽宁厂	湖北厂	需求量(台)
东 北 区	3 120	⑩ 3 000	3 100	10 000
中 南 区	⑧ 3 060	3 120	⑦ 3 010	15 000
华 北 区	3 110	3 100	⑯ 2 940	16 000
华 东 区	⑲ 3 080	3 160	3 060	19 000
西 北 区	3 200	⑩ 3 170	② 3 070	12 000
生产能力	27 000	20 000	25 000	72 000

(b)

生产厂 / 销售中心	广东厂	辽宁厂	安徽厂	需求量(台)
东 北 区	3 120	⑩ 3 000	3 130	10 000
中 南 区	3 060	3 120	⑮ 2 990	15 000
华 北 区	⑧ 3 110	3 100	⑧ 3 080	16 000
华 东 区	⑲ 3 080	3 160	3 070	19 000
西 北 区	3 200	⑩ 3 170	② 3 140	12 000
生产能力	27 000	20 000	25 000	72 000

生产厂 / 销售中心	广东厂	辽宁厂	陕西厂	需求量(台)
东 北 区	3 120	⑩ 3 000	3 100	10 000
中 南 区	⑮ 3 060	3 120	3 070	15 000
华 北 区	3 110	⑩ 3 100	⑥ 3 050	16 000
华 东 区	⑫ 3 080	3 160	⑦ 3 080	19 000
西 北 区	3 200	3 170	⑫ 2 890	12 000
生产能力	27 000	20 000	25 000	72 000

表 4-3 中小的矩形框内数据为生产地运往销售中心单位产品成本,由工厂成本加分配成本组成,圆圈内的数字表示某厂生产的产品运往某销售中心的数量,数量单位为千台彩电。因此每一张计算表给出了一个生产——分配计划。除了给出分配数量以外,还可以算出全公司建新厂后的经营总成本:

在湖北建新厂后的总成本:生产成本＝19 250 万元
分配成本＝2 645 万元
合计　　 21 895 万元

在安徽建新厂后的总成本:生产成本＝19 375 万元
分配成本＝2 696 万元
合计　　 22 071 万元

在陕西建新厂后的总成本:生产成本＝19 200 万元
分配成本＝2 640 万元
合计　　 21 840 万元

陕西方案的公司总成本最低,所以选定在陕西建新厂。

这是一种最优化方法,类似这种用于处理选址问题的方法还有很多。我们不难发现,这些最优化方法在解决实际问题时,约束条件是相当复杂的,如果要考虑种种的约束条件,建立模型的工作会变得非常困难和难以计算。最好在建立模型以前先作定性分析,去掉一些次要条件,抓住关键因素,可以简化模型,取得比较满意的结果。在实际的选址决策中,往往是定性的方法比定量的更有价值,采取以定性方法为主,定量为辅的态度是比较妥当的。

第二节　生产单位的设置

为了使生产系统能够有效的运转,在系统内需要有分工,分成若干个生产单位,每个生产单位配置一定的生产力要素,完成特定的某些功能,并占据一定的空间位置。不同的生产单位组织形式有不同的工艺路线,就会有不同的运输路线和运输量,会影响厂区内的运输费用。所以,合理配置企业的生产单位是生产系统布置的一项重要内容。

一、生产单位类型

企业的生产对象千差万别,生产的方法各不相同,因此,不同企业生产单位构成的类型不尽相同,没有固定模式。但是,各类企业为了追求生产效率,在实践中总结出一些比较有效的类型。

1. 基本生产单位

指直接从事企业产品加工的生产单位。它又可分成 3 种不同类型:

(1)准备车间,主要任务是为加工产品准备毛坯料,机械制造业中的铸造车间、锻压车间、下料车间,都属于这一类型;

(2)加工车间,主要任务是把零件加工成形或使零件具有某些特定功能,如机加工车间、钣焊车间、热处理车间、电镀车间等;

(3)装配车间,其主要任务是把零件装配成产品,一般可分为部件装配车间、总装车间等。

2. 辅助生产单位

指为基本生产单位提供辅助产品或劳务的生产单位,相对于加工产品而言,它们属于间接生产。可以分成两类:

(1) 辅助车间,如工具车间、模具车间、机修车间等;

(2) 动力部门,如变电所、锅炉房、乙炔气站、压缩空气站等。

3. 生产服务部门

指为基本生产和辅助生产提供服务的生产单位,又分成3种类型:

(1) 运输部门,如汽车队、装卸队、起重队等;

(2) 仓库,如原材料库、在制品库、半成品库、工具库、成品库等;

(3) 检验与计量部门。

4. 生产技术准备部门

指为生产提供技术服务的部门,如研究所、工艺科、试制车间等。

后3种生产单位都是为基本生产单位服务的,它们的关系如图4-1所示。

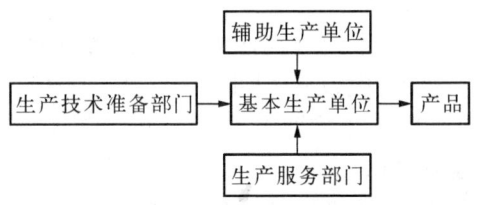

图4-1 生产单位之间的关系

二、基本生产单位组织形式

在制造业中通常有两种基本生产单位组织形式,一种是按工艺专业化划分生产单位(又称工艺原则);另一种是按产品专业化划分生产单位(称对象原则)。

1. 工艺专业化

工艺专业化是把加工工艺相同或相似的加工作业放在一起,

组成一个生产单位,图4-2是一家典型的机械制造工厂的例子。

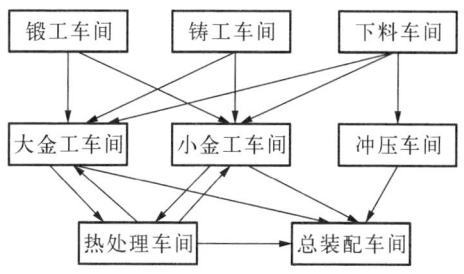

图4-2 工艺原则下的生产单位和物流

图中的锻工、铸工、金工都是某种机械加工工艺,把工艺相同的设备放在一起,组成一个独立的生产单位(一般称作车间),负责某种加工。我们可以发现按工艺原则布置的系统物流路线比较复杂,它的缺点是很明显的。

(1)零件加工经过许多车间,甚至有往返运送现象,会增加运输费用。

(2)在车间之间运送时增加了验收、清点、存放、停顿、领取等活动,使在制品占用量增多,生产周期拉长,流动资金占用量增加。

(3)车间之间的联系较多,容易互相影响,使得车间之间的生产计划、质量管理、在制品管理、生产控制以及经济核算工作变得比较复杂。在这种情况下,厂区平面布置工作变得比较复杂。

但是,按工艺原则组成的生产单位也有其优点。

(1)设备不是为某一种产品配置,对产品品种变化有较强的应变能力。

(2)一个生产单位内只有一种或少数几种工艺设备,便于管理,如工人培训、设备维修、技术指导等都比较容易。

2. **产品专业化**

产品专业化是按加工对象的种类组织生产单位。可以按产品划分,如彩色电视机车间、黑白电视机车间、VCD车间等;也可以按零件划分,如齿轮车间、箱体车间、轴类车间等。图4-3是一家

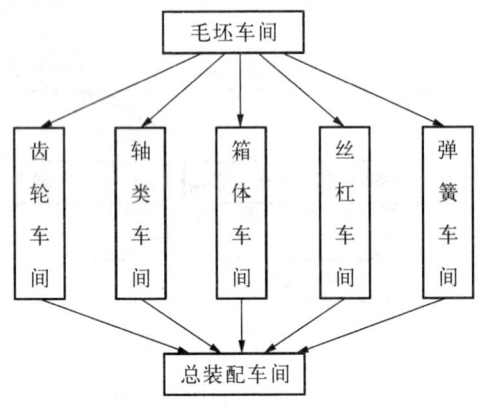

图 4 - 3 对象原则下的生产单位和物流

按对象原则布置的机械厂的情形。

按产品专业化组成的生产单位的优缺点与工艺专业化组织正好相反。它的缺点是：

(1) 对产品变化的应变能力比较差；

(2) 由于生产单位内配置了许多不同加工工艺的岗位,不便于进行工艺管理。

但是,它有突出的优点：

(1) 在一个生产单位内可以完成加工对象的全部加工任务,缩短了产品加工路线,减少运输环节,减少中间的周转仓库,减少加工过程中的等待时间,缩短了加工周期,也减少了在制品占用量和流动资金占用量；

(2) 由于车间之间联系少,管理工作简化,有利于提高生产计划、控制和核算的工作质量,也有利于提高产品质量。相应的厂区平面布置工作要简单一些。

企业采用何种生产单位组织形式主要考虑是否有利于生产资源的有效利用,不是随意可以决定的。一般规律是：生产数量大,品种少且稳定的企业,适合采用产品专业化生产单位；反之,生产数量少,却品种多的企业,适合选择工艺专业化的生产单位。对于有些生产单位是没有选择余地的,例如热处理车间、电镀车间、锻造车间、铸造车间等,只有按工艺原则配置,才能有最好的利用率。在工厂中,这两种组织形式常常是共存的,人们把它称为混合原则。

第三节 厂区平面布置和车间布置

厂址选定以后要考虑在厂址上作生产单位的平面布置,主要内容为确定生产车间和其他部门的平面位置。企业的生产活动在物质上表现为物流过程,因此厂区的平面布置对物流是有影响的。物流过程还会伴随着人力消耗、运输工具和能源的消耗,可见,平面布置对费用也有影响。车间内部布置包括班组设置与设备布置,其中设备布置是最有价值的。据统计,制造业中原材料进厂后,从入库存放开始,经过取货发料、厂内运输、车间内各工序之间的运送、直到成品入库,所发生的搬运费用占总成本的 30%。此外,有关的管理人员因工作需要经常到其他生产部门处理事务,在路上走动要消耗劳动时间,厂区布置得合理,可以减少走路时间。平面布置看似简单,其实是个复杂的不易处理的难题。

一、厂区平面布置原则与方法

厂区布置的根本要求是要有系统观点,兼顾各方面要求,合理布局精心安排,讲究整体效果。一般应遵循以下三条原则。

1. 工艺原则

厂区布置首先应该满足生产工艺过程的要求,即全厂的工艺流程要顺畅,从上工序转到下工序,运输距离要短直,尽可能避免迂回和往返运输。

2. 经济原则

生产过程是一个有机整体,只有在各部门的配合下才能顺利进行,其中,基本生产过程(产品加工过程)是主体,与它有密切联系的生产部门要尽可能与它靠拢,如辅助生产车间和服务部门应该围绕基本生产车间安排。在满足工艺要求前提下,寻求最小运输量的布置方案,还要求能充分利用土地面积。

3. 安全和环保原则

厂区布置还要有利于安全生产,有利于职工的身心健康。如易燃易爆物品库应远离人群密集区,并有安全防范措施,有足够的消防安全设施,各生产部门的布置要符合环保要求,还要有三废处理措施等等。

从以上三条原则看,工艺性要求和安全性要求比较适合于采用定性的分析方法,对于经济性要求,则应该尽可能地使用定量分析方法。由于企业形态的差异性很大,尽管有文献介绍了很多计算方法,但都有很大的局限性,最简单、最普遍实用的方法也许还是模板布置法。其方法是按比例制作厂区平面模板和各生产单位的模板,在形状面积一定的厂址上排列生产单位模板,要考虑的是所有的生产单位是否能够排得下,且运输量尽可能小。根据布置三原则,在平面上排列出一个个的布置方案,然后作适当的评价分析,选择较满意的方案。

重量-距离模式。如果对运输距离需要作特别考虑的企业,尤其是按工艺原则组成生产单位的企业,由于运输路线比较复杂,产品体积又往往较大,应该计算总运输量,寻求运输费用最低的布置方案。操作步骤如下所述。

1. 确定判别式

运输费用与运输重量和距离成正比,设运输费用为 C,得下列判别式:

$$\min C = \min \sum_{i=1}^{N} \sum_{j=1}^{N} P_{ij} L_{ij} D_{ij}$$

式中:N——生产单位数量;

$\qquad L_{ij}$——生产单位 i 和 j 之间工件运输重量;

$\qquad D_{ij}$——生产单位 i 和 j 之间的距离;

$\qquad P_{ij}$——生产单位 i 和 j 之间的运输单价。

2. 估计运输量

生产规模与制造流程确定以后,生产单位之间的运输量是可以估计的,并把估计量编制成流量矩阵,如表 4-4 所示。

表 4-4　流量矩阵

生产单位序号	1	2	3	4	5
1	×	200	130	400	370
2		×	0	400	470
3			×	150	400
4				×	100
5					×

3. 确定生产单位之间的距离

这个数值将取决于各单位在厂区布置中所处的位置,在开始时可以提出一个初始方案,算得所有生产单位之间的距离值,并列出距离矩阵。

4. 计算运输费用

使用上述判别式计算运费,逐步修改初始方案,努力求得运输费用最小的方案。

事实上这种方法很大程度上依赖于人的工作经验和判断能力,无法证明最优解。所以,不妨采用"第二优准时"或"满意准时",计算几次后从中取一个最好的。

厂区布置是件比较繁琐的工作,国外早就使用计算机处理这个问题,比较有名的是一种叫做 KRAFT 技术的方法。用这种技术可以在几分钟内对几千个布置方案作出评价。可以处理生产单位多达 40 个规模的企业。使用这种软件十分方便,只要输入厂址面积形状,各生产单位的面积尺寸,运输量(t·km)矩阵和运输单价矩阵,再给定一个初始方案,就可以运算。输出是以方框形式表明的厂区布置示意图和运输费用。

二、车间布置

车间布置是指车间内各组成部分和设备的布置。车间由基本生产部分、辅助生产部分、仓库部分、办公部分和生活区域组成。对车间布置的要求与厂区布置相类似，只是车间的规模小，要求更具体一些。车间是企业生产活动的直接承担者，担负着产品的加工任务，设备布置成为车间布置工作中最主要的任务。

设备布置的形式通常有两种，即工艺专业化和产品（对象）专业化，分述如下。

1. 工艺专业化布置形式

这个概念与厂区布置的工艺专业化是相同的，只是工艺的概念更小一些，指把同类的设备布置在一起。比如，金属切削加工车间（俗称金工车间）集中了许多金属切削机床，专门承担金属切削加工工艺的生产任务。在金工车间内采用工艺专业化形式就是指按工艺类别建立生产班组，常见的有车床组、铣床组、刨床组、钻床组、磨床组等。这种布置形式比较适用于品种多产量小的生产类型。它的特点是：同类设备集中，加工技术单一，分派任务弹性大；加工对象多，工艺路线差别大，难以使工件搬动自动化；在各工序之间成批搬运，加工周期长；周转环节多，不易管理。

2. 产品专业化布置形式

按产品（确切地讲按零件）把加工这个产品（零件）所需要的设备布置在一起，即布置成一条专门的加工生产线。这种形式适合于品种少产量大的生产类型。它的特点是：工件搬运可以实行机械化自动化，降低搬运费用；生产流程连续性好，可以缩短生产周期；计划管理十分简单，生产容易控制；但相应的加工线的应变能力差。

需要指出的是，不论在以工艺原则组成的车间还是在以对象原则组成的车间内，都可能采用这两种布置形式。

车间内部布置也应该遵循工艺性、经济性和安全性原则，具体有以下要求。

（1）尽可能保持生产过程的连续性。使在制品处于加工或运输状态，减少中断与停顿，这就要求各生产环节能布置得流程通畅、紧密衔接，各生产环节的加工能力应该匹配。

（2）工件加工中的运送路线要短。尽可能地减少在制品运送次数与运送量，工人操作的行走路线要短，节省工人的工作时间。

（3）车间内要留出足够的通道面积。通道要直，尽可能少转弯，物流通道与人行走道最好分开。

（4）充分保证生产用面积。提高利用率，不需要的工具等物品坚决清理出现场，不常使用的东西，放在边角处。

（5）设备布置要保证安全。要便于工人操作和布置工作地。

三、案例：上海拖拉机厂齿轮车间

上海拖拉机厂齿轮车间是为幸福摩托车配套生产齿轮而建立起来的，车间面积 3 000 m²。它是按对象原则组成的车间，在整个制造流程中，除热处理工艺在热处理车间完成外，其余的全部在车间内加工。该车间的内部平面布置开始时按工艺专业化形式，如图 4 - 4 所示。

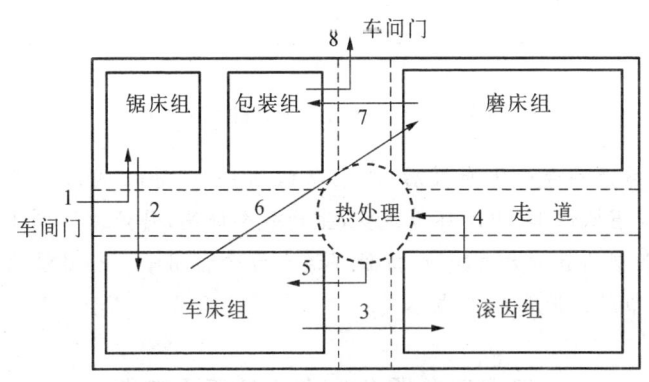

图 4 - 4　工艺专业化布置的齿轮车间

当时该车间共有职工 190 人，设备 96 台，月产量仅有 2 000

套。车间辅助部分和办公部分在车间附近。图中间的虚线圆圈表示热处理工艺在其他地方完成。生产中的主要问题是：在制品在车间内各班组之间运输频繁，为了减少运输，采用一天运一次的成批运输方式，这样又导致每天需要进库、出库，上下班时刻在制品库十分拥挤，并占用大量在制品。

1年后随着需要量的增加，原布置方式已不能适应需求，将它改成产品专业化布置形式。同时更新部分设备，新设备的效率较高，设备数量增加到110台，职工人数增加到216名。新的布置形式如图4-5所示。

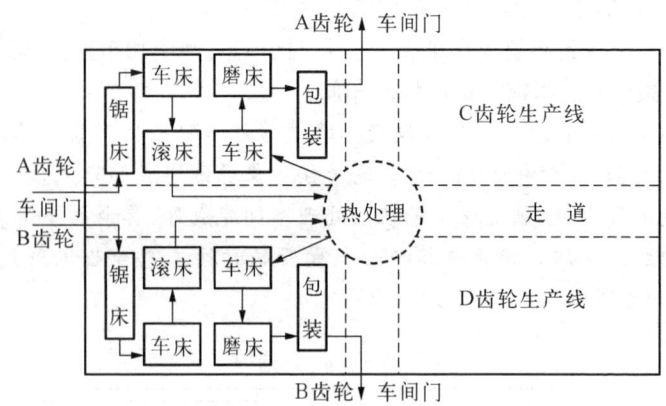

图4-5　产品专业化布置的齿轮车间

按产品专业化布置后，工艺路线通畅，工序之间采用滑槽运送，节省搬运工；中间环节减少，生产效率提高，月产量达到12 000套；在制品数量大大减少，降低了流动资金占用量。如果没有热处理环节就是流水生产线方式。

第四节　服务业企业的平面布置

与制造业相比服务业企业类型更多，就单个生产单位而言，它的规模较小,大多数企业属于劳动密集型,使用的设备数量较少,对企业平面布置的要求没有制造业那样迫切,但还是存在布置问题,对有些企业还是一个比较重要的问题。布置形式也可以分为工艺专业化和产品专业化两种形式,不过以前者居多。图4-6是一张诊疗所的平面布置示意图。

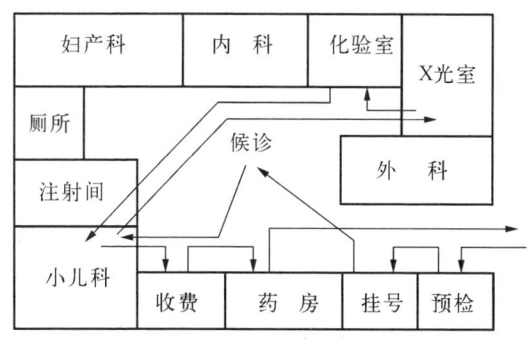

图4-6 诊疗所平面布置示意

从图中可以看出病人要在多个部门停留。可以想象,当诊所规模扩大成一所大医院,疾病的诊断和治疗越来越需要依靠先进的设备,病人在医院中要到许多部门做仪器设备检查,行走距离会很长。特别对于病情较重的住院病人,需护工运送,无疑会增加成本。这时我们会遇到运输费用最小化的医院平面布置问题。

再如百货零售商店,它的平面布置有两条要求:一是能使顾客进店后很容易找到自己想要商品的柜台;二是店面的走道布置不能太拥挤。图4-7是一家超市的平面布置。

图4-7的这种成角度的布置,好处是视线更开阔,顾客进入店铺后在主干道上就可以看清通道上方的标志,在次干道上可以看清每个货架的物品标志,查找货物比较方便。

由于服务业的生产过程和消费过程合为一体,消费者会对整个服务过程提出质量要求,因此服务业还十分强调环境的布置,使

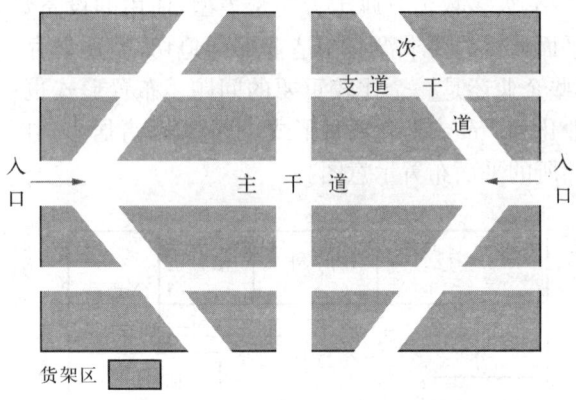

图 4 - 7　超市的一种平面布置形式

消费者有温馨愉快的感觉。例如,现在的银行为了吸引大客户都特设贵宾通道,几乎是随到随服务,无需排队,贵宾满意了,但中小客户不好受。为此,有些银行把服务区分开布置,进门后分别走不同路线,把两个客户群体分开,感觉上好多了。此外,企业的家具的式样、颜色,室内的灯光,墙壁的色彩、图案等都会对服务质量产生影响。

任何一种产品,从原料到成品都需要经过一定的加工制造过程。生产过程是指包括制造过程在内的,从制造产品所需的技术准备开始到成品生产完毕为止的全过程。从物质形态上看,它是一个产品的形成过程,伴随着这个过程,产品的功能和质量也随之形成了;从价值量上看,它是劳动(包括物化劳动和活劳动)的消耗过程,所以它又是成本的形成过程,同时又是价值的增值过程。因此,生产过程是生产管理的主要对象,它在生产管理中的重要性,无论怎样强调都不会过分。

第五节　生产过程的基本概念

生产过程是企业整个业务流程中的一部分,它的基本内容表现为人的劳动过程,即劳动者使用劳动工具,按一定的方法、步骤作用于劳动对象,使之成为具有使用价值和价值的过程。在某些产品的制造过程中包含自然过程,自然过程虽然没有消耗劳动,但它是借助自然力的作用,使劳动对象完成某些物理变化,所以也包括在生产过程中。生产过程体现为生产资源(包括人、资金、物和信息)的有机组成,此概念与工艺流程很相似,但大的区别在于工艺流程不考虑劳动力安排。

一、生产类型与基本生产过程的形式

企业的具体形式千千万万,但它们的广义生产过程的结构是相似的,而基本生产过程的组织形式差异却很大,且与生产类型有关。按照一定的特征把形态各不相同的企业的生产划分成几种类型,为研究分析企业生产活动,从中归纳出同一种生产类型的生产规律,是有积极意义的。从不同的生产活动特征出发,可以划分出不同的生产类型。通常按生产方法、生产任务的确定方式、生产过程的连续程度和生产数量的大小划分生产类型。在此我们仅就按生产方法和生产数量划分的生产类型作深入的讨论。

1. 生产方法与基本生产过程

按生产方法划分有四种生产类型,分别是合成型、分解型、调制型和提取型,每一类型都有自己的基本生产过程形式。合成型的基本生产过程特点是把不同的成分(零件)合成或装配成一种产品,是一种具有加工装配性质的生产,如机电产品制造厂;分解型的基本生产过程特点正好相反,它把单一的生产原料经过加工处理后分解成多种产品,如石油化工厂、煤化工厂;调制型的特点是通过改变加工对象的形状或性能而制成产品,如钢铁厂、橡胶制品厂;提取型的特点是从自然界中直接提取产品,如煤矿、油田企业。基本生产过程不同,生产管理的具体方法差别很大,其中最复杂的要数合成型生产企业。结构复杂的产品可以由上万个零件组成,生产这样的产品,需要大量的加工设备和具有各种技能的生产人员,需要一个庞大的后勤保障系统,生产过程的组织结构变得非常复杂。由于这种生产类型的企业数量最大,管理最复杂,本教材重点讨论这类制造企业。

2. 合成型生产类型的两种基本生产过程组织方式

按产品的生产数量划分生产类型,可以分成大量生产、成批生产和单件小批生产三种生产类型。

(1) 大量生产类型的特点是生产的品种少,每种产品的产量大,生产过程稳定地重复生产几种产品。这些产品具有稳定的大量的社会需求。如各种标准件、各类标准元器件、家电产品、小轿车等。因为生产稳定数量大工作地专业化程度高,可以采用高效专用设备,按对象专业化原则,采用生产线和流水生产线的生产组织方式。

(2) 单件小批量生产类型的特点正好与大量生产相反,产品多为一次性需求的专用产品,很少重复生产,生产的品种繁多。由于生产对象经常在变,工作地专业化程度低,所以必须选用通用设备,采用工艺专业化原则机群式布置的生产组织方式。

(3) 成批生产类型的特点介于以上两者之间,它的生产对象是通用产品,生产具有重复性,产品品种较多,每种产品的产量不大,形成多品种周期性地轮番生产的特点。在生产组织方式上,成批生产更接近于小批生产,采用工艺专业化的机群式布置。

在现实社会中,严格意义上的单件生产不重复制造的企业十分少见,即使是航天航空工业、远洋巨轮制造,这些行业的产品也有标准型号,仅仅是重复生产的周期比较长,如半年、一年等等。所以也有把后两种生产类型通称为周期性生产类型。其实大量生产类型也是重复性生产,也有周期,只不过周期很短,短至几分钟,甚至几十秒,因此把它看成连续性生产更合理一些。

(4) 合成型生产类型可以再从生产数量上划分,分成大量生产和周期性生产两大类型。它们的基本生产过程的组织形式再可分成两种,即(a)工艺专业化机群式布置方式和(b)对象专业化生产线方式(含流水生产线)。生产过程如图 4-8 所示。

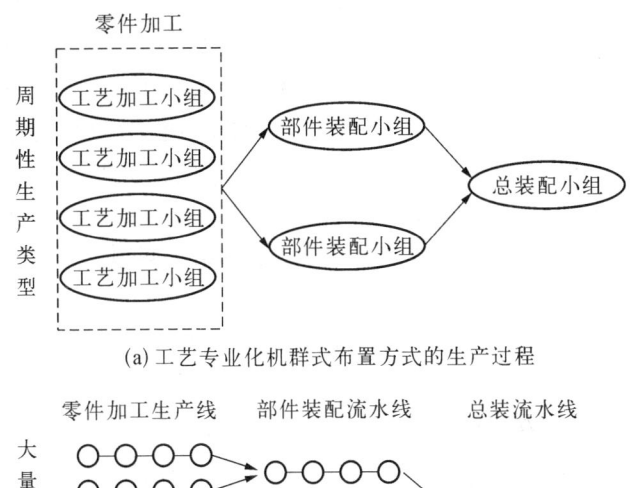

(a) 工艺专业化机群式布置方式的生产过程

(b) 对象专业化生产线方式的生产过程

图 4 - 8　合成型生产类型的两种生产过程形式

　　例如有 2 家工厂,一家是年产 20 万台轿车发动机的工厂,另一家是年产 20 台远洋巨轮发动机的工厂。他们的产品结构相似,主要零部件都是缸体、缸盖、缸套、活塞、连杆、曲轴、气门顶杆等。主要差别在于体积,船用发动机高达十几米。由于产量相差悬殊,汽车发动机厂必须每隔几分钟出产一台发动机,而船用发动机厂则需每 18 天左右制造一台,他们的生产组织方式是截然不同的。很显然汽车发动机厂采用对象专业化方式,船用发动机采用工艺专业化方式。

　　传统的工艺专业化组织形式,如第四章第四节齿轮车间布置所示,零件加工要经过多道工序,零件在各加工工艺小组之间多次运送,多次出入在制品库,生产过程多次中断。每个加工工艺小组承担了许多种零件的某几道工序的加工任务,部件装配小组要承担多种部件装配,总装小组承担多种产品的装配任务,每位装配工人要完成多道装配工序。因此在这种生产过程中,设备调整时间多,工人调换工具时间多,人工搬运零件的时间也多,效率就低得多。

生产线生产方式由于大量生产,生产过程连续性好,生产率得到成倍提高。尤其是流水生产线,生产成本低效益高的优势很突出。本教材仅讨论流水线生产方式的过程组织问题。

第六节　流水生产组织

流水生产方式在 1913 年产生于美国福特汽车公司,最初用于汽车装配,使生产效率大大提高。福特的汽车价格在 10 年间,从 2 000 美元以上逐步降到 263 美元,使汽车进入了普通百姓家庭。流水生产创造出巨大的汽车市场,同时也使福特公司的生产规模超过了通用汽车公司。可以说,流水生产方式"拉开了现代工业生产的序幕"。

一、流水生产的基本原理

流水生产是在"分工"和"作业标准化"的原理上发展起来的。劳动分工原理阐明了分工可以提高效率的道理;泰罗的科学管理理论证明了对工人的操作方法制定作业标准,按标准训练工人,按标准操作也能提高生产效率。亨利·福特成功地把这两条原理运用到流水生产中来。首先把汽车装配工作分解成许多工序;然后制定每道工序的操作标准,使每道工序的作业时间尽可能相等;最后按加工顺序布置工作地,按固定的标准顺序对产品实施轮流加工。泰罗强调的是单个工人的操作标准化,福特把它发展成生产过程的标准化。

流水生产方式的诞生除了管理技术上的突破以外,在当时还必须依赖加工技术的支撑,那时工作母机的制造精度已经能够保证零件的互换性,没有这一条件,流水生产还是不可能实现的。

随着社会经济技术的不断发展,流水生产的原理和方式也在不断发展提高。最初的流水生产线只生产单一品种产品,当社会需求出现多样化趋势后,只生产单一产品的观点受到挑战。二战后,丰田汽车公司顺应市场需求,创造出称之为"准时化生产"(JIT生产方式或称精益生产方式,第十七章有专门叙述)的新型流水生产方式。它保留了流水生产高效率的优点,克服了转换产品困难的缺点,使一条流水生产线能够同时生产多种结构相似产品。

二、流水生产的特征

流水生产是指劳动对象按照设计好的工艺过程依次顺序地通过每个工作地,并按照统一的生产速度完成每道工序的加工作业任务,是一个连续的不断重复的生产过程。一般具有以下的基本特征:

(1)工作地专业化程度高。在流水生产线上固定生产一种或几种制品,作业分工又很细,因此每个工作地仅固定地完成一道或几道工序。

(2)生产按节拍进行。所谓节拍就是流水线上出产相邻两件制品的时间间隔。一般而言,要求每道工序都按节拍生产。

(3)各道工序的单件作业时间与各该工序的工作地(设备)数的比值相一致。设流水线的各工序的工作地(设备)数分别为 s_1,s_2,$\cdots$,s_m;各工序的单件作业时间为 t_1,t_2,$\cdots$,t_m;流水线生产节拍为 r,则有如下关系式:

$$\frac{t_1}{s_1} = \frac{t_2}{s_2} = \cdots = \frac{t_m}{s_m} = r$$

上述关系式表明,要求流水生产线内各道工序的生产能力是相等的。

(4)工艺过程是封闭的,即劳动对象在流水线上从头至尾接受连续的加工,中间不接受线外加工。并且工作地(设备)按工艺顺序成线状的连续排列,劳动对象在工序间作单向移动。

(5)劳动对象如同流水般地从一道工序流向下一道工序,消除或者最大限度地减少了劳动对象的等待加工时间和设备加工的间断时间。

具有上述特征的生产线才是流水生产线。在流水生产条件下，生产过程的连续性、并行性、比例性、节奏性和封闭性都很高，所以它具有比其他生产组织形式都高的生产效率和其他一些优点。

流水生产具有很大的优势，但组织流水生产需要满足一些基本条件。主要有以下几条：

① 产量要足够大，单位产品的劳动量也比较大。产量大是最基本前提，它保证流水线能采用高效专用设备，保持长期稳定的生产；单位劳动量大，才有可能把制造任务分解成许多工序，组织流水线。

② 制造的工艺过程能划分成简单的工序，又能根据工序同期化的要求把某些工序适当地合并和分解，使各工序的作业时间基本相等或成整数倍。

③ 产品结构和制造工艺相对稳定。设计的产品结构要基本定型；产品能分解成可单独进行加工和装配的零部件，以便组织零部件的流水生产线，实现并行生产；产品有良好的工艺性，能符合流水生产工艺和工序同期化的要求。

④ 必要的厂房条件。生产场地的形状面积适合布置流水线的传送装置和设备。

三、简单流水生产线的组织设计

流水线的设计包括技术设计和组织设计。前者是指工艺路线、工艺规程的制定，专用设备、专用工具夹具的设计，以及运输传送装置的设计等等，可称之为流水线的"硬件"设计；后者是指确定流水线的节拍，计算设备需要的数量和设备负荷系数，设计工序间的平衡，配备操作人员，流水线平面布置，流水线的工作制度和标准计划图表的制定等等，这些属于流水线的"软件"设计。尽管技术设计是工程技术范畴，组织设计属于管理范畴，但两者之间有密切的关系，组织设计是技术设计的根据，技术设计要保证组织设计每个项目的实现。

最简单的流水线是单一对象流水线,多对象流水生产方式是在它的基础上发展起来的,虽说,目前实际运转的单一对象流水线已十分少见,但它的组织设计原理与方法是设计多对象流水线的基础。整个设计过程可分 6 个步骤。

1. 确定流水线节拍

节拍是流水线重要的参数,它表明了流水线的生产速度,同时也规定了流水线的生产能力。计算公式如下:

$$r = \frac{F_e}{N} = \frac{F_0 \eta}{N}$$

式中:r——流水线节拍(分/件);

F_e——计划期有效工作时间(分);

N——计划期产量(件);

F_0——计划期制度工作时间(分);

η——时间有效利用系数。

系数 η 主要考虑设备的检修时间、调整时间以及工人在工作班内的休息时间,一般取 $0.9 \sim 0.96$。

如果算得的节拍数值很小,同时制品的体积和重量都很小,不适宜按件运送时,则可成批运送。这时,相邻两批之间的时间间隔称为节奏或运输批节拍,它等于节拍与运输批量的乘积。公式为:

$$r_g = r \cdot n$$

式中:r_g——节奏(分/批);

n——运输批量。

2. 计算流水线上的设备(工作地)数和设备负荷系数

为了使制品能在流水线各工序间平行移动,每道工序的设备(工作地)数应当是工序时间与流水线节拍之比,即:

$$S_i = \frac{t_i}{r}$$

式中：S_i——流水线第 i 道工序所需的设备数；

　　　t_i——流水线第 i 道工序的单件时间定额。

　　如果算得的设备数是整数，就可以确定它是该工序的设备数。如算出的不是整数，则实际采用的设备数 S_{ei} 应该取最接近于计算值 S_i 的整数，且 $S_{ei} \geqslant S_i$。此时，必然出现设备负荷不足现象，设备的负荷系数 (k_i) 可由下式求得：

$$k_i = \frac{S_i}{S_{ei}}$$

　　工序数为 m 的流水线的总设备负荷系数 (k_a) 由下式计算：

$$k_a = \frac{\sum_{i=1}^{m} S_i}{\sum_{i=1}^{m} S_{ei}}$$

　　设备负荷系数决定了流水线作业的连续程度，可以根据它来决定流水线是连续的还是间断的。当 k_a 值小于 0.75 时，宜组织间断流水线。如果大多数工序的时间定额都超过流水线的节拍，这时有必要考虑采用两条，甚至两条以上加工同一对象的流水线，这样更便于组织管理。

　　3. 工序平衡

　　所谓工序平衡就是通过技术组织措施来调整流水线的工序时间定额，使它们等于流水线节拍或者与节拍成整数倍关系。可见，工序平衡是提高设备负荷，提高劳动生产率和缩短产品生产周期的重量手段，它也是组织连续流水线的必要条件。

　　机械加工工序平衡的措施主要有以下几条：

　　(1) 对影响工序平衡的关键工序，通过改装设备、增加附件、同时加工多个零件等办法提高生产速度；

　　(2) 采用高效专用的工艺装备，减少辅助操作时间；

　　(3) 改进工作地布置和操作方法，减少辅助作业时间；

（4）改变切削量,如加大切削速度、走刀量和进刀量,减少走刀次数,以减少机器作业时间;

（5）提高工人的操作熟练水平和工作效率。

手工装配工序同期化的措施主要有:

① 分解与合并某些工序。要点是,根据节拍重新组合工序,以达到同期化目的,这是手工装配工序同期化的主要手段。

② 合理调配工人。如组织相邻工序的工人相互协作,在高负荷工序配备熟练工人,适当配备人员沿流水线巡视帮助高负荷工序。

③ 通过采用高效工具,改进装配工艺,减少装配工时。

工序平衡以后,有关工序所需的设备数可能会有变化。因此,需要根据工序平衡以后的工序时间调整设备数,并重新计算设备负荷系数。

4. 计算工人配备数

在以手工作业和使用手工工具为主的流水线上,工人人数按下式计算:

$$P_i = S_{ei} \cdot W_i \cdot g$$

式中:P_i —— 第 i 道工序所需要的工人数;

W_i —— 第 i 道工序每台设备需同时工作的人数（人/台·班）;

g —— 每天工作班次;

S_{ei} —— 第 i 道工序实际采用的设备数。

整条流水线配备的总人数,就是所有工序人数之和。在手工作业的流水线上可以不考虑后备人员。

在以设备加工为主的流水线上,配备人员时,要考虑后备人员和每位工人看管的设备数。计算公式如下:

$$P = (1+b) \sum_{i=1}^{m} \frac{S_{ei} \cdot g}{f_i}$$

式中：P——整条流水线配备的总人数；

　　　b——流水线上后备人员百分比；

　　　f_i——第 i 道工序每位工人看管的设备数。

四、手工装配流水线工序平衡方法

　　上文已分别对机械加工和装配工序平衡的措施作简单介绍。由于手工装配具有灵活性，可以把整个装配作业分解成许多操作单元或工步，其中有些工步有严格的装配顺序关系，有些则没有装配的先后顺序关系。根据流水线的节拍要求和工步的装配顺序，将几个工步组合成工序，使工序时间相等或相近，这是一个组合问题，组合的规则是：第一，组合的工序时间不能大于节拍；第二，把几个工步组合在一起时，不能违反装配的顺序。选优的规则是组成的流水线工序数要少。处理这个问题常用的方法是分支定界法。下面举例说明。

　　装配一个简单产品，一天开 2 班，每班 8 h，每班的有效作业时间为 460 min，一天产量为 92 个，根据节拍计算公式算得节拍为 10 min。整个装配作业可分解成 11 个工步，工步的装配顺序和装配时间如图 4-9 所示。

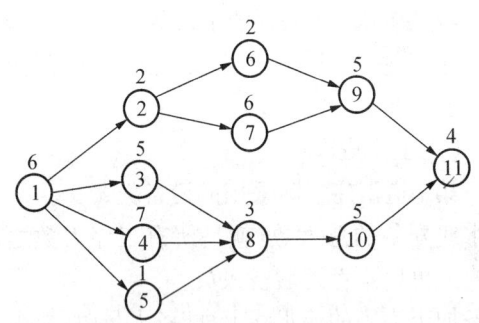

图 4-9　工步组成与装配顺序

　　图中圆圈内的数字为工步号，圆圈外数字表示作业时间，总作业时间 46 min。

求解过程如下：

先计算最小工序数，$n=[$总作业时间/节拍$]+1$，$[\quad]$内数据一般不为整数，须取整数后加1，如为整数，则不用加1。本例 $n=[4.6]+1=5$。在以下计算过程中如出现最小工序数大于5，则该分支停止再分。

第一步，划分第Ⅰ工序，列举工序Ⅰ的各种可能组合，计算工序时间和各组合方案的最少工序数。本例工序Ⅰ有两种组合，即 $\{1，2，5\}$，$\{1，2，6\}$。

a：$\{1，2，5\}$；工序时间$=9$；最小工序数$=1+[(46-9)/10]=5$（注：计算公式中除数10为节拍数值，$[\quad]$内的计算值如不是整数，则取大于它的最近整数）。

b：$\{1，2，6\}$；工序时间$=10$；最小工序数$=1+[(46-10)/10]=5$。

选择准则：当最小工序数相等时，取工序时间大者。取$\{1，2，6\}$这一组合为第Ⅰ工序。

第二步，划分第Ⅱ工序，有三种组合，即$\{3，5\}$，$\{4，5\}$，$\{5，7\}$。

a：$\{3，5\}$；工序时间$=6$；最小工序数$=2+\lceil(36-6)/10\rceil=5$。

b：$\{4，5\}$；工序时间$=8$；最小工序数$=2+[(36-8)/10]=5$。

c：$\{5，7\}$；工序时间$=7$；最小工序数$=2+[(36-7)/10]=5$。

最小工序数相等，取工序时间最大的组合$\{4，5\}$。

第三步，划分第Ⅲ工序，有两种组合，$\{3，8\}$，$\{7\}$。

a：$\{3，8\}$；工序时间$=8$；最小工序数$=3+[(28-8)/10]=5$。

b：$\{7\}$；工序时间$=6$；最小工序数$=3+[(28-6)/10]=6$。

最小工序数不等，取工序数小的分支，$\{3，8\}$。

第四步，划分第Ⅳ工序，有两种组合，$\{7\}$，$\{10\}$。

a：$\{7\}$；工序时间$=6$；最小工序数$=4+[(20-6)/10]=6$。

b：$\{10\}$；工序时间$=5$；最小工序数$=4+[(20-5)/10]=6$。

此处两条分支的最小工序数已超过5，停止再往下计算，回到第二步的{5,7}组合。

　　第五步,划分第Ⅲ工序,有两种组合,{3,9},{4}。

　　a:{3,9};工序时间 = 10;最小工序数 = 3 + [(29 − 10)/10] = 5。

　　b:{4};工序时间 = 7;最小工序数 = 3 + [(29 − 7)/10] = 6。

　　最小工序数不等,取小的分支,{3,9}。

　　第六步,划分第Ⅳ工序,只有一个组合{4,8}。

　　第Ⅳ工序取{4,8},工序时间 = 10;最小工序数 = 4 + [(19 − 10)/10] = 5。

　　第七步,划分第Ⅴ工序,只有一种组合,{10,11}。

　　第Ⅴ工序取{10,11},工序时间 = 9;最小工序数 = 5。

　　本例的分支定界图见图 4 − 10。

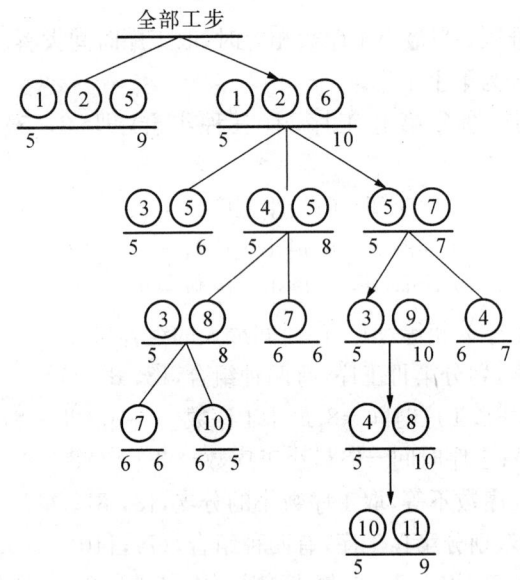

图 4 − 10　工步组合分支定界图

注:图中每分支左下角为工序数,右下角为工序时间

图中箭线表示最好的分支路径。5 道工序的工步组合按顺序排列依次为：{1, 2, 6}，{5, 7}，{3, 9}，{4, 8}，{10, 11}。按此方法可能获得多组解，因为可行解的最小工序数是相同的，装配线的效率则相等，多组解之间不存在优劣之分。

复习思考题

1. 厂址选择要考虑哪些因素？

2. 分析书上介绍的两种选址定量计算方法的应用条件。

3. 厂区平面布置要考虑哪些原则？

4. 分析上海拖拉机厂齿轮车间提高效率的原因是什么，并分析可能节省哪些成本。

5. 举出一个服务企业的平面布置实例，分析其改进的可能性。

6. 生产方法与基本生产过程有何联系？

7. 组织流水线生产的基本原理是什么？基本条件有哪些？

8. 工序平衡的目的是什么？手工作业流水线做工序平衡时，工步组成与装配顺序图起什么作用？

第五章　劳动组织设计

　　劳动组织设计的对象是劳动者,这也是生产管理的重要组成部分。企业生产过程的组织工作的对象是包括厂房、设备、产品在内的物体,它们必须与劳动过程结合起来才能组织起一个完整的生产系统,其中一个重要的管理内容是劳动者与设备、劳动对象的结合形式,结合得好坏对劳动力资源的有效利用影响很大。此外,在生产系统中劳动者与劳动者之间的关系,对于提高劳动者的工作热情起着重要作用,这些因素在劳动组织设计时必须加以考虑。劳动组织设计的主要工作内容包括工作设计、劳动定额和编制定员,它的工作目标是实现人与物质资源的最有效组合,使人力资源得到充分利用。

第一节　工　作　设　计

　　工作设计是关于生产系统的工作岗位设置和岗位责任设计,其工作对象涉及全体员工。由于员工在文化和教育素养方面存在很大差异,再加上组织结构因市场需求经常变动,使得工作设计比以往更为棘手。它既要满足实现系统功能的需要,又要考虑到员工的心理需求和生理上的能力,因此对管理者提出了更高的技能要求。

一、工作设计的概念

　　工作设计是一项组织结构设计岗位、配备人员的一项管理职能。它的任务是说明每个岗位和职务的工作内容,以及为完成这些工作内容相适应的组织形式。它的目的是使工作分配能符合组织的和技术的要求,以及能符合承担工作任务的员工的个人要求。工作设计要作 6 个方面的决策,如图 5 - 1 所示。此外,这些决策正日益受到下面一些发展趋势的影响。

（1）质量控制已成为每一岗位工作的一部分。每个岗位上的员工都被赋予质量控制的责任，他们甚至有权把存在质量问题的生产线停下来。

（2）训练员工掌握多种技能担负多项工作。许多公司的生产批量正在变得越来越小，需要员工会做更多的不同的作业。

（3）员工或作业小组参与工作设计和组织等管理活动。这是全面质量管理（TQM）和系统改进活动的最重要的特点。

（4）企业职工的流动性变得越来越大，特别是文化层次高的员工表现得最为明显。

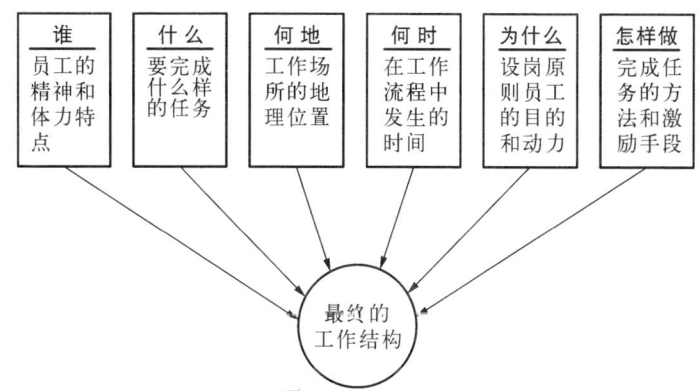

谁	什么	何地	何时	为什么	怎样做
员工的精神和体力特点	要完成什么样的任务	工作场所的地理位置	在工作流程中发生的时间	设岗原则员工的目的和动力	完成任务的方法和激励手段

最终的工作结构

图 5 - 1 影响岗位工作设计的因素

二、工作设计中的心理因素

心理因素是比较复杂的。员工对工作设计提出的心理上的要求，主要与工作划分的专业化程度有关。自从亚当·斯密在 1776 年提出分工原理以后，由于分工能提高效率，分工就日益细化。但专业化分工是把双刃剑。一方面，它使得高速度、低成本的生产方式成为可能；另一方面，过细的分工（例如一条节拍只有几十秒钟的流水线）也会给工人带来严重的负面影响。表 5 - 1 列出利弊比较。问题是需要确定专业化分工细分到什么程度是合理的，超过了这个程度,弊就大于利,意味着分工过细了。

表 5 - 1　分工的优劣比较

	管 理 方 面	工 人 方 面
专业化的好处	1. 培训员工简单; 2. 容易招到新工人; 3. 工作效率高; 4. 工人容易替代,工资低; 5. 工作过程容易控制。	1. 对产量所负的责任少; 2. 不需要过多的脑力劳动; 3. 所必须接受的教育少。
专业化的弊端	1. 质量责任难以分清; 2. 因工人不满存在损失: 　　a. 离职补缺;b. 无故缺勤; 　　c. 消极怠工;d. 怨言满腹; 　　e. 有意扰乱生产过程。	1. 工作单调工人容易疲劳; 2. 工人难以得到满足感; 3. 学习机会少,水平难提高; 4. 限制了工人的创造性。

西方国家近来的研究认为,专业化分工的利小于弊。但这种观点纯粹是从人性的角度观察问题。如果就此放弃专业化分工将是十分危险的。事实上,工人想从工作中得到什么,他们愿意从事什么样的工作,差别是很大的。有些人不喜欢做需要他们参与决策的工作;有些人喜欢对于工作作出种种空想;而还有些人没有能力承担复杂的工作。但是,考虑到确实有比较多的工人受到专业化分工的不良影响,人们一直在设法解决工作设计中存在的这个问题。目前比较常用的方法有 3 个:一是工作内容丰富化;二是工作小组化;三是工作轮换。

1. 工作丰富化

工作内容扩大以后,工人从事的工作面变得更宽,可以增加工作的兴趣,减小疲劳程度。

工作丰富化有两种形式,如果工人仅仅是承担更多数量或种类的操作,是水平方向的扩大;如果工人参与了有关自己工作的计划、组织和检查,是垂直方向的扩大。前者的作用在于消除工作的过分单调化,允许工人从事全部的作业;后者的作用在于扩大了工人在生产过程中的影响力,让他们担任部分的管理自己的工作。

工作丰富化的结果是,使企业在提高质量和生产率方面得到了收益。质量得到明显改善的原因是十分简单的。当一名职工对自己的工作产生了责任感,主人翁意识就会增强,想把工作做得更好。另外,由于工作面宽了,他们对工作过程了解得更多更深更好,更愿意寻找错误和乐于纠正错误。生产率也得到提高,只是提高程度比预期的要低,不如质量改善那么显著。主要原因是工作内容增加以后,在转换工作任务时需要消耗一些时间。

2. 工作小组化

这种方法与工作丰富化的原理相一致,不同的是着重于技术和工作小组内的配合协调。它的工作设计的思想是,调整生产工艺所必需的技术,为一组工人或工作小组设计一套工作内容。这方面的研究工作表明,如果允许他们自己做作业计划、作业任务的分配,奖金计算等等,他们能够处理更多的事情,并且做得更好。特别当生产现场需要作出很快的决策时,采取这种工作形式可以取得很好的效果。

这种方式在许多发达国家的企业中得到应用。在服务性企业中也受到普遍重视。企业从中获得的好处与工作内容丰富化是相同的,他们创造了较好的质量和较高的生产率,承担部分的生产准备工作和设备维护工作,有更多的机会开展富有意义的改善活动。

3. 工作岗位轮换

在那些无法用重新设计的方法来克服专业化分工产生弊端的岗位,采取工作岗位轮换是个好办法。让工人在某个单调乏味的工作岗位上干了一段时间以后,把他调离,去干另一种工作,这样也可以有效缓解由于专业化分工带来的负面影响。同样对管理人员作岗位轮换也有积极意义。

总之,在现代社会中,员工的心理因素是不可忽视的重要因素。由于员工自己更了解自己,因此在工作设计时,如果让员工参与设计是有益的。他们参与这项工作,使他们能更好地理解工作的目标和要求,也就更容易取得他们的支持和配合。

三、工作设计中的生理因素

工作设计除了心理因素以外,另一个要考虑的是员工的生理因素。如果一项工作更多地取决于人的体力,生理因素就会变得十分重要。一般而言,当一项工作设计得使人在生理上感到十分费劲,甚至无法胜任,那么无论采取什么激励措施都不会产生好的效果。有关这方面的研究属于工作生理学(work physiology)的研究范畴。在工作设计时,要根据体力消耗的程度,为各种不同体力消耗的作业制定工作期间的休息标准时间。很明显,体力消耗越大的工作,在工作期间需要休息的次数越多,时间也越长。本书不作这方面的详细讨论,读者可参看有关文献资料。

第二节　劳 动 定 额

劳动定额是企业两大基础定额之一,劳动定额的管理水平可以反映出企业的管理水平。劳动定额的重要性体现在它的作用上:它是编制生产计划的重要依据;它是实行成本核算的重要基础资料;它又是计算职工工作量、实行按劳分配的主要依据;它是企业提高劳动生产率的一种重要手段。简言之,它起到组织生产的作用和利益分配的作用。

一、劳动定额的概念

劳动定额定义:劳动定额是企业在一定的生产技术与组织条件下,为生产一定量的合格产品或完成一定量的工作,所规定的劳动消耗量的标准。可见劳动定额水平的高低反映了企业劳动资源的利用水平。

劳动定额一般使用两种形式:

(1) 时间定额。指每生产一个产品所需要消耗的工时数,是用时间表示的定额,一般以分钟为计算单位。

（2）产量定额。指在单位时间内应该完成的产品数量,是用生产量表示的定额。

两种形式的定额互为倒数,很容易换算,表达的是同一个概念,只是角度不同。但是形式的不同,导致适用的场合不尽相同。时间定额比较适合产品结构复杂、品种多、生产批量不大的企业;产量定额比较适合于大量制造,或加工时间短、自动化程度高的企业。在企业内不同的生产组织类型可以选择不同的劳动定额形式。

有些企业还采用一种看管定额,是指一个工人或小组同时负责看管几台机器或岗位,纺织企业通常采用看管定额。不过在有些大批量生产的企业,越来越多地实行多机床看管作业,也开始采用看管定额。

二、劳动定额的时间组成

一位工人在8 h的上班时间内,并非都在从事与加工制造产品有关的工作,还常常会参与一些与制造产品无关的活动,在制订劳动定额时必须分清哪些时间消耗应该计入定额内,哪些是不能计入劳动定额的。

（一）工时消耗的构成

工时消耗可分为七类,如图5-2所示:

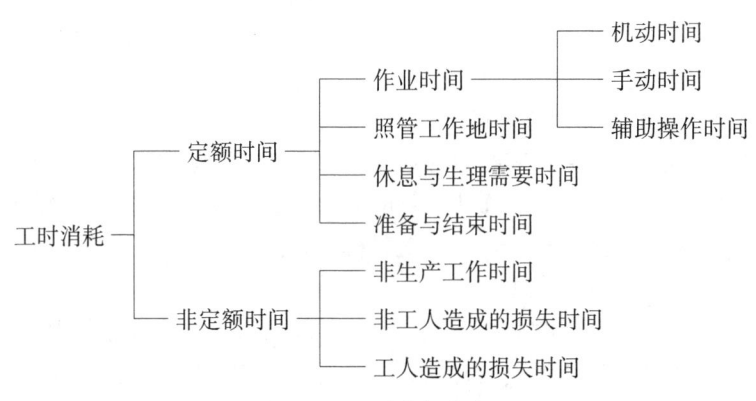

图5-2 工时消耗分类

1. 作业时间

作业时间指直接为完成生产任务而消耗的时间,主要消耗在加工工艺过程中,它又可分成基本时间与辅助时间两部分。基本时间是使劳动对象发生物理或化学变化所消耗的时间,是创造价值的劳动时间消耗,它包括机器加工时间、手工作业时间和机手劳动时间。辅助时间是指为实现工艺过程而进行的各种辅助操作所消耗的时间,如装卸零件、测量尺寸所消耗的时间。作业时间是劳动定额的主体部分。

2. 照管工作地时间

照管工作地时间指工人用于布置工作场地,使工作得以经常保持正常状态所消耗的时间,如更换刀具、保养设备、调整设备等,这些属于技术性的需要。另外,还有组织性的,如上班时领取工作图纸、工具和整理工作地,下班时填写有关工作记录、收拾工具、擦拭设备和交接班等,这些时间是必须消耗的,但它没有增加价值,应尽量减少。

3. 休息与生理需要时间

休息时间是指工人在劳动中为消除疲劳所需要的时间。工人的疲劳感觉与作业环境、劳动强度、操作姿势和作业内容的单调性有关,疲劳强度高休息时间就长。生理需要时间是指工人上厕所、喝水、擦汗、洗手等所花费的时间。这部分时间与工人的工作环境、性别有关。

4. 准备与结束时间

准备与结束时间指每接收一项工作,在开始前的准备工作与加工完毕后的结束工作所消耗的时间。如了解任务、熟悉图纸、调整设备、准备工具夹具、工件交付检验等。

5. 非生产工作时间

非生产工作时间指工人在上班时间内做了与他自身的生产任务无关的工作所消耗的时间。如开会、到仓库领料、与技术人员讨论图纸修改问题等活动。在企业中只有直接从事加工制造的工人的劳动才能创造价值,所以必须保证他们在 8 h 工作班内的有效劳动时间。浪费他们 1 h 时间,就浪费 1 h 的劳动价值。

6. 非工人造成的损失时间

非工人造成的损失时间指因管理不当或企业外部原因使工人工作发生中断的时间。如等待分配任务、等待原材料、停电、停水、设备故障等。这些都属于不正常的时间消耗。

7. 工人造成的损失时间

工人造成的损失时间指工人违反劳动纪律造成的损失时间。如迟到、早退、聊天、办私事等,这是完全不允许的时间损失。

前四类时间是完成工作所必需的正常时间消耗,在制订劳动定额时必须考虑进去,所以称之为定额时间。而后三类时间不是完成生产任务所必需消耗的时间,一般不应该计入劳动定额,所以称之为非定额时间。

(二)时间定额的组成

时间定额的组成基本上由定额时间构成。不过时间定额表示的是单个产品的劳动时间消耗,所以时间定额的组成随生产类型不同而不同。

1. 单件生产的时间定额

因为是单件生产,每件都发生准备与结束时间,所以其定额由定额时间中的四类时间组成。实际运用中采用简化的计算公式:

单件时间定额=作业时间×(1+宽放率)+准备和结束时间

宽放率为照管工作地时间与休息生理需要时间之和占作业时间的百分比。

2. 成批生产的时间定额

这时,准备与结束时间发生在同一批加工对象上,需要分摊到每件产品,其计算公式为:

单件时间定额=作业时间×(1+宽放率)+准备和结束时间/批量

3. 大量生产的时间定额

由于生产数量大,分摊到每件的准备和结束时间很小,可以不计,只有定额时间中的三类时间组成。计算公式为:

$$单件时间定额=作业时间\times(1+宽放率)$$

上述公式中没有包括非定额时间分量,在实际使用中考虑到管理上的因素,外界客观环境的干扰会损失工人的工作时间,如果这些损失全让工人承担,显然不尽合理,会影响工人情绪,所以在宽放率中应该适当考虑这些因素。宽放时间如何确定,存在较大争论,原因很多,主要与个人差异、工作特点和工作环境有关。有了时间定额就可以方便地换算出产量定额。

三、劳动定额的制定方法

劳动定额的制定方法有很多,企业应根据自身的特点选择合适的方法,总的要求是做到全、快、准。"全"是指凡是可能的工作都应该有劳动定额;"快"是指使用方法尽可能简便,迅速制定,在时间上能保证生产需要;"准"是指制定的定额先进合理,这是制定劳动定额的关键。

(一) 经验估工法

它是由具有丰富生产经验的人担任定额员,依照工作图纸和加工工艺要求,参考使用的加工设备的性能、原材料特性等生产条件,凭借经验确定定额数值。这种方法简便易行,工作量很小,定额员能够在审查了图纸和工艺资料以后的几秒钟内确定定额,能满足"快"的要求。但是,受估工人员的经验、能力和责任性的限制,有很大的主观随意性,同一件工作同一人估,基本生产条件不变,在不同的时间会估出不同的定额,它的准确性较差。为了提高估工的准确性,可以有许多措施,如一人估工,另一人审核,或两个人分别独立估工,对差别大的再用技术方法校正等等。此方法最适合于单件小批量生产类型。使用这种方法一般不适宜与直接的操作工人讨论。

此外,为了提高经验估工的准确性,可以在经验的基础上嫁接科学方法。如概率估工法,它是目前在单项大工程中普遍采用的方法。在时间估计上采取三点估计法。具体方法请参阅第十章。

(二)比较类推法

此法以现有的劳动定额为基础,根据相似性原理推算出其他相似工作的定额。操作方法如下:

(1)确定具有代表性的典型零件(或工作)。一般可根据零件尺寸大小、加工精度、加工的复杂程度、工件重量进行分类。

(2)制定典型零件(或工作)的劳动定额作为参考系。

(3)比较类推制定其他相似零件(或工作)的劳动定额。

这个方法也比较简单,但缺点是制定一套典型零件的定额标准资料需要很大的工作量,还需要经常地补充修正。在使用时如典型件选择不当,或对影响工时的因素考虑不周,都会使推出的定额不准。它最适合于制造同类型产品的企业。产品的系列化、标准化、通用化程度越高,产品的相似件越多,越能显示出这种方法的优点。

(三)统计分析法

它是根据过去同类产品(或零件、工作)的实际工时消耗的统计资料,结合当前生产技术与组织的变化情况来制定定额的一种方法。操作方法如下:

(1)分析历史统计资料的可靠性,剔除其中的异常数值,修正明显失真的统计数据。

(2)计算平均实做工时。

$$平均实做工时 = \frac{实做工时数列之和}{数列项数}$$

(3)计算平均先进工时。所谓"平均先进"是指大多数人经过努力都可以达到的定额水平,按照这个概念,可以有以下两个计算公式:

$$平均先进工时 = \frac{平均实做工时 + 最快实做工时}{2}$$

$$平均先进工时 = \frac{先进部分实做工时之和}{先进部分项数}$$

式中先进部分实做工时是指小于和等于平均实做工时的工时数值。

平均先进工时并不是一个十分严格的数值,在实际使用中可以根据具体情况作适当调整。这个方法操作也比较简单,又有大量统计资料为依据,比较符合实际,工人更容易接受。但是,由于使用的都是实做工时的统计资料,资料中可能包含种种不合理因素,准确性有可能会差些。此外,当生产条件发生较大变化时,直接使用上述计算方法误差会很大,需要根据新的条件作修正。不过修正工作不是一件简单的事情。所以,此法比较适合于生产条件比较稳定,产品比较固定,统计资料比较完整的企业。

(四)工程技术计算法

现代化生产越来越依赖机器设备,加工所需要的时间主要取决于设备性能和加工量。选定了设备基本上确定了加工速度,选定了材料基本上确定了加工量,加工时间就很容易用如下公式算得:

$$加工时间 = \frac{加工量}{加工速度}$$

例如在钢质工件上加工一个直径为 20 mm,深 50 mm 的孔,使用钻床加工。加工量为 15 708 mm³(3. 14 × 10 × 10 × 50);选择的加工参数为:转速每分钟 100 转,进刀量(每转一圈刀具前进的距离)为 0. 05 mm,加工速度则为每分钟 1 570 mm³(0. 05 × 100 × 314);算得加工时间为 10 min(15 708 ÷ 1 570)。由于钻头的直径与孔径相等,所以计算可以更简单:加工时间 = 50 ÷ (0. 05 × 100) = 10(min)。再考虑辅助作业时间、照管工作地时间、休息和生理需要时间、准备结束时间等,就可以得到非常准确的定额时间。

各种加工设备的方式差异很大,但计算方法是一样的。如能编制一套通用的计算机程序,能够大大减少计算工作量。

(五)MOD 法

这是预定时间法之一,属于间接测时法,具有直接测时法所没有的优点,它可以不受被观测者的影响,在作业开始以前,先行确定标准时间。这种测时方法的原理是:人工作业时间是由于工人操作所形成的,而工人的操作由一系列称为动素的要素构成的,而每一动素的时间值都可以在实验室中确定,并制成表格。因此,只要分析出了每项操作的动素,就可以方便地计算出每个操作所需消耗的时间。现行的比较简单实用的当属模特排时法(MODAPTS),表 5－2 为 MODAPTS 的动作符号和模数。

表 5－2　MODAPTS 动作符号表

动作		符号	模数	动作		符号	模数	动作		符号	模数
手臂的移动	指	M1	1	抓取	接触	G0	0	其他	找出	E2	2
	手腕	M2	2		单纯	G1	1		重抓	R2	2
	前臂	M3	3		复杂	G3	3		考虑	D3	3
	上臂	M4	4						踏	F3	3
	肩	M5	5	定位放下	不要目视	P0	0		压	A4	4
					必要目视	P2	2		回转	C4	4
					非对称	P5	5		步行	W5	5
									弯身	B17	17
									坐下	S30	30
							重量附加		L1	1

MOD 法把人体的劳动动作归纳为 21 种基本动作,并为每一个动作确定一个标准时间。标准时间的单位是模数(MOD 数),在普通速度下 1MOD＝0.129 s,熟练劳动时为 0.1 s,考虑疲劳因素后增加 10％,为 0.143 s。符号后面位置上的数字表示该动作的模数,从表中可见,动作幅度越大,时间模数也大。如 M1 表示手指动作,模数为 1,而 M5 代表由肩带动的手臂动作,模数为 5。

如有一个操作:伸出前臂抓取一锤子又返回身边放下。用 MOD 法表示就是 M3G1M3P0,其动作式为 MGMP,数字式是 3130,时间数值为 $3＋1＋3＋0＝7$ MOD,该操作在普通速度下的时间标准为 0.903 s($7×0.129$)。

四、劳动定额的维护

劳动定额是企业的一项工作标准,具有严肃性,一旦制定就必须认真贯彻执行,这样才能发挥它的积极作用。在使用中也需要根据实际情况做修正工作。做好日常的定额执行情况的统计、检查和分析工作对于劳动定额的维护是很重要的。

首先要加强班组的实际工时消耗的原始记录,原始记录反映工人的生产成绩、工时利用和定额任务完成情况,是定额统计工作的基础。然后要做好定额的统计分析工作,主要内容有实做工时的统计、完成定额情况的统计、工时利用的统计。根据统计资料就可以分析定额的执行情况,主要分析劳动定额与实做工时之间的差距,工人能够达到定额水平的人数比例,影响工时利用的各种因素等等。这样,一方面可以及时采取措施,提高工时利用率;另一方面为修改定额积累资料和提供依据。

劳动定额修改有定期和不定期修改两种。定期修改是根据企业生产的正常发展,预先规定修改期限。生产条件比较稳定,原定额比较准确的企业,修改期可定得长些,如一年修改一次。反之,可定得短些,如半年一次。定期修改工作是全面地审查和修改,而不定期修改属于临时修改,当局部的生产条件发生很大变化,如产品设计和工艺的变更,原材料和毛坯件的变更,生产组织方式的变动,都应该及时修正定额。

在劳动定额的维护管理中,要把握住劳动定额的两个特性,即稳定性和变动性。稳定性是相对的,一个先进合理的定额,在一段时期内与生产发展水平是相适应的,在这时期内企业的定额水平保持稳定不变是必要的。变动性是绝对的,企业的生产技术水平不可能总是停留在一个水平上,而是处在不停的发展过程中,当生产技术组织水平发展到一个新的高度,定额需要作相应的修改。变动往往是一个渐变的过程,有局部的量变逐步发展为全体的质变,因此定额变动不能频繁。即使是一年一次的定期修改,主要工作在于全面审查,而不能是大面积的修改,除非全企业的生产条件发生了全面的大规模的变化。局部的修改应该是经常性的,不合理的定额必须随时修改。从劳动定额的作用看,我们知道它事关生产计划编制、成本核算、工人劳动工作量的考核、职工报酬分配。所以修改工作要制度化,要有一定的审批手续,一般修改要得到厂长批准,修改后要有厂长认定。

五、劳动定额的新作用

管理科学的代表人物美国的 E·S·伯法在 1975 年指出生产管理的基本任务就是成本平衡问题,在他所介绍的 9 种分析方法中都需要使用成本数据,成本成为定量分析的基本数据。但是他同时又提出了"决策成本数据"概念,这是为了区别会计意义上的成本数据与用于决策的成本数据之间的差别。会计成本数据对外满足政府组织的税法需要,对内满足企业的财务经济核算的需要。当决策时需要的成本数据,如采用会计成本数据会发现并没有反映客观事实。例如,平均成本、固定管理费用分摊值都不能表明成本的实际变动情况。由于企业财务部门能够提供的只有会计成本数据,使基于成本数据的决策方法的使用大打折扣。这也是运筹学方法难以在企业经营决策中取得一席之地的主要原因。

如果用时间资源替代成本,用来表达制造过程中的资源消耗量,使得资源消耗的表达回归到最原始状态,可以得到反映真实的客观的全面的数据,为定量分析提供一个新的数据平台,在此平台上有望使大量的原本看来很复杂的决策变得简单,为定量分析方法展现一个新的创新空间。

图 5-2 的工时消耗分类基本上包括了生产过程中除劳动对象以外的资源消耗,其中机动时间指机器的直接加工时间,是创造价值的时间,通过计算一天的总机动时间可以计算出每天的设备利用工时,图中其余的时间都与劳动力的利用率有关。如果能将机器与劳动力的利用时间客观地记录下来,则可以得到生产过程中主要资源的消耗量,并分析其利用状况,进而作出科学的决策。

当我们把决策的焦点从成本数据(即货币量)转移到时间资源消耗量时,整个的管理思路和方法会发生哪些变化? 如果把企业生产过程所消耗的资源用时间来表达,我们发现这是一件工作量浩瀚的作业,但同时又发现管理活动的改善变得十分简单,还会发现很多以前所想象不到的优势。

1. 时间资源计量方便可得性强

成本数据是通过大量的原始单据收集后,用会计方法处理的结果。如果要获得决策用的成本数据,则需要按决策需要另作处理,处理的原则是客观真实地反映费用消耗,其对人员的专业技术的要求很高。可以肯定地说,在我国大多数企业内是不可能办到的。采用时间记录会怎样? 这是一个无须讨论的问题,人人会计算时间。因此,记录时间的便利性使得时间资源记录的可得性几乎是无限的,想要哪个时间数据只要事前明确了,都可以不折不扣地记录下来。此项作业有利于激发每位员工的参与热情,这也符合当今全员参与的管理理念。

2. 时间资源表达方式真实直观容易理解

与成本相比,成本是一个间接量,它是作业行为发生过程中所伴随的资源消耗量的货币价值量。且不说决策所要的成本数据难以从会计成本数据中获取,以成本为优化目标的求解方法的易难差异很大,对象简单方法也较简单,反之,则方法很复杂,甚至无法求解。如用时间来表达作业过程的资源消耗量既直观又简单。我们所看到的是完全裸露在面前的客观实体，每项作业是怎样进行的，可以看得十分真切。而成本犹如一件外衣把生产过程包裹起来了，看到的是生产过程所花费的货币数值，但你并不清楚其真实的花费过程。以制造产品为例，知道了产品的制造成本，但未必知道其制造过程。但如果以时间资源来表达，你可以清楚地知道，加工对象用机器加工了多少时间，人工作业花费了多少时间，等待加工的时间又是多少等等。如果你具有丰富的管理经验，马上可以发现不合理的资源消耗量，并提出改进的方法。

3. 决策方法简单

方法简便到只需运用算术工具就能解决问题，这是由时间资源表达方式的简单直观准确的特点决定的。用时间表达，其表达式只能是线性的，关系简单容易判断。很容易把时间数值与生产过程联系起来，很容易想象出实际的生产过程情景。当然更有意义的是，真实直观的特点使得决策者离现实零距离，在此基础上建立的决策模型比较容易达到对真实的简化与再现。

以库存控制为例，多少年来一直是定量分析研究的重要领域，追求不影响生产条件下的费用最小目标，由于直接以费用为目标，模型越建越复杂，发展到应用随机理论。但实际效果并不好，一是模型难以理解；二是费用参数难以获得。如果改用时间参数则使问题得到简化。如上海某化工企业将考核物资管理的指标由费用额度改为库存时间，取得明显效果。道理十分简单，考核费用指标，引导采购人员把注意力放在费用如何在众多物品之间分配，而忽视了实际的市场需求，决策难免出错；考核库存时间，采购员以准时化原理指导决策，迫使他关注市场需求，决策正确。表面上以时间最短为目标的决策，而实际取得的效果却是库存成本降低。

4. 局部改善达到全局改进

如果把生产过程的每项作业一一分解，并记录下来，会发现这是一项十分繁复的事情，记录的数据会很大。要从全局上把握全过程的资源消耗绝对不是一目了然的事情。上面所说的简单直观容易理解，主要指单项作业，那确实是一目了然的事情，瞬间就能作出判断。从方法论上看，时间资源表达的好处就在于分解系统很容易，可以随心所欲地查找到作业层面的资源消耗记录。如果能再结合其他科学的分析方法，如价值链方法，可以很快发现对全局具有改进价值的作业。通过对局部作业的不断改善，以实现全局意义上的改进。

一个原本比较复杂的系统，如果用复杂系统或大系统理论的方法去表达，使用的方法是很高深的数学模型，离解决问题的目标有很大的距离。如果用时间资源来表达复杂的生产系统，情况则发生逆转，所表达的系统现在反而变得十分的繁复。因为系统所包含的作业量很大，相对应的数据量也很大，从整体上看不到细节，无法从整体上把握研究对象。但由于此方法记录到每项作业的资源量，对细节的把握是准确无误的。认识的过程把一个复杂的事物转化为繁复，再转化到简单。繁复是为了客观真实准确地描述事物，为转化为细节的简单做准备，简单是为了达到改善的目的，实现问题的解决。

5. 有利于全员主动参与改善活动

目前的经济核算都是以价值量为对象，这具有无可替代的作用。但是在制造过程中，成本与利润指标与员工联系是间接的，员工并不太清楚自己的成本支出及对利润的贡献，这不利于现场作业的改进。与以价值计量相比，时间消耗与员工的联系最直接，也更容易计量和控制，如果以时间量作为考核依据，更有利于员工了解自己的作业情况，有利于改进作业。

事物总具有两面性，用时间资源表达的方法其弊端也十分明显，作业量大，浩瀚的数据量难以从整体上发现问题。但这并不是难以克服的，通过对时间消耗类型的分类、整理，建立一个数据系统，十分适合计算机管理。利用这一新的信息平台——企业生产过程的时间资源管理系统，可以开发出一系列新的简便的决策方法。使运营管理进入一个全新的空间。

第三节　编　制　定　员

当生产系统的物质部分建成以后,就要考虑怎样配备人员,内容包括:需要多少人员,需要哪些方面的人员,如何合理安排这些人员。总的要求是既能保证生产的需要,又不至于人浮于事,浪费人力资源。这些就是编制定员的工作。企业定编与企业的产品特点、生产规模、技术水平和组织方式有关。基本的工作思路是:根据生产工作量匡算生产人员数量;根据产品的加工特点考虑所需要的工种;按一定比例配备辅助人员;按管理岗位和管理工作量配备管理人员。

一、定员工作的作用和任务

定员工作也是企业的一项基础管理工作。其主要作用是,用组织措施保证企业合理地配备人员,以达到节约人力、避免浪费、提高劳动生产率的目的。具体表现在:它是企业编制劳动计划的依据;是调配劳动力、检查劳动力使用情况的依据;是改善劳动组织、遵守劳动纪律的必要保障。

企业定员的范围应该包括所有部门和岗位,即包括从事生产、技术、管理和服务工作的全部人员。但不包括与生产经营和职工生活无关的其他人员,或临时性生产和工作所需的人员,不能独立顶岗的学徒工也不列入定员范围。

定员工作包括确定企业总人数、各部门的人数、各岗位的人数、掌握各种技能的人员的人数,以及他们之间的比例关系。企业员工一般分为两类:一类是从事生产和技术工作的人员,他们是直接生产人员;另一类是从事管理和服务工作的人员,为非直接生产人员。企业为了维持正常的生产经营活动,需要各类人才从事各项专门的活动,在客观上各类人员之间存在一定的比例关系,其中主要是基本生产工人和辅助生产工人的比例,直接生产人员和非直接生产人员的比例。传统的观点认为非直接生产人员比例不能太大，我们国家曾经为国有企业规定了17％的非直接生产人员的比例，但很少有企业能够达到。主要原因有：一是管理不善，造成一线紧、二线松、三线肿的不合理现象；二是各种比例与企业生产特点有关，很难为企业确定这种比例关系，这完全取决于实际的需要。随着科技的发展，生产自动化水平的提高，辅助生产工人的比例和非直接生产人员的比例呈不断上升趋势。总之，要从实际出发，服从企业生产经营活动的客观需要，既要做到合理分工发挥工人专长，又要避免因分工过细而造成人力资源利用不足。在机构设置方面，要求机构精简，管理层次少，做到人人有事做，事事有人管，杜绝互相推诿，提高办事效率。

二、编制定员的方法

定员工作要求做到先进合理，要符合高效率、满负荷、充分利用工时的原则。如果是一个新建企业，在一开始就要做好这项工作。在现代社会中，哪怕辞退一名多余的职工也不是一件得人心的事情，还会影响员工的情绪，这样会使企业陷入两难境地。所以选择科学的定员方法是很重要的。定员计算的基本原理是按生产工作量确定人数，劳动定额作为计算工作量的标准，在定员计算中起着重要作用。因此，只要有劳动定额的岗位都应该考虑使用劳动定额资料来定编。下面介绍的几种主要方法都是以劳动定额为基础的。

1. 按时间定额定员

由于不同工种不同加工对象之间不能直接比较，而时间定额是最通用的劳动消耗标准，一旦不同工种和对象的劳动量换算成时间量就能比较了。用时间定额可以计算企业所有的基本生产工人的定员数。计算公式如下：

$$定员人数 = \frac{生产任务}{工人的定额任务 \times 出勤率}$$

公式中：生产任务是指计划期内以时间定额表示的生产任务

总量;工人的定额任务指一位工人在计划期应该完成的以时间定额表示的工作量。应用时要考虑工人的超额因素,如果定额非常准确,工人一天的定额任务为 480 min。但通常由于制订定额时留有余地,所以工人实际完成的定额任务都超过 480 min,在定员时要考虑这一现象。

这种方法适用于许多场合,当用来计算全厂的基本生产工人定额人数时,只要取全厂的生产任务总量;计算车间的基本生产工人定额人数时,生产任务取车间总量;同样地,如果计算某一工种的定员人数,生产任务取该工种的总计值就可以了。其余情况可以类推。

2. 按产量定额定员

计算公式与时间定额法相同,只是公式中的生产任务和工人的定额任务用产量定额表示。此方法有较大的局限性,只适用于劳动对象单一的场合。如生产量大并且稳定的零件制造厂,可以按零件的加工任务量计算定员,总加后得到全厂的基本生产工人定员人数。

3. 按看管定额定员

根据机器数量、开动的班次和工人看管定额计算定员人数。公式如下:

$$定员人数 = \frac{机器台数 \times 班次}{工人看管定额 \times 出勤率}$$

公式中:机器台数指参与生产的设备总数;工人看管定额是一个轮班内的数值。这种方法比较简单,适合于实施多机床看管的企业。对于实行 1 人 1 机的劳动组织方式的企业,采用这种方法不一定合理。使用这种方法的前提是生产任务必须饱满,机器没有停工时间,否则得出的定额人数会偏大。

4. 按岗位定员

根据工作岗位的数量、岗位的工作量、操作人员的劳动效率、劳动班次和出勤率等因素计算定员人数。按岗定员的方法与生产量无直接关系，与生产类型有关，它适合于大型联动装置的企业。如发电厂、炼油厂、炼钢厂等。也适合于无法计算劳动定额的工种和人员，例如，辅助工、机修工、后勤服务人员等。用这种方法定员很难找到计算公式。

5. 按比例定员

按比例定员就是按企业职工总人数或某一类人员的总人数的某个比例计算出其他人员的定员人数。企业中的卫生保健人员、炊事人员、某些辅助工人可以采用此法定员，使用的比例数是个经验数据。

6. 按业务分工定员

按业务分工定员即根据组织机构、职务岗位的工作种类和工作量来确定人数。这种方法定性成分很大，又主要适用于管理人员和工程技术人员的定员。这些人员的工作内容广泛，工作量不容易计算，工作效率又与每人的能力、工作态度和劳动热情有关，具体操作时有一定的难度。

企业的编制定员是企业人员数量及其构成的基本标准，是个相对稳定的劳动人事资料，企业不可能经常进行定编工作，定编后有个较长的稳定期。但是，企业的生产量在不同季节不同月份往往变动很大，为了保证任务和人力相匹配，在每个计划期（年计划和月计划）都需要做人员需求计划，以指导劳动力的余缺调整和补充。这里指的主要是基本生产工人。如果生产任务减少，基本生产工人就应该等比例减少，减下来的人员可以临时安排一些其他工作，甚至可以参与产品推销，这比窝工要好得多。

三、多机床看管

多机床看管就是1名工人同时照看几台设备。在纺织行业，这种生产组织方式早就得到广泛应用，在其他行业，特别是机械行业习惯上还是采取1机1人的组织方式。随着生产技术的不断提高，设备的自动化程度越来越高，需要工人操作的作业内容日趋简单,所需操作时间日益减少,1人操作1台机器的话,会有很多空闲时间,造成劳动力的大量浪费。实行多机床看管可以充分利用工人的工作时间,有利于节约劳动力,有利于降低生产成本。

多机床看管的基本原理是,工人利用某台机器的机动时间去完成其他机器上的手动作业。只要在一个操作周期内,机动时间大于手动时间,就有可能实现多机床看管。机器的机动时间越长,人工操作的时间越短,从理论上讲工人能够照看的机器就越多。反之则反是,甚至不能实行多机床看管。

最简单的多机床看管形式是看管同一种机器,加工同一种零件,这时每台机器加工零件所需要的机动时间相等,手动作业时间也相等,如图5-3所示。

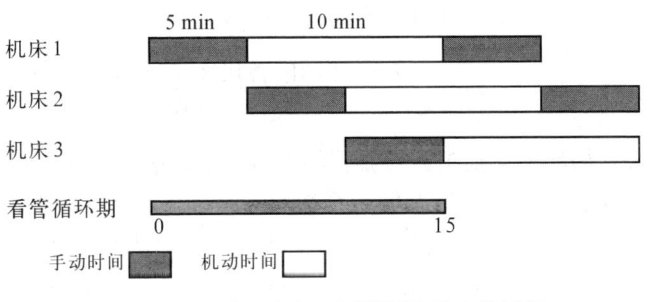

图5-3 同种设备加工同样零件的定员图解

手工操作需要5 min,然后机器加工10 min,在机加工期间,同一位工人依次操作机床2和机床3,当机床3的操作结束时,机床1正好加工完毕,工人回到机床1开始下一个看管循环期。图中列举的机动时间正好是手动时间的倍数,在这种情况下工人的作业负荷达到百分之百。工人的看管数量可用下列公式很容易地算得:

$$看管台数 \leqslant \frac{机器的机动时间}{工人手动时间} + 1$$

最一般的情况是看管的不是同种机床,加工的也不是同一种零件,这时各种加工的时间不相等,如图5-4所示。

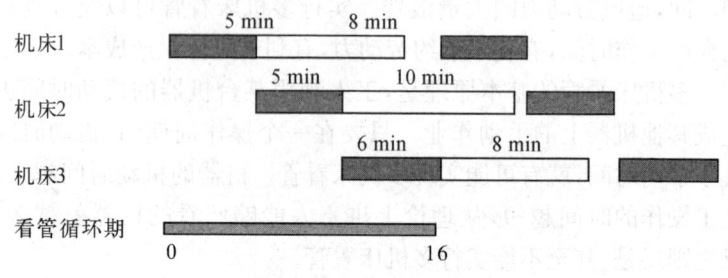

图 5-4　不同设备加工不同零件时的情况

在这种情况下,看管的数量无法用公式计算,而要绘制多机床看管指示图表来确定。利用指示图表还可以进一步分析工人和机器的负荷量。通常是计算他们的负荷系数。

$$工人负荷系数=\frac{看管循环期内各机床手动时间总和}{看管循环期}$$

看管循环期是指工人对看管的多台机器按顺序操作一遍直到下一轮开始的时间。工人负荷系数小于等于 1,等于 1 时工人满负荷,没有一点点空闲时间。本例子就属于这种情况,看管循环期等于 3 台机床的手动时间总和,为 16 min。工人无空闲时间,但设备有空余时间。也可计算设备的负荷系数,它是评价多机床看管的设备利用程度的指标,计算公式如下:

$$设备负荷系数=\frac{看管循环期内全部机动时间与手动时间总和}{设备台数×看管循环期}$$

本例中工人负荷很大,设备必须要有自动停车装置,即加工完毕后会自动停车。

多机床看管有两种基本形式:一是 1 名工人独立看管多台机器;二是几名工人看管一组机器,平均每人看管 2 台以上。前者在按工艺原则组织的生产系统中比较多见,设备多是同种类型,如车床组、铣床组、磨床组等,加工的零件可以相同,也可以不同。后者多见于按对象（产品）原则组织的生产系统中，所谓 1 组机器，实质是一条机械加工生产线或流水线。在流水生产线上组织多机床看管，对于提高流水线的灵活性有重要意义。当生产任务发生变动时，需要改变操作工人人数，如果是 1 人 1 机的组织方式，是无法改变工人数量的，而采取多机床看管组织方式是可以改变人数的。人数改变后只要重新安排作业内容，同样可以保证流水线正常运行。这种生产组织方式是丰田公司首创的，现在已经在实行精益生产方式的企业中得到普遍应用。

实行多机床看管可以显著提高企业经济效益，应该尽可能采用这种先进的组织方式。当然，组织多机床看管并不是一件容易的事情，要采取多种措施：

（1）要修订操作工艺标准，改进工装夹具，使机动时间和手动时间尽量集中；

（2）给机器装备自动停车装置，以保证产品质量，防止设备和人身事故；

（3）重新排列设备，排成"U"字形或"品"字形，使工人的巡回路线最短；

（4）另一项重要措施是培养多能工，使每位工人掌握多种机床的操作技能。

实施多机床看管，在技术上是完全可行的，只是在旧观念影响下，工人对学习多种技能有抵触情绪，除了进行宣传教育以外，有必要采取一些强制和奖励相结合的措施。上海汽车工业总公司所属生产厂已普遍推行多机床看管，1 名熟练工人最多可以看管 6 台机器。

复习思考题

1. 劳动组织工作的基本目的是什么？

2. 工作设计中的心理因素指什么？怎样克服？
3. 劳动定额有几种形式？分别起什么作用？
4. 在制订劳动定额时为什么要考虑非定额时间？
5. 试比较 4 种制订劳动定额方法的差异和适用对象。
6. 劳动定额为什么要维护？
7. 你能理解"劳动定额的新作用"原理吗？
8. 编制定员的基本思路是什么？
9. 多机床看管的基本条件是什么？多机床看管有何意义？

第六章 随机服务系统

在经济活动中排队现象随处可见,产品或服务对象进入生产系统一般都需要按某种规定排队,等待制造或服务。在工厂内在制品需要等待加工,等待不是发生在制造现场,就是在库内;而服务业的等待必定在现场,哪怕是采用预约服务的,到最后一刻也还是要到现场排队等候服务。排队产生的原因往往是因为生产能力与需求之间存在不一致性,能力不足则肯定会导致排队,即使能力在总体上大于需求,但由于对能力的需求在时间上存在随机性,在某段时间内也会出现能力不足的情况,队伍随之形成了,随机服务系统也可称作排队系统。如何设计生产系统的能力,既能满足需求,又能保持系统较高的利用率成为运营管理的一项重要任务。

第一节 排 队 系 统

排队系统由三部分组成:(1)顾客源到达,称为输入过程;(2)等待队列,即顾客进入服务系统后排队;(3)服务设施,提供服务的地方。由于顾客接受服务后离开系统不受任何制约,不消耗系统资源可以不予考虑。排队系统如图6-1所示。

排队系统理论要解决的问题是顾客是按照怎样的规律到达服务系统的,进入服务系统后按怎样的规定排队等待服务,服务设施的服务过程是怎样的,以何种服务规律完成服务。在服务过程中,服务方与被服务方所追求的目标往往是不一致的。服务提供方较多考虑自己的服务能力的利用率,以尽可能降低成本,最有效的措

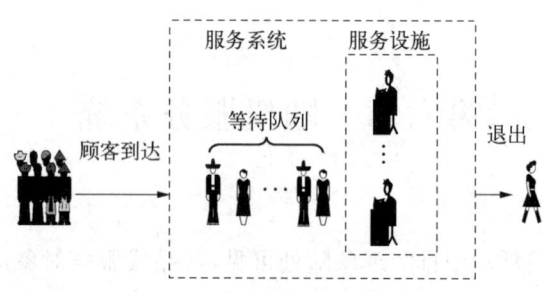

图 6-1　排队系统的组成

施是保持很高的设施利用率,这就要求一定的队伍长度;而被服务者希望到达服务系统后能够立即得到服务,不希望队伍太长,这就要求服务设施多一些,但这会导致服务设施利用率很低。双方之间的目标发生冲突,需要排队理论来解决这个问题,使双方都满意。从理论上说存在服务方的成本曲线和被服务方的成本曲线,两者之和为排队系统的总成本曲线,是一根下凸线。但实际上由于被服务方的分散性和差异性,它的成本曲线是很难找到的,实际上也没有必要找到它,只要达到双方满意就行。排队系统三个组成部分的特性对建立排队系统的数学模型的影响很大,所以有必要研究其特性。

一、输入过程

　　由于社会经济活动的多样性,导致了形形色色的排队系统形式,无论是输入过程,还是排队规则、服务过程都呈现出千姿百态,为了研究方便有必要加以分析归类。

　　1. 顾客到达

　　顾客到达有很多不同情形,不同情形对模型推导工作影响很大,在有些情形下目前还无法得到理想的模型。

　　(1) 顾客源。顾客源指来到某服务系统的客源,主要从有限还是无限两方面考虑,在人类经济活动中顾客都是有限的,怎么会有无限大的顾客群体呢? 这主要从研究方法需要而作的假设,在某种条件下认为是无限的,在无限条件下得到的公式更简捷,更便于应用,而对结果的准确性影响又不大。

(2) 顾客到达方式。顾客到达可能是一个一个单独的,也可能是成批的。例如到医院就诊通常是单个到达,但如发生群体事件可能成批到达。

(3) 顾客相继到达的间隔时间。大多数间隔时间是随机的,如到医院就诊,去银行办事;但也有确定性的,如汽车总装厂采取看板车运输系统,零部件企业按规定间隔时间把零部件运到总装配线。

(4) 顾客到达相互独立。前到达的顾客与后到达的顾客没有影响,在很多排队系统中都符合这一条件。如到医院看病的病人到医院就诊是相互独立的,互相之间何时到达医院是没有关联的。

(5) 输入过程是平稳的。这是指描述相继到达的间隔时间分布和所含参数(如期望值、方差等)都是与时间无关的。在现实中只要顾客是人,这条假设很勉强。经验告诉我们,无论是到医院看病,还是到银行办事都有高峰时间,即某时段顾客到达的量很高,有些时段人很少,规律性很强,是非平稳的。由于非平稳情形数学处理很难,所以一般都作平稳处理,结果当然与客观事实有差异。

2. 顾客到达分布

上面已假定输入过程是平稳的,大多数的排队现象顾客到达过程是随机的,我们感兴趣的是在每个确定的时段 t 内达到 n 个人的概率是多少。人们研究发现许多输入系统的顾客到达分布服从泊松分布,其公式如下:(详细资料可参阅运筹学排队论章节)

$$P_n(t) = \frac{(\lambda t)^n}{n!} e^{-\lambda t}, \ t > 0$$
$$n = 0, 1, 2, \cdots$$

式中:λ 为泊松分布的期望值,每单位时间平均到达的人数。例如某输入服从泊松分布的排队系统平均达到率为每小时 10 个顾客（$\lambda = 10$），求每小时内有 8 人到达的概率（$n = 8$，$t = 1$），计算公式如下：

$$P_8(1) = \frac{(10 \times 1)^8 e^{-10 \times 1}}{8!} = \frac{10^8 e^{-10}}{40\ 320} = 2\ 480.159 e^{-10} = 0.112\ 6$$

在任何 1 h 的时间间隔内有 8 位顾客到达的概率是 11.26%。请注意这里假定的是平稳过程，否则是不成立的。

泊松分布是一类离散型分布，n 必须是整数。

当然也可以从前后两顾客到达的时间间隔考察顾客到达分布，如果从单位时间间隔内到达顾客数服从的是泊松分布，则从前后顾客到达间隔时间看此过程则是负指数分布，其概率密度函数为：

$$f(t) = \lambda e^{-\lambda t}$$

式中 λ 代表单位时间内到达的顾客数。

指数分布与泊松分布可以互相推导得到。泊松分布的期望值和方差相等，都为 λ。负指数分布期望值为 $1/\lambda$，方差为 $1/\lambda^2$。

两种分布图见图 6-2、图 6-3。

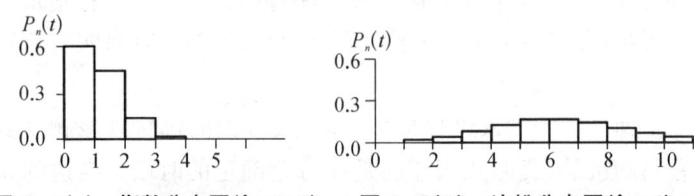

图 6-2(a)　指数分布图($\lambda = 0.5$)　　图 6-2(b)　泊松分布图($\lambda = 6$)

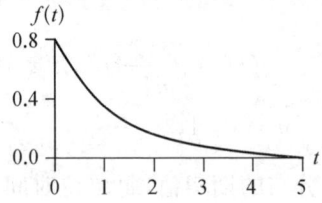

图 6-3　负指数分布图($\lambda = 0.8$)

泊松分布虽然是离散的,当λ很大时曲线变得平滑起来。

3. 顾客到达其他特征及归类

经验告诉我们,顾客到达服务系统后,未必一定进去等候,发现队伍很长就走了,也有的已经在队伍中等待了,因服务速度慢或其他原因也会中途离开。到达方式也有可控与否的差别。如用预约方法控制到达数量与时间,也可用价格杠杆调节顾客的到达时间等。综合以上讨论把输入过程特点归纳见图6-4。

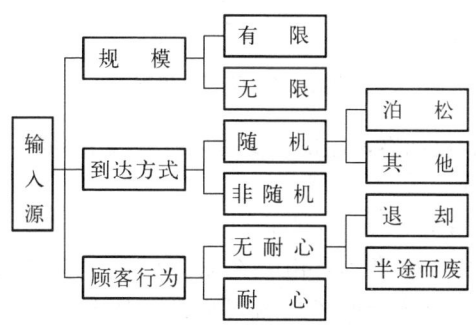

图6-4 输入过程分类

二、队列与规则

顾客进入服务系统后需要排队等候服务,有队列个数、排队规则和队伍长度三个问题需要研究,队列数量往往与服务台数量有关,如果只有一个服务台则只需排一列就行了,如服务台有多个,则队列数可以增加。队伍长度有有限与无限之分,到医院看专家门诊有数量限制,而普通门诊无数量限制(但有时间限制,可作无限处理)。排队规则较复杂,一般遵循先到先服务规则(简记为FCFS),但也有很多优先规则,如医院中的老人优先,银行中的贵宾卡优先等。归纳如图6-5。

三、服务设施

服务设施的结构设计将决定顾客接受服务的过程。根据服务

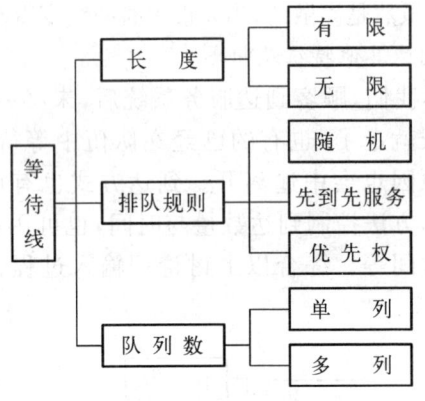

图 6-5　队列与规则

内容的复杂程度与客流量的多少可以设计成结构差异很大的服务设施组成形式。

1. 设施结构

最简单的结构当然是由一个服务台完成全部服务内容,顾客在一个服务台接受服务后就可以离开服务系统,称为单通道单阶段,如只有一个服务窗口的乡村邮电所,如图 6-6 所示。稍复杂一些的是提供相同服务的多个并列的服务台,顾客在任何一个服务都可以得到服务,完成后即离开系统,称为多通道单阶段,银行的储蓄业务是典型例子,如图 6-7 所示。也可能需接受几个阶段服务后才完成全部服务内容,又可分为单通道多阶段和多通道多阶段。通道与阶段的组合可以形成很多不同的结构,可以想象一下一家大型医院的服务设施所组成的结构有

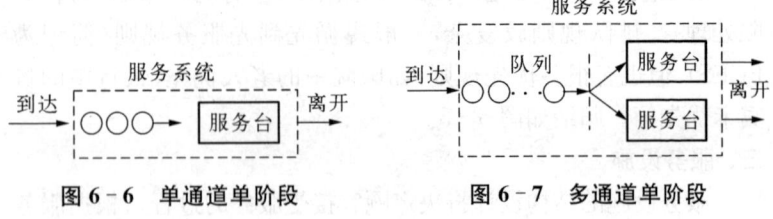

图 6-6　单通道单阶段　　　　　图 6-7　多通道单阶段

多复杂,从挂号开始到接受全部诊疗服务,要排数次队伍,这是一个很复杂的服务系统,要设计出这样一个好的系统已经不是目前的排队理论能解决的。但再复杂的排队系统都是由局部的单元组织而成。

2. 服务时间

服务时间指一位顾客在系统中接受服务所花费的时间,由于顾客的差异,服务内容的差异,在同一服务台为不同顾客提供服务所耗费的时间通常是不等的。服务时间通常分随机的与固定的两类分别研究。与服务时间相关的一个重要参数是服务率,指单位时间内服务系统完成服务的顾客数,是系统服务能力的指标。

当把服务时间处理成随机变量时,我们假定它是服从负指数分布的,这是近似处理方法,用 μ 表示平均服务率,是该分布的期望值。曲线性状见图 6-3。

综合服务设施的结构和服务时间,相关的组合类型也很多,通常由以下几种形式,见图 6-8。

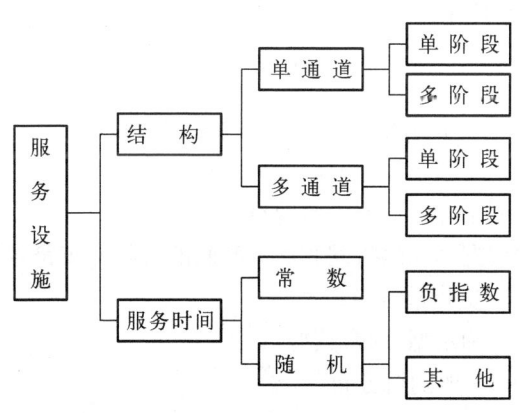

图 6-8 服务设施种类

当然在现实中服务系统的结构远比图 6-8 所列出的复杂得多,但在目前认识水平下,就是以上这些并不复杂的服务系统也不是都能用数学模型表达并有求解方法的。

第二节　排队模型

排队模型是在研究随机服务系统中产生的数学模型，实现用数学式描述排队现象，并给出了求解的方法。但是，由于现实问题的复杂性多样性，数学方法只擅长于描述很规范的对象，所以排队模型只是在对现实问题作了简化、理想化处理后抽象出来的产物，它并不是完全真实地再现客观事物，只是比较近似地表达了排队现象。

一、排队模型分类

如果按上节介绍的排队系统构成要素的特征分类，情况会非常复杂，模型类别会很多，而实际上各特征中最主要的只有三个：顾客相继到达的间隔时间分布，服务时间的分布以及服务台个数。D. G. Kendall 提出一种分类方法，只针对单阶段服务台并列的情形作分类，它使用符号是

$$X/Y/Z$$

式中：X 处填写表示相继到达间隔时间的分布；

Y 处填写表示服务时间的分布；

Z 处表示并列的服务台数目。

相继到达间隔时间和服务时间的各种分布符号为：

M——负指数分布；

D——确定型（即常数型）；

G——一般随机分布。

例如，$M/M/1$ 表示到达的顾客服从泊松分布（对应于两相继到达的顾客的间隔时间为负指数分布）、服务时间为负指数分布、单服务台模型；$D/M/S$ 表示相继到达的间隔时间是确定的、服务时间为负指数分布、S 个并行的服务台。

二、简单的排队模型

迄今为止比较成熟的排队论模型并不多,介绍几个常见的简单模型。见表6-1。

表6-1 简单的排队模型

模 型	通道数	阶段数	顾客源	到达分布	排队规则	服务时间	队列长度
$M/M/1$	单通道	单阶段	无限	泊松	FCFS	指数	无限
$M/D/1$	单通道	单阶段	无限	泊松	FCFS	常数	无限
$M/G/1$	单通道	单阶段	无限	泊松	FCFS	一般	无限
$M/M/S$	多通道	单阶段	无限	泊松	FCFS	指数	无限

$M/M/1$ 是单通道单阶段模型,是最简单的一种,可以说是排队结构的单元细胞,其他排队系统都可以通过它的复制组合得到。前三种模型在物理结构上差异不大,但由于服务时间分布不同,计算的公式差异很大。第四个模型仅仅因为服务台增加了,不仅使计算公式大为复杂,公式的推导也变得十分困难。我们实际遇到的情形远不止这几种,且结构要复杂得多,求解也变得十分困难,只能用计算机模拟的方法来解决。

三、排队模型求解与参数

实际的排队问题在求解时,首先要研究它属于哪种类型,其中最难的是对顾客到达的随机事件和服务时间的随机分布,需要根据实测数据来确定,其他因素在问题提出时给定的。要确定一个随机事件属于哪种类型,是一项比较复杂的数理统计工作,而实际问题是否完全符合数学理论要求的假设条件是不确定的,因此在实际处理时不妨根据特点作简化处理,只要是随机现象,就认为输入过程服从泊松分布服务时间服从负指数分布。

求解排队问题要达到的目的是,研究排队系统运行的效率,估计服务质量,从而确定系统参数的最理想数值。下面列出相关参数及含义说明。

L_q——平均队列长度，即平均等待的顾客数，期望值，可以是小数。

L_s——系统中平均顾客数，包括正在被服务的顾客，期望值。

W_q——每位顾客平均等待时间，即每人的平均排队时间，期望值。

W_s——每位顾客在系统中的平均停留时间，期望值。

n——系统中的平均顾客数。

S——并列的服务通道数。

P_n——系统中有 n 个顾客的概率。

P_w——等待的概率。

λ——单队列的泊松分布到达率。

μ——单个服务台的负指数分布服务率。

$1/\lambda$——相邻到达的平均时间间隔。

$1/\mu$——平均服务时间。

ρ——系统的利用率，$\rho = \lambda/(S\mu)$（多通道时队伍还是排成一列）。

推导排队模型的求解公式是一项较难的数学工作，有兴趣者可参阅相关运筹学文献，本教材直接列出基本模型的求解公式，求解工作变成简单地从实际问题中抽象出模型，然后直接套用公式。

1. $M/M/1$ 模型计算公式

$$L_q = \frac{\lambda^2}{\mu(\mu-\lambda)}, \ W_q = \frac{\lambda}{\mu(\mu-\lambda)}, \ L_s = \frac{\lambda}{\mu-\lambda}, \ W_s = \frac{1}{\mu-\lambda}$$

$$\rho = \frac{\lambda}{\mu}, \ P_n = \left(1-\frac{\lambda}{\mu}\right)\left(\frac{\lambda}{\mu}\right)^n, \ P_0 = \left(1-\frac{\lambda}{\mu}\right)$$

2. $M/D/1$ 模型计算公式

$$L_q = \frac{\lambda^2}{2\mu(\mu-\lambda)}, \ L_s = \frac{\lambda^2}{2\mu(\mu-\lambda)} + \frac{\lambda}{\mu},$$

$$W_q = \frac{\lambda}{2\mu(\mu-\lambda)}, \; W_s = \frac{\lambda}{2\mu(\mu-\lambda)} + \frac{1}{\mu}$$

3. $M/G/1$ 模型计算公式

服务时间服从一般分布指其他的什么随机分布,只要有期望值和方差,就能够求解。

$$L_q = \frac{\lambda^2\sigma^2+\rho^2}{2(1-\rho)}, \; L_s = \frac{\lambda^2\sigma^2+\rho^2}{2(1-\rho)} + \rho,$$

$$W_q = \frac{\lambda^2\sigma^2+\rho^2}{2\lambda(1-\rho)}, \; W_s = \frac{\lambda^2\sigma^2+\rho^2}{2\lambda(1-\rho)} + \frac{1}{\mu}$$

式中: σ^2 ——服务时间随机分布的方差。

4. $M/M/S$ 模型计算公式

$$P_0 = \left[\sum_{k=0}^{s-1} \frac{1}{k!}\left(\frac{\lambda}{\mu}\right)^k + \frac{1}{s!}\frac{1}{1-\rho}\left(\frac{\lambda}{\mu}\right)^s\right]^{-1},$$

$$L_q = \frac{(s\rho)^s \rho}{s!(1-\rho)^2}P_0, \; L_S = L_q + s\rho,$$

$$W_q = \frac{L_q}{\lambda}, \; W_s = W_q + \frac{1}{\mu} = \frac{L_s}{\lambda},$$

$$\rho = \lambda/s\mu$$

请注意, μ 是单个服务台的服务率。

现实中排队形式很多,计算公式推导是件很麻烦的事,可查阅运筹学方面的书籍。

第三节　排队模型应用案例

现实中很难找到理想的符合条件的排队形式,这里先介绍理想化的例子,然后讨论一些实际案例的处理方法。

一、例题

例1 某学院注册办公室有一个办理注册手续的服务台，注册学生以每小时 30 人的速率来到注册处。到达过程服从泊松分布。注册处平均每小时可以完成 35 位学生的注册手续。服务时间服从负指数分布。请评价这一服务系统的合理性。

分析：很显然本例理想化了实际问题，把输入过程假定成泊松分布，服务时间应该比较符合负指数分布，顾客源为无限，队伍长也是无限，先到先服务。评价合理与否的标准应该是排队系统的利用率、平均排队长度与排队时间。

解：据题目给定条件，本题属于 $M/M/1$ 模式，$\lambda = 30$，$\mu = 35$，套用公式求得相关参数如下：

$$L_s = \frac{\lambda}{\mu - \lambda} = \frac{30}{35 - 30} = 6(\text{学生})$$

$$W_s = \frac{1}{\mu - \lambda} = \frac{1}{35 - 30} = 0.20(\text{h})$$

$$L_q = \frac{\lambda^2}{\mu(\mu - \lambda)} = \frac{30^2}{35(35 - 30)} = 5.14(\text{学生})$$

$$W_q = \frac{\lambda}{\mu(\mu - \lambda)} = \frac{30}{35(35 - 30)} = 0.17(\text{h})$$

$$\rho = \frac{\lambda}{\mu} = \frac{30}{35} = 0.857 \text{ 或 } 85.7\%$$

平均每人办完注册需要 12 min，时间较长，利用率 85.7% 已经偏高了（后面有讨论），可以增加服务人员，或者提高注册速度。

例2 仍以上题为例，问系统空闲的概率多大？系统中超过 4 名学生的概率多大？

解：系统空闲概率为：

$$P_0 = 1 - \rho = 1 - \frac{\lambda}{\mu} = 1 - \frac{30}{35} = 0.143$$

系统中大于 4 人的概率:

$$P_{n>k} = \left(\frac{\lambda}{\mu}\right)^{k+1} = \left(\frac{30}{35}\right)^{4+1} = 0.463$$

例 3 某影院有 3 个售票窗口,顾客到达服从泊松分布过程,平均到达率每分钟有 0.9 人,服务时间服从负指数分布,每个窗口的平均服务率为每分钟 0.4 人。假设顾客到达后排成一个队伍,哪个窗口空就到哪个窗口买票。求:

(1) 整个售票处空闲概率;

(2) 平均队长(售票处平均停留的人数);

(3) 顾客平均排队时间(顾客购票平均所花费的时间);

(4) 顾客到达后必须等待的概率。

分析:理想化处理成 $M/M/s$ 模式,即假设顾客源无限,队伍长度无限,先到先服务,其中 $s=3$,$\lambda=0.9$,$\mu=0.4$,$\lambda/\mu=2.25$,$\rho=\lambda/(S\mu)=0.9/3(0.4)=0.75$,如图 6-9(a)所示。

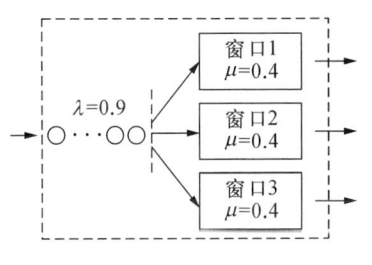

图 6-9(a) 3 通道单阶段

解:代入公式得:

1. 整个售票处空闲概率

$$P_0 = \cfrac{1}{\cfrac{(2.25)^0}{0!} + \cfrac{(2.25)^1}{1!} + \cfrac{(2.25)^2}{2!} + \cfrac{(2.25)^3}{3!} \cdot \cfrac{1}{1-0.75}}$$

$$= 0.074\,8$$

2. 队伍参数

$$L_q = \frac{(s\rho)^s \rho}{s!(1-\rho)^2} P_0 = \frac{(2.25)^3 \cdot 3/4}{3!(1/4)^2} \times 0.074\,8 = 1.70$$

$$L_s = L_q + \lambda/\mu = 3.95$$

3. 时间参数

$$W_q = \frac{L_q}{\lambda} = 1.70/0.9 = 1.89 (\text{min})$$

$$W_s = 1.89 + 0.9/0.4 = 4.39 (\text{min})$$

4. 顾客到达后必须等待的概率(即系统中顾客数已超过3人或各服务台都没空闲)属于 $n \geqslant s$ 情形,取如下公式:

$$P_n = \frac{1}{s! s^{n-s}} \left(\frac{\lambda}{\mu} \right)^n P_0 = \frac{(2.25)^3}{3!(1/4)} \times 0.0748 = 0.57$$

例4 如果例3的所有条件不变,只是排队规则改为顾客直

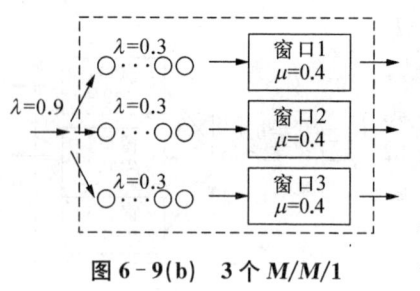

图6-9(b) 3个 M/M/1

接选择一窗口排队,且排队后不更改队伍,这样形成3支队伍,每支队伍的平均到达率相等,为0.3(每分钟),这样一来,原来的系统就变成3个 $M/M/1$ 型的子系统。按 $M/M/1$ 型求解后与 $M/M/s$ 作比较,如图6-9(b)所示。

解: $M/M/1$ 的求解省略,将结果列于表7-1

表7-1 $M/M/s$ 与3个 $M/M/1$ 的对比

指 标	$M/M/3$	3个 $M/M/1$
P_0	0.0748	0.25(每个子系统)
顾客必须等待概率	$P(n > 3) = 0.57$	0.75
L_q	1.70	2.25(每个子系统)
L_s	3.95	9.00(整个系统)

· 146 ·

指　　标	$M/M/3$	3 个 $M/M/1$
W_q	1.89	7.5 min
W_s	4.39	10 min

从表中各指标对比可以看出排一支队伍比排三支队伍明显要好些。

二、特殊系统讨论

现实中的排队系统都很复杂,下面是医院的服务流程,如图 6-10 所示。

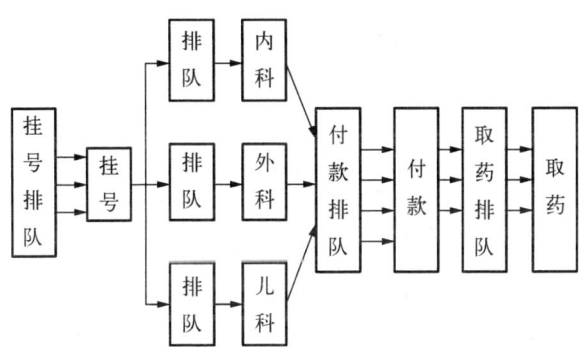

图 6-10　医院服务流程

整个系统是一个十分复杂的排队系统,根本无法用排队模型描述,也无法求解,但很显然它是由局部的简单排队模型组合成,所以不妨把复杂系统分解后,对局部的小系统求解则容易多了,实施后再根据实际情况作调整。人员的调整可根据实际情形灵活实施。例如上午刚开始时挂号人数多,付费人数少,此时多安排服务台参与挂号,2 h 后挂号人数少了,付费人数多了,此时安排较多的服务台提供付费服务。

也有一些服务系统希望利用率越高越好,也存在一些服务系统希望利用率尽可能低些。

三、服务利用率与服务质量讨论

排队系统的服务利用率高低对服务质量的影响很大,服务利用率高说明服务能力不足,此时服务人员为尽可能在下班以前服务完,他会加快服务速度,质量在不知不觉中降低了。排队系统的服务利用率设置究竟多大是合理的,见图 6‑11。

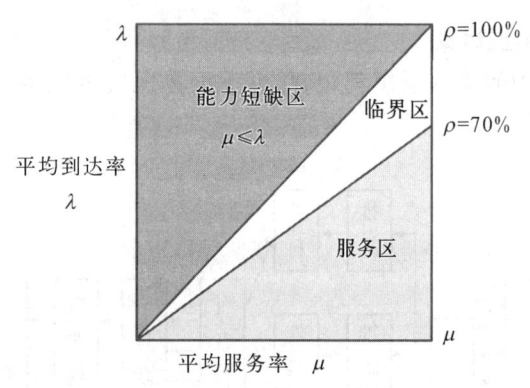

图 6‑11 能力利用率与质量的关系

一般认为最合理的生产能力利用率在 70% 左右。在这个比率下,既可以使服务员处于工作状态,没有过多的空闲时间,也可以使他从容地为顾客服务,同时,也有足够的备用能力。图中的临界区表示,顾客能够得到服务,但由于生产能力比较紧张,服务质量会下降。位于顶部的非服务区表示,进入服务系统的顾客太多,超出了系统的服务能力,部分的顾客可能得不到服务。

到底设定在何值,只能具体情况具体分析。例如,农业银行某营业部为解决客户排队时间过长的问题,曾对系统的服务利用率做试验,发现达到 0.62 时系统在忙时队伍很长,而闲时又很空。

思 考 题

1. 本书列出的几种排队模型它们的条件分别是什么？

2. 列举日常工作或日常生活中的排队现象，能抽象出排队模型吗？

3. 现实中很多排队系统的队伍长不是无限的，这时该怎样处理？

4. 能解释排队系统的利用率设定在 0.7 的原因吗？

5. 举例利用率适宜高些的排队系统和利用率适宜低些的排队系统。

第七章　生产能力计划

　　生产能力是指在计划期内,企业参与生产的全部固定资产在既定的组织技术条件下所能生产的产品数量,或者能够处理的原材料数量。它是反映企业所拥有的加工能力的一个技术参数,它也可以反映企业的生产规模(这个定义同样适用于服务业)。每位企业主管之所以十分关心生产能力,是因为他随时需要知道企业的生产能力能否与市场需求相适应。当需求旺盛时,他需要考虑如何增加生产能力,以满足需求的增长;当需求不足时,他需要考虑如何缩小规模,避免能力过剩,尽可能减少损失。生产能力调整的方式方法很多,不同的方案对企业经营成本和经营风险影响是不同的。从计划期长度来看,生产能力计划有长期的与短期之分。

第一节　生产能力计划的特性

一、生产能力计划具有战略特性

　　生产能力长期计划具有战略意义,是企业战略计划的一部分。它的意义在于能够使企业顺应市场发展的趋势,未雨绸缪,及早做好能力调整准备。如果预测市场将有大的发展,企业需要有一个比较稳妥的能力扩展计划,当需求来临时,使企业有足够生产能力,不失时机地制造产品供应市场,不至于遭受缺货损失。反之,预测市场需求低迷时,企业要做好能力转移的计划,将生产能力转到其他领域,在转移中求发展。因此可以说,企业能否做好生产能力计划,反映了企业经营的灵活性,也反映了企业驾驭市场的应变能力。

长期计划的时间长度一般是 2 年以上，它的特点是计划的主要内容与固定资产有关。因此，当扩大能力时，往往需要投资。但投资不可能马上形成生产能力，要有一个建设期，所以长期生产能力计划不但要提前几年制定，还要适当地提前实施。

二、生产能力计划具有风险性

能力计划的依据是市场预测，而市场发展的走势，特别是长期走势难以预测。市场预测主要考虑两个量：一是需求量；另一个是供应量。后者与竞争厂商的发展计划有关，这个变量更难预测。在市场态势不明确的情况下，很难制定生产能力计划，要冒很大的风险。但生产能力计划对于企业经营又很重要，是必须进行的一项工作，虽然风险大，在尽可能做好市场预测的情况下，谨慎制定计划，选择适当的实施方案，风险是可以减小的。

三、生产能力的时效性

生产能力的物质承担者为设备和劳动力，随着社会经济发展水平的提高，设备中的技术含量越来越高，设备的作用越来越大，即马克思经典理论所说的资本有机构成水平提高了。这时生产能力的时效特性日益突出，随着更新的技术、产品、工艺的出现，以旧设备代表的生产能力必定被淘汰。技术进步的速度越快，生产能力更新的速度也越快。因此在制订生产能力计划时，必须考虑技术进步因素。

四、生产能力定量上的不确定性

在制订短期能力计划时，往往会发现生产能力这个看似简单的概念，却表现出难以精确计算的特性。从定义看，生产能力与固定资产的数量有关，与产出量有关，也与管理水平有关。但是在作生产能力计算时，即使固定资产不变，生产能力也会因不同的产品品种结构、不同的组织方式而有所不同。

1. 品种结构的影响

现代企业大都是多品种生产，在固定的设备条件下，即总加工机时既定，由于不同产品的单位加工机时不等，所以可以有不同的产品组合,最终的生产量是不相同的。例如,某企业制造 A,B 两种产品,假设加工总机时不变,它可以生产 500 台 A 产品,或者可以生产 400 台 B 产品,但也可以生产 300 台 A 产品和 180 台 B 产品的组合,或其他数量组合,表现出某种程度上的不可确定性。

2. 设备开动率的影响

由于设备故障而使加工机时减少,导致生产能力降低。至今为止,一般都认为设备发生故障的概率是随机的不可预计的(也有观点认为设备故障是可控的,见本书第十六章第二节)。同样,如果操作人员临时缺席,也会因设备停工而减少机时,使生产能力下降。

3. 管理因素的影响

大量的事实已经证明,在固定资产总量不变的条件下,通过管理手段是可以提高生产能力的。例如江苏红豆集团曾经有一条制衣生产线,因工艺流程长,线上众多工位之间能力不均衡,等工严重,现场混乱,经分析,原因是操作工人的技术差异造成的。他们将生产线一分为二,成为两条独立的生产线,再将原来的工人按技术水平分成两组,分别配在两条生产线上,这样处理使每条线上的各道工序达到均衡,生产次序正常了,生产能力显著提高。

生产能力的不确定性是一种客观现象,并不一定是件坏事,对它的正确认识,可以为调整短期生产能力提供思路与方法。

第二节　几个关于生产能力的概念

关于生产能力的定义几乎是高度一致,但关于生产能力的许多概念,在描述上有很大差别,我们认为理解这些不同生产能力的概念对于实施好生产能力计划是有帮助的。

一、计划经济体制下的几个概念

1. 设计能力

设计能力是企业建厂时在基建任务书和技术文件中所规定的

生产能力,它是按照工厂设计文件规定的产品方案、技术工艺和设备,通过计算得到的最大年产量。企业投产后往往要经过一段熟悉和掌握生产技术的过程,甚至改进某些设计不合理的地方,才能达到设计能力。设计能力也不是不可突破的,当操作人员熟悉了生产工艺,掌握了内在规律以后,通过适当的改造可以使实际生产能力大大超过设计能力。

2. 查定能力

对于老企业可能由于产品方向有所改变,或者是产品结构重新设计,也可能因为工艺方法有所改进等种种原因,当初的设计能力已完全不能反映实际情况,这时需要对企业的产能作重新核准,称此结果为查定能力。它是企业的实际能力,对于企业各类计划有指导作用,是企业计划工作的基本参数。值得指出的是,在核定生产能力时会遇到上节所讲的生产能力的不确定性,即多值性,这时应根据产品的制造特点来选择。

3. 计划能力

企业在年度计划中规定本年度要达到的实际生产能力称为计划能力,它包括两大部分。首先是企业已有的生产能力,是近期内的查定能力。其次是企业在本年度内新形成的能力。后者可以是以前的基建或技改项目在本年度形成的能力,也可以是企业通过管理手段而增加的能力。计划能力的大小基本上决定了企业的当期生产规模,生产计划量应该与计划能力相匹配。企业在编制计划时当然要考虑市场需求量,能力与需求不大可能完全一致,利用生产能力的不确定性,在一定范围内可以对生产能力作短期调整,以满足市场需求。

二、市场经济体制下的生产能力概念

1. 最佳运行生产能力

生产能力是一个十分粗略的概念,在实际的经营过程中,可以通过许多方法作短期调整,但这时生产成本会有所变化。管理经济学告诉我们,生产成本是产量的函数,最有经济意义的是单位成本曲线,它是一根下凸的曲线,如图 7-1 所示。曲线的极值点表示最小单位成本下的生产量,把这个产量定义为最佳运行生产能力。其最佳的含义是十分清楚的,不管实际产量是大于这个数量(设备过度利用)还是小于它(设备利用不足),单位产品成本都不是最小的。这个概念的实际意义不在于引导我们去寻找成本曲线,而是提醒我们,在固定资产既定条件下,存在着一个使单位产品成本最小的生产量。因此在制订计划时,对计划方案要作成本测算。

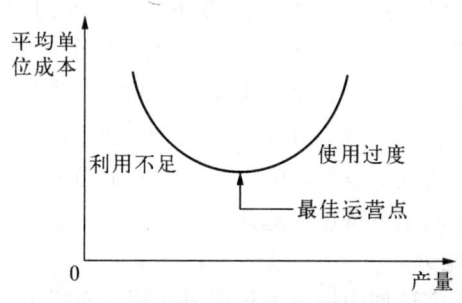

图 7-1 最佳运营状态的确定

2. 经济规模

这个概念的基本含义是指:当一个工厂的规模扩大时,由于产量的增加,会使平均成本降低,因此扩大规模是有利的。成本随产量增加而呈下降趋势的原因是多方面的,部分是因为分摊到每个产品的设备费用随产量上升而下降。一台设备与另一台用途相同能力大一倍的设备相比,它们的价格不是成正比增加的,能力虽然大一倍,而价格不是前者的二倍。再如,当企业规模扩大时,由于设备以及其他资源的充分利用提高了资源的使用效率,导致成本下降。此外,非制造成本,例如市场营销费用、研究与开发费用、企业管理费等,当产量足够大时,分摊到每件产品的份额会变得很小。

但是,平均单位成本不可能无限制地减少,当生产规模扩大到一定程度,管理的难度增加,系统效率反而会降低,虽然投入增加了,而产出没有成比例增加,这时企业达到了它的规模经济生产能力。经济规模与最佳运行生产能力之间的关系如图 7-2 所示。图中标出了企业的生产规模分别为 100 台、200 台、300 台、400 台时的单位成本曲线,以及每一规模下的最佳运行生产能力。企业生产规模从 100 台到 200 台,再到 300 台,它的单位成本呈下降趋势,在 300 台的最佳运行生产能力上,单位产品成本达到最小,当生产规模再继续扩大时,单位产品成本反而开始上升,该厂的经济规模产能就是 300 台。要注意的是,仅仅依据一条曲线是无法判断经济规模的,因为它是在工厂规模不变的条件下取得的。只有通过扩大规模(需要有投资行为),当发现到了一定规模单位成本转向上升,如图 7-2 中达到 400 台规模,才能作出判断。

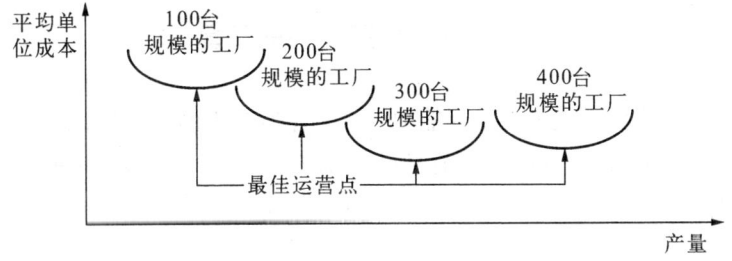

图 7-2 经济规模与生产能力的关系

3. 生产能力的柔性

所谓柔性是指能力的可变性与适应性。当市场需求大幅波动时,企业所拥有的生产能力是否具有迅速增加或减少的能力。或者,生产能力从加工一种产品迅速转移到生产另一种产品的能力。这种应变能力在市场需求多样化个性化的时代,对于企业是非常重要的。它包括三层含义:柔性工厂、柔性生产过程和柔性工人。

理想状态的柔性工厂转换产品的调整时间很短,它使用可移动设备,可拆卸内墙,以及易于装配和重组的生产线,这样的工厂可以实现快速转换。

柔性生产过程也具有快速转换特性,生产线可以从制造某种产品或零件快速地调整到加工另一种产品或零件,并且这种调整成本是非常低的。有时把具有这种特性的生产能力称作为范围经济,其含义是,多种产品被组合起来生产可以有更低的成本(与分别制造各种产品相比)。

柔性工人指的是生产工人掌握多种技能和能力,他可以很容易地从一种工作调换到另一种工作。与专业化的工人相比,他们需要得到更广泛的技能培训。此外,在生产现场需要管理者能够迅速调整工人的生产作业任务。

当今的经济现实已经告诉我们,社会的经济运动需要计划干预的,即使是完全市场经济下也是如此,而企业更需要计划,生产能力的所有概念都有实际意义。

第三节　生产能力的计算

计算生产能力是做好能力计划工作所必需的。通过计算企业的生产能力,不仅可以摸清自己的家底,做到心中有数,还可以发现生产过程的瓶颈部分和富裕环节,为科学合理地制订计划提供基础资料。

一、生产能力的计量单位

由于企业种类的广泛性,不同企业的产品和生产过程差别很大,在制订生产能力计划以前,必须确定本企业的生产能力计量单位。

1. 以产出量为计量单位

从生产能力的定义可知,产能与产出量和投入量有关,但有些企业的生产能力以产出量表示十分确切明了。如钢铁厂、水泥厂都以产品吨位作为生产能力,家电生产厂是以产品台数作为生产能力。这类企业它们的产出数量越大,能力也越大。

但是,在具体地计算它们的生产能力时,就会碰到问题。例如,企业只生产单一产品,则以该产品为计量单位,若生产多种产品,该如何计算? 钢铁厂可以轧制各种型材,简单地以吨位计算不能反映真实情况,电冰箱厂制造单门与三门冰箱的加工量是大不一样的。这时,可采用代表产品的概念,选择代表企业专业方向,产量与工时定额乘积最大的产品作为代表产品,其他的产品可换算到代表产品。换算系数 K_i 由下式求得:

$$K_i = \frac{t_i}{t_0}$$

式中:K_i——i 产品的换算系数;

t_i——i 产品的时间定额;

t_0——代表产品的时间定额。

2. 以原料处理量为计量单位

有的企业使用单一的原料生产多种产品,这时以工厂年处理原料的数量作为生产能力的计量单位是比较合理的,如炼油厂以1年加工处理原油的吨位作为它的生产能力。这类企业的生产特征是分解型的,即使用一种主要原料,在制造过程中分解制造出多种产品。

3. 以投入量为生产能力计量单位

有些企业如果以产出量计量它的生产能力,则会使人感到不确切,不易把握。如发电厂,年发电量几十亿度电,巨大的天文数字不易比较判断,还不如用装机容量来计量更方便。这种情况在服务业中更为普遍,如航空公司以飞机座位数量为计量单位,而不以运送的客流量为计量单位;医院以病床数而不是以诊疗的病人数;零售商店以营业面积,或者标准柜台数来计量,而不能用接受服务的顾客数;电话局以交换机容量表示,而不用接通电话的次数。这类企业的生产能力有一个显著特点,就是能力不能存储。假如一架飞机有 150 个座位,某次航班只有 100 位乘客,多余的 50 个座位的能力只能放空,而不可能存储起来放在高峰期使用。又如,发电厂在负荷低谷时多余的能力也不能存储到高峰时用。其原因是这类企业的产品不能存储,服务业往往属于这种类型。

二、生产能力计算

生产能力的计量单位确定以后,计算生产能力就不是一项复杂的工作。相比之下,机械制造企业的生产能力计算稍微复杂一些,主要原因是这类企业产品的加工环节多,参与加工的设备数量大,设备能力又不是连续变动的,而是呈阶梯式跳跃的,所以各环节的加工能力是不一致的。计算工作通常从底层开始,自下而上进行,先计算单台设备的能力,然后逐步计算班组(生产线)、车间、工厂的生产能力。

(一)流水线生产类型企业的生产能力计算

在大量生产企业,总装与主要零件生产都采用流水线生产方式,因此,企业生产能力是按每条流水线核查的。先计算各条零件制造流水线的能力,再确定车间的生产能力,最后通过平衡,求出全厂的生产能力。

1. 流水线生产能力计算

流水线的生产能力取决于每道工序设备的生产能力,所以,计算工作从单台设备开始。计算公式如下:

$$M_{单} = \frac{F_e}{t_i}$$

式中:$M_{单}$——单台设备生产能力;

F_e——单台设备计划期(年)有效工作时间(小时);

t_i——单位产品在该设备上加工的时间定额(小时/件)。

工序由一台设备承担时,单台设备的生产能力即为该工序能力。当工序由 S 台设备承担时,工序生产能力为 $M_{单} \times S$。这种由设备组成的流水生产线,各工序能力不可能相等,生产线能力只能由最小工序能力确定,如图 7-3 所示。

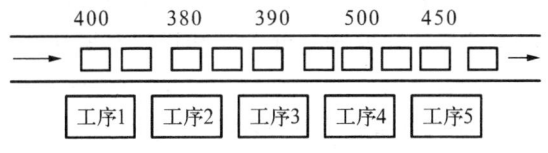

图 7-3　零件加工流水线

图 7-3 为一条有 5 道工序的流水线,最小能力出现在第二道工序每班 380 件,整条线的能力只能由它确定。

2. **车间生产能力的确定**

车间能力确定需要分几种情况讨论。如果仅仅是零件加工车间,每个零件有一条专用生产线,而所有零件又都是为本厂的产品配套,那么该车间的生产能力应该取决于生产能力最小的那条生产线的能力;如果是一个部件制造车间,它既有零件加工流水生产线,又有部件装配流水线,这时它的生产能力应该有装配流水线的能力决定。即使有个别的零件加工能力低于装配流水线能力,也应该按照这个原则确定,零件能力不足可以通过其他途径补充。

3. **工厂生产能力确定**

在确定了车间生产能力的基础上,通过综合平衡的方法来确定工厂的生产能力。第一步对基本生产车间的能力作平衡。由于各车间之间加工对象和加工工艺差别较大,选用的设备是不一样的,性能差别很大,生产能力很难做到一致,因此,基本生产车间的生产能力通常按主导生产环节来确定。所谓主导生产环节是指产品加工的关键工艺或关键设备,这些生产环节的能力决定了某些基本生产车间的能力,同时也基本限定了工厂的生产能力。第二步对基本生产车间与辅助生产部门的能力作平衡。当两者的能力不一致时,一般来说,工厂的生产能力主要由基本生产车间的能力决定。如果辅助部门的能力不足,可以采取各种措施来提高它的能力,以保证基本生产车间的能力得到充分利用。

(二)成批加工生产类型企业的生产能力计算

这种类型的企业,生产单位的组织采用工艺专业化原则。产品的投料与产出有较长的间隔期,有明显的周期性。它们的生产能力计算与工艺专业化原则划分车间和班组有密切关系,有自己的特点。

1. 单台设备及班组生产能力计算

在这类企业中,车间内班组是最小生产单位,每个班组配备一定数量的加工工艺相同的设备,但它们的性能与能力不一定相同。所以班组生产能力的计算也是从单台设备开始。

由于加工的零件不是单一品种,是多对象、多品种,数量可达成百上千种。所有零件的形状大小不同,加工的工艺步骤不同,加工的时间长短不一,这时不能用产出量计算,而只能采用设备能提供的有效加工时间来计算,称为机时。计算公式如下:

$$F_e = F_0 \times \eta = F_0(1-\theta) = F_0 - d$$

其中:F_0——年制度工作时间;

η——设备制度工作时间计划利用率;

θ——设备计划修理停工率;

d——设备计划修理停工时间。

一般来说,如以三班制计算日历时间为 8 760 h,考虑计划停机修理时间为 760 h,由于安排在节假日修理,F_0 大约为 8 000 h(假定为连续性生产企业,周末不停产),再考虑非计划停机时间(可以达到上千小时,视企业类型而定),则设备的年有效加工时间不到 7 000 h。

如果班组内全部设备的加工技术参数差异不大,则全部设备的机时之和就是班组的生产能力。如果技术参数相差很大,以车床为例,床身长度和回转半径两个参数规定了设备可以加工的工件尺寸,这时有必要再分别统计不同参数设备的机时,着重查看某些大工件的设备加工能力能否满足要求。

2. 车间生产能力的确定

由于班组的加工对象是零件,它们的生产能力以机时计量是合理的,而对于车间的生产对象往往是产品或零部件配套数,所以它的生产能力应该以产量计量。工时与产量之间的换算是很容易的,换算后可能会发现,各设备组(班组)的生产能力是不平衡的,如图 7-4 所示。

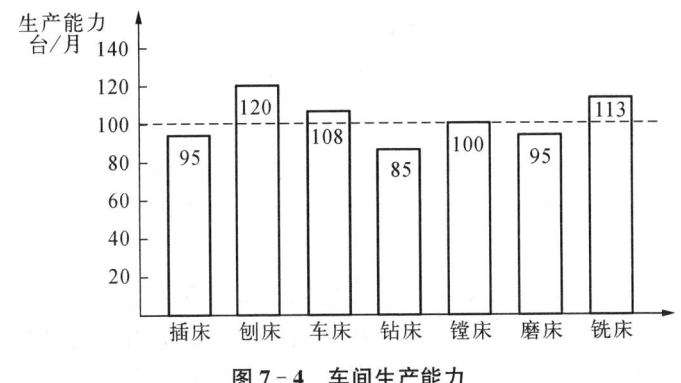

图 7-4 车间生产能力

车间的生产能力可以按关键设备能力来确定。图 7-4 中,假定镗床是关键设备,就可以确定车间月生产能力为 100 台。能力不足的设备组,可以通过能力调整措施来解决。

3. 工厂生产能力的确定

工厂生产能力可以参照主要生产车间的能力来确定,能力不足的车间,可以用调整措施解决。

需要指出的是,关于车间、工厂生产能力的确定,并没有严格的规定。有的认为应该以最小设备组生产能力,或者最小车间生产能力来确定,即遵循所谓的"水桶原理"。也有观点认为,应该以关键设备能力来确定,理由是关键设备价值高,企业不可能有备用的,也难以找到外协者,购置新的又可能因能力利用不足而不经济,所以生产能力只能受制于关键设备的能力。因此,具体问题需要作具体分析。

(三)服务行业生产能力计算

服务行业量大面广,生产能力的具体表现千差万别,一般考虑以投入量为计量单位是比较合理的。只要确定了计量单位就可以比较方便地算得生产能力。如仓储业的计量单位是存储空间,它的有效仓位面积就是它的能力;公路运输业,企业的运输工具的总装载吨位就是生产能力;律师事务所和会计事务所,它们的员工人数就是生产能力,等等。

第四节　生产能力计划

生产能力计划有长期计划与短期计划之分,长期计划又有扩展计划与收缩计划之分。长期计划会涉及投资问题,由于计划时间跨度长,对事物未来的发展又难以把握,所以带有很大的风险性。短期计划时间长度在1年以内,经验也告诉我们,1年内的市场走势也未必能完全把握住。因此,在制订生产能力计划以前,需要做好必要的预测工作,预测是制订能力计划的前提。

一、市场预测

市场预测是个很大的题目,也超出了本书的范围,由于预测对于生产能力太重要了,本书仅从认识论的角度讨论市场预测。

未来是否可测?哲学家对它感兴趣,预测学家对它感兴趣,企业家更对它感兴趣。哲学家感兴趣是因为预测是对事物发展的超前认识。事物的过去可以认识,事物的现在可以认识,事物的未来是否也可以认识,这是一个十分诱人的题目;预测学家感兴趣是因为这是他们赖以生存的基础,他们要研究出各种预测方法,向人们提供预测的结果,如果未来不可测,也就不会有预测学家;而企业家感兴趣是因为他需要把握企业的未来,如果未来的市场是一目了然的,企业家就可以大胆地放心地计划企业的未来。但遗憾的是,尽管人们已经发明了几百种预测方法,还是无法把未来搞得清清楚楚。企业家还是冒着风险去规划企业的未来,把企业的命运拴在运气上。

市场需求是否可预测,并且是准确地预测,这是一个难以回答的问题,但有些成功的企业家总结其一生成功经验,把善于思考未来放在首位。从哲学的观点看问题,事物的发展是有规律的,有原因的,只要找到了原因,发现了规律,事物的未来就可以预见。问题在于企业经营者所处理的事物是社会经济活动,是一种最复杂最高级的运动形式,影响因素很多,作用方式复杂,规律显露得不充分,难以把握。目前的各种预测方法成功的概率不大,但为了要预测,又必须使用这些方法。不过经营者要理解的是各种预测方法的原理。现有的所有预测方法,从认识论的角度分类,可分为以下三类。

1. 从事物长期变化的表象中作预测

如果预测的对象随时间推移表现出某种规律性的变化,则可以推断,事物就是以这种规律发展的,就可以用于预测。其依据是,虽然是表面现象,但从认识论看,表象的背后受某种规律的支配,短期中规律不明显,长期内规律就会显露出来。尽管具体的支配方式无从知道,不过这并不妨碍从表象中显示出的规律性,可以用来对事物的发展趋势作预测。时间序列类型的预测方法都是建立在这个原理之上的。图 7-5 给出一个工厂从 1970 年到 1990 年销售量的时间序列,增长的规律十分明显,可以用于预测后几年的销售量。这种方法的缺点也十分明显,当企业的内外部环境发生变化时,再按原来的时间序列进行推断,就会得出错误的结果。因此判断内外部环境是否有大的变化,成为运用此方法的关键。

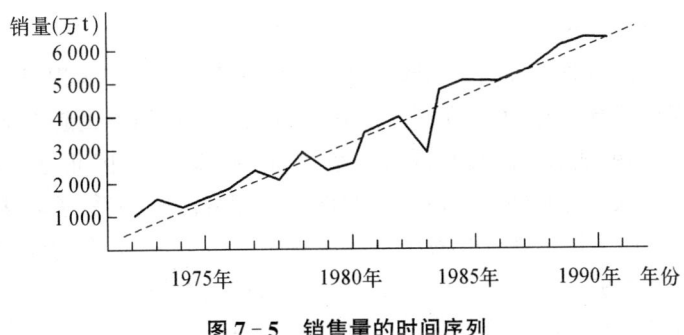

图 7-5　销售量的时间序列

2. 从因果关系中做预测

认识论认为事物的发展是有原因的,把事物之间的前因后果关系找到,就可以对事物的未来作出预测。但事实上,在经济活动中,事物之间的因果关系很复杂,大多数不是一对一的因果关系,而是多因素多结果关系。一般来说,因果关系定性分析相对容易一些,准确的定量描述往往比较困难。对事物的未来走势作正确的定性分析是必需的,但是还不够,企业制订生产能力计划时需要有定量的预测,需要找到经济变量之间的函数关系。数量经济学的预测方法基本上是以因果关系原理为基础的。例如,可以用十分有名的柯布-道格拉斯生产函数预测企业的产出量。

$$Y = AK^{\alpha}L^{\beta}$$

式中:Y——产出量(价值);

　　　A——技术水平系数;

　　　K——投入资金量;

　　　L——投入劳动量;

　　　α——资金弹性系数;

　　　β——劳动力弹性系数。

该函数揭示了企业的两个投入量与产出量之间的因果关系。需要注意的是,它是以过去的数据找出的函数关系式,如果未来的条件有所变化,是否可用来作预测,值得怀疑。

3. 凭借经验做预测

所谓经验是人们在实践中对事物反复认识的知识的积累。某些现象反复出现,说明在现象的背后有某些固定的因素起支配作用,人们就把这些因素与现象联系起来,成为经验。因此,经验预测是有认识论基础的。在现有的许多预测方法中,如德尔菲法等属于这类方法。在现今我国的经济发展阶段上,企业家的经验是十分宝贵的。许多企业的成功与企业家在关键的时候,凭借经验预测作出成功的决策是分不开的。例如,在长虹彩电创业初期,有一次厂长倪润峰在火车上听新闻时,得到国家提高棉花收购价的消息,到达目的地后,立即通知工厂修改当年计划,减少彩电数量,多生产黑白电视机,获得成功。把棉花提价与黑白电视机的市场需要联系起来,靠的是经营者的敏感,但这种敏感来自经验。

对于市场预测,企业家不能把希望寄托于外部的力量,认为花几个钱可以请人做预测,而放弃了自己的宝贵经验。只要综合运用几种方法,充分相信自己的经验,是可以对事物的未来作出比较正确的判断的。

二、生产能力长期计划

生产能力的长期计划具有战略性质,对企业的远期利益至关重要。长期计划又具有很大的风险,需要谨慎处置,周密考虑。长期计划分为扩展与收缩两类。

(一)扩展计划

绝大多数企业都有规模不断扩大的倾向,所以企业都会面临自己的生产能力如何扩展的决策。在扩展计划中要考虑几个问题:系统能力的平衡,扩展的步骤以及如何利用外界的力量。

1. 系统能力平衡

生产过程是由许多加工环节构成,理想状态的系统能力平衡是指所有生产环节的加工能力完全相等。前一生产阶段的输出量正好等于后一阶段的投入量,后一阶段的输出量又正好等于再后一阶段的投入量,如此等等,直到最后阶段。而事实上,要达到这种理想状态的设计,既不可能,也不现实。各生产环节的最佳运行生产能力不可能是相等的。例如,第一阶段的最佳产量可能是每月90件,第二阶段会是75件,第三阶段也许会是150件,这往往是由设备的加工能力差异造成的。在制订计划时,必须考虑这种现象。

有许多方法可以处理能力不平衡问题。一种办法是,专门在瓶颈工序进行投资,扩大瓶颈口的能力。这时能力瓶颈会发生转移。当生产发展后,能力在新的瓶颈处受到限制,在新的瓶颈处再进行投资,以扩大能力,如此达到生产能力不断扩展的目标。也可以把力量集中在关键工序,不断投资以提高生产能力。不平衡的非关键工序,用短期能力调整的方法来平衡生产系统的能力。当然,也可以选用多台能力较小的设备,通过调整设备数量,使系统内各工序的生产能力达到平衡。

2. 扩大产能的投资步骤

要达到预定的生产能力水平,有两种方式:一种是大步扩张,一次投资,一步到位,这样做往往要购买能力大的设备;另一种是小步扩张,分几步走,每次小量投资,逐步到位,即每次选用能力较小的设备,逐步添置,或逐步用较大的设备替换老设备,如图7-6所示。一次投资的优点是投资费用低,但风险大。如果投产后发现能力严重过剩,则总成本也不会低,因为这时要计算机会成本和设备折旧。多次投资的缺点是总费用高,其原因是设备费用部分会明显增大,设备重新布置会增加人工费用和停工损失。但它所承担的风险相对较小。究竟采用哪种方法较为妥当,理论上无法给予明确的证明,从实践经验看,尽可能选择风险小的投资方案。

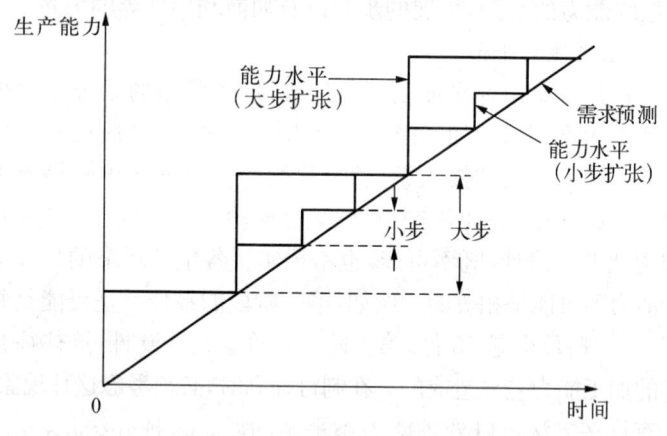

图7-6 生产能力两种扩张方法

3. 利用外部力量

生产能力与投资密切相关,这是一个经典的观点,一般来说是这样,但具体问题要作具体分析。在现阶段,由于我国的社会资产存量很大,相当一部分处于不良运行状态,所以,企业跳出自我的框框,盘活社会存量,是扩大能力的大好时机(在下一节中作详细叙述)。即使通过新的投资来扩大生产能力,也必须认真考虑如何利用好企业外部的力量,以减小本企业资金压力和投资风险。走专业化协作化的道路是个好方法。(详见第十七章)

由于生产能力长期计划涉及新的投资,又具有较大的风险,所以,对长期计划必须作充分的论证,作多方案、多因素综合评价,特别要作风险分析。比较通用的方法是决策树法。

(二)收缩计划

在计划经济体制下,企业患投资饥渴症,所以不会有收缩的意识与概念。随着体制转变,那些不能适应市场的企业,因经营不佳而陷入困境。这时企业面对的问题不是扩展,而是收缩。收缩是痛苦的,但必须面对现实。在收缩中尽可能减少损失,力争在收缩中求新的发展。

1. 逐步退出无前景行业

经过周密的市场分析,如果确认本企业所从事的行业行将衰退,企业就需要考虑如何退出该行业。由于市场衰退是预测分析的结果,还不是现实,企业只不过在近年中感觉到衰退的迹象。所以企业首先停止在此行业的投资,然后分阶段地撤出资金和人员。之所以采取逐步退出的策略,是因为还有市场。另外,企业资金的转移也不是一件很容易的事情,企业不能轻易放弃还有利可图的市场,这样做可以尽可能地减少损失。

2. 出售部分亏损部门

对于一些大企业,如果某些子公司或分厂的经营状况很差,消耗企业大量的资源,使公司背上了沉重的负担,扭亏又无望,这时不如抛售亏损部门。这个方法是西方企业处理亏损子公司所通常采用的方法。在计划经济体制下,这种企业行为是不可思议的。但在今天,资产流通市场已在我国出现,通过出售亏损部门,卸掉包裹,救活部分资金,搞活其他部分,不乏是明智之举。对待出售资产的决策应有积极的态度,出售是收缩,但收缩是为了卸掉包袱,争取主动,为发展创造条件。

3. 转产

如果本行业已日暮途穷,而企业的设备还是比较先进的,员工的素质也很好,是否可以考虑转向相关行业。由于是相关行业,加工工艺相似,大部分设备可以继续使用,员工们的经验可以得到充分的发挥。例如,服装厂可以转向床上用品和居室装饰品,食品厂可以转向生产宠物食品、饲料等等。

三、生产能力短期计划

1 年以内的生产能力计划称为短期计划,它的最大特点是,当年的可动用固定资产数量是已定的。即使当年有固定资产投资,一般难以在年内形成生产能力。因此,年内生产能力计划的主要内容是调节生产能力与生产计划量之间的平衡,调节只能靠投资以外的措施。此时,生产能力的不确定特性,正好被用来作短期能力调整。

1. 利用库存调节生产能力

如果企业的产品具有季节性,销售旺季与淡季的销售量相差很大,旺季时生产能力不足,淡季时能力过剩,用库存来平衡能力与需求量之间的缺口是比较常用的方法。这种方法利用了制造业的产品具有可储存的特点而设计的。例如空调器的旺季是 6,7,8 三个月份,销售量占到全年总量的一半以上,而企业的月生产能力远远小于旺季时的月需求量。这时企业除了开足马力加紧生产以外,主要靠淡季多生产一些作储存起来以弥补旺季时能力的不足。假如产品有保质期限制,如食品厂,应谨慎采用这种方法。

2. 变动劳动时间调节生产能力

生产能力与设备开动时间成正比,有许多企业只开一班,当能力不足时,首选方案便是加班。这时的主要问题是劳动力能否承受较长时期的加班。根据国家法律,我国实行一天 8 h 工作制,一周40 h工作制,临时加班是允许的,持续数周加班,员工的生理无法承受,法律也不允许。这时可考虑招收部分临时工。如果企业是劳动力密集型,除了合理加班以外,只能招收临时工增加生产能力。

3. 利用外部资源增加生产能力

当生产能力短期内不足时,采取临时性外协的方法,甚至外购的方法也可以解决供需矛盾。现在有许多成品制造企业,能力不足时,大量零部件通过外协解决。需求不足时,又收回外协任务,改为自制。这样做固然可以解决一时的供需矛盾,从长远看会失去企业间的信任,以后没有企业会与你协作。因此,企业在制订能力计划时也要考虑这些因素。

4. 推迟交货期

如果企业是按照订货单来排生产计划的,那么在销售旺季可以采取推迟交货期的方法来缓解供需矛盾。推迟交货会影响企业信誉,这也是不得已而为之。为了尽可能减少损失,在接受订货时就应该准确计算交货期,或者在价格上做适当的让步。

企业短期生产能力调整是一项操作性很强的工作,各种不同的计划方案对生产成本有很大影响。利用库存调节能力平衡会增加库存费用,采取加班方式要支付额外的加班费,而临时性的外协或外购的成本往往高于自制,究竟选择哪种方式,要做费用分析。具体方法将在第八章中介绍。

由于短期内可动用设备数量基本不变,生产能力的调整与人的主动性、积极性有很大关系,如果员工的积极性能够充分地调动起来,10%的能力缺口是不难平衡的。在西方发达国家,企业已开始注意培养员工的主人翁精神,当生产能力短期不足时,要求员工能够自觉地以生理极限克服短期的能力不足。更进一步讲,处于生产第一线的员工,对生产过程最熟悉,对设备性能最了解,对如何提高生产能力他们最有办法。所以如何通过制度的、企业文化的、教育的手段,培养职工的主人翁精神,对于克服短期能力不足的矛盾是十分有效的。

四、服务业生产能力计划

服务业的生产能力计划在许多方面与制造业没什么两样,但有几个重要的特点。一是需求的时间特性;二是需求的地点特性;三是需求的易变性,这三个特点对生产能力计划有些特殊要求。

1. 需求的时间特性

服务业的产品不同于制造业产品,它不能被存储起来放到以后使用,所以,当一次服务需求到来时,必须要有生产能力去满足需求。例如,宾馆业的客房服务,顾客不可能将客房服务买回家放到以后消费,宾馆也不可能将淡季多余的床位(即多余的能力)存储起来,放到繁忙季节以补充能力不足。

2. 需求的地点特性

服务业的生产能力必须设置在顾客附近,这与制造业不同。制造业可以在一个地方生产,然后把产品运到其他地方消费,生产与消费是可以分开的。而服务业与它相反。在服务以前,生产能力必须先提供给顾客,然后才能提供服务。服务与消费是在同一地点同一时间发生的。例如,在其他城市的空余客房是无法提供给本地顾客的。

3. 需求的易变性

服务系统的需求表现出很高的易变特性,其原因有二:第一,顾客的不同个性会直接影响服务系统,每个顾客常常有不同的要求,对服务过程有不同程度的感受,需要有不同的服务员提供服务。这些因素会使得每个顾客的服务时间发生很大的差异,导致服务系统的最小生产能力很难确定。第二,这种需求的易变性直接来自顾客的行为。对顾客行为的影响因素是很多的,可以从天气一直到社会的重大事件。例如,大学生毕业离校以前,学校附近的餐馆生意兴隆,而到了暑假,则生意清淡。在一天中,餐馆的生意也是不均衡的,中午和晚上十分繁忙,其他时间就非常空闲。由于这种易变性,服务业的短期生产能力计划常常以 10 min 到

30 min这样的时间长度制订计划。制造业的短期能力计划的时间跨度就比较长,可以是一周以上。

五、政府宏观政策对企业生产能力计划的影响

企业生产能力长期计划是微观行为,但政府的政策,甚至指令对企业的能力计划影响很大,因此当政府对某些行业作干预时也需要对市场走向有一个准确的预测,否则作出的政策失误概率很高,招致巨大损失。例如,伴随20世纪90年代中期的经济过热,各地电力工业发展很快,随着宏观调控措施的落实,在我国首次出现电力供大于求的局面。这时国家制定了几年停建电厂的政策,在当时看起来是正确的,但到了本世纪初问题暴露出来了,由于几年停建新电厂全国陷入了普遍缺少电的困境,这时才如梦初醒。原来电厂的建设周期较长,并不仅仅是建好厂房,把设备安装了就可发电。电厂设备都属于单件生产,需要定制,因此生产周期很长。由于缺电严重大批电厂集中上马,需求量大大超过我国三大电站设备制造集团的生产能力,三大集团的生产能力都在1 000万kW,而每家的订单都达到3 000万kW以上,全年无休日仍无法完成订单,不得不到国外委托加工某些大部件,能力还是不够,最后只得成套转包订单,而后果是巨大的市场需求,饱满的订单任务,但自己却挣不到几个钱,大量利润外流了。回过头审视发生在电力工业的这一现象,问题就出在预测环节上。而这预测并不困难,主要因决策者不了解电力工业的建设特点而导致的错误决策。

第五节　生产能力扩张途径

传统的观点认为,能力扩张必须靠投资,没有投资就不能扩大生产能力。这个观点对于社会生产能力总量来说是毫无疑问的,对企业而言也不无道理,投资是扩大企业生产能力的最基本途径。但除此以外,还有其他方式可供选择。从投资与否分类,可以有投资与兼并两种方式;从经营范围分类,可以分为单元化和多元化两

种方式。

现代工业的发展史表明,企业的规模越来越大时,实现的途径是投资加兼并,并且兼并已成为主要手段。近几年来,无论是发达国家,还是新兴国家,无论是国内企业,还是跨国公司,企业兼并愈演愈烈就是一个明证。以兼并方式扩大生产能力是一条既快又省的企业发展道路,有很多优点。它可以使企业迅速实现规模经营,获得最佳的经济效益,提高在市场竞争中的地位。大企业之间的兼并,如美国的波音与麦道之间的合并,可以优势互补,协同研制开发新一代的高技术产品,共享市场,避免互相残杀,维护市场垄断地位。大公司兼并小企业可以实现市场“内部化”,大公司一方面仍然控制着关键技术和关键性生产环节;另一方面,通过被兼并的企业为其生产中间产品和零部件,减少了市场的流通环节,降低了生产成本。企业兼并是社会资产存量的重组,是生产要素的重新组合。

我国的经济发展到 1996 年进入一个新的历史阶段,已走出了短缺经济阶段,进入了买方市场经济阶段。结构性的供给大于需求的矛盾已十分突出。据国家统计局对 900 多种主要工业产品生产能力的普查,1995 年全国有半数产品的生产能力利用率在 60％以下。如汽车工业能力利用率仅为 44.2％,大中型拖拉机为60.6％,钢材为 62％,彩电 46.1％,洗衣机 43.4％,自行车54.5％,内燃机 43.9％,电话单机 51.4％,照相胶卷 13.3％。这说明社会上存在着巨大的资产存量。另一方面,我国的企业规模又是非常的小,在跨国大企业面前显得十分的脆弱,急需扩大生产规模,增强竞争实力。在目前资金不足的条件下,充分利用资产存量,鼓励企业兼并,是迅速扩大企业规模,增强企业实力的最经济最有效的途径。

当结构性矛盾还未彻底解决时,我国于 2001 年底又成功加入世界贸易组织,标志一个新阶段的开始。新环境下的一个明显趋势是国际跨国公司将生产能力往我国转移,这对我国企业发展有挑战也有机遇,为企业扩大规模提供了更大也更复杂的舞台。如何利用外资壮大企业实力,是每个企业需要认真考虑的问题。

多年来,我国的企业在资产经营方面作出了种种的尝试,有许多成功的经验,也尝过失败的苦果。举例如下:

1. 康佳的兼并模式

通过合资形式实现不同所有制、不同地区、不同行业企业之间的兼并是目前使用最为普遍的方法。康佳电子1993年北上兼并了牡丹江电视机厂,1995年西进兼并了陕西如意电视机厂,1997年又乘虚进入华东地区兼并滁州电视机厂,1999年进入重庆兼并无线电三厂,使自己的生产能力得到迅速扩张。一个共同特点是被兼并的企业生产能力曾经都是不错的,主要设备全都是国外引进,生产过较好的产品。进入90年代后,不能适应市场环境,陷入困境,濒临破产的边缘。康佳与它们合资的原则是部分合资,即被兼并企业拿出最好的厂房、设备、人员与康佳合资。而康佳拿最新最好的产品给合资厂生产,产品一投放市场就成为当地的抢手货。这种兼并方式不背亏损企业的包裹,有利于轻装前进,等站稳了脚跟再来消化未兼并部分的生产能力。原牡丹江电视机厂合资后,余下的部分3年内为康佳生产零件,不仅没有新增债务,还实现了扭亏增盈。我国的水泥、钢铁行业通过兼并形成了许多世界级的大企业集团。靠兼并扩张的模式在我国还有巨大空间。

2. 燕京啤酒的单元化模式

燕京啤酒是北京顺义县于1980年投资建厂的,与当时北京的老牌啤酒厂——五星啤酒相比,只能算是小弟弟,为避开五星啤酒的竞争实力,把市场定位在市民百姓的餐桌上,产品从低档做起。品牌作成以后,20多年来规模不断扩大,从最初的年产2万吨扩展2002年的250万吨,产销量年均增长33.2%,利税年均增长39%,销售收入增长40.6%。具体的扩大方式是靠品牌与资本运作,有了资本与品牌使燕京啤酒厂成功地兼并、重组了国内的许多啤酒厂。这种单元化模式很重要的一条是:必须具备自己的核心竞争力。燕京啤酒厂与中国食品发酵研究所、中国科学院物理研究所联合，形成自己的产品开发优势和精良的装备优势，率先推出啤酒的风味稳定性这个新的消费概念。

3. 海尔的多元化模式

海尔最初只生产电冰箱，从 1984 年起的 7 年内重点打造品牌，扩大冰箱生产能力。海尔认为单一产品的市场份额不宜过大，不能超过 30%，从 1992 年起进入多元化扩张阶段，先后进入空调、洗衣机、小家电、彩电、厨房用具、通信、电脑、医药、物流和金融保险业。1999 年又开始国际化战略，规模快速增大，2001 年的销售收入突破 600 亿。这种多元化经营的扩张方式的前提是集团的管理与控制能力，海尔凭借自己的以海尔精神为核心的企业文化，采取兼并、投资并用的方式，建起一个又一个的海尔工业园区。海尔的另一扩张特点是始终把国际市场看作自己的经营目标，自 2003 提出国际化品牌战略。多元化扩张的特点是以扩大最终产品的横向扩张。

4. 唐人神的纵向一体化模式

唐人神是湖南省的一家集团公司，前身是株洲市饲料厂，他们利用湖南省是粮食和养猪大省的优势，在开发出一种浓缩饲料的基础上，向农民推广应用，扩大生产规模。如何进一步做大企业，他们把目标定在"致富农村、服务城市"。他们认为有了好饲料，还要有好的品种猪，企业从国外引进 1 000 头优质种猪，建立起种畜基地，开始了集团养"祖母代"、专业户养"父母代"、农民养"商品代"的"三代"工程。使年产"商品代"的良种猪百万头。有了好产品，还得销出去，他们收购了株洲肉联厂，引进国外加工技术和生产线，建立起自己的加工能力。集团形成从种畜开始的，种畜、饲料、养殖、屠宰、肉品加工、销售纵向一体化经营模式。其优点是上下游一条龙，形成由市场牵龙头，龙头带基地，基地连农户的"公司＋农户＋市场"的发展模式，避开同质的无序竞争。这种产业链的纵向扩张很适合以农产品为加工原料的食品工业。同样的例子还有以火腿肠起家的双汇集团、莲花味精等企业。

5. 服务业的连锁模式

服务行业内企业扩张的模式当数连锁经营最为成功，国外的沃尔玛、家乐福都把并无高科技含量的零售企业规模做到世界最大。在我国超市连锁经营在 20 世纪末有过快速扩张，可谓大浪淘沙，经过市场竞争的洗礼剩下的不多，他们采取的扩张形式有多种，如自主投资、加盟、合资经营等，决定成功的关键因素在于对门店的控制力（请注意本教材第二章中如家运营战略案例，关于如何控制迅速扩张的门店管理，如家有自己的一整套管理模式）。

生产能力的扩张离不开投资或兼并，而兼并又有许多形式，要说哪种形式好，不可一概而论。"长虹"在绵阳连续十几年大规模投资，实力大增；"熊猫"等老牌企业以兼并亏损企业方式扩大了企业规模，却背上了包袱。相比之下，前者花钱多，但竞争力大于后者。而"康佳"北上西进以合资形式兼并亏损企业，却能增强实力，笑迎"长虹"的降价风波。所以说关键不在形式，而在于管理。

生产能力的扩张是企业的战略行为，目的只有一个——增强竞争实力，为扩张而扩张的行为是不可取得。

复习思考题

1. 生产能力计划的风险性对于长期能力计划有什么影响？

2. 生产能力定量上的不确定性对短期能力调整有何积极意义？

3. 生产能力柔性的含义是什么？有何意义？

4. 在生产能力计算中如何看待"水桶原理"与"关键设备能力"的矛盾。

5. 企业生产能力收缩时可采取哪些手段？应遵循什么原则？

6. 服务企业的生产能力有何特点?

7. 现阶段,我国国有企业生产能力扩张有哪些方式? 试比较其优劣。

第八章   总 体 计 划

总体计划是生产制造活动的前期工作,它属于企业一级管理层的业务活动,主要内容包括计划期的总产量计划与进度计划。计划期的长度一般为 1 年,具体视生产的特点而定,生产周期与需求波动周期较长者,计划期相对要长一些。反之,则短一些。该计划的主要目的是合理利用企业生产资源。

第一节   总体计划概述

一、总体计划及其在生产计划体系中的位置

总体计划是在一段时间内,企业有效利用其资源满足市场需求的中期生产能力规划。当企业生产多种产品,并且这些产品的市场需求随季节或其他因素波动时,将企业的产品或服务归为大类,在一段时间内,对产品的品种搭配和生产进度进行计划,以便更好地利用企业的有限资源来最大限度地满足市场需求。

在企业的生产计划体系中,长期计划跨年度制定,它关注的时间范围长于 1 年。中期计划一般为 3～18 个月,时间通常按每周、每月或每季进行。短期计划可以从 1 天到半年的时间,以每天或每周为单位进行。

我国企业的计划体系,还没有同国外完全对应。就总体计划而言,生产任务饱满的企业以年度计划的方式进行,任务不饱满的企业几乎没有总体计划,而直接根据订单进行生产作业计划。在计划经济环境下,由于计划由政府决定,生产与需求脱节,所以不重视总体计划。在市场经济条件下,生产跟着需求走,面对捉摸不

定的市场需求,要求企业有一个较长的视野来考虑生产资源的合理利用,总体计划就显得十分重要。

　　当企业的工艺流程和战略能力确定后,企业的生产能力就在一定程度上确定了。企业通过营销活动取得了订单,再加之合理地预测,便得到了未来一段时间内市场对企业大类产品的需求,例如获得了未来1年内的市场需求。这些需求可能大于企业的生产能力,也可能小于企业的生产能力。如果需求远远小于企业的生产能力,企业可以随时随地利用自己的生产能力满足市场,则属于生产能力过剩,这时总体计划的意义不大。如果情况相反,即需求大于企业的生产能力,这时为了更好地组织生产,企业就要对两方面问题作出规划。一是如何选择生产产品的品种和数量,才能充分兼顾市场需求和自己的资源;二是如何用自己相对固定的生产能力来满足变化的市场需求。这就是总体计划要解决的两个基本问题。

　　众所周知,企业的生产是连续进行的,产品是分期分批投入的。因此,在企业运营计划体系中,总体计划确定了在未来一段时间内(例如,1年)所生产产品的品种和数量,然后将这些产品分配到单位时间段内(例如,分配到每个月);在总体计划的基础上,主生产计划在考虑近期订单增减和适当预测的基础上,将总体计划分配到每个时间段内的产品,再细分到更小的时间段(例如,分配到每周);最后生产作业计划将生产任务再具体落实到每台设备、每一名操作人员,在什么时间、做什么,从而生产出必要的产品来满足市场需求。

二、总体计划的特点

　　它的特点是在计划期长度内从整体上统一考虑生产资源的合理使用,以期获得最佳效益。由于它的时间跨度可以有1年以上,在这段时间内,对企业决策者而言,市场需求是灰色的。此时,企业可能已经得到部分订单,但还没有达到企业的生产能力,企业也没有完全掌握市场对各种不同品种的需求,为了充分利用企业的生产资源,企业应该就此订一个计划。可以想象,这个计划不可能是十分详尽的,至少它不可能安排详细的品种计划。它只能依据部分订单和市场预测的信息,对企业1年内的生产总量订计划,并订生产资源优化条件下的进度计划,所以称之为总体计划。

总体计划看起来是个不十分确定的生产计划,但对于企业经营决策者,完全有必要对1年的生产任务早作安排。虽然此时企业只掌握部分的市场信息,但这并不妨碍制定生产资源计划。事实上,有经验的决策者在考虑下一年度计划时,开始时关心的并不是产品的品种需求,而是产品的总量需求,它甚至可以是一个抽象产品或代表产品的总需求量。有了对总需求量的估计,就可以基本确定下年度的生产任务总量,为企业筹措生产资源提供了可靠的基础。

因此,总体计划往往是以抽象的产品概念或某类产品作为计划的单位,如电视机厂是以电视机台数来计量,而不考虑产品的型号规格,因为此时既不可能获得详细的市场信息,也无十分的必要。总体计划要解决的问题是在既定的市场条件下,如何确定总产量,进一步再考虑生产进度如何安排,人力资源如何调整,库存数量如何决定,目的是使生产成本最小,利润最大。

总体计划特别适用于1年内需求呈季节性的生产类型,它虽然十分的粗略,但是对于决策者来说,由于对市场需求有了大致的了解,对年度生产任务有了大体上的安排,在以后的生产管理活动中,不会因需求的变动而措手不及。在这一章我们重点讨论可储存产品的生产系统的总体计划。

三、总体计划的基本思路

制订总体计划时需要确定合乎逻辑的抽象产品和计划单位,如彩电,不考虑什么型号规格,以"台"为计划单位,钢铁厂以"吨"为计划单位,等等。确定的原则是能够以它为单位作计划期长度内的预测,又能够将有关的生产成本分离开来。这些原则是必要的,有了这两条,就可以对计划作利润和成本的判定。

首先需要产生利润最大化的品种搭配计划,即在一定量的生产资源条件和市场约束下,如何进行品种搭配才能使利润最大。其次,订进度计划,这时确定的计划目标是成本最小。当市场需求波动较大时,订进度计划时往往需要大幅度地调整各种生产资源,而不同资源的价格是不同的,对成本会有很大影响。例如,皮衣服装厂的产品有明显的季节性,秋冬天是旺季,春夏天是淡季。最理想方法是一年四季连续生产,但春夏两季几乎没有需求。这时为了用好生产资源,使成本尽可能低一些,就要通过适当的策略进行调整。以下是常用的短期调节生产能力的途径。

　　1. 利用库存调节供需矛盾

　　由于企业的生产能力相对固定,而市场需求经常随季节波动,所以可以考虑在淡季多生产一些作为库存储备,到旺季出仓销售,以补充生产的不足。这个方法的不足之处是,因库存增加而多占用流动资金,也因增加了库存管理活动而多支出生产费用。

　　2. 增减班次或调整雇佣劳动力数量

　　虽然说企业的生产能力相对固定,但也不是绝对不能改变的。对设备投入量已定的企业,可以通过增加或减少班次的办法调整生产能力,对于劳动密集型企业可以采取雇佣和辞退劳动力的办法来调节生产能力。由于设备、资金和法律等方面的限制,这些调节办法都有一定的范围,调整的幅度不大。

　　3. 利用外部力量

　　企业保持一个稳定的生产能力,不足部分,可以通过产品转包给其他厂生产的方法去解决。临时转包往往合作厂家不容易找,价格也必定是高的。当然,当能力不能满足需求时也可以放弃不能满足的部分。不过这也是一种损失,是一种代价。

　　采取的措施不同,成本也会不同。利用库存调节需要支付库存维持费用,增加班次或加班需要支付夜班费或加班费,临时雇佣和辞退工人要支付培训费和解聘安置费及有关补偿,利用外部力量需要支付更高的价格。在大多数例子中,单一的方法都不如把几种方法折中起来较为有效。

第二节　总体计划的编制方法

如前所述,总体计划要解决生产什么,生产多少,(产量计划)何时生产,怎样生产,(生产进度和方式计划)等问题。虽然总产量计划是一个以抽象产品或代表产品为计量单位的计划,是个粗略的计划,但还是有必要作科学的计算与分析,尽可能取得最大的利润。

一、产量计划:线性规划方法

线性规划是运筹学的一个最重要的分支,理论上最完善,实际应用得最广泛。由于有成熟的计算机应用软件的支持,采用线性规划模型安排生产计划,并不是一件困难的事情。在总体计划中,用线性规划模型解决问题的思路是,在有限的生产资源和市场需求条件约束下,求利润最大的总产量计划。该方法的最大优点是可以处理多品种问题。数学模型表述如下:

目标函数:

$$\max Z = \sum_{i=1}^{n}(p_i - c_i)x_i$$

约束条件:

$$\sum_{i=1}^{n} a_{ik}x_i \leqslant b_k \qquad (k=1,2,3,\cdots,K)$$
$$x_i \leqslant U_i \qquad (i=1,2,3,\cdots,n)$$
$$x_i \geqslant L_i \qquad (i=1,2,3,\cdots,n)$$
$$U_i > 0 \qquad L_i \geqslant 0 \qquad x_i \geqslant 0$$

式中:

x_i——i 产品的计划产量;

a_{ik}——每生产一个 i 产品所需 k 种资源的数量;

b_k——第 k 种资源的拥有量;

U_i——i 产品的最高需求量;

L_i——i 产品的最低需求量;

p_i——i 产品的单价;

c_i——i 产品的单位成本。

例1　某厂生产4种产品,需要经过车、铣、磨3个基本加工工序,有关各产品的机时消耗标准,各类设备的计划期总台时量,产品单价与单位产品成本,以及预测的市场最高需求量和最低需求量,由表8-1和表8-2给出。

表 8-1　设备资源参数表

项　　目	单位产品消耗工时(h)				总机时(h)
	产品 1	产品 2	产品 3	产品 4	
车　床	2	8	4	2	41 000
铣　床	5	4	8	5	43 000
磨　床	7	8	3	5	52 500

表 8-2　产品需求及收入、成本表

产品序号	单价(元)	单位成本(元)	需　求　量(件)		
			政府订购	最高需求	最低需求
1	250	160		2 500	1 500
2	400	240		6 000	2 000
3	400	360	2 000		
4	300	200		1 500	1 000

根据以上资料可列出以下模型。

目标函数:

$$\max Z = 90x_1 + 160x_2 + 40x_3 + 100x_4$$

约束条件：

$$2x_1 + 8x_2 + 4x_3 + 2x_4 \leqslant 41\,000$$
$$5x_1 + 4x_2 + 8x_3 + 5x_4 \leqslant 43\,000$$
$$7x_1 + 8x_2 + 3x_3 + 5x_4 \leqslant 52\,500$$
$$1\,500 \leqslant x_1 \leqslant 2\,500$$
$$2\,000 \leqslant x_2 \leqslant 6\,000$$
$$x_3 \geqslant 2\,000$$
$$1\,000 \leqslant x_4 \leqslant 1\,500$$
$$x_i \geqslant 0 \quad i = 1, 2, 3, 4$$

最后解得：$x_1 = 1\,500$ 件；$x_2 = 3\,468$ 件；$x_3 = 2\,000$ 件；$x_4 = 1\,125$ 件。所得利润为 882 500 元。

在本例中，车床资源全部用足，铣床资源有少量空闲，磨床资源显得较为充足，这在机械行业是十分普遍的现象。

从数学模型的角度看，可以说上述例题处理得十分完美。但是，从实际应用角度看，有许多问题值得讨论。

（1）即使在一般规模的机械厂内，产品的加工工艺流程也远不是 3 台设备可以完成的。产品由零部件构成，部件又由零件组成，少者几十个零件，多者成百上千，甚至更多，每个零件的加工路线各不相同，这样使得在加工过程中，工件等候加工，设备等待工件的现象十分严重。据统计，在一个零件的生产周期中，加工的时间只占 5%，其余为等待加工时间。在线性规划模型的设备机时约束方程中没有考虑这种情况，过于理想化。

（2）除了设备约束以外，还有其他许多资源约束，如资金、劳动力、能源。其中，能源单耗不易求得。

（3）就我国绝大多数基础管理不善的企业而言，模型中的单位产品资源消耗系数 a 很难得到。

（4）目标函数中的单位成本系数 c 实际上是个变量，它随计划的数量结构和品种结构而变。这些问题给机械行业应用线性规划模型带来许多困难,如处理不好,求得的结果的可靠性会很低。

线性规划模型用在原料单一,生产过程稳定不变,分解型生产类型的企业是有效的,如石油化工厂等。对于产品结构简单,工艺路线短,或者零件加工企业,有较大的应用价值。需要注意的是,对于机电类企业用线性规划模型只适于做年度的总生产计划,而不宜用来做月计划。这主要与工件在设备上的排序有关,计划期太短,很难安排过来。

二、生产进度和生产方式计划

当总产量计划排定以后,就要根据每月的需求预测量制定进度计划。大多数企业此时还没有掌握详细的需求信息,所以还是以抽象产品为计划单位排进度计划。对需求稳定的企业,进度计划比较简单,可以按生产工作日平均安排进度计划。对季节性需求的企业,要想办法调节生产能力匹配市场需求。常用的生产计划策略有以下几种。

(1) 改变生产能力跟随非均衡需求。当订货发生变化时,要相应地增加或减少班次、增加或减少工作时间、雇佣或裁减员工等,以使产量与订货量相匹配。如果采用雇佣或裁减员工的方式,要考虑当订货量上涨时,是否有一批容易培训的、可供雇佣的工人。当订单数量减少时,由于动机的影响,工人们将会放慢生产速度,因为他们害怕订单一旦完成,他们就面临失业。

(2) 利用外部资源跟随非均衡需求。当订货发生变化时,在充分利用自有资源的基础上,相应地增加或减少利用外部生产能力的程度,以使产量与订货量相匹配。

(3) 均衡生产利用库存调节非均衡需求。可以在订单少的时段生产产品,放到仓库里,当生产能力不足时用以填充订单,这样雇员可以从稳定的工作时间中受益,而这种策略的代价是潜在的顾客服务水平的下降和库存成本的增加。另外,对于市场变化较快的商品,库存产品可能会过时。

当只采用一种策略来消化需求波动时,称为单一策略(pure

strategy)。两种或两种以策略组合时称为混合策略。实际上企业采用更广泛的是混合策略(mixed strategy)。下面介绍排生产进度和生产方式计划的基本方法。

1. 图解法

例 2 表 8 - 3 给出一个企业的生产计划资料。总产量为全年 100 000 件,需求具有季节性。夏季需求量大,9 月份最高,达到 13 000 件,冬季需求低,3 月份只有 3 000 件,波动幅度达到 4.33 倍(13 000/3 000)。考虑到每月的生产工作日,由于 7 月份有 2 周的设备停产检修计划,7 月份的平均日需求量达到 917 件,为最高,而 3 月份的平均日需求量只有 143 件,两者的比率为 917/143=6.41。图 8 - 1 用虚线表示每月中每个生产工作日的需求量,它是一根波动很大的曲线,给企业排进度计划带来较大的困难。

表 8 - 3　需求量与保险库存量预测表

月　份	预测的需求量	保险库存量定额	生产天数	累计生产天数
1	6 000	3 000	22	22
2	4 000	2 500	19	41
3	3 000	2 100	21	62
4	4 000	2 500	21	83
5	6 000	3 000	22	105
6	9 000	3 500	20	125
7	11 000	4 000	12	137
8	12 000	4 200	22	159
9	13 000	4 400	20	179
10	12 000	4 200	23	202
11	11 000	4 000	19	221
12	9 000	3 500	21	242
总　计	100 000	40 900		

再假定企业正常的生产能力为每天 500 件,每天最大加班能力为 100 件。用加班时间生产的产品,每件成本增加 10 元。此外,还可以将任务外发加工,假设能力没有限制,但每加工一个产品的费用,比正常生产的多 15 元。平均库存费用为每件每年 40 元。假定每 100 个工人的生产能力是每天 35 件,每招收一名工人的培训费用为 230 元。排计划时每月的保险库存必须保证。

在上述条件下,我们排出 3 个完全不同的进度计划,在图 8-1 中分别用 3 根实线表示。

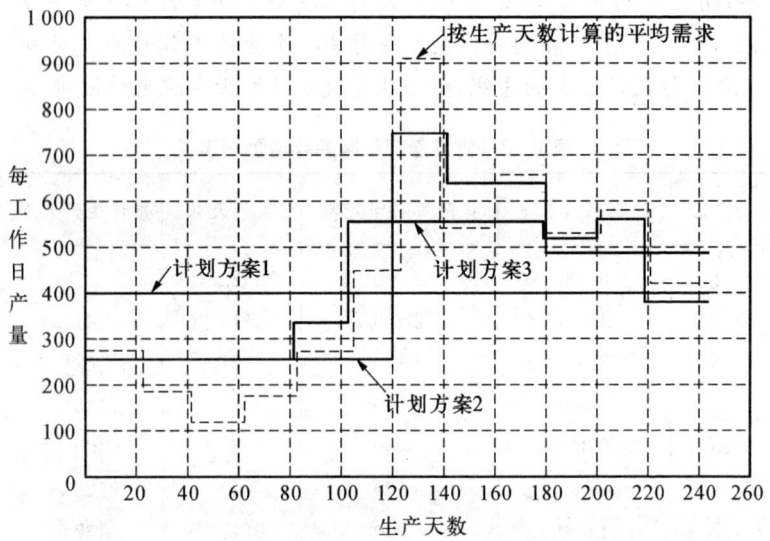

图 8-1 3 种生产计划图解

计划 1:采用最方便的计划方法,用全年的总生产工作日 242 天去除全年总需求量,得到每天平均生产 413 件的生产计划,小于每天 500 件的正常生产能力。这计划方案的优点是生产能力稳定不变,制造成本最低。图 8-1 中,一根水平的实线代表计划 1,它的日产能力为 413 件,全年保持不变。但是,从图上明显可见,1～

5月份产量远大于需求量,这5个月中每月都有库存量,称之为季节性库存。从6月份开始,为满足需求,每月要动用库存补偿生产的不足,直到年底库存全部用完。经计算,计划1因为有较大的季节性库存量,需要多花费384 000元。

计划2:由于计划1的库存费用很高,所以设想使每天的产量接近需求量,以节省库存费用,这可以通过调整劳动力的方法来实现。生产计划2的出产进度在图中用一根实折线表示。前6个月,产量保持在每天272件的水平上,在2,3,4月内均有少量库存。6月下旬开始提高产量,日产750件左右,到8月份将日产量调整到630件左右。这两个月的日产量都超过500件,除了用足企业的加班能力,还外发了部分加工任务。到10月份又把能力调整到正常生产能力以内。这个计划的好处是季节性库存减少了,每年只需46 000元库存费,比计划1大大改进。但是由于劳动力的大幅度调整,支付的劳动力周转费用是很高的,经计算全年共需164 300元。此外,由于采取了加班措施,支付加班费60 000元,还有外加工原因,又多支出60 000元。计划2多增加成本330 300元,但比计划1还是有所改进。

计划3:计划1和计划2走了两个极端,一个多用了库存,另一个劳动力调整幅度过大。计划3考虑使劳动力相对稳定一些,避免外发加工,在计划1和计划2之间找一条折中的途径,在图中也是以一根实折线表示。前4个月日产量为272件,5月份提高到350件左右,6月份再大幅度提高到550件的水平,维持了4个月以后,到10月份调低,11月份提高,12月份再调低到400件。这个方案库存费用大于计划2,劳动力周转费用与计划2正好一样多,加班费低于计划2,外发加工费全部节省了,总增加成本数为308 120元,是3个计划中成本最低的一个。

不论计划2还是计划3都涉及劳动力的大幅调整。如果这些工人需要具有相当高的技术,那么一般是不易找到的,企业也不能随意招聘和解雇技术工人,因而这种做法可能是行不通的。一般的思路应该是寻找劳动力调整幅度较小的生产资源组合方案。图解法的优点是简单直观,但一般是不可能找到最优解,它只能在几次试探性的计算以后找出一个比较理想的计划。

此例主要说明在既定的需求条件下,由于不同的进度计划使用生产要素的效率不同,导致生产费用不相等,所以计划人员有必要寻求一个成本较低的进度计划。

2. 试凑法

表 8 - 4 给出一个企业的生产计划资料。该企业的正常生产能力为 500 件/日,加班能力为 100 件/日,外委加工无限制。正常生产成本为 100 元/件,加班生产成本为 110 元/件,外委加工成本为 120 元/件,平均库存费用为 10 元/月·件。

表 8 - 4　需求量与保险库存量预测

月　　份	需 求 预 测	保 险 库 存	工 作 天 数
1	6 000	3 000	22
2	4 000	2 500	19
3	3 000	2 100	21
4	4 000	2 500	21
5	6 000	3 000	22
6	9 000	3 500	20
7	11 000	4 000	22
8	12 000	4 200	22

月 份	需 求 预 测	保 险 库 存	工 作 天 数
9	13 000	4 400	20
10	11 000	4 200	23
11	12 000	4 000	19
12	9 000	3 500	21
合 计	100 000	—	252

根据上述资料,我们用正常生产能力 500 件/日和加班能力 100 件/日乘以对应的生产天数可得每个月的正常生产能力和加班生产能力。如表 8-5 所示。

表 8-5 月生产能力和净需求量计算　　　　　单位:件

月 份	需求预测	保险库存	工作天数	正常产能	加班产能	合计产能	月净需求
1	6 000	3 000	22	11 000	2 200	13 200	5 500
2	4 000	2 500	19	9 500	1 900	11 400	3 600
3	3 000	2 100	21	10 500	2 100	12 600	3 400
4	4 000	2 500	21	10 500	2 100	12 600	4 500
5	6 000	3 000	22	11 000	2 200	13 200	6 500
6	9 000	3 500	20	10 000	2 000	12 000	9 500
7	11 000	4 000	22	11 000	2 200	13 200	11 200

月　份	需求预测	保险库存	工作天数	正常产能	加班产能	合计产能	月净需求
8	12 000	4 200	22	11 000	2 200	13 200	12 200
9	13 000	4 400	20	10 000	2 000	12 000	12 800
10	11 000	42 00	23	11 500	2 300	13 800	10 800
11	12 000	4 000	19	9 500	1 900	11 400	11 500
12	9 000	3 500	21	10 500	2 100	12 600	8 500
合计	100 000	—	252	126 000	25 200	—	100 000

其中,月净需求是根据需求预测和保险库存计算得到的,即:
月净需求＝本月需求预测－本月保险库存＋下月保险库存。合计产能为正常产能与加班产能之和,这里作为计算是否利用外委加工之用。

可见,如果只利用正常生产能力,7,8,9 和 11 月份将出现产能不足,如果利用正常生产能力和加班生产能力,9 和 11 月份将出现产能不足。那么,如何组织生产才能使成本较低呢?

不难想象,可以有很多种方法组织生产,但比较典型的有 3 种:跟踪需求,综合利用正常生产、加班生产和外委加工调节生产能力;每天均衡生产,避免外委加工,利用正常生产、加班和库存调节生产能力;根据需求变化规律分段均衡生产,避免外委加工,利用正常生产、加班和库存调节生产能力。下面,就这 3 种典型的生产组织方式,分别进行生产计划和成本计算。

(1) 通过加班和外委加工调节生产能力,每月接近需求量组织生产。生产能力利用情况如表 8-6 所示。

表 8-6 生产能力计划   单位:件

月 份	月净需求	实际生产能力		使 用 的 生 产 能 力		
		正常产能	加班产能	正常能力	加班能力	外委加工
1	5 500	11 000	2 200	5 500		
2	3 600	9 500	1 900	3 600		
3	3 400	10 500	2 100	3 400		
4	4 500	10 500	2 100	4 500		
5	6 500	11 000	2 200	6 500		
6	9 500	10 000	2 000	9 500		
7	11 200	11 000	2 200	11 000	200	
8	12 200	11 000	2 200	11 000	1 200	
9	12 800	10 000	2 000	10 000	2 000	800
10	10 800	11 500	2 300	10 800		
11	11 500	9 500	1 900	9 500	1 900	100
12	8 500	10 500	2 100	8 500		
合 计	100 000	126 000	25 200	93 800	5 300	900

组织生产时,因为正常生产的成本最低,所以首先利用正常生产能力。如果正常生产能力不足,再依次考虑利用加班生产能力和外委加工能力。根据表 8-6,可以很容易地计算出这种组织生产方式的成本。如表 8-7 所示。

表 8-7　生产成本计算

月份	组织生产时使用的生产能力			组织生产的成本		
	正常生产量	加班生产量	外委加工量	正常成本	加班成本	外委加工成本
1	5 500			550 000		
2	3 600			360 000		
3	3 400			340 000		
4	4 500			450 000		
5	6 500			650 000		
6	9 500			950 000		
7	11 000	200		1 100 000	22 000	
8	11 000	1 200		1 100 000	132 000	
9	10 000	2 000	800	1 000 000	220 000	96 000
10	10 800			1 080 000		
11	9 500	1 900	100	950 000	209 000	12 000
12	8 500			850 000		
合计	93 800	5 300	900	9 380 000	583 000	108 000

其中,正常生产成本＝100×正常生产量,加班生产成本＝110×加班生产量,外委加工成本＝120×外委加工量。总成本＝正常生产成本＋加班生产成本＋外委加工成本＝9 380 000＋583 000＋108 000＝10 071 000(元)。另外,需要指出的是,这里不

包括安全库存的库存成本。

（2）每天均衡生产，避免外委加工，利用正常生产、加班和库存调节生产能力。此时，每天的平均产量为：总需求/工作天数。根据表 8-5 可得，每天的平均产量 = $100\,000/252 = 396.825$，即以 397 件/天组织生产，最后再进行调整，调整量为：$100\,000 - 397 \times 252 = 44$ 件。计算结果如表 8-8 所示。

表 8-8　生产能力计划　　　　　　单位：件·天

月 份	月净需求	工作天数	正常产能	理论产量	期末库存	调整产量	实际产量
1	5 500	22	11 000	8 734	3 234	0	8 734
2	3 600	19	9 500	7 543	7 177	0	7 543
3	3 400	21	10 500	8 337	12 114	0	8 337
4	4 500	21	10 500	8 337	15 951	0	8 337
5	6 500	22	11 000	8 734	18 185	0	8 734
6	9 500	20	10 000	7 940	16 625	0	7 940
7	11 200	22	11 000	8 734	14 159	0	8 734
8	12 200	22	11 000	8 734	10 693	0	8 734
9	12 800	20	10 000	7 940	5 833	0	7 940
10	10 800	23	11 500	9 131	4 164	0	9 131
11	11 500	19	9 500	7 543	207	0	7 543
12	8 500	21	10 500	8 337	44	−44	8 293
合 计	100 000	252	126 000	100 044	108 386	−44	100 000

其中,理论产量=397×工作天数;期末库存=上期库存+本期产量-本期需求。考虑均衡生产误差的调整量44件,12月份少生产44件,于是可得实际产量。

从表8-8可见,实际产量都小于正常产能,所以只使用正常生产能力和库存调节即可满足需求。于是,可以根据表8-8计算出生产成本。如表8-9所示。

表8-9 生产成本计算 单位:件·元

月 份	月净需求	实际产量	期末库存	生产成本	库存成本	总成本
1	5 500	8 734	3 234	873 400	16 170	889 570
2	3 600	7 543	7 177	754 300	52 055	806 355
3	3 400	8 337	12 114	833 700	96 455	930 155
4	4 500	8 337	15 951	833 700	140 325	974 025
5	6 500	8 734	18 185	873 400	170 680	1 044 080
6	9 500	7 940	16 625	794 000	174 050	968 050
7	11 200	8 734	14 159	873 400	153 920	1 027 320
8	12 200	8 734	10 693	873 400	124 260	997 660
9	12 800	7 940	5 833	794 000	82 630	876 630
10	10 800	9 131	4 164	913 100	49 985	963 085
11	11 500	7 543	207	754 300	21 855	776 155
12	8 500	8 293	0	829 300	1 035	830 335
合 计	100 000	100 000	—	10 000 000	1 083 420	11 083 420

其中,生产成本=100×实际产量,库存成本=10×(期初库

存＋期末库存)/2。年初的期初库存为上年末的期末库存,这里假设年初和年末的库存状态相同。总成本=生产成本＋库存成本=10 000 000＋1 083 420=11 083 420 元。

(3)分段均衡生产。如果将年末与年初闭合,可以看出,从 12 月份到 6 月份的需求比较低,而从 7 到 11 月份的需求较高,于是我们设想将生产分成两段,分别实现均衡生产。从 12 月份到 6 月份的总需求为 41 500,工作天数为 146,平均日产量为 284 件;从 7 到 11 月份的总需求为 58 500 件,工作天数为 106 天,平均日产量为 552 件。组织生产时应优先利用正常产能,然后利用加班产能。于是,可得生产能力计划,如表 8 - 10 所示。

表 8 - 10　生产能力计划

月份	月净需求	工作天数	正常产能	加班产能	理论产量	期末库存	调整产量	实际产量	
								正常生产	加班生产
12	8 500	21	10 500	2 100	5 964	—24	—24	5 988	
1	5 500	22	11 000	2 200	6 248	748	0	6 248	
2	3 600	19	9 500	1 900	5 396	2 544	0	5 396	
3	3 400	21	10 500	2 100	5 964	5 108	0	5 964	
4	4 500	21	10 500	2 100	5 964	6 572	0	5 964	
5	6 500	22	11 000	2 200	6 248	6 320	0	6 248	
6	9 500	20	10 000	2 000	5 680	2 500	0	5 680	
小计	41 500	146	73 000	14 600	41 464			41 488	
7	11 200	22	11 000	2 200	12 144	3 444	0	11 000	1 144
8	12 200	22	11 000	2 200	12 144	3 388	0	11 000	1 144

月份	月净需求	工作天数	正常产能	加班产能	理论产量	期末库存	调整产量	实际产量	
								正常生产	加班生产
9	12 800	20	10 000	2 000	11 040	1 628	0	10 000	1 040
10	10 800	23	11 500	2 300	12 696	3 524	0	11 500	1 196
11	11 500	19	9 500	1 900	10 488	2 512	0	9 500	988
小计	58 500	106	53 000	10 600	58 512		0	53 000	5 512
合计	100 000	252	126 000	25 200	99 976			94 488	5 512

根据表 8-10 可以计算出生产成本。如表 8-11 所示。

表 8-11　生产成本计算表

月份	月净需求	实际产量			期末库存	生产成本			库存成本	合计
		正常生产	加班生产	合计		正常生产	加班生产	合计		
12	8 500	5 988		5 988	0	598 800	0	598 800	12 560	611 360
1	5 500	6 248		6 248	748	624 800	0	624 800	3 740	628 540
2	3 600	5 396		5 396	2 544	539 600	0	539 600	16 460	556 060
3	3 400	5 964		5 964	5 108	596 400	0	596 400	38 260	634 660
4	4 500	5 964		5 964	6 572	596 400	0	596 400	58 400	654 800
5	6 500	6 248		6 248	6 320	624 800	0	624 800	64 460	689 260
6	9 500	5 680		5 680	2 500	568 000	0	568 000	44 100	612 100
小计	41 500	41 488		41 488		4 148 800	0	4 148 800	237 980	4 386 780
7	11 200	11 000	1 144	12 144	3 444	1 100 000	125 840	1 225 840	29 720	1 255 560

月份	月净需求	实际产量			期末库存	生产成本			库存成本	合计
		正常生产	加班生产	合计		正常生产	加班生产	合计		
8	12 200	11 000	1 144	12 144	3 388	1 100 000	125 840	1 225 840	34 160	1 260 000
9	12 800	10 000	1 040	11 040	1 628	1 000 000	114 400	1 114 400	25 080	1 139 480
10	10 800	11 500	1 196	12 696	3 524	1 150 000	131 560	1 281 560	25 760	1 307 320
11	11 500	9 500	988	10 488	2 512	950 000	108 680	1 058 680	30 180	1 088 860
小计	58 500	53 000	5 512	58 512		5 300 000	606 320	5 906 320	144 900	6 051 220
合计	100 000	94 488	5 512	100 000		9 448 800	606 320	10 055 120	382 880	10 438 000

计算方法与前面相同。总成本为 10 438 000 元。

综上所述,当需求确定之后可以有多种方式组织生产,并且不同的组织方式的代价是不同的。那么,能否找到一个最佳的生产组织方案?下面将利用数学规划的运输模型方法来解决这一问题。

3. 线性规划法

用线性规划模型作进度计划也需要假定生产成本等有关变量之间的关系是线性的。设想一个最简单的生产系统,产品可以用代表产品计量;有 3 种生产方法,第 1 种为正常班次时间生产,第 2 种为加班时间生产,第 3 种为外发加工;产品可在计划期长度内储存;不允许缺货。该生产系统的进度计划模型可表达如下:

$$\min Z = \sum_{i=1}^{m} \sum_{j=1}^{T} \sum_{k=1}^{T} c_{ijk} x_{ijk}$$

$$\sum_{k=j}^{T} x_{ijk} \leqslant p_{ij} \quad (i = 1, 2, 3, \cdots, m; j = 1, 2, 3, \cdots, T)$$

$$\sum_{i=1}^{m} \sum_{j=1}^{k} x_{ijk} = D_k \quad (k = 1, 2, 3, \cdots, T)$$

$$x_{ijk} \geqslant 0$$

式中：

x_{ijk}——第 j 月中使用第 i 种方式生产的产品在第 k 月销售的数量；

c_{ijk}——第 j 月中使用第 i 种方式生产在第 k 月销售的产品的单位成本；

p_{ij}——第 j 月中第 i 种生产方式的能力；

D_k——第 k 月的需求量。

模型中单位产品成本由制造成本和存储费用构成,从模型的约束方程组的变量系数可知这是一个运输问题模型,列出了运输成本表,就可以用表上作业法求解。

举例如下：

例3 表8-12给出某厂半年的总产量和每月的需求量,假设1月份期初库存量为零。

表8-12 某厂的全年产品预计需求

月 份	1	2	3	4	5	6	合 计
需 求	1 000	1 800	2 600	3 000	2 500	2 200	13 100

表8-13给出工厂的3种不同生产方式的能力和相应的制造成本。设每个产品每月的存储费为10元。

表8-13 某厂生产能力和成本

生 产 方 式	生产能力(件)	单位成本(元)
1. 正班时间生产	2 000	100
2. 加班时间生产	300	110
3. 外包	500	120

求该厂的最小成本进度计划。

表 8-14 为该问题的运输成本表。表中第一行月份序号为需求时间,与其对应的需求量列在最底下一行;表中第一列月份序号为生产时间,每月都有 3 种生产方式,与其对应的生产能力列在最右边一列;表中间部分的数值为生产成本,有制造成本和存储费用两部分组成;表中空白部分表示不可能发生事件,例如,2 月份共有 3 行数据,第一列是空白的,表示 2 月份生产的产品不可能在 1 月份销售。

表 8-14 某厂运输成本

月 份	方式	1 月	2 月	3 月	4 月	5 月	6 月	产 能
1 月份	1	100	110	120	130	140	150	2 000
	2	110	120	130	140	150	160	300
	3	120	130	140	150	160	170	500
2 月份	1		100	110	120	130	140	2 000
	2		110	120	130	140	150	300
	3		120	130	140	150	160	500
3 月份	1			100	110	120	130	2 000
	2			110	120	130	140	300
	3			120	130	140	150	500
4 月份	1				100	110	120	2 000
	2				110	120	130	300
	3				120	130	140	500
5 月份	1					100	110	2 000
	2					110	120	300
	3					120	130	500

月　份	方　式	1月	2月	3月	4月	5月	6月	产　能
6月份	1						100	2 000
	2						110	300
	3						120	500
需求量		1 000	1 800	2 600	3 000	2 500	2 200	

　　表的左下角部分空白区域为不可能事件,取值为尽可能大的正数。

　　可用表上作业法求解,最后的求解结果由表8-15给出,这是一个最优解。

表8-15　某厂生产进度计划

	半年总计	1月	2月	3月	4月	5月	6月
需求量	13 100	1 000	1 800	2 600	3 000	2 500	2 200
计划数	13 100	1 000	2 000	2 600	2 800	2 500	2 200
加班				300	300	300	200
外包				300	500	200	
库存数			200	200			

　　本例也说明不同的进度计划有不同的生产成本。

第三节　关于总体计划的讨论

一、关于优化方法的讨论

　　运筹学从第二次世界大战结束后,被广泛地用于经济活动的资源优化配置。据文献介绍,在美国的大企业中,几乎没有不使用优化方法的,使用频度最高的是线性规划,其次是计算机模拟方法和网络计划技术。毫无疑问，优化方法是能够带来效益的。但是，目前我国企业界使用优化方法排计划或作其他决策的却很少见，据分析有以下几方面原因。

1. 数学模型过于理想化与实际问题过于复杂之间的矛盾

从上面几个简单的例子中可以体会到，设备资源仅仅考虑总机时在产品之间的简单分配，而不考虑实际生产中的工艺排序问题，约束方程基本上处理成线性的。如果对于某个特定生产系统，这样处理与现实相近，方法是可行的。反之，则不可行。因此，在建立数学模型时，有必要对研究对象作仔细的分析，分析模型是否能够代表实际事物。然而，由于企业的资源约束条件很多，除设备以外，还有原材料、能源、资金、劳动力等，寻找各种产品消耗资源的规律就成为一件十分困难的事情。

2. 企业基础管理薄弱

优化模型所需要的大量数据多是反映企业经济活动的基础数据，如产品的机器加工工时定额、操作人员的劳动定额、产品的物料消耗定额、能源消耗定额以及与各种消耗有关的价值计算。只要企业重视基础管理工作，获得这些数据并不困难。但是目前大多数企业基础管理落后，劳动定额和物料定额管理不严，定额标准与实际消耗误差较大。对于多数企业，要么数据难以得到，要么数据不准，不能反映真实情况。

3. 企业所面临的环境复杂多变

与环境复杂多变相比，决策者更多地习惯于凭个人的经验决策，而不用数学模型。我们并不否定经验在企业经营活动中的重要性，但人的大脑只适于处理整体上的简单的少变量的模糊的数量概念。对企业经营活动作大范围的深入细致的数量分析，必须借助于数学模型和电子计算机才能完成。

基于上述观点，我们认为对于优化技术应该采取现实的和实用的态度。从理论上讲，在企业经营活动中，客观上存在着最优解。但由于问题的复杂性，所建立的数学模型不可能完全代表真实系统,模型的最优解未必就是最优的计划。真实系统的最优解难求,也许为了获得最优解所花费的资源代价是十分昂贵的,反而得不偿失。因此,美国的著名管理学者西蒙提出了"满意准则"的观点。不刻意追求最优解,只要满意就行。如果在实际应用时,能够突出重点,抓住关键因素,构造简单模型,也能取得较好的效果。

二、总体计划的实施问题

由于总体计划是以抽象产品或代表产品为计划单位的,它又是在需求信息不完备的条件下做出的,所以它不能用于具体的生产活动安排,但它可以作为企业制定月度生产计划、作业计划、劳动力计划、物料计划的指南。排月度生产计划等其他计划时,企业需要更详细的需求信息,如客户订单,分品种的市场需求预测等资料。不过,只要做总体计划的有关资料是基本可靠的,那么不会影响排下一层次的计划。

一般而言,随着时间的推移会发现实际情况与总体计划总是不一致的,尤其在计划实施的前期出现这种情况时,需要对计划进行修改。有时调整的幅度是很大的。例如,我国某摩托车大厂,出自发展战略考虑,年初制订的年总产量计划为 70 万辆摩托车,力争 100 万辆。这年该厂的发动机制造能力与整车总装能力已达到 100 万。全厂以该计划为指南订各方面的计划,执行才几个月,发现市场情况与预期的相差很大,立即进行调整,上半年过去后,市场情况基本明朗,最后将总产量计划定在 50 万辆,实际的产量略高于 50 万辆。如果不作调整,仍按原计划做生产资源安排,损失肯定很大。

总体计划实施过程中,另一个十分重要的问题是各职能部门的协调。书本上论述管理活动,都是分门别类的静态的,而现实中的生产系统是整体的动态的。总体计划的实施会影响企业许多部门的行为。如物资供应部门必须根据计划订物资采购计划,外协作部门要与协作厂安排外协件加工计划,人事部门要制定劳动力调配计划。可见,它会引起企业内部许许多多的决策活动。如果总体计划变动过大，对全企业的管理活动冲击很大，是不利的。因此如何制订一个可靠的总体计划是一件很重要的事情。

复习思考题

1. 总体计划有哪些特点？它起什么作用？
2. 总体计划包括哪些内容？
3. 用线性规划模型制订总产量计划要注意哪些约束条件？
4. 总产量计划确定以后，企业利润是否也确定了？
5. 用图解法排生产计划比较适宜于哪类企业？为什么？
6. 在实际工作中应该如何对待优化方法？
7. 总体计划在实施中要注意哪些问题？

第九章　生产作业计划

　　生产作业计划是生产计划工作的继续,是企业年度生产计划的具体执行计划。它是协调企业日常生产活动的中心环节,它根据年度生产计划规定的产品品种、数量及大致的交货期的要求对每个生产单位(车间、工段、班组等),在每个具体时期(月、旬、班、小时等)内的生产任务作出详细规定,使年度生产计划得到落实。

　　生产作业计划的主要任务包括:生产作业准备的检查;制定期量标准;生产能力的细致核算与平衡。

　　编制生产作业计划的主要依据是:年、季度生产计划和各项订货合同;前期生产作业计划的预计完成情况;前期在制品周转结存预计;产品劳动定额及其完成情况,现有生产能力及利用情况;原材料、外购件、工具的库存及供应情况;设计及工艺文件,其他的有关技术资料;产品的期量标准及其完成情况。

第一节　流水线生产作业计划的期量标准

　　期量标准也叫做作业计划标准。期量标准就是经过科学分析和运算,对加工对象在生产过程中的运动所规定的一组时间和数量标准。先进合理的期量标准是编制生产作业计划的重要依据,它是保证生产的配套性、连续性、充分利用设备能力的重要条件。期量标准随产品品种、生产类型、生产组织形式而有所差别,但制定期量标准时都应遵循科学性、合理性和先进性的原则。

流水线生产条件下的期量标准一般包括：节拍、流水线作业指示图表、在制品占用量定额。下面分别逐一介绍。

一、节拍

节拍是组织大量流水线生产的依据，是大量流水线生产期量标准中最基本的期量标准，其实质是反映流水线的生产速度。它是根据计划期内的计划产量和有效工作时间确定的，具体计算方法在第五章讨论流水线的组织设计时已有介绍。在精益生产方式中，节拍是个可变量，它需要根据月计划产量作调整。这时会涉及生产组织方面的调整和作业标准的改变，有关内容参见第十六章。

二、流水线作业指示图表

在大量流水线生产中每个工作地都按一定的节拍反复地完成规定的工序。为确保流水线按规定的节拍工作，必须对每个工作地详细规定它的工作制度，编制作业指示图表，协调整个流水线的生产。正确编制流水线作业指示图表对提高生产效率、设备利用率、减少在制品起着重要作用。它还是简化生产作业计划、提高生产作业计划质量的工具。

流水线作业指示图表是根据流水线的节拍和工序时间定额来编制的。流水线作业指示图表的编制随流水线的工序平衡程度不同而不同。下面分别介绍连续流水线和间断流水线作业指示图表的编制。

(一) 连续流水线作业指示图表的编制

连续流水线的工序同期化程度很高，各个工序的节拍基本等于流水线的节拍，因此工作地的负荷率高。这时就不存在工人利用个别设备不工作的时间去兼管其他设备的问题。因此连续流水线的作业指示图表比较简单，只要规定每条流水线在轮班内的工作间断次数、间断时间和工作时间即可。图 9-1 是连续流水线作业指示图表的一个例子。

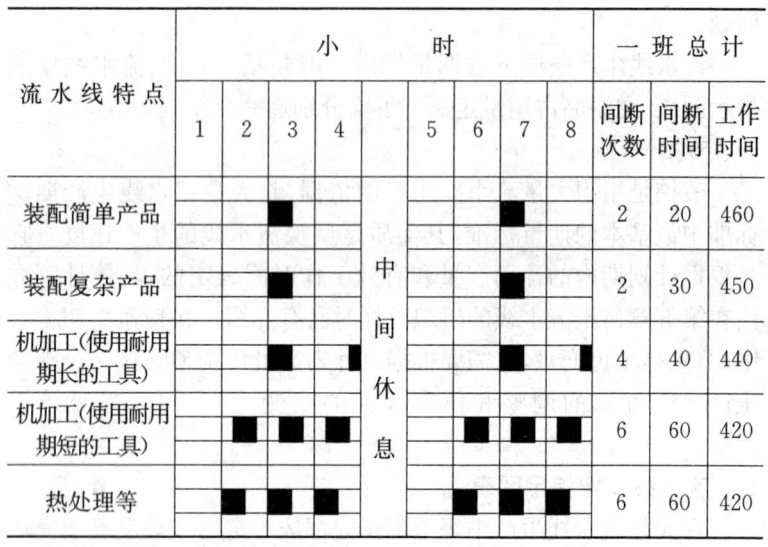

流水线特点	小时								一班总计		
	1	2	3	4	5	6	7	8	间断次数	间断时间	工作时间
装配简单产品					中间休息				2	20	460
装配复杂产品									2	30	450
机加工(使用耐用期长的工具)									4	40	440
机加工(使用耐用期短的工具)									6	60	420
热处理等									6	60	420

图 9-1　连续流水线作业指示图表

（二）间断流水线作业指示图表的编制

间断流水线由于各工序的生产率不一致，因此编制间断流水线作业指示图表比较复杂，其步骤一般包括：确定看管期；确定看管期各工作地产量及负荷；计算看管期内各工作地工作时间长度；确定工作起止时间；确定每个工作地的工人数量及劳动组织形式等。

1. 确定看管期

在间断流水线中由于各工作地的生产效率不同，为了保证流水线既能有节奏地生产，又能为负荷过小的工人安排多设备看管而规定一定的时间间隔，使每道工序在这段时间间隔内生产同样数量的制品，这段时间叫间断流水线的看管期。在看管期内工人依次在其所看管的工序上生产相同数量的制品，这个数量即是看管期内的产量，记为 Q。则看管期 T，节拍 r 和 Q 满足下列关系：

$$Q = \frac{T}{r}$$

看管期的长短对其他经济指标有一定影响,看管期长可以减少工人在工作地间往返的次数,有利于提高劳动效率,降低疲劳程度,但是在制品占用数量较多,会占用较多的流动资金;看管期短则正好相反。所以应当根据制品的特点及工人看管的设备之间的距离来确定合理的看管期。看管期一般应大于 1 h,小于一个轮班,而且最好是轮班的约数。

2. 确定看管期内各工作地的产量及工作地负荷率

每道工序的工作地数是在流水线设计时确定的。设工序 i 的工作地数为 S_i,流水线看管期产量为 Q,第 i 道工序的负荷率为 η_i。当 $S_i = 1$ 时,则

$$\eta_i = \frac{Q_i t_i}{T}$$

式中:t_i——工序 i 的单件工时。

当 $S_i > 1$ 时,设 Q_{ik} 为工序 i 的第 k 个工作地的看管期产量;η_{ik} 为工序 i 的第 k 个工作地的负荷率。可按两种情况分配看管期产量:

(1) 看管期产量在各工作地间平均分配,即:

$$Q_{ik} = \frac{Q}{S_i}$$

则各工作地的负荷 η_{ik} 为

$$\eta_{ik} = \frac{Q t_i}{S_i T}$$

(2) 使 $S_i - 1$ 个工作地满负荷工作,而一个工作地负荷不满,则

$$Q_{ik} = \frac{T}{t_i} \quad (k = 1, 2, \cdots, S_i - 1)$$

$$Q_{in} = Q - Q_{ik}(S_i - 1) \quad (n = S_i)$$

各工作地的负荷为

$$\eta_{ik} = 1 \quad (k = 1, 2, \cdots, S_i - 1)$$

$$\eta_{in} = \frac{Q_{in} t_i}{T} \quad (n = S_i)$$

这种组织方式便于组织多设备看管。

3. 计算看管期内各工作地工作时间长度

设工序 i 的第 k 个工作地的工作时间长度为 T_{ik} 则

$$T_{ik} = Q_{ik} t_i$$

4. 绘制作业指示图表,确定作业起止时间

有些工作地负荷不满,这时应绘制作业指示图表以确定该工作地的工作起始时间。在确定工作地起始时间时,应该便于组织多设备看管,提高工人劳动效率。

5. 确定流水线上工人人数及劳动组织形式

确定流水线上工人人数时,同时应考虑劳动组织形式,尽量组织工人进行多设备看管。图 9-2 是间断流水线作业指示图表的一个例子。图中第 2,8,9 工序采用多机床看管;第 1 道工序和第 4 道工序的第一个工作地实行多工序兼管,第 5 道工序和第 7 道工序兼管。这样 11 个工作地每班只需 7 名工人。

三、在制品占用量定额

在制品占用量定额是指在一定的时间、地点、生产技术组织条件下为保证生产的连续进行而制定的必要的在制品数量标准。在制品是指从原材料投入到产品入库为止,处于生产过程中尚未完工的所有零件、组件部件、产品的总称。在制品占用量按存放地点

流水线名称	班数	日产量	节拍	运输批量	节奏	看管期	看管期产量
齿轮加工流水线	2	320	3 min	1	3 min	2 h	40

工序号	工时定额	工作地号	设备利用率	工人号	组织形式	作业指示图表	看管期产量
1	2	1	67	1	兼管5工作地		40
2	6	2	100	2	多机床看管		20
		3	100				20
3	2.8	4	94	3			40
4	4	5	33	1			10
		6	100	4			30
5	1.5	7	50	5	兼管9工作地		40
6	3	8	100	6			40
7	1.5	9	50	5			40
8	2.5	10	83	7	多机床看管		40
9	2.6	11	87	7			40

图 9-2　间断流水线作业指示图表

分为:流水线(车间)内在制品占用量和流水线(车间)间在制品占用量;按性质和用途可分为:工艺占用量、运输占用量、周转占用量和保险占用量。在制品构成如图 9-3 所示。

(一)流水线内在制品占用量定额

1. 工艺在制品占用量定额 Z_1

工艺在制品占用量是指正在各工作地(或设备)上加工、装配

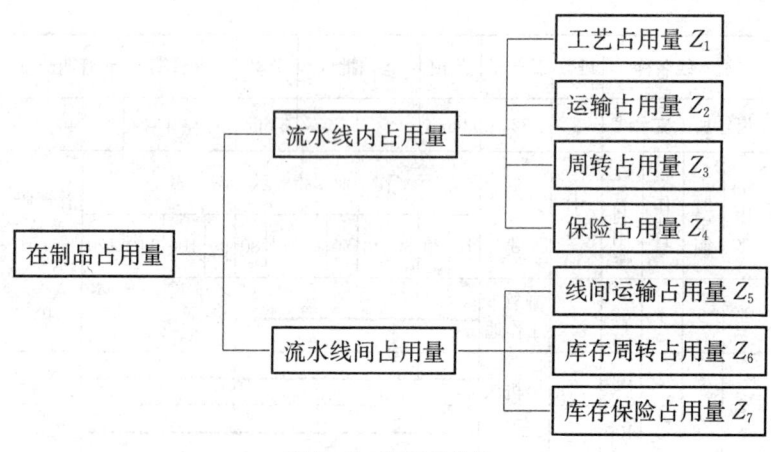

图 9-3 在制品结构

和检验的在制品总和。它取决于流水线的工序数 m；第 i 道工序的工作地数 s_i 和第 i 道工序每个工作地同时加工的零件数 g_i。工艺占用量 Z_1 的计算公式如下：

$$Z_1 = \sum_{i=1}^{m} s_i g_i$$

在连续流水线中工艺占用量是相对稳定的，在间断流水线上则是可变的。

2. 运输在制品占用量定额 Z_2

运输在制品是指处于运输过程中或在运输装置中等待运输的在制品。它取决于运输方式、运输批量、运输间隔期及存放地情况等。

若整条流水线采用连续运输装置则 Z_2 的计算公式如下：

$$Z_2 = \frac{L}{l} p$$

式中：L——运输装置工作长度；

l——相邻两个运输批量在运输装置上的距离；

p——运输批量。

3. 周转在制品占用量定额 Z_3

在间断流水线中,由于前后两道工序生产效率不同或作业起止时间不同,因而同一时间内相邻工序的产量不同。为保证后道工序连续地完成看管期内的产量而形成了相邻工序间的周转在制品。一般规定看管期初在各工序间周转的在制品之和为周转在制品占用量定额。其计算方法分为分析计算法和概略计算法两种。

(1) 分析计算法。这种方法是对作业指示图表经过分析以后,计算周转在制品占用量。根据相邻两个工序生产率之差的变化情况,把看管期划分为几个时段。若用 T_k 表示生产率之差不变的第 k 个时段;Z_{Tk} 表示第 T_k 时段最大在制品占用量;S_i 表示前工序在 T_k 段内工作的工作地数;S_j 表示后工序在 T_k 段内工作的工作地数;t_i,t_j 分别表示前后工序单件时间定额。那么每个时间段周转在制品占用量最大值可用下式计算:

$$Z_{Tk} = T_k\left(\frac{S_i}{t_i} - \frac{S_j}{t_j}\right)$$

$Z_{Tk} > 0$ 表示周转在制品在 Z_k 时间段末形成;$Z_k < 0$ 表示周转在制品形成于 T_k 段初。各阶段计算出的 Z_{Tk} 值之和应为零。根据计算结果可以画出周转在制品形成与消耗示意图。下面举例说明如何计算周转在制品占用量。

如图 9-2 所示流水线第 7 道工序与第 8 道工序间的周转在制品计算如下:

① 划分阶段。根据第 7,8 道工序间的生产率之差可划分为 3 个阶段:第一阶段 0~60 min;第二阶段 60~100 min;第三阶段 100~120 min,则 $T_1 = 60$ min,$T_2 = 40$ min,$T_3 = 20$ min。

② 计算各阶段的周转在制品占用量最大值。

$$Z_{T1} = T_1\left(\frac{S_7}{t_7} - \frac{S_8}{t_8}\right) = 60\left(\frac{0}{1.5} - \frac{1}{2.5}\right) = -24(件)$$

$$Z_{T2} = T_2\left(\frac{S_7}{t_7} - \frac{S_8}{t_8}\right) = 40\left(\frac{1}{1.5} - \frac{1}{2.5}\right) = 11(\text{件})$$

$$Z_{T3} = T_3\left(\frac{S_7}{t_7} - \frac{S_8}{t_8}\right) = 20\left(\frac{1}{1.5} - \frac{0}{2.5}\right) = 13(\text{件})$$

$$Z_{T1} + Z_{T2} + Z_{T3} = 0$$

依此方法可分别计算出其他各工序间的周转在制品。周转在制品占用量定额为期初(或期末)周转在制品占用量之和:

$$Z_3 = 0 + 3 + 0 + 25 + 0 + 0 + 24 + 0 = 52(\text{件})$$

该流水线的周转在制品形成与消耗示意见图9-4。

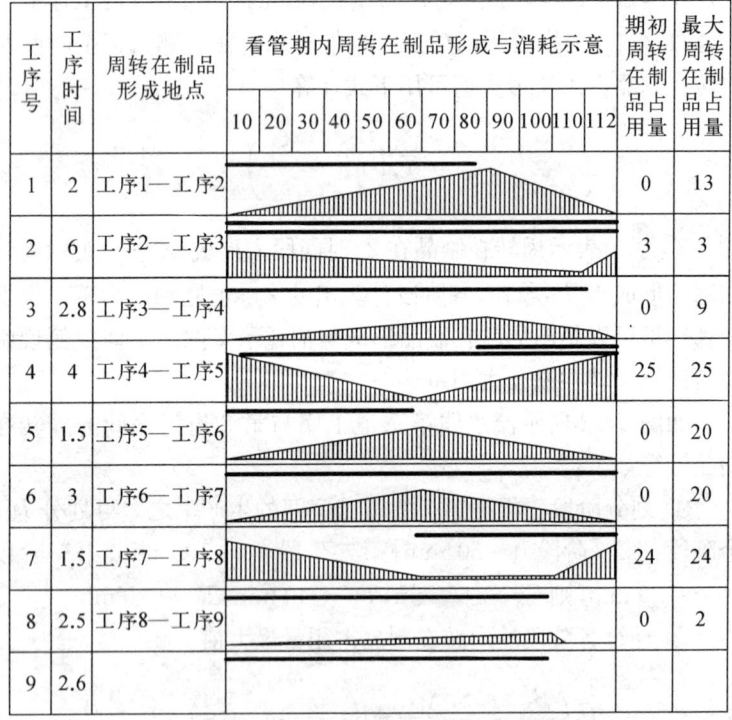

工序号	工序时间	周转在制品形成地点	看管期内周转在制品形成与消耗示意												期初周转在制品占用量	最大周转在制品占用量
			10	20	30	40	50	60	70	80	90	100	110	112		
1	2	工序1—工序2													0	13
2	6	工序2—工序3													3	3
3	2.8	工序3—工序4													0	9
4	4	工序4—工序5													25	25
5	1.5	工序5—工序6													0	20
6	3	工序6—工序7													0	20
7	1.5	工序7—工序8													24	24
8	2.5	工序8—工序9													0	2
9	2.6															

图9-4 周转在制品形成与消耗示意

（2）概略计算法。当间断流水线周转在制品占用量不能或不要求按作业指示图表计算时，可用概略计算法。计算公式如下：

$$Z_3 \leqslant (1 - \eta_c) \sum_{i=1}^{m} S_i \frac{T}{r}$$

式中：η_c——流水线平均负荷率。

$$\eta_c = \frac{\sum \eta_k}{\sum S_i}$$

用这种计算方法，上述流水线平均负荷率为

$$\eta_c = (67\% + 100\% + 100\% + 94\% + 33\% + 100\% +$$
$$50\% + 50\% + 83\% + 87\%) \div 11 = 78.5\%$$

则

$$Z_3 \leqslant (1 - 78.5) \times 11 \times \frac{120}{3} = 95$$

也就是周转在制品最多不超过 95 件。

4. 保险在制品占用量定额 Z_4

保险在制品占用量有以下两种。

（1）为整条流水线设置的保险占用量。这类保险在制品占用量通常集中在流水线尾，如果出现废品或设备出现故障，就用这类保险在制品以保证生产正常进行。当这类在制品不足时，就用加班的办法来补足。

（2）为工作地设置的专用保险在制品占用量。这类保险在制品占用量通常放置在关键工序的关键工作地旁边。当某工序实际工作效率与流水线节拍不一致或产生废品或设备临时出现故障时，就动用这类保险在制品。

确定保险在制品占用量的大小的依据有：生产周期、制品价值、工艺复杂性和稳定性、设备可靠程度、设备调整时间、工人熟练程度、废品率等。确定保险占用量时应综合考虑上述因素,经分析后确定。

流水线内在制品占用量就是上述 4 种占用量之和:

$$Z_内 = Z_1 + Z_2 + Z_3 + Z_4$$

(二)流水线(车间)间在制品占用量定额的制定

1. 运输占用量 Z_5

流水线间运输在制品占用量随运输方式不同而不同,其计算方法与流水线内运输在制品占用量的计算方法相同,本处不再详述。

2. 库存周转占用量 Z_6

库存周转占用量是使流水线(车间)间协调工作而占用的零部件和毛坯数量。它是由于前后相邻工序生产效率或工作制度不同而设置的。共有下列三种不同情况。

(1)前后流水线生产率和工作班次都不同。由于前后流水线每日生产任务是相同的,而生产率不同,因此工作班次也一定不同。生产率高的,工作班次少;生产率低的,工作班次多。流水线间的周转在制品占用量最大值可用下列公式计算:

$$Z_6 = Q_L(C_l - C_h)$$

式中: Q_L ——生产率低的流水线班产量;

　　　C_l ——生产率低的流水线开动班次;

　　　C_h ——生产率高的流水线开动班次。

由于前后流水线工作班次搭配不同,周转在制品占用量最大值的形成时间也不同。各种情况下的周转在制品形成与消耗情况如图 9-5 所示。

(2)前后流水线生产率、工作班次、工作起止时间都不同。如果前一条流水线的最后一道工序和后一条流水线的第一道工序的工作起止时间不一致,则会出现流水线间的周转在制品,其计算方法同流水线内周转在制品的计算方法。

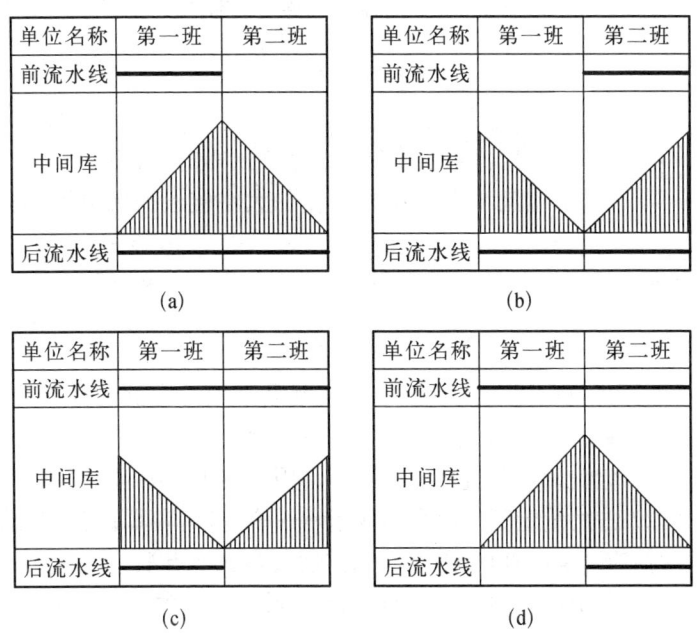

图 9‒5　流水线间周转在制品形成与消耗示意

（3）前一条流水线是多对象可变流水线，而后一条流水线是不变流水线。由于前一条流水线顺序轮番加工固定于流水线上的各种制品，所以每种制品的生产是成批生产的。这样，一批制品完成后，存放在仓库中，后一条流水线根据需要陆续消耗，从而形成周转在制品。其最大值的计算公式如下：

$$Z_6 = R_s(Q_s - Q_d)$$

式中：R_s——前流水线的生产间隔期；

　　　Q_s——前流水线的平均日产量；

　　　Q_d——后流水线的平均日产量。

3. 流水线间保险在制品占用量定额 Z_7

流水线间库存保险占用量，是当供应流水线因故交货延期时，为保证需求流水线正常生产而设置的库存在制品。其计算公式为：

$$Z_7 = \frac{T_{in}}{r}$$

式中：T_{in}——供应流水线恢复正常生产所需时间；

　　　r——供应流水线的节拍。T_{in} 的大小应根据历史统计资料来确定。

流水线间在制品占用量是上述 3 种占用量之和，即

$$Z_外 = Z_5 + Z_6 + Z_7$$

前面详细阐述了大量流水线在制品占用量定额的计算方法，在确定在制品占用量定额时还应注意几个问题：

(1) 应明确每条流水线上哪种占用量在生产中起主导作用。

(2) 占用量定额应结合作业指示图表，按每种零件分别计算。计算时，应考虑生产的彼此衔接，然后按存放地点汇总。

(3) 占用量定额由生产计划部门制定后，有关部门还应进行估价并核算流动资金占用。

(4) 占用量定额制定后，必须按车间、班组和仓库细分，并交工人讨论熟悉。

(5) 占用量定额一经批准，应该严肃执行，并注意定额水平的变动情况，定期予以调整。

第二节　流水线生产作业计划的编制

流水线生产作业计划的编制一般分两个层次：一是厂级生产作业计划的编制；二是车间内部生产作业计划的编制。下面分别阐述。

一、厂级生产作业计划的编制

厂级生产作业计划是由厂级生产管理部门编制的。它根据企业年度(季)生产计划，编制各车间的月(旬、周)的生产作业计划，包括：出产品种、数量(投入量、产出量)、日期(投入期、产出期)和

进度(投入进度和产出进度)。为各车间分配生产任务时必须与生产能力相平衡,并且使各车间的任务在时间上和空间上相互衔接,保证按时、按量、配套地完成生产任务。编制厂级生产作业计划分两个步骤:正确选择计划单位;确定各车间的生产作业任务。

1. 计划单位的选择

计划单位是编制生产作业计划时规定生产任务所用的计算单位。它反映了生产作业计划的详细程度及各级分工关系。流水线生产企业中,编制厂级生产作业计划时采用的计划单位有:产品、部件、零件组、零件。

(1)产品为计划单位。产品计划单位是以产品作为编制生产作业计划时分配生产任务的计算单位。采用这种单位规定车间生产任务的特点是不分装配产品需用零件的先后次序,也不论零件生产周期的长短,只统一规定投入产品数、出产产品数和相应日期,不具体规定每个车间生产的零件品种、数量和进度。采用这种计划单位可以简化厂级生产作业计划的编制,便于车间根据自己的实际情况灵活调度;缺点是整个生产的配套性差,生产周期长,在制品占用量大。

(2)部件为计划单位。部件计划单位是以部件作为分配任务的计算单位。采用部件计划单位编制生产作业计划时,根据装配工艺的先后次序和主要部件中主要零件的生产周期,按部件规定投入和产出的品种、数量及时间。采用这种计划单位的优点是生产的配套性较好,在制品占用量较少,车间也具有一定的灵活性,但缺点是编制计划的工作量加大。

(3)零件为计划单位。零件计划单位是以零件作为各车间生产任务的计划单位。采用这种计划单位编制生产作业计划时,先根据生产计划规定的生产任务层层分解,计算出每种零件的投入量、产出量、投入期、产出期要求。然后以零件为单位,为每个生产单位分配生产任务,具体规定每种零件的投入、产出量和投入、产出期。大量流水线生产企业中采用这种计划单位比较普遍。它的优点是生产的配套性很好,在制品及流动资金占用最少,生产周期最短。同时,当发生零件的实际生产与计划有出入时,易于发现问题并调整处理。但缺点是编制计划的工作量很大,工作复杂而且容易出错,同时车间组织生产的灵活性差。

由于目前计算机在企业中的广泛应用,尤其是运用 MRPII 后计划编制工作量大大减小,因此如果有条件可应尽量采用这种计划单位,它的优点很突出而缺点不明显。另外,编制车间内部的生产作业计划时,一般都采用这种计划单位。

上面分别介绍了 3 种计划单位和各自的优缺点,小结如表9-1所示。

表9-1 计划单位优缺点比较

计划单位	生产配套性	占 用 量	计划工作量	车间灵活性
产 品	差	最大	小	强
部 件	较好	较大	较大	较强
零 件	最好	少	最大	差

选择计划单位,实际上是厂级对生产管到什么程度的问题。同一个企业中可以同时存在几种计划单位。不同的产品可以采用不同的计划单位;同一种产品的不同生产阶段,可以采用不同的计划单位;同一种产品的不同零件可以采用不同的计划单位,如关键件、主要件采用零件计划单位,而一般件则采用产品计划单位。企业应根据自己的生产特点、生产类型、管理水平、产品特点等选择合适的计划单位。

2. 确定各车间生产任务的方法

编制厂级生产作业计划的主要任务是,根据企业的生产计划,为每个车间正确地规定每一种制品(部件、零件)的出产量和出产期。安排车间生产任务的方法随车间的生产类型和生产组织形式而不同。如果各车间彼此之间没有依次提供半成品的关系,那么只要将计划期的生产任务根据各车间的产品分工、生产能力和具体的生产条件直接分配给各车间即可。如果各车间彼此之间有依次提供半成品的关系，在规定生产任务时就应检查各车间在产品品种、数量、出产日期上是否彼此衔接；考虑各车间的生产能力平衡，减少在制品占用。在这种情况下大量流水线生产企业分配车间生产任务的方法有两种：在制品定额法和订货点法。

（1）在制品定额法。在制品定额法也叫连锁计算法。它根据在制品定额来确定各车间的生产任务，保证各车间生产的衔接。大量流水线生产企业中各车间生产的产品品种较少，生产任务稳定，各车间的投入和产出数量及时间之间有密切的配合关系。大量流水线生产企业生产作业计划的编制，重点在于解决各车间在生产数量上的协调配合。这是因为同一时间各车间都在完成同一产品的不同工序，这就决定了"期"不是最主要的问题，而"量"是最重要的。在制品定额法正好适合这种特点。这种方法还可以很好地控制住在制品数量。

在制品定额法运用预先制定的在制品占用量定额，按工艺过程相反的次序依次计算各车间的产出量和投入量。它首先根据生产计划的要求规定最后车间的出产量，再以这个出产量为基础计算其投入量，然后根据最后车间的投入量计算前一车间的出产量，依此类推直到第一个车间。计算公式如下：

$$Q_{0i} = Q_{Ij} + Q_{si} + (Z_I - Z_{I'})$$
$$Q_{Ii} = Q_{0i} + Q_{fi} + (Z_L - Z_{L'})$$

式中：Q_{0i}——某车间（i）的计划期出产量；

$\quad\quad Q_{Ij}$——后续车间（j）的计划投入量；

$\quad\quad Q_{si}$——i 车间的外销半成品量；

$\quad\quad Z_I$——车间之间库存在制品占用量定额；

$\quad\quad Z_{I'}$——期初预计实际库存量；

$\quad\quad Q_{Ii}$——某车间（i）的计划期投入量；

Q_{fi}——i 车间允许的废品数量；

Z_L——i 车间内部在制品占用量定额；

$Z_{L'}$——期初预计车间在制品实有数。

下面以某冰箱厂为例，计算其计划期车间的出产量和投入量，计算过程如表 9 - 2 所示。

表 9 - 2　各车间月计划计算表

部　门	编　号	项　　目	数　量
总装车间	1	出产量	20 000
	2	废品	
	3	在制品定额	1 000
	4	期初预计在制品占用量	800
	5	投入量(1+2+3−4)	20 200
箱体库	6	半成品外销量	200
	7	库存定额	1 000
	8	期初预计占用量	900
箱体车间	9	出产量(5+6+7−8)	20 500
	10	废品	50
	11	在制品占用量定额	2 000
	12	期初预计在制品占用量	1 500
	13	投入量(9+10+11−12)	21 050
毛坯库	14	半成品外销量	
	15	库存定额	2 500
	16	期初预计占用量	3 000
下料车间	17	出产量(13+14+15−16)	20 550
	18	废品	100
	19	在制品占用量定额	4 000
	20	期初预计在制品占用量	3 800
	21	投入量(17+18+19−20)	20 850

（2）订货点法。订货点法是根据库存在制品下降到订货点的时间来确定零件投产时间的一种方法。这种方法用来安排需求量大的标准件和通用件的生产。这类零件品种多，加工量小，占用资金少。因此为简化计划工作量，通常打破产品界限，为每个标准件和通用件规定一个合理的批量，一次集中生产一批，这一批快用完时再生产下一批。所谓订货点就是标准件和通用件库存量的一个限度，当库存量下降到这个限度时，就投入下一批。具体的计算方法请参阅第十五章的经济批量方法。

二、车间内生产作业计划的编制

车间内部生产作业计划的编制，主要包括：车间生产作业计划日程安排、工段（班、组）生产作业计划的编制、工段（班、组）内部生产作业计划的编制等。具体的编制工作由车间及工段计划人员完成。

在大量流水线生产条件下，一条流水线可以完成零件的全部工序或大部分主要工序。工段的生产对象也就是车间的生产对象，这时企业给车间下达的计划所规定的产品品种、数量和进度，也就是工段的产品品种、数量和进度。若厂级生产作业计划采用的计划单位是零件，则对其略加修改就可作为车间内部的生产作业计划，不必再作计算；若采用的计划单位是产品或部件，则首先需要分解，然后再按零件为单位将任务分配到各流水线（工段）。

组织混流生产的工段，除了月生产作业计划外还需编制一些短期的生产作业计划，如轮班作业计划，它需要具体规定每日生产的品种、数量及投产顺序。对于每日生产量不能在月生产计划中规定的零件，也需编制轮班生产作业计划，轮班生产作业计划每日编制一次。

第三节　周期性生产类型作业计划的期量标准

这种生产类型的期量标准主要包括批量和生产间隔期、生产周期和生产提前期，合理制定期量标准可以使生产资源得到较好的利用。

一、批量和生产间隔期

采用这种生产类型的企业，由于产品体积大、结构复杂，再加上品种多等因素，不能采取月度计划一次投料生产的方法。否则不但使在制品充满生产现场，使现场一片混乱，甚至发生生产场地不够用的现象，还会占用大量的流动资金。但又不能像流水线生产那样每天小批量的投料生产，所以需要确定一个合理的生产批量。

批量是指一次投入生产的同种制品的数量。每投一次需要消耗一次准备结束时间，用于熟悉图纸、领取工卡量具、调整设备工装等等作业。生产间隔期是相邻两批同种工件投入（或产出）的时间间隔。在周期性重复生产条件下批量和生产间隔期有如下关系：

$$批量 = 平均日产量 \times 生产间隔期$$

在生产任务稳定条件下，日产量不变，则批量与生产间隔期成正比。批量大，则间隔期长，相应的在制品数量也大，生产周期较长，这样对使用流动资金是不利的。反之，如批量小，会导致频繁变动产品，增加准备结束作业次数，多消耗准备结束时间，对降低设备利用率也是不利的。因此确定批量和生产间隔期，需要在这些因素之间进行平衡，达到既有利于流动资金的有效使用，又提高设备的利用率。

确定批量和生产间隔期通常有下面两种方式。

（一）以量定期法

当平均日产量不变时，批量与生产间隔期互为因果关系，此方法的思路为，先根据综合经济效果确定批量，然后推算生产间隔期，对间隔期作适当的修正后，再对批量作调整。

1. 最小批量法

此方法从设备利用和生产率方面考虑批量的选择，要使得选定的批量能够保证一次准备结束时间对批量加工时间的比值不大于给定的数值。可用下式表示：

$$\delta \geqslant \frac{t_{ad}}{Q_{min} \cdot t}$$

式中：δ——准备结束时间损失系数；

t_{ad}——准备结束时间；

Q_{min}——最小批量；

t——单件工时。

损失系数由经验确定，可参考表 9-3。

表 9-3　准备结束时间损失系数

零件体积	生产类型		
	大　批	中　批	小　批
小　件	0.03	0.04	0.05
中　件	0.04	0.05	0.08
大　件	0.05	0.08	0.12

2. 经济批量法

生产费用与批量之间存在函数关系，批量主要通过两方面因素影响生产费用：一是生产准备费用，这部分费用随生产批次增减而变化；二是保管费用，即在制品在存储保管期间所发生的费用，如仓库管理费用、资金呆滞损失、存货的损耗费用等。这些费用与批量大小和存储时间长短有关。

设 D 为计划期需求量或年需求量；Q 为生产批量；A 为每一批产品的生产准备费用；则生产准备费用 F_1 为：

$$F_1 = A\frac{D}{Q}$$

设保管费用为 F_2，则

$$F_2 = C \cdot i\frac{Q}{2}$$

式中：C——零件单位成本；

i——在制品占用及保管费率。

以上两公式中，D/Q 是批次数，$Q/2$ 是平均在制品存量，上述两项费用确实是批量的函数，总费用 F 为两项费用之和：

$$F(Q) = A\frac{D}{Q} + C \cdot i\frac{Q}{2}$$

对上式对批量 Q 求导后，可求得最小费用下的批量为：

$$Q^* = \sqrt{\frac{2AD}{i \cdot C}}$$

由于不同车间的加工工艺上的差别，以及零件结构上的差别，不同车间、不同零件应有不同的批量。一般要求毛坯件的批量大于精加工的批量；大件的批量小一些，小件的批量可大一些；批量最好与月产量成倍比关系。

（二）以期定量法

此方法的思路为先确定生产间隔期，再推算出批量。按照零件复杂程度、体积大小、价值高低确定各个零件的生产间隔期，然后根据生产数量推算出批量。为了管理上的方便，企业都事先制定好标准生产间隔期，数值通常取月工作日（20 天）的约数，如 1 天、2 天、4 天、5 天（1 周）、10 天、20 天（1 月）等等。采用这种方法使生产间隔期和相应的批量规范化了，便于管理。标准生产间隔期表如表 9 - 4 所示。

表 9 - 4　标准生产间隔期

生产间隔期	批　　量	每月投入批次
1 天	平均日产量	20
2 天	1/10 月产量	10
4 天	1/5 月产量	5
5 天	1/4 月产量	4
10 天	1/2 月产量	2
20 天	月产量	1

生产间隔期与批量的种数不宜太多,一般不超过 6 种为宜。

二、生产周期

生产周期是指从加工对象投产起,到它完工时止所经历的日程时间。生产周期这一期量标准是编制生产作业计划和确定产品及其零件在各工艺阶段投入和产出日期的主要依据,是成批生产作业计划的一项重要期量标准。

对产品来说,它的生产周期包括毛坯准备、零件加工、部件装配、成品总装、油漆、直到入库为止的全部时间,如图 9-6 所示:

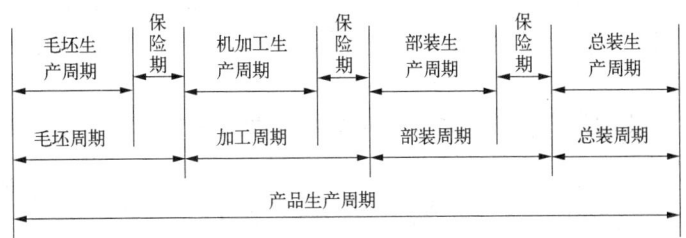

图 9-6 产品生产周期结构示意

生产周期可以按零件工序、零件加工过程和产品进行计算。其中零件工序生产周期是计算产品生产周期的基础。这里分别介绍它们的计算方法:

1. 零件工序生产周期

指一批零件在某道工序上的作业时间。计算公式如下:

$$T_{op} = \frac{tQ}{SF_e K_t} + T_{se}$$

式中:T_{op} ——一批零件的工序生产周期;

Q——零件批量;

t——单件工时;

S——同时完成该工序的工作地数;

F_e——有效工作时间；

K_t——工时定额完成系数；

T_{se}——准备结束时间。

2. 零件加工的生产周期

指零件从投入时刻起至加工完毕止的时间长度。零件在整个加工过程中要经过多道工序加工，生产周期在很大程度上与零件在工序间的移动方式有关。最简单方式为顺序移动，即一批零件加工完毕后整批运送到下一工序，这时有最长生产周期。如果每加工完一个零件立即运送到下道工序，称为平行移动，此时的生产周期最短。一般先按顺序移动方式计算一批零件的生产周期，再根据具体的移动方式用一个平行系数加以修正。

顺序移动方式下的零件加工生产周期计算公式如下：

$$T_0 = \sum_{i=1}^{m} T_{opi} + (m-1) \cdot t_d$$

式中：m——工序数目；

T_o——一批零件的加工生产周期；

T_{opi}——该批零件在第 i 道工序的工序生产周期；

t_d——零件在工序之间移动时的平均间断时间。

如果考虑平行移动或部分平行移动，则零件加工生产周期作如下修正：

$$T_{po} = \alpha T_o$$

式中：T_{po}——修正后的零件加工生产周期；

α——平行系数。

上述公式也适用于计算装配阶段的生产周期。

3. 产品生产周期

从图 9-6 中可以看出，产品生产周期是各工艺阶段的生产周期与所有保险期之和。

$$T_C = T_{C1} + T_{is1} + T_{C2} + T_{is2} + T_{C3}$$

式中：T_C——产品生产周产期；

T_{C1}——毛坯生产周期；

T_{C2}——加工生产周期；

T_{C3}——装配生产周期；

T_{is1}——毛坯保险期；

T_{is2}——机加工保险期。

生产周期的长短受许多因素的影响，例如产品的加工劳动量、投入的人力和设备、每日工作班次、生产组织形式，等等。当产品结构十分复杂时，计算工作量很大。通常可以把生产周期看作是产品加工劳动量的函数。因此可以根据产品的加工劳动量来测算产品的生产周期。

三、生产提前期

生产提前期是确定产品生产过程各工艺阶段的投入和产出日期的一个时间标准，它是保证各工艺阶段相互衔接和保证合同交货期的重要依据，所以它是成批生产作业计划的重要期量标准。它是以成品的出产日期作为基准，以生产周期和生产间隔期为参数，按产品工艺过程的相反顺序计算的。生产提前期分为投入提前期和出产提前期。

1. 投入提前期

投入提前期是指制品在某工艺阶段投入生产的日期比成品完工日期应提前的天数。制品某一工艺阶段的投入提前期，应比其出产提前期再提前一个生产周期。计算公式如下：

$$T_{IN_i} = T_{OT_i} + T_o$$

式中：T_{IN_i}——第 i 工艺阶段的投入提前期；

T_{OT_i}——第 i 工艺阶段的出产提前期；

T_o——第 i 工艺阶段生产周期。

2. 出产提前期

出产提前期是指制品在某一工艺阶段出产的日期比成品完工日期应提前的天数。确定制品某工艺阶段的出产提前期,除了应考虑与后一工艺阶段的投入提前期相衔接以外,一般还要考虑保留一个必要的保险期。

$$T_{OT_i} = T_{IN_{i+1}} + T_{is_i}$$

式中: T_{is_i} ——第 i 工艺阶段的保险期。

图9-7表述了提前期、生产周期和保险期之间的关系。

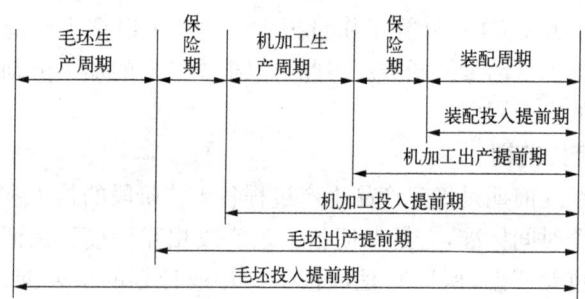

图9-7 提前期、生产周期和保险期的关系

第四节 周期性生产类型作业计划编制

周期性生产类型由于是多品种轮番生产,零件数量又十分大,作业计划的难度就比较大。作业计划分厂部计划和车间计划。在车间计划中的作业排序问题是一件十分困难的工作。

一、厂部作业计划

厂部作业计划一般只以产品作为计划单位,如产品结构比较简单,厂部编制计划的能力又很强,也可作部件计划。在第一节的基础上,根据期量标准下达产品的生产批量,以及投入出产的时间,就是厂部计划的主要内容。实际上,采用这种生产方式的企业由于产品数量大、结构复杂,生产周期比较长,往往都超过1个月。厂部都是依据订单安排月度计划,当品种数量比较多时,很难作批量计划,这时的厂部计划主要下达月度的生产总量和具体的产品品种规格。由于产品周期跨了数个月,还要下达产品的出产日期、毛坯的投入出产期和机加工的投入出产期,计划单位为产品。部件和零件的生产计划由车间负责。

二、车间作业计划

车间接到的生产任务是一个计划期的总生产量,车间要进一步细分任务,分批生产。主要考虑的问题是生产能力的平衡、零部件数量上的配套、提高设备利用率、缩短生产周期、减少在制品资金占用量,所以计划难度很高。大多数企业都是凭经验安排计划。下面介绍一种多品种轮番生产的最小生产费用计划方法。

这种方法的思路是将计划期划分成几个长度相等的循环流程,在每个循环流程中实行多品种轮番生产;以循环流程长度作为因变量,列出生产费用函数,求出最小费用循环流程;最后从该流程长度推算出各品种的批量。

设:

D_i——第 i 种产品计划期需求量;

P_i——第 i 种产品计划期生产能力;

t_{mi}——第 i 种产品单件加工时间, $t_{mi} = 1/P_i$;

t_i——第 i 种产品批量生产时间, $t_i = Q_i t_{mi}$;

t_{si}——第 i 种产品准备与结束时间;

S_i——第 i 种产品一次准备、结束单位时间的费用;

C_i——第 i 种产品单位产品计划期储存费用;

Q_i——第 i 种产品生产批量;

I_i——第 i 种产品在制品数量;

L——循环流程长度，$L = \sum\limits_{i=1}^{m} t_{si} + \sum\limits_{i=1}^{m} t_i$。

生产批量 Q_i 与循环流程有如下关系式：

$$Q_i = D_i \cdot L \quad (i = 1, 2, \cdots, n)$$

在计划期 T 内（T 为 1 个月）的各个品种生产次数 N 和计划期内的总生产准备费用 C_s 分别为：

$$N = \frac{D}{Q} = \frac{T}{L}$$

$$C_s = N \sum_{i=1}^{m} S_i t_{si}$$

为了计算在制品存储费用，需要知道平均在制品数量。现假定制品是随时生产随时运送，此时制品在生产制造过程中的库存变化如图 9-8 所示：

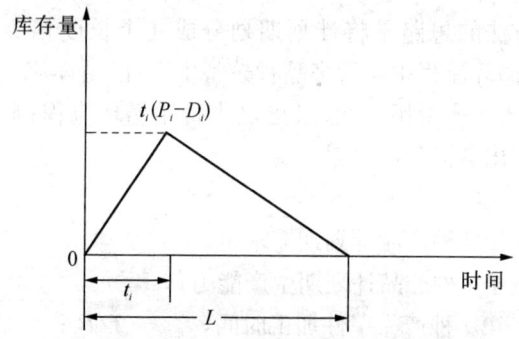

图 9-8　在制品库存变化图示

从图 9-8 上看出，t_i 时间内，在制品存量增加速度是 $(P_i - D_i)$，到 t_i 结束时，则有品种 i 最大库存量 I_{imax}。

$$I_{imax} = t_i(P_i - D_i) = (P_i - D_i)Q_i t_{mi}$$
$$I_{imax} = (P_i - D_i)D_i L / P_i \quad (i = 1, 2, \cdots, n)$$

平均库存量 I_i 为最大库存量的 $1/2$，因此有公式：

$$I_i = \frac{1}{2}(P_i - D_i)D_i L/P_i \quad (i = 1, 2, \cdots, n)$$

计划期库存总费用 C_I 计算公式为：

$$C_I = \frac{L}{2}\sum_{i=1}^{m}C_i(P_i - D_i)\frac{D_i}{P_i}$$

计划期内生产总费用 C 为两者之和：

$$C = \frac{T}{L}\sum_{i=1}^{m}S_i \cdot t_{si} + \frac{L}{2}\sum_{i=1}^{m}C_i(P_i - D_i)\frac{D_i}{P_i}$$

上式对 L 微分，令一阶导数为 0，并令 T 为 1（月），可得如下结果：

$$L^* = \sqrt{\frac{2\sum_{i=1}^{m}S_i \cdot t_{si}}{\sum_{i=1}^{m}C_i D_i(1 - D_i/P_i)}}$$

$$Q_i'' = D_i L^*$$

例 1　某班组生产 3 种零件，每个零件的准备结束时间及其每小时费用、生产能力、需求量和保管费用如表 9-5 所示。

表 9-5　已知参数表

品　种	转换时间 (h)t	每小时费用 (元)S	月需求量 (件)D	月生产能力 (件)P	保管费用 (元)C
A	2	5	200	300	4
B	3	5	200	300	3
C	3.5	5	100	250	5

第一步，计算 L^*。根据计算公式列出循环流程计算表：

表 9 - 6　循环流程计算表

品　　种	tS	D/P	$1-D/P$	CD	$CD(1-D/P)$
A	10	2/3	1/3	800	800/3
B	15	2/3	1/3	600	200
C	17.5	2/5	3/5	500	300
合　　计	42.5				766.66

$$L^* = \sqrt{\frac{2 \times 42.5}{766.66}} = 0.332\,9(月)$$

第二步,计算各品种批量。

$$Q_A = 0.332\,9 \times 200 = 66.58 \quad 取\,67\,件,$$

$$同理可得:Q_B = 67,Q_C = 33。$$

本方法的循环流程长度是规则的,此外还有不规则循环流程的最小费用批量法,具体方法参阅文献[5]。

三、作业排序

周期性生产类型的生产组织形式是工艺专业化,车间往往就是生产过程中的某个工艺阶段,每个零件在车间内要经过某几道工序的加工。因此车间的作业计划中工件加工的排序问题是一个难点。其难处在于零件种类多,加工的工艺流程和加工工时差别较大。一般采取重点管住关键零件和关键设备的方法。

零件加工排序问题一般可作如下描述:n 种零件在有 m 台设备的车间内加工,每种零件加工所需要的设备数可以是不同的,加工的顺序也可以不同,要求排出效果尽可能好的工件加工次序。目前对这个问题的研究所取得的成果只能解决少数几种特殊条件下的排序问题,其思路是先确定一个优化目标,再寻求解题模型。通常取一批加工任务在车间内停留的时间最短为优化目标。由于现有的方法仅局限于理论上讨论,只能解决很简单问题,实际问题要复杂得多,所以这些方法的实用价值很小,不作介绍。下面通过钢铁企业为例来说明作业排序。

第五节　流程式生产作业计划案例

流程式生产企业的制造过程往往是由大型联动装置组成,如造纸厂、炼油厂、钢铁厂。在这里以冷轧生产线为例说明此类生产类型的作业计划特点和方法。

现代冷轧生产线的特点是设备先进、生产能力大、自动化程度高,市场需求特点是品种多、规格多、批量小、交货期短,制造工艺特点是约束条件多。所以冷轧生产线都设计成冷轧工艺后再分流,最常见的分流是连续退火工序和镀锌工序,每道工序前设有在制品中间库,库容量4~7天不等。工艺流程如图9-9所示。

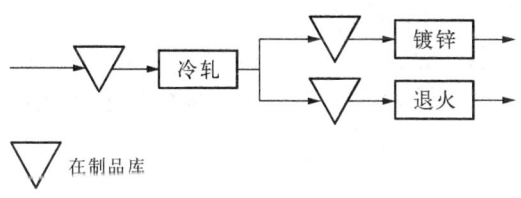

图9-9　冷轧生产流程

大型钢铁企业的生产计划体系分为高层主生产计划、周计划和机组日计划3个层次。高层主生产计划以 MRP 原理安排周以上时间跨度的生产,从全局上满足每份订单的产量和交货期要求;周生产计划在考虑平衡设备能力的前提下,安排要完成的订单数量,一般情况下足以满足客户需求,但无法处理当天的特殊情况,所以需要将周计划进一步细化成机组日计划。日计划首先须根据当天的机组状态决定产量,然后在前面的在制品库中挑选交货期近的订单(每份订单的钢卷数量不等),最后将选定的订单排先后次序,形成最终的作业计划。

作业计划要实现多个目标,一般包括物流顺畅、准时交货、成本要低。其中物流顺畅含义是生产不能中断、库存合理,库存既不能超过80%的库容量,又不能低于下道工序一天半的产量。每卷钢卷信息包含了合同信息,可以查询其交货期后决定当天是否排产。由于很难建立以成本为目标的表达式,所以编制计划时,通过适当控制在制品库存量和作业排序计划中尽量满足工艺规定的切换约束、节省切换时间的方法,达到成本控制的目的。

机组日产量计划方法为:采用从最下游机组开始,逆向递推的方式。先根据当天的机组的生产机时决定产量,公式如下:

$$Q = P(24 - t)$$

式中:Q——机组日产量;

　　　P——机组每小时产能;

　　　t——当天计划检修时间(h)。

为了控制在制品库存量,参照库存定额法修正冷轧机组产量和分流比例。先计算上游在制品库入库参考量,公式如下:

$$R = Q + K - I$$

式中:R——对上游工序发出的入库参考量;

　　　K——在制品库库存定额;

　　　I——计划时实际库存量。

从镀锌机组和退火机组的在制品库计算得到的入库参考量之和一定不等于冷轧机组的当天产能,因此要根据具体情况作调整,根据机组能力不能放空的行业特点,一般采取调节下游在制品库存量的措施。

最困难的是机组的作业排序计划,难在每套机组的工艺约束太多,可以有10项以上,且每天的约束条件不完全一样,现有的作业排序方法无能为力。企业通常的办法是编制一个程序,先按几个最重要约束排序,再用经验调整后确定作业排序计划。

第六节　关于作业计划的进一步讨论

作业计划在运营管理的理论体系中属于最微观层次的管理,直接面对每台设备、每位员工,因此在实践中必须根据自身的特点做计划与实施,在理论上很难对具体的哪种类型企业怎样做作业计划提供具体的计划方法。尤其是服务行业是否存在做作业计划的需求都是成问题的。

一、实施准时化的供应厂商作业计划问题

丰田的准时化生产方式现在已经被普遍接受,在汽车行业几乎没有不实施准时化生产的。在现实中有一种误解,认为整车厂推行准时化,实行零库存管理,把库存转移到供应商处了。当然现实中有这种现象,但这并不是准时化管理。准时化的本质不在于零库存,而是供应链内上下游企业之间的信息要及时沟通,上游供应厂商按照下游企业提供的生产计划安排计划。下游整机厂商向上游供应商提供的计划应该包括长远计划、年度计划、月计划,以及日作业计划,上游供应商有了这些信息可以制订相适应的计划。产品的制造过程只在作业计划中完成,所消耗的时间很短,以轿车厂为例,整车厂从车身下料冲压开始到总装出厂只需要二十几个小时,大部分零件厂的加工周期更短。所以在汽车业提前几天向供应厂下达供货计划,而供应厂根据此计划制订自己的作业计划是可行的。其中的关键是做好必要的物资准备,保证随时供应。

举一个比较极端的轿车供应链上的例子。轿车上的电器设备要靠电线连接,电线由线束厂配套供应,而线束厂的电线有电线厂供应。线束的特点是规格多,由不同线径和颜色,颜色中又细分单色线与双色线。在这样的供应链上电线厂处于末端,它的中长期计划几乎可以不要过多考虑,而生产作业计划由于加工工艺简单(在一台机器上就可以完成全部加工任务)也变得很简单,接到客户的订单后,立即作排序计划,计划完毕就下达生产指令,第二天

就可以装车发货,真正实现准时化生产,原材料库存和成品库存都很小。

二、服务业的作业计划

任何一家服务企业都需要制订运营计划,包括作业计划,但是计划如何制定差异很大。例如物流公司很难制订月度计划,它自己的服务能力是已知的,但物流量很难估计,所以月计划对它并不重要,重要的是每天的装运计划。再如不论是航空公司,还是医院、银行,它们每天的服务班次是固定的,所谓的计划是人员安排,在这点上并无大的差异,但是执行中的调度安排差异很大。航空公司的航班不论顾客多少,对机组人员的影响不很大,尤其对飞行员毫无关系,但医院或银行则不一样,每天的客流量对作业量影响很大。这两类企业的客流量时间特征很强,在同一天内有高峰有低谷,很不均匀,需要临时调度,而实际上很少见到这类企业采取临时调度措施的,这样会影响服务质量。这类企业的临时调度确实有相当大的困难,但并不等于无法解决这些问题,听之任之,长期存在下去。只要勤加思考,掌握规律,还是能找到应对措施的。

复习思考题

1. 流水线生产的期量标准包括哪些内容?
2. 间断流水线的看管期起什么作用?
3. 流水线内有哪几种在制品占用量?
4. 如何确定在制品合理一些?
5. 比较库存定额法与订货点法的区别。
6. 周期性生产类型的期量标准与流水线生产的期量标准有什么不同?
7. 批量的大小对生产有哪些影响?
8. 计算提前期时为什么要考虑保险期? 保险期是否有可能

取消掉？

9. 对周期性生产类型可以采取哪些措施缩短生产周期？

10. 厂部计划为什么只宜以产品为计划单位，而不能像流水线生产计划到零件？如果要计划到零件，难点在何处？

第十章　项目型生产计划

社会经济活动中有许多相对独立的一次性的活动,它们都有其特定的内容和目标,例如,一项市政工程、一种产品的研究开发、一个工厂或设施的建设或维修、一项社会活动的组织和实施等。这类活动称为项目,它要求按指定的期限、限定的预算和规定的质量标准完成。项目的一次性是它区别于那些经常性或周期性生产的最基本的特征,每个项目都有明确的始点和终点。除了一次性特征外,目标和约束的明确性及作为管理对象的完整性也是项目的两个常见特征。每个项目都有明确的反映其功能要求的成果性目标,以及反映其工期、预算、质量等的约束性要求。作为管理对象的整体性,项目的计划、组织、控制以及效果的评价都应以项目的整体优化为标准,实施一个项目实际上是一个系统工程。它的计划方法有其特殊性。

第一节　项目计划管理内容与工具

项目管理的目的是确保项目的成功,即保证项目在限定工期内按预算和预定的质量标准完工。为了实现这一目的,需要对项目作周密可行的计划工作,并在项目实施过程中进行动态控制。目前已形成一套较成熟的计划方法。

一、项目计划内容

一般来说,一个项目有下列 4 个管理要素:

(1) 时间要素,即进度计划和控制;(2) 成本要素,即成本测算和控制;(3) 资源要素,即资源调配和安排;(4) 质量要素,即质量监督和控制。

这些要素之间存在着不同程度和不同形式的相悖性,如缩短时间、降低成本及节约资源和提高质量之间就经常存在相悖关系。项目管理的任务就是寻找并实现这些项目要素间的最佳组合,通常包括以下几项内容:首先,对项目作总的构思,确定项目的要求和目标;其次,选择适当的方案,制订计划,并做好必要的准备;再次,就是组织实施,即对项目的进度、成本、资源和质量等根据实际完成情况进行动态控制;最后,对完成的项目进行检查、分析、评价和总结。由于项目内部各项工作之间相互依赖和制约关系的复杂性,项目外部环境对项目各要素的影响,以及项目实施过程中多部门参与所引起的分工和协作关系,所以项目管理必须有统一的指挥和协调。

项目计划是全部管理活动的基础,是项目实现过程中要素控制的依据,因此项目计划的工作质量对于项目工程的顺利完成是至关重要的。项目型生产计划包括进度计划与控制、成本测算与控制和资源优化三部分工作。

项目是由许多工作(或活动、任务等)所组成。这些工作在项目中的作用不同,但都是必需的。这些工作之间往往具有逻辑关系,可能某些工作的完成是另一些工作得以开工的前提,也可能某些工作可以被安排在同一个时间范围内各自独立地完成。作为项目计划,至少需要指出项目中每一件工作可以或必须在何时开始,可以或必须在何时结束,甚至还需要指出每件工作在时间安排上究竟有多大的机动余地。所以,进度计划是项目型生产计划的基础和中心。

完成一项工作除了需要花费一定的时间外,还需要消耗或占用一定的资源,还会发生一定的费用。因此,当进度计划编制后,还需要对每件工作乃至整个项目进行成本测算和资源安排。如果在确保项目质量的前提下,项目进行期间项目总费用符合项目成本预算的要求,所需的各种资源也能保证供应,那么,这样的进度计划才是可行的。否则,要对进度计划作必要的调整。根据项目管理的基本要求,最终的项目计划需要对进度、成本、资源等作出明确的安排。这样才便于在项目实施中进行有效的控制。本教材只涉及计划编制内容。

二、横道图

横道图是第一次世界大战期间由美国的甘特发明,所以又称甘特图。用横道图表示项目进度,十分简单直观,其应用相当广泛。

在横道图中,横向表示时间进度,纵向表示项目中的一系列工作。每件工作从开始到结束的持续过程用横道表示。用横道图排计划先要把项目任务分解成一项项工作,一条横道线就表示一项工作的进度,分解的粗细程度取决于计划和控制的需要。时间进度的单位大小则取决于计划的用途和项目工期等。图 10-1 是某项目的关联横道图。该项目被分解成 7 件工作,时间进度用周为

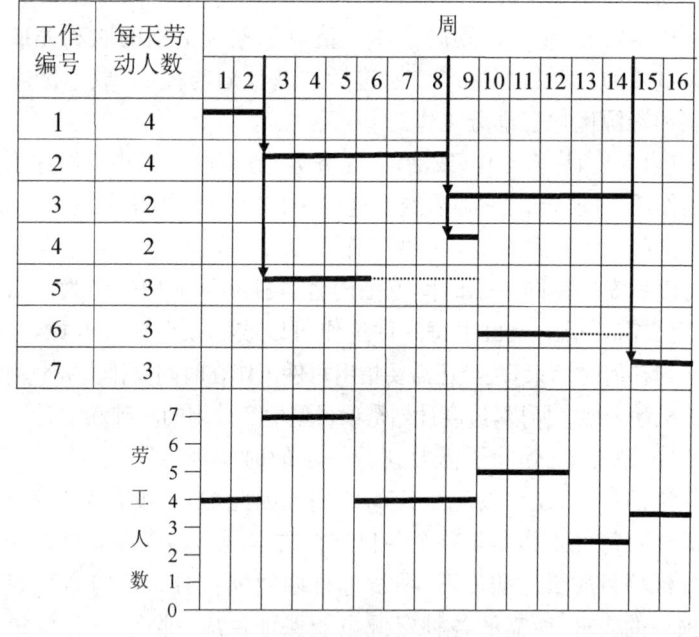

图 10-1 关联横道图

单位,每件工作从开始到结束的持续过程在图中用相应的横道(直线段)来显示。其中,虚线横道为该工作进度安排的机动时间。

在应用中,横道图的左边部分可做成表格形式,根据计划和控制的需要设置各种内容的列。如每件工作的工作量(持续时间等)、所需资源(劳动力、机械、资金)和紧前或紧后工作等信息。

在一个项目中,某些工作之间可能有特定的先后承续关系。如有 A,B 两项工作,当工作 A 完成后,工作 B 才能并可以立刻开始时,称工作 A 是工作 B 的紧前工作,而工作 B 则是工作 A 的紧后工作。项目中各种工作之间的逻辑关系可以用工作间的紧前或紧后关系来表示。在横道图中,由于紧前工作横道的右端点和紧后工作横道的左端点在同一时点上,故可从前者引一垂直的箭线,箭头终止在后者上,这条箭线就表示两件工作之间的紧前或紧后关系。具有这种表示功能的横道图称为关联横道图。图 10-1 是一张关联横道图,从该图可见,工作 1 是工作 2 和工作 5 的紧前工作,而工作 2 和工作 5 是工作 1 的紧后工作,等等。工作 1 和工作 3、工作 4 等虽有前后关系,但不是紧前或紧后的关系。在关联横道图上,一件工作的延误会否影响别的工作,或将影响哪些工作,都可以看得很清楚。

利用横道图可以统计项目在各个时段(如每天、每周等)对资源的需求量。例如,在图 10-1 中,根据各件工作每天劳工人数可以累计出项目进行过程中,每天对劳工人数的总需求量,其图示见图 10-1 横道图下方。一般称这样的图示为资源需求动态图。资源需求动态图是项目资源控制的重要工具。当某些工作进度安排具有机动时间时,可以利用机动时间安排工作的实际进度,使项目对资源的集中需求尽可能地分散,起到"削峰填谷"的作用。

三、网络计划技术

由于横道图图形的表达固有局限性,例如,在横道图中,工作间的整体关系和逻辑关系不清晰;时间参数的计算不方便;不能反映关键工作和关键线路;难以对计划进行修改和调整等。横道图的这些局限性限制了在大型项目中的运用。20世纪50年代发展起来的网络计划技术较好地克服了横道图的缺陷,已成为编制项目计划和进行项目控制的最主要工具。

（一）网络计划技术的原理

所谓网络计划技术,是指在项目网络模型的基础上,利用有关信息进行分析计算,通过对时间、费用、资源等要素的不断调整,寻求实现项目目标的最优计划方案的一种方法。

网络模型的基础是网络图。一个网络图应当包含下列信息:

（1）为完成项目须执行的一系列工作(工作分解的详细程度根据项目的性质和控制的需要而定);

（2）工作之间的逻辑关系(即反映工作间的工艺及组织关系的紧前或紧后关系);

（3）完成每件工作所需的时间(可能是确定的,也可能是随机的);

（4）完成每件工作所需的种种资源(资源含义是广泛的,视项目的目标和约束而定);

（5）完成工作所需的费用(包括固定费用、资源费用和其他费用)。

网络图有双代号和单代号两种。

（二）双代号网络图的基本概念

双代号网络图是用箭线表示工作的一种网络图,如图10-2所示。图中,箭线表示工作,箭线两端圆圈称作节点,这是一个时点,在网络计划技术中,称作事件。箭尾节点表示工作的开始,箭头节点表示工作的完成。为了分析和计算的需要,每个节点都要编上代号,节点编号不能重复,同一箭线的箭尾节点编号应小于箭头节点编号。项目中每件工作都可以用其箭尾和箭头节点的编号组合(i, j)来表示。

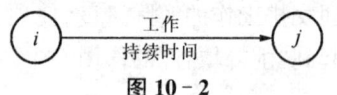

图10-2

在双代号网络图中,要求任何两个节点之间最多只能有一条箭线,故在绘制网络图时,有时需要引入虚箭线。虚箭线代表虚工作,它仅表示它所连接的前后两工作间的逻辑关系,而没有任何具体含义,不消耗时间和资源。如图 10-3 中,虚工作(4,5)表示工作(5,6)和工作

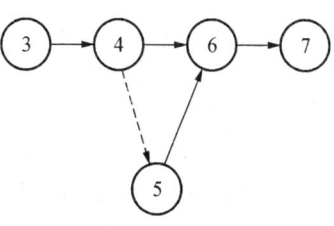

图 10-3   虚工序表示法

(4,6)一样,都是工作(3,4)的紧后工作。

在双代号网络图中,既有箭线进入,又有箭线引出的节点称为中间节点;只有箭线引出,而无箭线进入的节点,称为起始节点,它代表整个项目的开始;只有箭线进入,而无箭线引出的节点称为终止节点,它代表整个项目的完成。由于项目的完整性,一个网络图只能有一个起始节点和一个终止节点。

在双代号网络图中,从起始节点出发,沿着箭线方向前进,最后到达终止节点,这样的通道称为网络图的一条线路。线路上每件工作持续时间之和称作线路的持续时间。一般来讲,一个网络图有多条线路,它们的持续时间有长有短。其中持续时间最长的线路称作网络图的关键线路,关键线路上的工作称为关键工作。关键线路决定项目的工期,是项目控制的重点。

（三）单代号网络图的基本概念

单代号网络图用节点表示工作,用箭线表示不同工作之间的顺序和衔接关系。

在单代号网络图中,可以避免引进虚工作,工作之间逻辑关系的表示简单直观。和双代号网络图相比较,单代号网络图较易绘制、理解和修改,更便于应用计算机绘图。

单代号网络图也有不足之处。如对于大型复杂项目,箭线数目较多,有时会出现箭线相互交叉的情况。又如,单代号网络图用节点表示工作,而不像双代号网络图那样用箭线表示工作,所以,单代号网络图和横道图在形式上差别较大。随着计算机技术和项

目软件的发展,单代号网络图的不足之处正在逐步得到改善。

(四) 网络图的绘制

不管绘制何种网络图,在绘制前都需要对项目作必要的调查分析,正确、全面地掌握有关信息(见本节前文所述)。项目信息可以用工作明细表的形式归纳整理。

绘制网络图的关键在于网络图必须正确、全面地反映工作之间的逻辑关系。

例如,有一个产品开发项目,它由 14 件工作组成,有关信息见明细表 10-1。

表 10-1　产品开发项目的工作明细表

工作名称	工作代号	紧前工作	工作时间(周)	工作名称	工作代号	紧前工作	工作时间(周)
市场调查	A	—	6	设备计划	H	E,G	5
产品研制	B	—	12	器材筹备	I	C,E,G	12
资金筹备	C	—	13	设备筹备	J	C,H	10
需求分析	D	A	3	人事计划	K	C,H	9
产品设计	E	B	6	设备布置	L	J	8
成本计划	F	D	4	人员安排	M	K	4
生产计划	G	F	2	生　　产	N	I,L,M	11

根据明细表 10-1,可以绘制该产品开发项目的网络图。项目的单代号网络图见图 10-4,双代号网络图见图 10-5。从图 10-4 可见,项目的单代号网络图绘制时逻辑关系的表达简单直观,无虚箭线,但箭线交叉较多,难以避免。在单代号网络图中,若在横向配以时间进度标示,在纵向将各工作节点错开。同时,各节点矩形左边对应工作开始时间,宽度等于工作持续时间。那么,单代号网络图就成为名副其实的横道图了。这是单代号网络图的优越性。从图 10-5 可见,双代号网络图绘制时逻辑关系的表达有时较困难,必须借助于虚箭线。网络图是否正确,应与工作明细表

相对照,如果明细表中工作间的紧前(或紧后)关系没有在网络图中反映出来,则是一种错误;反之,如果网络图反映了明细表中没有的工作间的紧前(或紧后)关系,则也是一种错误。在双代号网络图中,凡有较多箭线进出的节点往往具有特殊意义,因为它提醒我们,在这一时刻将有较多的工作结束或开始,在项目进度控制中应当格外重视。这是双代号网络图的优越性,是其在我国被广泛应用的原因之一。

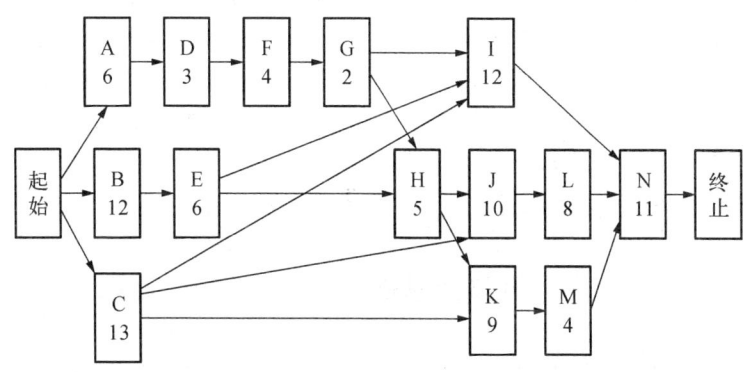

图 10-4 单代号网络图

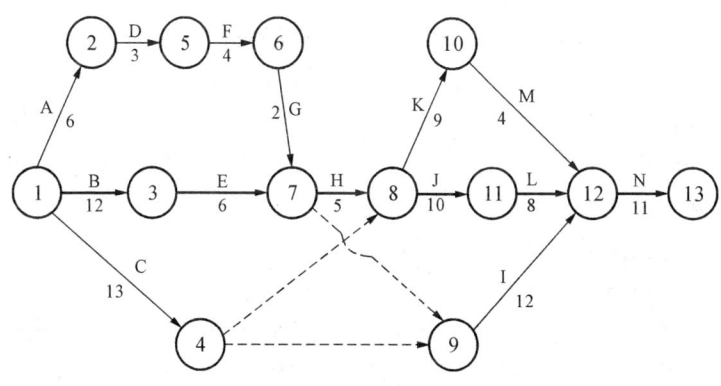

图 10-5 双代号网络图

（五）CPM 和 PERT

网络计划技术起源于 20 世纪 50 年代。早期的两个名称是关键路线法（critical path method，即 CPM）和计划评审技术（program evaluation and review technique，即 PERT）。

关键路线法是以确定型的经验数据为基础来确定各项工作的时间，往往被称为确定型网络计划技术，适合于在以往类似项目中已取得足够经验的项目计划。计划评审技术则把各项工作的时间作为随机变量来处理，往往被称为非确定型网络计划技术，适合于缺乏经验和资料的研究与开发项目。一般来说，对于一个项目，如其工作的进度能估计得比较精确，各项费用也能预先得到比较肯定的估计，则采用关键路线法可能是比较合适的。然而，当项目中各种不确定因素十分明显时，进度控制的重要性成为项目管理的主要矛盾，这时选择计划评审技术可能是明智的。

第二节　网络计划技术中时间参数的计算

本节介绍网络计划中时间参数的计算问题，网络计划的优化（时间、费用、资源的综合分析）将在后面几节介绍。

一、工作(持续)时间 T_{ij}

工作时间是一件工作从开始到完成的持续时间，它的长短与该工作的工作量及投入的资源量有关，有时还与该工作的工艺特性或技术要求（如混凝土浇筑需要一定的自然过程）有关。因为工作是项目的基本组成单元，所以，工作时间的合理确定是保证项目计划质量的必要前提。

记工作(i, j)的工作时间为 T_{ij}。

（一）定额计算法

当具备该工作的劳动定额资料，或掌握类似工作的工作时间统计资料时，可用分析对比的方法直接确定该工作的工作时间，也可用间接计算的方法来确定。

一种典型的间接计算法是定额计算法,其公式为:

$$T_{ij} = \frac{Q_{ij}}{R_{ij} \cdot S_{ij} \cdot n_{ij}}$$

式中:Q_{ij}——工作(i, j)的工作量;

R_{ij}——对工作(i, j)投入的资源量(如工人数、设备数等);

n_{ij}——工作(i, j)的开班班次;

S_{ij}——工作(i, j)的定额时间。

这是确定型网络计划中常用的确定工作时间的方法。

(二)经验估算法

在不具备该工作的工作时间的直接或间接资料的情况下,且未知的、难以估计的因素较多时,可采用经验估算法来确定工作时间。由于该方法借助于对工作的三种时间估计,所以该方法又称三种时间估算法。

在不确定情况下,经验估算法把工作时间作为随机变量来处理。为每一件工作估计 3 个时间,即最可能时间 m,最乐观时间 a 和最悲观时间 b。在做计划时使用工作时间的期望值,为了实际应用中的方便,同时经过大量实际应用的验证,工作时间的期望值 T_{ij} 和方差 σ_{ij}^2 可用下面的公式来估计:

$$T_{ij} = \frac{a_{ij} + 4m_{ij} + b_{ij}}{6}, \qquad \sigma_{ij}^2 = \left(\frac{b_{ij} - a_{ij}}{6}\right)^2$$

式中:a_{ij}——工作(i, j)的最短(乐观)估计时间;

b_{ij}——工作(i, j)的最长(悲观)估计时间;

m_{ij}——工作(i, j)的最可能(正常)估计时间。

二、主要时间参数的概念和计算

在网络计划中,主要的时间参数有事件(节点)时间参数和工作(活动)时间参数两大类。事件时间参数包括事件最早时间和事件最迟时间,工作时间参数包括工作最早开始时间和工作最早结束时间、工作最迟开始时间和工作最迟结束时间、工作总时差和工作单时差。下面将分别介绍它们的概念和计算公式。

（一）事件（节点）时间参数

事件时间有事件最早时间 T_E 和事件最迟时间 T_L。

事件最早时间指以该事件为箭尾事件的所有工作的最早可能开始时间。这一时间也是以该事件为箭头事件的所有工作的最早可能结束时间，或等于从项目起始事件到该事件的最长线路事件。若规定项目起始时间为零，且以 i 表示事件 j 的任意一个紧前事件，则有如下事件最早时间的递推关系式：

$$\begin{cases} T_E(1) = 0 \\ T_E(j) = \max_i\{T_E(i) + T(i, j)\} \end{cases} (j = 2, 3, \cdots, n)$$

例如，在图 $10-5$ 中，各事件最早时间为：

$T_E(1) = 0$

$T_E(2) = T_E(1) + T(1, 2) = 0 + 6 = 6$

$T_E(3) = T_E(1) + T(1, 3) = 0 + 12 = 12$

$T_E(4) = T_E(1) + T(1, 4) = 0 + 13 = 13$

$T_E(5) = T_E(2) + T(2, 5) = 6 + 3 = 9$

$T_E(6) = T_E(5) + T(5, 6) = 9 + 4 = 13$

$T_E(7) = \max\{ T_E(6) + T(6, 7), T_E(3) + T(3, 7)\}$
$\qquad = \max\{13 + 2, 12 + 6\} = 18$

$T_E(8) = \max\{ T_E(7) + T(7, 8), T_E(4) + T(4, 8)\}$
$\qquad = \max\{18 + 5, 13 + 0\} = 23$

$T_E(9) = \max\{ T_E(7) + T(7, 9), T_E(4) + T(4, 9)\}$
$\qquad = \max\{18 + 0, 13 + 0\} = 18$

$T_E(10) = T_E(8) + T(8, 10) = 23 + 9 = 32$

$T_E(11) = T_E(8) + T(8, 11) = 23 + 10 = 33$

$$T_E(12) = \max\{T_E(10) + T(10, 12), T_E(11) + T(11, 12),$$
$$T_E(9) + T(9, 12)\}$$
$$= \max\{32 + 4, 33 + 8, 18 + 12\} = 41$$
$$T_E(13) = T_E(12) + T(12, 13) = 41 + 11 = 52$$

事件最迟时间为以该事件为箭头事件的所有工作的最迟必须结束时间。这一时间也是以该事件为箭尾事件的所有工作的最迟必须开始时间,否则,将使项目工期延长。对于项目终止事件,其最早时间就是最迟时间,即项目工期。若以 j 表示事件 i 的任意一个紧后事件,则有如下事件最迟时间的递推关系式:

$$\left.\begin{cases} T_L(n) = T_E(n) \\ T_L(i) = \min\limits_i \{T_L(j) - T(i, j)\} \end{cases}\right\}(i = n-1, n-2, \cdots, 1)$$

例如,在图 10-5 中,各事件最迟时间为:

$$T_L(13) = T_E(13) = 52$$

$$T_L(12) = T_L(13) - T(12, 13) = 52 - 11 = 41$$

$$T_L(11) = T_L(12) - T(11, 12) = 41 - 8 = 33$$

$$T_L(10) = T_L(12) - T(10, 12) = 41 - 4 - 37$$

$$T_L(9) = T_L(12) - T(9, 12) = 41 - 12 = 29$$

$$T_L(8) = \min\{T_L(10) - T(8, 10), T_L(11) - T(8, 11)\}$$
$$= \min\{37 - 9, 33 - 10\} = 23$$

$$T_L(7) = \min\{T_L(8) - T(7, 8), T_L(9) - T(7, 9)\}$$
$$= \min\{23 - 5, 29 - 0\} = 18$$

$$T_L(6) = T_L(7) - T(6, 7) = 18 - 2 = 16$$

$$T_L(5) = T_L(6) - T(5, 6) = 16 - 4 = 12$$

$$T_L(4) = \min\{T_L(8) - T(4, 8), T_L(9) - T(4, 9)\}$$
$$= \min\{23 - 0, 29 - 0\} = 23$$

$$T_L(3) = T_L(7) - T(3, 7) = 18 - 6 = 12$$

$$T_L(2) = T_L(5) - T(2, 5) = 12 - 3 = 9$$

$$T_L(1) = \min\{T_L(2) - T(1, 2), \ T_L(3) - T(1, 3),$$
$$T_L(4) - T(1, 4)\}$$
$$= \min\{9 - 6, \ 12 - 12, \ 23 - 13\} = 0$$

（二）工作（活动）时间参数

（1）工作最早开始时间 T_{ES}。是指该工作可以开始的最早时间。在此时间前，它的所有紧前工作都必须结束，也就是说，工作的最早开始时间就是它的箭尾事件的最早时间。对于工作(i, j)，它的最早开始时间

$$T_{ES}(i, j) = T_E(i)$$

（2）工作最早结束时间 T_{EF}。是指该工作可以结束的最早时间。对于工作(i, j)，它的最早结束时间 $T_{EF}(i, j)$ 等于它的最早开始时间 $T_{ES}(i, j)$ 加上它的工作时间 $T(i, j)$，所以有计算式：

$$T_{EF}(i, j) = T_{ES}(i, j) + T(i, j)$$

（3）工作最迟结束时间 T_{LF}。是指该工作必须结束的最迟时间。否则，项目的最早结束时间将受到影响。对于工作(i, j)，它的最迟结束时间 $T_{LF}(i, j)$ 就是它的箭头事件的最迟时间，所以有计算式：

$$T_{LF}(i, j) = T_L(j)$$

（4）工作最迟开始时间 T_{LS}。是指工作必须开始的最迟时间，否则，工作的最迟结束时间将得不到保证。对于工作(i, j)，它的最迟开始时间 $T_{LS}(i, j)$ 等于它的最迟结束时间 $T_{LF}(i, j)$ 扣去它的工作时间 $T(i, j)$，所以有计算式：

$$T_{LS}(i, j) = T_{LF}(i, j) - T(i, j)$$

对于图 10-5 的网络图,工作时间参数值的计算结果见表 10-2,计算过程从略。

表 10-2　图 10-5 的时间参数计算表

(i, j)	$T(i, j)$	$T_{ES}(i, j)$	$T_{EF}(i, j)$	$T_{LS}(i, j)$	$T_{LF}(i, j)$	$TF(i, j)$	$FF(i, j)$
$(1, 2)$	6	0	6	3	9	3	0
$(1, 3)$	12	0	12	0	12	0	0
$(1, 4)$	13	0	13	10	23	10	0
$(2, 5)$	3	6	9	9	12	3	0
$(3, 7)$	6	12	18	12	18	0	0
$(4, 8)$	0	13	13	23	23	10	10
$(4, 9)$	0	13	13	12	16	16	5
$(5, 6)$	4	9	13	12	16	3	0
$(6, 7)$	2	13	15	16	18	3	3
$(7, 8)$	5	18	23	18	23	0	0
$(8, 10)$	9	23	32	28	37	5	0
$(8, 11)$	10	23	33	23	33	0	0
$(9, 12)$	12	18	30	29	41	11	11
$(10, 12)$	4	32	36	37	41	5	5
$(11, 12)$	8	33	41	33	41	0	0
$(12, 13)$	11	41	52	41	52	0	0

(5) 工作总时差 TF。是指在不影响项目最早结束时间的条件下,某工作进度安排的机动时间。对于工作 (i, j),它的总时差 $TF(i, j)$ 等于它的最迟及最早开始(或结束)时间之间的差额,计算公式为:

$$TF(i, j) = T_{LS}(i, j) - T_{ES}(i, j)$$
$$= T_{LF}(i, j) - T_{EF}(i, j)$$

(6) 工作单时差 FF。是指在不影响紧后工作最早开始时间的条件下,工作最早结束时间可推迟的时间。对于工作(i, j),它的单时差 $FF(i, j)$ 等于它的箭头事件的最早时间 $T_E(j)$ 和它的最早结束时间 $T_{EF}(i, j)$ 的差额,计算公式为:

$$FF(i, j) = T_E(j) - T_{EF}(i, j)$$

也可以表示为 $FF(i, j) = T_{ES}(j, k) - T_{EF}(i, j)$,其中,$(j, k)$ 为 (i, j) 的任意一个紧后工作。

调整一项工作的时间进度,如果不影响它的紧后工作的最早开始时间,那么,也不会影响其他任何工作的最早开始时间和项目的最早结束时间。反过来,如果工作时间进度的调整并没有耽误项目的最早结束时间,那么,也不能保证它的紧后工作的最早开始时间没有受到影响。所以,两种时差之间有如下关系:

$$0 \leqslant FF(i, j) \leqslant TF(i, j)$$

对于图 10-5 的网络图,工作机动时间参数的计算结果见表 10-2,计算过程从略。

三、线路时间的确定

线路的持续时间简称线路时间。在确定型网络计划中,线路时间是线路上所有工作的工作时间之和。在非确定型网络计划中,线路时间为随机变量。若线路上各工作的时间相互独立,且具有相同分布,则可以认为线路时间近似于服从以 T_Σ 为平均值、以 σ_Σ^2 为方差的正态分布。其中,T_Σ 为线路上所有工作的工作时间期望值之和,σ_Σ^2 为线路上所有工作的工作时间方差之和。

对于非确定型网络计划问题,若进度控制的要求不高,或关键线路时间显著高于其他线路时间,则项目在一定时间内的完成概率和关键线路在此时间内的完工概率十分接近;或反过来,为了保证一定的完成概率,项目需要的完成时间和关键线路按此概率完工所需时间也十分接近。这种性质在非确定型网络计划的工期及相应概率的估计问题中经常被使用。

例如,已知一个非确定型项目,其工期可用关键线路完工时间来近似。项目关键线路上各关键工作的工作时间的三种时间估计见表 10 - 3。根据表 10 - 3,先计算各工作的工作时间期望值 T_{ij} 和 σ_{ij}^2,再对 T_{ij} 和 σ_{ij}^2 分别求和,得到关键线路时间的期望值 $T_{\sum}$ 和 $\sigma_{\sum}^2$,它依次是项目工期平均值 T_E 和方差 σ^2 的近似值。

表 10 - 3 关键线路时间计算表

工作(i, j)	a_{ij}	m_{ij}	b_{ij}	T_{ij}	σ_{ij}^2
$(1, 3)$	2	4	10	4.7	1.8
$(3, 4)$	5	8	10	7.8	0.7
$(4, 5)$	5	7	9	7	0.4
$(5, 7)$	1	4	8	4.2	1.4
$\sum$				23.7	4.3

由表 10 - 3 知,项目工期平均值 $T_E \approx 23.7$ 天,方差 $\sigma_E^2 \approx 4.3$,标准差 $\sigma_E \approx \sqrt{4.3} = 2.1$ 天。故项目工期近似服从平均值为 23.7 天、标准差为 2.1 天的正态分布。

若项目的目标工期为 T_k,则项目工期在 T_k 之内的概率为 $\phi\left(\dfrac{T_K - T_E}{\sigma_E}\right)$;若对项目的目标概率定为 P_k,则保持项目以不小于 P_k 的概率准时完工的最短工期为 $T_E + \sigma_E\phi^{-1}(P_K)$。

对于上例,根据标准正态分布表,如目标工期 $T_k = 25$ 天,则知项目在 25 天内准时完工的概率 $\phi\left(\dfrac{T_K - T_E}{\sigma_E}\right) = \phi\left(\dfrac{25 - 23.7}{2.1}\right) = \phi(0.62) = 0.7291 \approx 73\%$;反之,如目标概率 $P_k = 80\%$,则为保证项目能有不低于 80% 的概率准时完工,需要的最短工期应为 $T_E + \sigma_E\phi^{-1}(P_K) = 23.7 + 2.1 \times \phi^{-1}(0.8) = 23.7 + 2.1 \times 0.84 = 25.46 \approx 25.5$ 天。

这些计算对于项目进度控制、项目可行性研究、项目招标承包等问题有很重要的参考价值。

四、关键路线的确定及意义

在网络图中,关键线路是线路时间最长的线路,是项目的工期(用 T_E 表示)。非关键线路的时间少于关键线路时间,其差额就是非关键路线上所有工作进度安排的总机动时间。关键线路时间就是项目最早结束时间。因此,关键线路上各关键工作不会有任何机动时间,即关键工作时差必定为零。根据这一性质,可以用计算工作总时差的方法来确定网络图中关键工作和关键线路。总时差为零的工作为关键工作,由关键工作组成的线路为关键线路,这是确定网络图关键工作和关键线路的最常用方法。

从表 10-2 可知,(1, 3)、(3, 7)、(7, 8)、(8, 11)、(11, 12)和(12, 13)为关键工作,由它们组成的线路(1,3,7,8,11,12,13)为项目的关键线路。在图 10-5 中,此关键线路用粗黑线标出。

关键工作和关键线路的确定对于项目计划和项目控制具有十分重要的意义。

从整个项目的管理来看,对于非关键工作,由于存在总时差,所以它的进度可以在一定范围内自由安排,或者它的工作持续时间也可以适当延长。这就是说,非关键工作的资源的消耗率(如每天投入的原材料、能源等)及占用量(如工作占用的机器设备数、人员数、运输工具等)可以适当减少,而不影响项目的工期(最早结束时间)。如把非关键工作上节约下来的资源调剂到某些需要这些资源的关键工作上,那么,这些关键工作的工作持续时间就可以缩短,从而使项目关键线路时间缩短,达到项目工期提前的目标。简而言之,就是所谓的"向非关键工作要资源,向关键工作要时间"。上述认识是项目计划调整和优化的基本指导思想,也是网络计划技术的精髓。

五、网络时间参数的实际计算方法

网络时间参数的确定是网络计划技术的基础,也是编制项目初始计划的主要工作。为了使计算工作有条不紊地进行,也为了使计算结果便于使用,网络时间参数的计算最好有一定的过程形式。

网络时间参数计算的形式大致有图上计算法、表上计算法、矩阵计算法三种。虽然形式不同,但原理是相同的。

图上计算法就是直接在网络图上计算各个时间参数,并按照事先规定的格式把它们标示在网络图上。以工作(i, j)为例,其箭头、箭尾节点的事件时间可以标示在节点圆圈内,而工作时间则标示在箭线上下侧,见图 $10 - 6$。

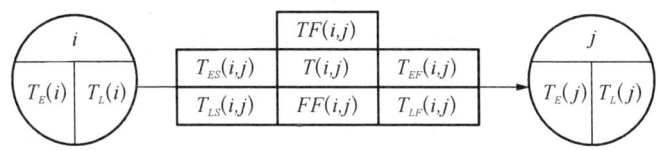

图 10 - 6   图上计算法

表上计算法就是在设计的表格上计算并记录时间参数的方法。其示例见表 $10 - 2$。

在项目管理实践中,图上计算法和表上计算法应用较多(尤其是表上作业法)。当网络图中箭线较多,分布比较拥挤或有较多交叉时,把全部时间参数都标示在图上就不太方便了,而表上作业法就没有这种困难。究竟选择哪种形式来计算和记录,应当根据项目进度控制的客观条件及需要来决定。

第三节   网络计划的调整与优化

利用网络图编制的项目计划,反映了项目的进度安排、总工期以及执行计划的关键,但它是不完善的,甚至是不可行的,仅仅只是项目计划的初始状态。从初始计划开始,综合考虑各方面的因素,对计划不断进行修改,逐步使其完善。这就是网络计划的调整与优化问题。

一、网络计划调整与优化的内容

一个好的项目计划,必须在保证项目质量和工期的前提下,不仅能使项目总的费用支出及资源使用不超出规定的范围,并尽可能节约,而且在项目实施的各个阶段,都能使实际进度、费用、资源得到有效的保障和控制。所以,网络计划的调整与优化在项目管理中是十分重要、但又是一项十分复杂的工作。一般来说,网络计划的调整与优化工作包括时间分析、费用分析和资源分析三方面的工作。

在网络计划的调整中,时间分析、费用分析和资源分析三者之间具有密切的联系。这不仅是由于三者的目的都是为了网络计划的改善,还由于调整过程中三者之间的相互影响和相互牵制。一般来说,项目工期或工作时间的缩短,往往会使费用上升及资源供应紧张;费用及资源的削减也会影响工期或进度。所以,网络计划的调整可能需要很多次才能取得使人满意的结果。

二、时间分析

由关键线路时间确定的项目完工工期(计算工期)和由项目管理部门要求的完工工期(规定工期)之间会有下列三种情况。

1. 计算工期可以作为规定工期

此时,项目管理的任务就是切实保证每件工作在其持续期间所需资源和费用适时适量的投入,以确保每件工作(尤其是关键工作)能按进度顺利完成,最终实现项目目标。

2. 计算工期短于规定工期

这说明项目进度安排有一定宽裕余地,可以适当延长某些关键工作的持续时间,以减少或降低资源需求高峰,节约项目成本。这种情况下,项目管理仍然不能掉以轻心。

3. 计算工期超过规定工期

这说明项目任务比较紧迫,但在目前的项目组织条件下是无法完成的。此时,需要对项目的网络计划进行调整,以满足规定工期的要求。

上述第三种情况是项目网络计划调整工作面临的主要问题。

网络计划调整的基本方法有两种：

（1）缩短某些关键工作的持续时间，但不改变工作间的逻辑关系。当项目总资源（包括费用）比较富裕时，可以增加这些关键工作的资源投入，提高工作效率，缩短工作时间。也可以抽调某些非关键工作的资源去加强这些关键工作。要注意的是，关键线路时间的缩短并不意味着项目工期会有相同的缩短，因为关键线路可能转移，原来的非关键线路可能会突出成为新的关键线路。所以，关键线路时间压缩后，都要重新计算网络图时间参数，以证实规定工期是否被满足。用来压缩时间的关键工作必须选择得当。一般应选择赶工费用较低或较容易压缩时间的关键工作，如资源较易解决、持续时间较长或容易组织赶工的关键工作。同样，用来抽调资源的非关键工作也要选择得当。一般应选择资源量大、总时差大或抽调资源后影响较小的非关键工作。

（2）改变工作间的逻辑关系。对项目工作分解重新研究，采用新工艺，增加作业班次，将某些工作间的顺序衔接关系改变为交叉式的平行顺序搭接关系等，都可以使项目工期得到缩短。

三、费用分析

在很多情况下，费用控制往往是项目管理的首要任务。即使是项目的时间控制和资源控制，它们的起因及最终成效的体现，往往也在于项目的费用控制。费用控制的前提是费用分析。常见的项目费用分析问题有两个：一个是工作的直接费用平均变动率；另一个是项目的最低成本日程。

（一）项目的费用

项目的费用可分为直接费用和间接费用两部分。

1. 工作的直接费用

工作的直接费用指直接耗用于该工作的进行并可直接计入该工作成本的费用，如劳动者的工资收入，设备、工具、材料和能源消耗等直接与完成该工作有关的费用。项目中所有工作的直接费用总和为项目的直接费用。直接费用的多少和工作持续时间或项目工期长短有关,其关系往往是非线性的。对于一件工作(对项目本身也是如此)来说,一方面,由于其自身的自然及技术特性,必定有一个极限(最短)时间;另一方面,还有一个像项目目标工期等因素制约着的允许(最长)时间。在此范围内,工作时间都属正常时间。在正常时间范围内,采取不同的技术组织措施,会有不同的直接费用和工作时间。适当放宽工作持续时间,可以减少资源占用,提高资源使用效率,改善资源协调关系,从而使直接费用下降;但工作持续时间过长,将使资源占用时间延长,资源使用效率降低,资源闲置或浪费现象突出,从而使直接费用上升。这就是说,工作(对项目也如此)的直接费用曲线是随时间的延长先下降再上升的(参见图 10－7),直接费用的这一时间特性在项目计划的费用分析中有重要意义。

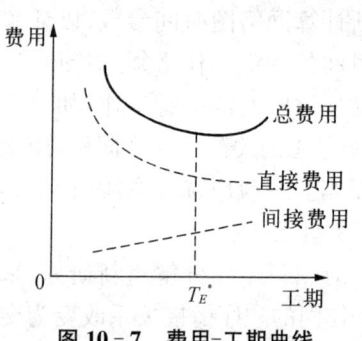

图 10－7　费用-工期曲线

2. 项目的间接费用

项目的间接费用指并非直接用于某件工作,也难以直接计入某些工作成本,但却是项目实施所必须发生的费用。如项目管理人员工资、办公费、贷款利息等费用。由于间接费用的非直接性,往往难以将项目间接费用分摊到每件工作中去,所以,间接费用一般是指整个项目来说的。项目的间接费用在一定的项目技术组织条件下和正常的项目工期范围内,大致和工期长短成比例。工期越长,间接费用越多。项目的间接费用曲线可参见图 10－7。

项目中所有工作的直接费用总和就是项目的直接费用。项目的直接费用和间接费用之和就是项目的总费用。项目总费用曲线的时间特性可参见图 10－7。

(二) 工作的直接费用平均变动率

从对直接费用的时间特性的分析可知,工作的直接费用变动率是随时间而变化的。如果项目计划的费用分析要求这么做，同时又具备有关的资料，是可以确定工作的直接费用和时间的函数关系的，但一般的费用分析并不需要这样做。

一般来说，在工作的正常时间范围内直接费用变动率的差异不会太大，所以，习惯的做法是求工作在正常时间范围内的直接费用平均变动率，参见图10-8。在图10-8中，弧 AmB 是实际的直接费用曲线，直接段 AB 是用来取代它的近似的直接费用曲线。图中 T_c 和 T_n 为该工作的极限时间和允许时间，C_c 和 C_n 为相应的直接费

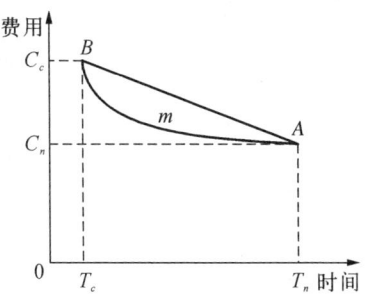

图 10-8　项目费用-时间曲线

用。如以 r 表示该工作的直接费用平均变动率，则有公式：

$$r = \frac{C_c - C_n}{T_n - T_c}$$

工作的直接费用平均变动率的意义是，在工作的正常时间范围内，每缩减一个单位的工作时间，该工作为此而增加的直接费用的近似值。因此，如工作的时间定为 $T(T_c \leqslant T \leqslant T_n)$，则相应的直接费用为：

$$C_直 = C_n + r(T_n - T) = C_c - r(T - T_c)$$

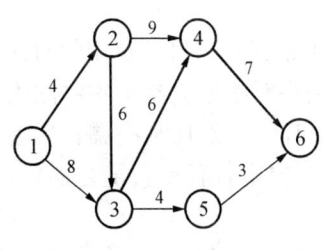

图 10-9　初始网络

例如，有一个项目，其初始网络见图10-9。从图上可知，它的关键线路为(1，2，3，4，6)，项目工期为22天。根据有关资料，可以算得各工作的直接费用平均变动率，根据每件工作的直接费用平均变动率又可以计算每件工作在其正常时间范

围内缩减不同的时间所对应的直接费用(近似值),见表 10 - 4。

表 10 - 4　施工资料表

工作(i, j)	允许情况		极限情况		平均变动率(元/日)	缩减时间后直接费用(元)		
	时间(日)	费用(元)	时间(日)	费用(元)		1 日	2 日	3 日
(1, 2)	4	2 100	3	2 800	700	2 800	/	/
(1, 3)	8	4 000	6	5 600	800	4 800	5 600	/
(2, 3)	6	5 000	4	6 000	500	5 500	6 000	/
(2, 4)	9	5 400	7	6 000	300	5 700	6 000	/
(3, 4)	5	1 500	4	2 400	900	2 400	/	/
(3, 5)	4	5 000	1	11 000	2 000	7 000	9 000	11 000
(4, 6)	7	6 000	6	7 500	1 500	7 500	/	/
(5, 6)	3	1 500	3	1 500	/	/	/	/

工作直接费用平均变动率在项目网络计划费用分析中是一个重要的费用参数。当需要用缩减关键工作时间的方法压缩项目工期时,如无特殊原因,常选择直接费用平均变动率小的关键工作来缩减时间。

(三)项目的最低成本日程

根据项目直接费用和间接费用的时间特性,项目的总费用曲线呈下凸形,其最低点对应的工期即为项目的最低成本日程 T_E^*,见图 10 - 7 所示。

求项目最低成本日程的方法的理论依据是项目总费用的时间特性,即总费用曲线的下凸性。从初始网络图开始,在关键线路上按最经济的原则逐渐缩减关键线路时间,一旦发现某次调整后项目总费用已可判定是最小值,那么,最低成本日程也就随之而定。下面仍以上例来说明之。

假设项目工期为 22 天时其间接费用为 6 000 元,工期每缩减

1天可节约700元。

在初始网络图(图10-9)上,4件关键工作中以(2,3)的直接费用平均变动率最小,故在关键工作(2,3)上缩减1天时间,得网络图图10-10,关键线路不变。直接费用增加500元,间接费用节约700元,总费用实际节约200元。

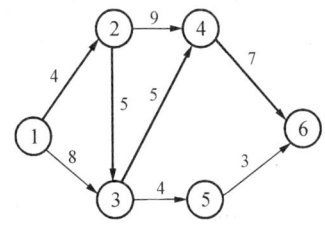

图10-10　减1天网络图

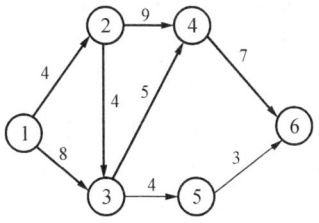

图10-11　减2天网络图

对图10-10的网络图关键线路(1,2,3,4,6)再缩减1天时间,得网络图图10-11。和上面一样,总费用节约200元。

网络图图10-11中,关键线路有3条:(1,2,4,6)、(1,2,3,4,6)和(1,3,4,6),关键线路时间为20天。此时,如再要缩减关键线路时间,只有在3条关键线路上同时缩减才能奏效。根据表10-4,工作(2,3)时间已达极限时间,其他关键工作都还有缩减时间的余地。缩减1天关键线路时间的方案很多,通过逐一比较,可知以关键工作(2,4)和(3,4)各缩减1天的方案使项目直接费用增加最少,见图10-12。这次网络计划的调整,使直接费用增加300+900=1 200元,扣去节约的700元间接费用,项目总费用实增500元。根据项目总费用时间特性可知,如继续缩减关键线路时间,只会导致项目总费用的增加。所以,可以断定,图10-11的网络计划总费用最少,其关键线路时间(20天)即为项目的最低成本

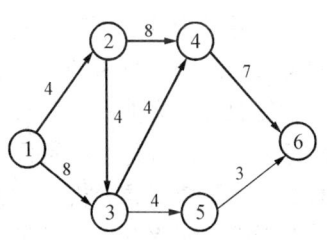

图10-12　减3天网络图

日程 T_E^*。

四、资源分析

项目的实施必须投入一定的资源。即使项目所需资源在总量上已经落实,但若在项目实施过程中,某件工作所需资源不能及时足量的供应到位,以致该工作不能在最迟结束时间之前完成,仍会打乱项目进度安排,使项目不能按期完成。所以,资源分析是项目计划工作的必要组成部分。

资源分析的主要工作有:

(1) 在规定的工期内,计算项目中每件工作所需资源的数量,并作出资源供应的日程安排;

(2) 优先安排关键工作及总时差很小的次关键工作所需资源;

(3) 当资源有限制时,在不影响项目整体计划的前提下,利用非关键工作的总时差,错开各件工作的开始时间,平缓资源需求高峰,使资源得到连续、均衡的合理使用;

(4) 当资源缺口太大时,或项目综合经济效益需要时,如技术条件等因素允许,考虑适当延长项目完工期,以降低资源需求压力。

项目资源的含义是广泛的,涉及材料、设备、人力、能源、运输工具等,甚至费用也可以作为资源来考虑。一般来说,资源分析的对象集中在供需缺口较大、对项目实施影响较显著的那些资源上。

资源分析的常用工具是含工作总时差的项目横道图及该资源的需求动态图。分析的原理和方法前文已作介绍,在此不再重复。

资源分析只能一次分析一种资源,所以,项目的资源分析必须进行多次。每进行一次资源分析,都不应破坏已完成的资源分析的结果。随着资源分析一次又一次地进行,非关键工作结束时间因不断推迟而逐渐接近其最迟结束时间,资源平衡的难度将越来越大。一旦对某项资源无法利用非关键工作总时差进行调度时,考虑适当推迟项目的完成时间可能是唯一的出路了。

复习思考题

1. 什么是项目型生产？它的计划含义是什么？

2. 用横道图（甘特图）排计划有什么不足之处？

3. 双代号网络图与单代号网络图有哪些差别？

4. 关键路线的含义是什么？如何确定关键路线？

5. 在网络技术计划中处理完工时间问题与资源不足问题的思路各是什么？

6. 机动时间有几种？各有什么含义？

7. 网络计划的调整指什么？

8. 网络计划的时间优化有哪些措施？

9. 把项目费用分为直接费用和间接费用有何意义？

第十一章 生产控制概述

生产计划一旦实施,生产制造过程就开始了,这时生产经理每时每刻注意着生产系统的运行状态,他需要随时作出各种决策,以保证生产过程能够按预期的计划目标顺利地进行。由于经济活动的复杂性,未来事件发生的不可预见性,计划与实际生产状况的不一致性是正常的、不可避免的,所以就有了生产控制活动,产生了控制的理论与方法。生产控制活动在所有运营管理活动中占用了管理者的大量时间,它的主要控制内容是进度控制、质量控制、库存控制和成本控制,属于企业最终的执行力,对企业竞争力的实现起着非常重要的作用。

第一节 控制论基本概念

人类的实践具有明确的目的性,即实践是为了达到某个目的,没有目的的实践是不存在的。人们在各种各样的实践过程中,为了实现自己的目的,需要根据实际情况不断地作出决策,不断地调整自己的行为,向着目标前进。因此说,自从有了人类的实践活动,也就有了控制活动。不过直到 20 世纪 40 年代,美国数学家维纳发表了数学史上具有划时代意义的著作《控制论》,才标志着控制论的创立。以后数十年间,控制论得到了迅速的发展。在许多领域,无论是控制理论还是方法都已经达到了非常完善的地步,如航天领域的导航技术,军事上的武器制导技术,工业中的自动化加工技术等。十分遗憾的是,虽然有了关于经济活动控制的著作《经济控制论》,但迄今为止,所有已取得的控制论的成就,能直接移植到企业经营活动中的并不多。这是由于企业经济活动的行为主体和企业环境中的主体都是人的缘故,在企业系统中几乎就形成不了航天等控制理论研究情况下所处的条件。但是,控制论的基本原理间接地给我们提供了有价值的基础知识,对于分析、理解和控制生产系统是极有帮助的。有关控制论的几个基本概念介绍如下。

一、控制系统及其控制机构

1. 控制系统

所谓控制,直观地说,就是指施控主体对受控客体的一种能动作用,这种作用能够使受控客体按照施控主体的预定目标而运动,直至最后达到这一目标。在这里可以清楚地看到,控制作为一种作用,至少要有作用者(施控者)和受作用者(受控者),以及将作用从作用者传递到受作用者的传递者这样三个必要的元素。有了这三个组成部分,控制系统作为一个整体才能具有控制的功能与行为,而控制系统是不能独立存在的,它总是存在于一个特定的环境之中,成为该环境中的子系统,生产控制系统就是生产系统中的子系统。一个控制系统可用图 11-1 的框图表示。

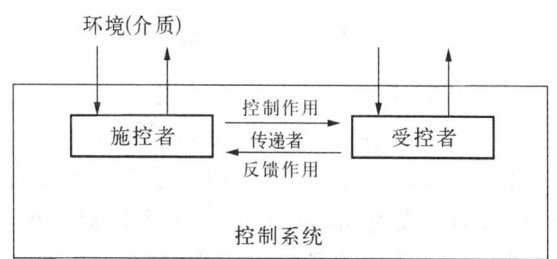

图 11-1　控制系统框图

由图 11-1 可知,在控制系统中,不仅施控者作用于受控者,而且受控者可以反过来作用于施控者。前种作用是控制作用,后种作用如果存在则是反馈作用。例如,在车间内,车间主任发出生产调度命令,通过调度手段到达操作工人手中,使操作工人按照调度命令改变作业内容,这是控制作用;而工人执行命令以后的生产情况反方向传递给车间主任就是反馈作用。控制活动就是在这种不断的互相作用下展开的。此外,每个具体的控制系统还要受到所处环境的作用,进而影响控制行为。控制系统的控制功能就是通过这些错综复杂的相互作用、并且是在不断变化的过程中实现的,因此,控制系统必然是一个动态系统,控制过程必然是一种动态过程。控制是在不断地运动、变化、发展过程中实现的。

2. 控制机构

在控制系统中,全部的控制活动是通过几个最基本的机构实施的,它们是测量机构、决策机构和执行机构。这些机构之间的关系如图 11-2 所示。

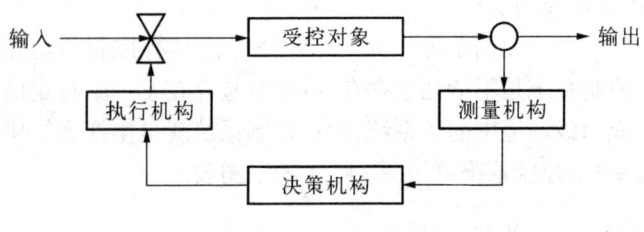

图 11-2　控制机构

现在我们可以设想一下生产系统的控制过程。生产系统是一个资源的加工转换系统,它从环境获取某些生产资源,投入到系统内来,再按照制造的要求,将它们与系统内的设备、人力等资源进行组合,加工成所期望的产品。这个过程是按照生产计划逐步执行的,生产计划的目标值就成为控制的目标。为了掌握计划的执行情况,在系统的输出端,需要对产出量进行测量,把它与计划值(即目标值)进行比较,以查明实际的生产情况是否在计划目标范围之内,这些是测量机构的任务。如果两者之间的偏差超出了允许值的范围,就应该设计一套可行的调整措施,这是决策机构的责任。执行机构的任务是把调整措施贯彻实施,一般是调节投入量。对应于这一控制措施,产出量会有所变化,通过产出量的变动方向和幅度,可以分析控制措施的有效程度,然后再决定下一步的控制措施。整个生产制造过程就这样反复不断地进行着。

在控制过程中信息起着重要作用,它是控制活动赖以存在的基础。控制部门如果不能得到基本信息,就无法作出控制决策。例如,我们作生产进度控制,假设已经发现实际的产出进度大大落后于计划目标,需要进行控制,但是造成进度脱节的有关信息还没有收集上来,在这种情况下是无法实施控制的。此外,如果信息滞后,也不利于控制活动,一个有经验的生产经理对信息的作用是深有体会的,在生产控制中,最令他头痛的事莫过于生产现场的信息不能及时地可靠地传送过来。

控制机构是否健全是一家企业控制能力的组织保证。原西门子(上海)通讯公司的生产进度总是无法保证,怀疑计划不当,令生产计划员承受很大的压力,经分析引起进度计划失控的原因都与物料供应有关。第一种情况是销售部接了订单,但计划部门在排计划时发现该订单产品的物料清单还没有生成,无法在 MRP 中安排计划;第二种情况是在计划执行过程中发现某些元器件缺料,紧急采购也无济于事,甚至供应商也缺货。在这案例中我们可以发现该企业几乎没有控制机构,出了问题没有部门或相关人员负责,把所有责任推给计划人员。在这样一个机构缺损的组织中,再能干的管理者也无法应对不时冒出的意想不到的问题。

二、控制系统类型

所有的控制系统都有共同的特征,但是在各种控制系统之间还是存在某些区别。

1. 开环控制系统与闭环控制系统

根据有无反馈回路可以将控制系统区分为开环控制系统和闭环控制系统。我们可以通过比较不同控制功能的家用电器来认识开环与闭环这两个不同的概念。程序控制全自动洗衣机的控制系统是开环系统。我们都有经验,当使用这种洗衣机时,事先需要设定洗衣程序,如:浸泡→洗衣→漂洗→脱水,再设定洗衣时间和方式,启动后机器按照设定的程序自动逐条执行指令,直至结束,而不管衣服洗得干净与否。这种机器不具备判断衣服是否洗干净的功能,也没有自动调整控制参数的功能,因此它缺乏将洗衣结果馈送到控制输入端的功能,即无反馈回路。这种洗衣机要依靠系统外界力量的介入,即靠人的判断来决定洗衣时间和洗衣粉添加量。而模糊控制全自动洗衣机的控制系统是闭环系统,在系统中采用了传感器,它可以将洗涤的干净程度转换成电信号,并反馈到控制系统的输入端,及时调整控制参数,如洗衣时间、方式、放水量、洗涤剂用量等,以达到将衣服洗干净的目的。因此,具有模糊控制功能的洗衣机自动控制程度要高于程序控制式的全自动洗衣机。可以用框图来说明两者的差别,见图 11-3,(a)图是开环控制系统;(b)图是闭环控制系统。

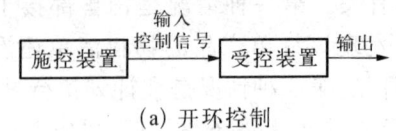

(a) 开环控制

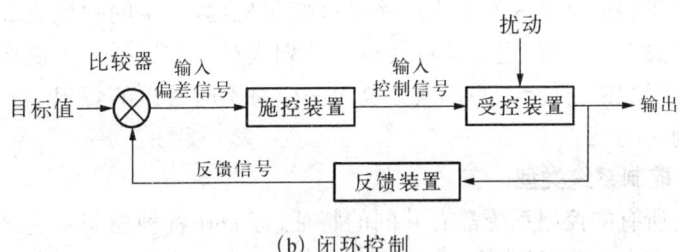

(b) 闭环控制

图 11-3 控制系统类型

在控制理论中,闭环系统是比开环系统更高层次的控制形态。在生产控制中更多地采用闭环控制系统。

2. 负反馈控制

由图 11－3(b)可以看出,所谓反馈,就是把系统输出的状态反过来馈送到系统输入端。反馈的目的是为了根据输出状态作出下一步的控制决策,使系统输出状态朝着预期的方向发展。这种利用反馈技术实施的控制,就称为反馈控制。在控制理论中用于实际生产控制的最重要的概念是反馈控制。

反馈有正反馈与负反馈之分。在图 11－3(b)中,我们设闭环系统的输出值为 y,系统的控制目标值为 j,输出值 y 经反馈装置回输到输入端,与目标值 j 比较后产生一个偏差量,记为 u,$u=j-y$。这时,u 成为新的输入量,进入下一轮控制活动,在输出端会得到一个新的 y 值,再把它反馈到输入端,得到一个新的 u,控制过程就是这样不断地重复下去。根据 u 的变化特性,可以判断反馈的正负性质。如果 u 的数值经历一段时间的反馈控制后变得愈来愈大,这是正反馈,相应的控制方式称为正反馈控制。反之,如果 u 值从总的趋势看是收敛的,则是负反馈,其控制方式称作负反馈控制。在经济活动中正反馈控制一般是不希望的,而负反馈控制的结果是使受控变量逐步逼近预定目标,称这种特性为负反馈控制的寻的性,如图 11－4 所示。正是它的寻的性,使它在生产控制中得到广泛应用。它的主要功能是纠正偏差。

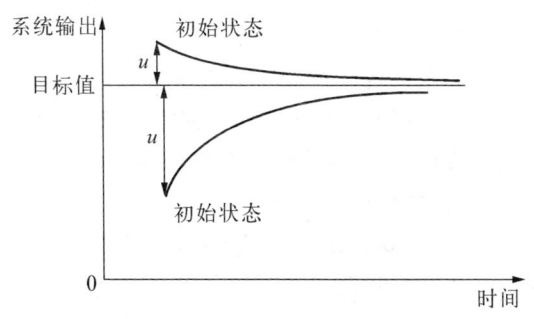

图 11－4 负反馈控制的寻的性

负反馈控制的寻的性是由于采取的控制措施使受控变量向反方向运动的缘故。例如,当受控变量低于目标值时,采取负反馈控制后使受控变量值增加,直至接近目标值。反之,当受控变量高于目标值时,控制后会使变量值减少,也会接近目标值。

3. 前馈控制

在控制过程中普遍存在着信息时滞现象,这是由信息搜集、分析、设计控制措施要消耗时间造成的。以这些时滞的信息作为反馈控制的依据是有缺陷的。例如,在成本控制中,总会计师当月读到的财务报表所反映的成本消耗可能是上个月的,而引起成本上升的原因又可能是前个月的。这些迟到的信息反映了既成事实,对于实时控制已失去意义,它们的价值主要用于下一计划期的控制。由于负反馈控制的功能是纠正偏差,在某些控制活动中,偏差产生就已经意味着损失,因此,它的控制作用是有缺陷的。是否有一种可以防止偏差产生的控制方式? 这就是前馈控制,它具有防止偏差的功能。

对导致受控对象出现偏差的干扰因素提前有所认识,预先采取控制措施,防止干扰出现时产生失控,这种控制行为称作前馈控制。它的控制原理是不等到系统内外的扰动影响到输出量时,就设法把这种扰动预先测量出来,通过一定的前馈装置送到系统中去进行调节,使得在输出量变化之前就尽可能地克服或减少扰动的影响。因此,前馈控制是面向未来的控制。例如,一家公司经过市场调查,预测出销售额将下降至比预期更低的水平,企业可以采取各种促销手段,以改善销售的预期结果。这比起当销售额大幅下降,已成事实后,再采取反馈控制要高明得多。

4. 前馈-反馈控制

企业系统是一个复杂系统,对于这样的系统只有反馈控制是不够的,一个有效的控制系统应该包含有前馈控制和反馈控制,它们耦合起来,就构成前馈-反馈控制系统,这种系统具有较好的控制效果。如图 11-5 所示:

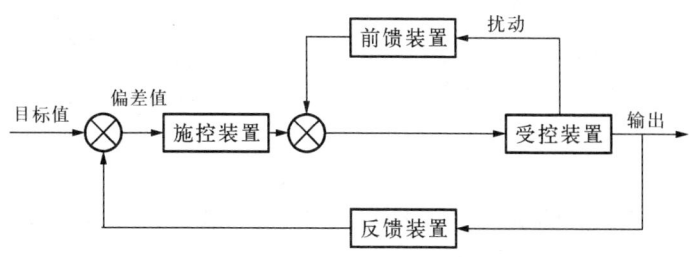

图 11-5 前馈-反馈框图

前馈-反馈控制系统在工程技术系统中是一项成熟的控制技术,在生物和社会经济系统中也存在这种机制。如企业的成本控制系统,在一般情况下,由成本核算功能算得成本发生量,经分析采购成本偏高,由反馈装置将信息处理后,发出关于采购控制指令,经由施控装置实施控制,最后达到控制目标。这是反馈控制在起作用,在达到目标以前有个过渡过程,有时这个过程会很长。如果企业决策部门预测到原材料价格将会大幅上扬,即测定出对成本的扰动量,马上采取有力的采购措施,可以迅速有效地控制住将要发生的高采购成本,这是前馈控制在起作用,而反馈控制不具备这种功能。把两者结合起来,则控制能力大大增强。

第二节　生产控制系统的特点

生产控制的对象是生产过程,是经济控制系统中微观层次的一个分支,但它也是一个复杂系统。它的经济活动要素主要包括人、物资、设备、资金、任务和信息。这些要素一方面分布在企业的所有部门各个环节;另一方面每时每刻处于运动之中。由于要素分布的分散性,管理手段又基本上采用手工作业,所以生产控制系统具有自身的特点。

一、控制的整体特性

在本书的第一章导论部分已论述了企业系统的整体性,当我们进入到论述管理的控制职能阶段时,将会具体地体会到整体性的概念。它既包括了运营管理的计划、组织、控制三大职能之间的整体性,也包括了运营管理与市场、财务等职能管理之间的整体性。

1. 生产控制与计划、组织职能的关系

生产过程的基本活动(即输入—转换—输出)联系着计划、组织和控制三个职能。计划的主要功能是确定目标和指标,选择合适的生产方案,制定达到目标的手段。组织的功能是根据计划确定的目标,合理组织生产要素,即把员工、设备、物资组合起来去完成生产任务,它发挥着执行计划的功能。而控制的功能则是检测生产系统的输出状态,判别其稳定性,最后作出是否需要控制,以及如何控制的决策。这三个管理职能相对独立,又互相联系,在三者的共同作用下,生产系统才能正常运转,运转质量的优劣与三者之间整体协调的好坏密切相关。下面我们通过企业中普遍存在的流动资金控制问题来认识运营系统的整体性。

某厂的流动资金平均占用量为 1 500 万,年周转次数 1 次,经分析主要原因是库存量大,以及生产周期长。该厂作出压缩流动资金 20% 的计划,并把指标下达到物资部门和生产车间。各部门接受到计划指标后,纷纷采取控制措施,如减少库存量,精心制定生产作业计划等等。但很快出现许多问题,因原材料库存品种不足,缺料次数明显增加,影响生产进度计划和生产周期。严重时不得不中断某项制造任务,被迫投入另一项任务,这时又要增加新的投入。结果生产现场在制品数量大大增加,生产周期变得更长,压缩流动资金的计划无法实现。在本例中,原本的资金控制转化为库存控制和进度控制。物资部门为控制库存资金,采取减少库存品种的措施。但是由于库存计划与生产计划协调不力,材料库存不足影响了生产计划的正常执行,生产次序打乱了,在生产现场滞留了过多的资金。也会出现另外一种情况,计划是合理的,控制措施也是得当的,但因为组织实施不力而不能实现计划目标。诸如此类的现象在企业中经常可见,因此,要把生产系统状态有效地控制在预定目标上,计划、组织、控制三者间的整体配合协调是必需的。

2. 进度、质量、库存、成本4种控制之间的关系

从字面上看,这4种控制互相之间的关系并不十分清晰,但当你面对任何一项具体的控制任务时,就会发现它们之间存在着密切的联系,互为因果,牵一发而动全身。

在制造业中进度控制几乎每时每刻都在进行着,是一项工作量很大的日常管理活动。生产进度计划执行得如何与其他三项控制活动密切相关。例如,因质量控制不善,产生了超计划不良品,会影响生产进度;因库存控制不善,发生了停工待料,会导致生产中断;也可能为了控制成本而削减库存,进而影响了生产进度。

质量控制是一项得到普遍重视的管理活动,"质量管理是全员全面全过程的管理"这个命题就足以说明它的整体特性。具体地讲,为了赶计划进度可能影响产品质量;不合理的库存量会掩盖质量管理上的种种缺陷;为了降低成本可能会取消某些质量控制活动而影响产品质量。

库存为生产而存在,是必不可少的。但过量的库存会增加成本,并且过多的库存还会掩盖管理上的问题,使系统恶化。

成本是反映企业经营管理状况的综合性指标。通过上面三项控制活动的简单分析,已足以理解成本控制与其他三者的关系了。

从以上分析给予我们的启示是,任何一项控制活动都不是孤立的,在进行中都会影响其他活动,所以要做全面的整体的考虑。此外,还必须明白,所有的控制活动最终的目的是按时、按质、按量和低成本地制造产品,使生产系统具有竞争力。

3. 生产控制与其他管理职能的关系

如果读者了解全面质量管理的话,就很容易理解生产控制与企业中其他管理,如与营销管理、财务管理、人事管理等之间的关系。全面质量管理理论告诉我们,质量形成于企业经营活动的全

过程,与全体员工的工作质量有关,因此质量控制再也不是生产部门一家的事情。现代管理理论认为质量管理属于机能管理,而不是职能管理,它不是某个职能管理部门可以承担的,需要企业所有部门、全体员工通力合作才能完成。成本控制与质量控制具有同样的属性,它也是机能管理,成本也是形成于企业经营活动的全过程。我们把成本控制作为生产控制的一项业务活动,是因为大部分的成本支出发生在生产过程。

控制的整体特性告诉我们,既需要企业最高层领导从整体上进行协调,也需要中层以及基层管理者从整体利益出发,主动调整自己的行为。

二、控制活动的分散特性

从控制活动的整体特性很容易使我们意识到管理的系统原理,这是很重要的一条原理。但是,从目前企业生产控制的现状分析,控制不力往往与分散特性有关。所以,客观认识生产控制活动的分散特性,对于提高控制活动的有效程度,满足整体特性的要求是十分重要的。

1. 组织结构的分散性

企业的经营管理系统按管理职能分可得到纵向结构,主要有市场、财务、运营三个子系统,在水平方向可划分为高层、中层和基层三个层面。如果广义地理解运营管理,在组织结构上还包括产品设计部门、物资供应部门、设备管理部门、动力部门等等。在车间层面上,又分成若干个车间,车间内又建立了许多的班组。这些小的生产单元按照各自的隶属关系,由下至上组成一个企业系统。反过来,自上而下分解成每个相对独立的单元。企业既是系统的又是分散的,它的分散特性给控制带来困难。

2. 控制职能的分散性

组织结构的固定划分,规定了相应的管理职能,由于结构上的分散性,在管理职能上也势必是分散的。以质量控制为例,厂级有技术设计部门、物资部门、设备等部门负有质量控制职能;车间一级全面负责产品加工质量,它也需要从技术、材料、外购件、设备、员工等方面实施控制;再往下,班组和每位员工都承担着一定量的质量控制职能。由于控制职能的分散性,使得质量问题的原因不易查清,容易滋生部门之间的扯皮恶习。

3. 人员的分散性

结构和职能的分散性引出了人员的分散性。由于每个人归属于某个组织单元,他所熟悉的关心的执行的都是本部门的职能。在组织上他对自己所属部门负责,在习惯上他更多地考虑本部门利益。如果一个人长期在一个岗位上工作而没有流动(在我国企业很普遍),会加剧员工整体观念淡薄的倾向,这对于加强控制,实现整体目标是很不利的。

控制活动的分散性是客观存在的,它对于集中控制是不利的,如何设计合适的组织结构,合理分配管理职能,加强员工的整体观念的教育都是必要的。

三、控制活动中人的重要性

生产控制系统的又一重要特性是控制作业基本上是手工操作,使得在控制系统中扮演着重要角色的信息难以得到及时准确地处理,因此人的素质在控制活动中起着重要的作用。与人的因素有关的问题主要在以下几方面。

1. 控制目标可变性

至此,我们的讨论集中在控制目标恒定的系统内,而一个动态的生产系统在实施过程中控制目标常常需要调整,其原因是多方面的。如市场需求发生较大变动,不得不调整目标;因内部管理原因原目标已无法达到,必须对目标作调整。生产目标的调整涉及整个系统,调整的好坏会影响企业的经营效果,而此项工作无固定的决策程序与方法,主要取决于人的经验和能力。

2. 信息处理

由于控制活动的分散性以及大量的手工作业,信息的传递速度很慢,当天的生产现场信息从现场传送到厂级主管手中,一般要等到第二天,这迟到的信息,对于控制是很不利的。此外,在人工系统中,当信息通过人们的接受、解释和传递时,信息很容易被有意无意地错误理解,甚至丢失,使反馈的信息失去真实性,失真的信息是无法保证控制质量的。及时控制要求对系统实施连续地测量,但往往由于人力资源的限制,测量成为间断性的,其结果,信息的反馈也是断续的、迟到的。

3. 判断的主观随意性

在工程技术控制系统中,控制功能是由一定的元器件构成的控制回路执行的,一旦系统的特性参数确定完毕,控制将不偏不倚地执行。在生产控制中却很难做到这一点。虽然对控制系统的稳定范围、灵敏度和反应性都可以在系统设计中加以规定。但企业系统是个开放系统,环境对系统的影响是随机的、多变的,因此控制系统的特性参数需要灵活地调整,而调整活动几乎是完全凭借管理人员的人为判断,这种判断与人的经验、知识等有关,不同的人会有不同的判断,主观随意性很大。

生产控制系统受人为因素的影响程度依运营系统的差异而变。当运营系统是装置型的、连续性的,如发电厂、炼油厂、化工厂等,它们更多地依靠技术而不是人力。只有当那些生产过程依赖于人力控制的系统,控制活动中人的因素就显得特别重要,服务企业一般多具有这个特点。

由于生产控制活动存在着上述的种种特点,使得生产控制变得比较困难,大多数企业缺少一个十分完善的生产控制系统,也就不足为奇了。

第三节　生产控制的方式和程序

一、生产控制方式

对生产活动实施控制,主要是运用控制论中的负反馈控制寻的性原理和前馈控制的预防性原理,两者的作用都是为了把系统输出量控制在预定的目标范围内,有关的基本原理在本章第一节已有介绍。主要的生产控制方式,就是负反馈控制方式和前馈控制方式两种。此处我们根据运营管理的自身特点来定义控制方式。运营管理的发展历史上,控制方式有一个典型的演化过程,最初出现的是事后控制,而后是事中控制,再后是事前控制。这是从时间维定义管理活动的一种方法。事后与事中控制都是使用负反馈控制原理,事前控制使用的是前馈控制原理。

（一）事后控制方式

事后控制是指根据当前生产结果与计划目标的分析比较,提出控制措施,对生产活动实施控制的方式。它是利用反馈信息实施控制的,控制的重点是今后的生产活动。其控制思想是总结过去的经验与教训,把今后的事情做得更好。经过几轮的反馈控制是可以把事情做得越来越好。有人称它为负债管理,意指今天的管理是为昨天欠下的债所做的。这种方式在我国企业中有着广泛的使用,例如在质量控制与成本控制中到处可见。特别是成本控制,大量沿用这种方式。事后控制的优点是方法简便,控制活动量小,控制费用低。但其缺点也很明显,不良结果一旦发生,损失已经造成,无法挽回了。它的控制要点是:

（1）以计划执行后的信息为主要依据;

（2）要有较完整的统计资料;

（3）要分析内外部环境的干扰情况;

（4）计划执行情况分析要客观,控制措施要可行,确保下一轮计划执行的质量。

（二）事中控制方式

事后控制能起到亡羊补牢的作用,但难免有为时已晚的缺憾,能否在生产活动进行之中对其实施有效的控制?质量控制图法在质量管理中实现了这个想法,标志着事中控制方式的问世。事中控制方式也是利用反馈信息实施控制的,但在方法上与事后控制有所不同,它是通过作业核算和现场观测获取信息,再通过对获取的信息作特定的比较分析,从而判断是否存在不正常因素,以便及时采取措施消除不正常因素,以达到防止系统失控的不良后果,确保计划目标的实现。事中控制活动是经常性的,每时每刻都在进行之中。显然,它的控制重点是当前的生产过程,要把生产活动置于严密的控制之中,保证计划的顺利执行。有人形象地称之为消费管理,意思是对今天所花费的人力物力所做的管理。事中控制可以避免完不成计划的损失,但是频繁的控制活动本身也需要付出代价。这种控制方式的要点是:

(1) 以计划执行过程中获取的信息为依据;

(2) 要有完整的准确的统计资料和完备的现场活动信息;

(3) 要有高效的信息处理系统;

(4) 决策迅速,执行有力,保证及时控制。

(三) 事前控制方式

生产控制出现了事中控制以后,人们自然提出是否可实行事前控制,防患于未然。人们从目标管理中得到启示,创造了事前控制方式。它是在生产活动之前进行调节控制的一种方式。利用前馈信息实施控制,重心放在事前的计划与决策上,即在生产活动开始以前根据对影响系统行为的扰动因素作种种预测,制定出控制方案,这种控制方式是十分有效的。例如,在产品设计和工艺设计阶段,对影响质量或成本的因素作出充分的估计,采取必要的措施,可以控制质量或成本要素的 60%。有人称事前控制为储蓄投资管理,意为抽出今天的余裕为明天的收获所做的投资管理。它的控制要点是:

(1) 对扰动因素的预测作为控制的依据;

(2) 对运营系统的未来行为有充分的认识;

(3) 依据前馈信息制订计划和控制方案;

(4) 尽可能控制住扰动因素。

企业在实际操作中,三种方式一般是结合起来使用。事后控制是最基本的最普遍的一种方式,但效果不如事中和事前控制好。

在可能的场合应该更多地采用事中控制和事前控制。台湾咨询师陈燕坦作过分析,中国企业以事后控制为主,经营效果最差;美国企业以事中控制为多见,经营效果较好;日本企业以事前控制见长,效果最好。日本企业中运用三种控制方式的领域见图11-6。

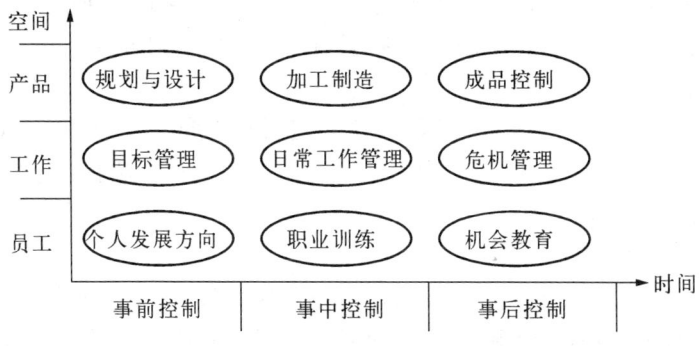

图 11-6　三种控制方式应用对象

也可以从员工的参与程度定义控制方式,有集中控制和分散控制两种。集中控制比较适合于多品种小批量生产类型,要求企业具备完善的管理信息系统,MRPII管理系统是一种十分成功的集中控制方式代表。分散控制适合于品种少批量大的生产类型,要求企业有严密的管理制度,灵活的管理手段,强调员工主人翁精神的企业文化,精益生产方式,丰田生产方式是非常成功的代表。第十五、十六章将分别作详细介绍。

二、生产控制的基本程序

控制过程包括三个阶段,即测量比较、控制决策、实施执行,控制目标一般由计划职能完成。但目前的实际情况是企业的控制意识很淡薄,认识也是模糊不清的,生产计划中控制目标的指标数和标准值都不齐全,因此也可以把制定标准作为基本程序之一。

（一）制定标准

制定标准就是对生产过程中消耗的人力、物力和财力,对产品质量特性、生产数量、生产进度规定一个数量界限。它可以用实物数量表示,也可以用货币量表示,包括各项生产计划指标,各种消耗定额,产品质量指标,库存标准,费用支出限额等等。

制定标准的方法一般有如下几种:

1. 类比法

参照本企业的历史水平制定标准,也可参照同行业的先进水平制定标准。这种方法简单易行,标准也比较客观可行。

2. 分解法

把企业层的指标按部门按产品层层分解为一个个小指标,作为每个生产单元的控制目标,称为分解法。这种方法在成本控制中起重要作用。

3. 定额法

定额法即为生产过程中某些消耗规定标准,主要包括劳动消耗定额和材料消耗定额。具体方法请参阅劳动管理和物资管理书籍。

4. 标准化法

标准化法即根据权威机构制定的标准作为自己的控制标准。如国际标准、国家标准、部颁标准,以及行业标准等等。这种方法在质量控制中用得较多。当然,也可用于制定工作程序或作业标准。

控制标准要求制订得合理可行。

(二) 测量比较

测量比较就是以生产统计手段获取系统的输出值,与预定的控制标准作对比分析,发现偏差。偏差有正负之分,正偏差表示目标值大于实际值,负偏差表示实际值大于目标值,正负偏差的控制论意义,视具体的控制对象而定。如对于产量、利润、劳动生产率,正偏差表示没有达标,需要考虑控制。而对于成本、工时消耗等目标,正偏差表示优于控制标准。在实际工作中这些概念是很清楚的,不会混淆。

(三) 控制决策

控制决策就是根据产生偏差的原因,提出用于纠正偏差的控制措施。一般的工作步骤是:

1. 分析原因

有效的控制必定是从失控的最基本原因着手的。有时从表象出发采取的控制措施也能有成效,但它往往是以牺牲另一目标为代价的。造成某个控制目标失控的原因有时会有很多,所以要作客观的实事求是的分析。

2. 拟定措施

从造成失控的主要原因着手,研究控制措施。传统观点认为控制措施主要是调节输入资源,而实践证明对于生产系统这是远远不够的,还要检查计划的合理性,组织措施可否改进。总之,要全面考虑各方面的因素,才能找到有效的措施。

3. 效果预期分析

运营系统是个大系统,无法用实验的方法来验证控制措施。但为了保证控制的有效性,必须对控制措施作效果分析。有条件的企业可使用计算机模拟方法。一般可采用推理方法,即在观念上分析实施控制措施后可能会产生的种种情况,尽可能使控制措施制定得更周密。

(四)实施执行

这是控制程序中最后一项工作,由一系列的具体操作组成的。控制措施贯彻执行的如何,直接影响控制效果,如果执行不力,则整个控制活动功亏一篑。所以在执行中要有专人负责,及时监督检查。

生产控制在我国企业管理中是个薄弱环节,认识上模糊,方法上原始落后,理论上还不成熟。不过有些企业在某些方面已取得了很成功的经验,如邯郸钢铁公司的成本控制,一汽的库存控制等,这使我们看到了希望。

复习思考题

1. 生产管理中的控制活动与工程技术中的控制有何异同?

2. 叙述反馈控制、前馈控制的控制过程。

3. 控制系统有哪些主要特征?

4. 如何理解生产控制的整体特性?

5. 生产控制的分散特性主要有哪些?

6. 生产控制中人的行为起何重要作用?

7. 分析三种不同的生产控制方式的特点。

8. 叙述生产控制活动的基本程序。

第十二章　生产进度控制

生产进度在企业中历来受到高度重视。在计划经济条件下,完成进度计划意味着完成生产任务;在市场经济条件下,进度计划执行得好坏关系到能否按时交货的问题。按时交货已成为企业竞争力的重要因素之一。长期来我国企业已积累了各种各样的生产进度控制方法,但是这些方法在企业走向市场时,暴露出种种弱点。本章我们将重点论述进度控制的指导思想,以及介绍一些先进的控制方法。

第一节　进度控制基本概念

一、进度控制的主要内容

生产进度控制贯穿整个生产过程,从生产技术准备开始到产成品入库为止的全部生产活动都与进度有关。习惯上人们将生产进度等同于出产进度,这是因为客户关心的是能否按时得到成品,所以企业也就把注意力放在产成品的完工进度上,即出产进度。可见把成品出产进度作为生产进度控制的主要对象是有道理的。完整的进度控制内容应包括以下几方面:

1. 投入进度控制

投入进度控制指对产成品(或零部件)投入生产的日期、数量,以及对原材料、毛坯、零部件投入提前期的控制。没有投入就没有产出,进度计划完不成常常与投入进度失控有关,投入进度是进度控制的第一环节。

2. 工序进度控制

工序进度控制指对产成品(或零部件)在生产过程中,在每道工序上的加工进度的控制。因为计划不当、执行不力、设备故障等原因都可能引起在某工序停留时间过长的后果。

3. 出产进度控制

出产进度控制主要指对产成品的出产日期、出产数量的控制。也包括对零部件的出产提前期、出产数量的控制。更广泛地考虑，还可以包括对产品零部件的配套控制和品种出产均衡性控制。出产进度是进度控制的最终目的。

二、参与生产进度控制的部门与职能

在作理论上的论述时，常常使用生产控制系统的概念，但是在实际的生产活动中，从生产系统的组织结构上很难发现控制系统。生产管理人员也往往意识不到控制系统的存在，然而，控制系统确实是客观存在的，尤其是进度控制的功能还是十分强大的，只是许许多多的控制职能分散在几个管理部门。产生这种现象的原因是：一方面，企业认识到生产进度的重要性，派专人处理这方面的事务；另一方面，反映了对控制理论的认识不足，在实际操作上暴露出系统性差的弱点。

1. 制定进度控制目标的职能部门

进度控制目标就是进度计划，该项任务由计划部门负责完成。从进度控制的内容可知，进度计划包括工厂、车间和班组三个不同层次的计划对象，涉及不同层次的管理部门。

厂级生产计划部门（如生产计划处或科）负责制定产品、主要部件的出产进度计划和投入进度计划。

车间计划人员根据厂部计划进一步细化，编制零件和部件的投入产出计划进度。许多车间还要承担工序进度计划。如果车间规模大，产品结构复杂，品种又多，工序进度计划可由班组编制。

在实际生产中，上述这些计划内容都属于生产作业计划，即在生产作业计划中都能找到。我们为了搞清楚企业的生产控制职能，才做这样的分析。

2. 执行测量比较的职能部门

企业中有一个测量记录生产成果的很强的职能部门,它就是生产统计部门(如生产统计处或科)。生产计划是由上而下逐级制定,而生产统计是自下而上逐级汇总。

每个班组设有兼职的统计员,主要统计当天的生产成果,包括进度计划执行情况,每台设备(或生产线)的生产作业完工量,以及每个工人的作业完成量和劳动工时的统计。班组统计在每班结束前进行,统计结果上交车间,有些关键数据可以同时报告厂生产统计部门。班组统计是全厂统计工作的基础,采集的几乎都是第一手的原始数据,工作质量好坏直接影响到统计资料的准确性。

车间设有若干名专职生产统计员,人数视工作量而定,他们的任务是汇总处理班组上报的统计资料,统计出全车间的生产进度计划执行情况。车间统计每天进行一次。如果车间实行三班制,班组每班自行统计本班的作业完工量,车间负责汇总。因此车间的统计工作一般都是第二天进行,滞后了1天。

厂级设有专门的生产统计机构,他们根据下面上报的统计报表,进一步汇总整理出全厂的生产进度执行情况,包括各种产品的投入、出产进度,各车间的生产进度,产品零部件的配套情况,也可能对个别的关键设备和重要零部件单独进行统计。很明显,如果工厂采用手工方式统计生产成果,那么厂级的统计结果至少滞后生产实况2天以上。生产统计的职能现在正逐步由信息管理系统完成,可以提高实时性和效率。

生产统计数据是用于控制决策的主要依据,但不是唯一的依据。

3. 制定控制措施与实施的职能部门

在理论上可以分成制定措施和实施执行两部分,在现实中,两项职能由生产调度部门一家承担。企业调度一般分两级,厂级与车间。工厂一级可以设独立机构,如调度处(科),也有规模较小的企业设置计划调度科。车间设调度室(组),小的车间可配专职调度员。生产调度在目前企业中担负着生产控制的大部分工作量。控制措施的产生和调度指令的发布大多通过生产调度会议的形式完成。

车间生产调度会议每周至少召开 1 次,由车间主任或生产调度组长主持,车间各职能组室有关人员和班组长参加,研究讨论生产进度和存在的问题,制定控制措施,落实措施负责人以及完工日期。

厂级生产调度会议每周开 1 次,由调度处(科)长召集主持,主管生产厂长出席,各车间主任、调度员,厂级有关职能部门(如统计、物资、财务、质量等管理部门)负责人参加。厂级会议着重解决生产过程中各部门、各车间之间的横向衔接和协调。会前要做好充分准备,如生产进度执行情况的统计分析,解决问题的初步措施方案,以便于会上讨论形成最终方案。

此外,企业中还经常举行一些现场调度会、日常碰头会等,解决一些专门性的问题或日常性的协调问题。

以上是参与生产进度控制的主要负责部门,又是企业基本的生产管理职能部门,它们之间的关系是纵向的上下级之间的领导与被领导的关系。除此以外参与进度控制的职能部门还有物资管理部门,它们负责原材料和外购件的采购工作,确保投入进度计划的准时执行;设备与动力部门,它们的作用是保证设备的开动率;劳动人事部门需要保证培训和提供符合要求的生产人员;质量管理部门需要把不良品率控制在计划允许范围内。与这些职能部门的关系是横向的联系。在企业运行过程中它们之间更多的是协作与协调。

三、影响生产进度的原因

在上一章论述生产控制系统特性时,从它的整体特性上已可以感受到生产控制将涉及企业的方方面面。下面我们比较详细地分析与进度控制有联系的职能管理,这些管理部门的工作质量会影响企业的生产进度。分析的范围限定在企业内部,这是因为企业外部的环境因素是不可控制的,而内部因素一般认为是可控的,讲生产控制首先应该理解为对企业内部管理活动的控制。

1. 设备故障

现代企业都是大机器生产,设备的完好率对正常生产起着十分重要的作用。设备完好率是指设备能正常运转的时间与制度工作时间的比值,是设备管理的一项重要指标,它基本上决定了设备的生产能力。由于制订生产计划时已考虑了设备的这个指标,如果在生产过程中,故障时间超过指标值,马上会影响出产进度。特别是关键设备出故障,影响重大,有时造成的损失无法挽回。

2. 停工待料

因物料不能及时供应,设备不得不停工。如果缺料时间长,加工计划又不能及时调整,会严重影响加工进度。可以有两种停工待料类型:一种是原材料供应脱节,由于计划不当,或供应商的原因,都可能造成这种局面;另一种是生产流程中前后道工序衔接不好,后工序被迫停工。造成后一种等待加工的原因又可能有许多,如设备故障、库存控制不力、人为因素造成废品率过高等等。在产品的生产流程上无论何处发生停工,都会影响产品的出产进度。

3. 质量问题

编制出产计划时一般都事先考虑到每道工序或每个零件生产线的废品率,考虑废品率后的投入计划量就会大于出产量,以保证客户的需求量。一旦废品率超过允许标准,就有可能影响到出产计划。所谓可能是因为企业往往备有适当的保险库存以备急用。而造成质量问题的原因又有许多,如设备加工精度下降,材料问题,工人的人为因素,加工工艺问题等等。

4. 员工缺勤

关键设备操作工、流水线操作工的非计划缺勤也会影响加工进度,当缺勤十分严重时,会导致整条生产线停产。员工缺勤除了本身的素质以外,还有其他许多不可预见的原因,如生病,以及家庭的、社会的、自然的突发事件等等。

以上四方面只是影响进度计划的主要原因,从简单的叙述中已经可以看出问题的复杂性。原因之中有原因,一种原因套着另一种原因,形成一条条因果链。顺着因果关系链追寻最终原因,常常会发现追出了生产系统而与其他子系统有关,这样给解决问题带来一定的困难。

四、控制进度计划的措施

企业对于进度控制是十分重视的,在实践中也形成了一些比较有效的方法,甚至建立了一些规章制度。但就我国企业目前的现状看,种种控制的方法或措施都是治标不治本,处于一种被动应付的局面。这固然与控制活动本身比较复杂有关,例如,一项好的措施可能会涉及企业的许多部门很多的人,给管理带来难度。另外,也与企业缺乏严格的管理制度有关。目前,我国企业采取的进度控制措施主要有以下几条。

1. 以库存应万变

从以上列举的主要原因可以发现,归结到最后都是因为设备的有效作业时间不足而影响生产进度。例如,按计划设备应该正常运转 7.5 h/每班,现在因种种原因停产过多,运转时间不足 7.5 h,就会欠产;或因制造了过多的废品,有效加工时间也不足 7.5 h,也欠产了。建立足够的库存量,当欠产时用库存补足,是一种最简单的办法。就应付欠产而言,这也是一种非常有效的方法。但企业同时也为此付出沉重的代价,一个庞大的库存系统占用了大量的宝贵的流动资金、大面积的库房、大量的管理员,承担着大量的库存损耗。

这个办法不是从产生问题的根本原因上解决问题,简单地让库存管理部门承担起进度控制的全部责任是不尽合理的。尽管如此,这仍然是企业对付欠产的主要手段。

2. 抢修设备

设备故障是许多企业造成欠产的最主要原因,减少设备故障率,缩短设备修理时间,也是进度控制中普遍采用的一项措施。建立一套完整的严格的设备检修保养制度,是降低设备故障率的行之有效的措施。但是,大多数企业认为设备发生故障的事件是随机的,不可预料的,往往因为生产任务忙而不重视设备维护保养工作,制度形同虚设,把注意力放在故障发生后的抢修上。为了缩短抢修时间,采取更换部件的修理方法,但带来的直接后果是需要建立一个规模不小的备品备件库,库存资金量很大。例如在卷烟行业,近百亿的设备原值,要准备 3 亿左右的维修用备件。

3. 加班

时间资源具有刚性,损失的时间是无法追回的,损失的机时一般只能通过加班的途径补回来,这需要支付加班工资。但是,如果设备是三班运转,就不存在加班的可能,损失就难以挽回。还存在一种即使可以加班也无法赶上进度计划的情况,这就是当关键设备发生严重故障,修复时间又长于库存所能维持生产时间的时候。这时库存耗尽后,设备还没有修复,造成全线停产,即使设备修复后加班生产也不可能补回全线停产的损失。

4. 培养多能工

当关键设备操作工缺勤时,派其他工人顶上去。只要企业认真考虑这件事情,一个工人掌握多种技能是完全可能的。这个观点已经为企业普遍接受,在汽车行业一人掌握 3 种以上操作技能的工人已十分普遍。

从我国企业目前的状况看,进度控制的首选措施仍是以足够的库存对付各种随机干扰,这种状况有待进一步改进。改进的思路是:

(1) 控制影响生产进度的最基本原因,从根本上消除隐患;

(2) 改进信息处理手段和及时反馈,依照目前生产统计的信息处理与传递方式,会丧失控制时机;

(3) 由于时间资源的刚性,所以更多地采用事前控制方式,是最主动、最积极、最有效的;

(4) 要有系统的整体观念,追求整体利益的有效控制。

不同生产类型的生产过程差异很大,影响进度的主要因素不尽相同,控制的重点和方法也不一样,本书分别讨论流水线大量生产方式与多品种周期性生产方式的进度控制。至于单项工程的进度控制,网络计划技术集计划与控制于一体,完美地解决了进度控制问题,第十章已有详细讨论。

第二节　流水线生产进度控制

请读者重温一下流水线生产的特点。流水线生产适用于生产数量大品种少的厂家。它生产比较稳定,容易实现均衡生产。流水线上的工作地专业化程度高,大量采用专用设备,设备利用率高;工艺过程是封闭的连续的按节拍生产的;各零件生产线是平行的,零件配套性好;从零件到总装,每个环节衔接紧密;一般采用三班作业制度。这些特点决定了它的进度控制的思路与方法。

一、生产进度检查

由于流水线生产是连续的,产量又比较稳定,坐标图法是作进度检查的理想方法,见图 12-1。

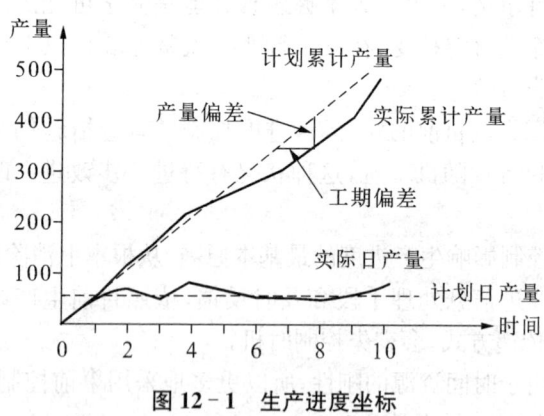

图 12-1　生产进度坐标

它是根据流水生产线在连续均衡生产的条件下,由于产品品种比较稳定,产量几乎与时间成正比,对于进度控制无须考虑每道工序的加工情况,只需控制最终工序的生产数量。用坐标图描绘的实际产量进度曲线和计划进度曲线近似于连续的光滑线条,可以非常清楚地表达实际量与计划量的偏差。如图所示,在某时刻的偏差,是反映在纵坐标上的数值,正值表示到此时为止的欠产量,负值表示超产量;在某产量上的偏差反映在横坐标上,正值表示在这产量上进度延迟的天数,负值表示进度超前的天数(偏差等于目标减实际)。

二、流水线生产欠产原因分析

上一节讨论的影响生产进度的四方面原因在流水线生产中都存在,但影响的程度差别很大。大量的生产实践表明,影响流水线生产进度的关键因素是设备。从理论上分析也可以证实这一点。首先,流水线生产的整个生产系统刚性很大,大多数的零件加工、部件组装、产品总装采用流水线方式,环环紧密相扣,一处故障,就可能全线停产。因此,企业规模越大,生产过程越长,设备数量越多,故障的次数就多,影响就大。其次,流水线生产大多选用性能很好的专用设备,总投资很大,为了充分利用设备,至少采用两班工作制,甚至三班制。设备能力与生产量又匹配得很好,所以设备利用率非常高,一旦发生故障,因停产造成的欠产很难通过加班方式弥补。再次,大量采用高效的专用设备,故障后一般的通用设备无法替代,即使在别处有替代设备,由于设备集中排列成线状,流程是封闭的,加工对象不能往返运送。所以,只要设备有故障,进度一定会受影响。

不良品率过高也是一个比较重要的原因。在流水线生产中,质量问题绝大部分是由设备原因造成的。在现代化的制造业中,机械化自动化的程度愈来愈高,人工作业在加工中的比例越来越低,即使在以手工作业为主的装配线上,也越来越多地使用机械器具。由于采用了高效专用设备,运转速度快,质量控制稍有疏忽,就会出现成批的不良品。控制质量的问题就转化为控制设备的工序能力。人为的误操作是制造不良品的另一个原因,但是有一种观点认为人总有疏忽的时候,应该在设备上采取措施预防人为疏忽,这样人的问题也转化为设备管理问题了。

流水线生产的生产过程刚性太强,刚性系统具有脆性,很容易全线崩溃。为此,企业都懂得在各个生产阶段建立在制品库,起到解耦的作用,增加抵御突发事件的能力。编制流水线生产的投入出产进度计划,使用的是在制品定额法,用在制品库存量来调节生产线的投入量与产出量,可见库存起着很重要的作用。可是库存量也是由设备加工出来的,设备故障严重时,库存也难以保证。此外,过量的库存使大量流动资金沉积下来,也是一笔损失。

综上所述,影响流水线生产进度的种种原因,最终都可以归结到设备原因。

三、控制设备故障是最有效措施

在理论上很容易理解这个观点,在实际操作中又很容易偏离这个观点。企业普遍采用加大库存的方法,以不变应万变。除了这个方法简便易行外,还存在认识上的问题,在企业界普遍认为,设备故障既不可预计也不可避免。但是,实际上有的企业做到了把机器故障率几乎控制到了零,最具代表性的是航空公司。飞机是种由数百万个零件装配而成的极其复杂的机器,它的故障率可以控制得那么低,那么,其他结构比飞机简单的机器就没有理由不能把故障率降低到零。航空公司靠的是一套严密的检修制度保证飞行安全,其他企业同样也可以做到。

受航空公司启发,飞机完成一次航班就做一次检修,未经检查下一飞行任务是绝对不能进行的。制造工厂可以如法炮制,通过改变工作班次,改三班连续生产为四班作业制,如图 12-2 所示。

正　　班	副　　班	正　　班	副　　班
8 h	4 h	8 h	4 h

图 12-2　2+2 四班作业制

两个 8 h 的正班为生产作业班,在正班之间加一个 4 h 的副班,专作设备检修用。由于消除了设备故障,正班时间充分用足,又减少了一个班次的人员,再考虑到深夜班的效率低,不良品率高,改进后的经济效益反而高了。

关于设备维修保养,现在的设备管理实践中已经有了比较成熟的管理制度,此处不作赘述。在此仅介绍一下自主维修的思想。

自主维修的设想是在自动化程度较高的环境中提出的,是全员设备维护管理中的一个重要措施。大量的实践表明,自动化设备的操作人员如果没有设备维修观念、不具备维修能力,他就不可能有效地生产好的产品。因此,培养具有维修观念和能力、能进行设备维护管理的操作员工,就显得十分重要。

自主维修是一种事前控制的作业方法。大量的统计资料表明,设备故障主要是以下几方面原因:机器没有清扫,一直在较脏的状态下运行,占故障原因的 23%;对机油没有进行管理,用错油或不按要求加油,约占 22%;机器松动,紧固件松弛没有及时处理的原因占 24%;另有 31% 的原因是因为零件破损或其他缺陷没有及时更换而造成故障。这些原因导致的设备故障操作工人了如指掌,通过自主维修很容易消除,如果按传统的维护观点把这类维护作业交给专门的维护工人负责,那么会延误时机,造成不必要的机时损失。

另外,在设备上附加一些自动检测装置,如定位停车装置、防误操作机构、设备异常时自动报警装置、自动计数定量装置等,一旦机器异常能自动停车,这样可以有效地预防由人为疏忽造成的事故。这个设想最早是由丰田公司的创始人丰田佐吉在织布机上实现的,后来成为丰田公司预防生产不良品的主要措施。近年来在我国企业中也有推广,并取得了明显效果,如上海汇众汽车公司采取这一措施后,桑塔纳轿车的悬挂装置不良品率几乎降到了零。

对于流水线生产方式,控制住设备故障率,就可以保证生产进度计划的顺利执行。设备管理的预防措施比故障后的抢修措施更有效。

四、流水线生产进度控制的新问题

传统的流水线生产是与少品种大批量生产概念相联系的,才引出了上述的进度控制思想与方法。1978 年,大野耐一(丰田生产方式的创始人之一)在《丰田生产方式》一书中首次提出多品种小批量流水线生产的概念。具体来说,丰田公司年产百万辆的"花冠"牌轿车,完全相同的车不到 50 辆,其品种之多,批量之小可见一斑。这是随着社会经济发展,消费水平提高后出现的需求多样化个性化现象。在这条件下,进度计划不单是数量要求,还有品种要求。而流水生产线所能生产的产品品种非常有限,适应市场对产品品种的复杂多变要求的能力比较低,以单品种大批量高效率见长的流水线生产组织方式遇到新问题。

在这种市场需求复杂多变条件下,除了流水生产线的加工技术能否适应以外,生产管理上的难点主要是:

(1) 计划难做,为了适应市场需求生产计划需要频繁变动。例如,我国的彩电巨子长虹集团,一年中生产线上临时性决定转换产品的次数有 100 多次,最多时一周内有 4~5 次。

(2) 准备工作难做,包括技术的、物资的、生产装置的调整。

(3) 进度难以控制,因计划频频调整,会出现后面的工序原计划任务还没完成,前工序开始执行新的计划,统计信息容易搞错,为进度控制增加困难。长虹公司依靠一套严密的管理制度,研究出一套转换产品的操作程序。转产指令下达到所有有关部门后,大家立即按制度规定的执行,在 0.5 h 到 1 h 内实现平稳转产。

丰田公司创造的丰田生产方式(现在统一名称为"精益生产")圆满地解决了这个问题。他们使用看板管理实现生产指令的传送,达到进度控制的目的(详见第十六章)。

第三节　多品种周期性生产的进度控制

多品种周期性生产的基本特点是,因品种多批量小,一般采用

通用设备、万能工艺装备、组合夹具和通用的刃具量具,按工艺专业化原则组建生产单位,工艺相同的设备布置在一起,工件的物流路线复杂,工序间的周转等待时间长,生产过程中的在制品多,生产周期长。还因为产品结构复杂,零部件品种数量大,它不能像流水线生产那样全部零件实现平行生产,需要分批分期加工,产生了零部件的配套问题。它的作业分配方式只能采用定期派工法,甚至采用临时派工法。这些特点就形成了它的进度控制的不同重点和方法。

一、生产进度与零件配套统计

(一)进度统计

由于产品品种多批量小的缘故,这种生产类型的生产进度统计是按产品分别统计的,并且还要统计零件的进度和配套情况。目前常用的方法是横道图(又称甘特图)法,见图 12-3 所示。

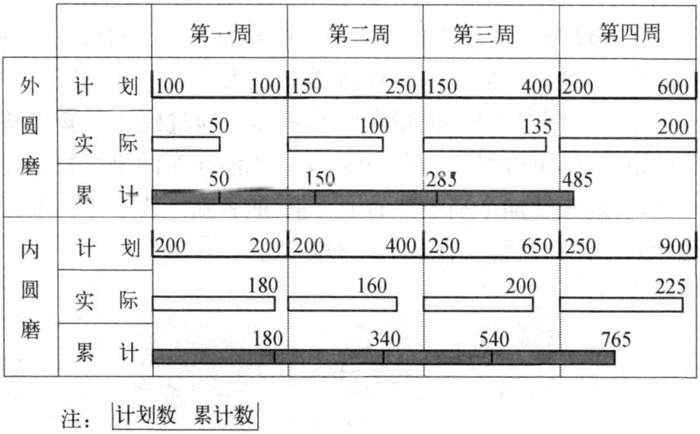

图 12-3 产品进度统计

图 12-3 是对产品的统计图。还需统计零件加工进度,如图 12-4 所示。我们可以发现这种统计方法的工作量比流水线生产的坐标图法要大得多。

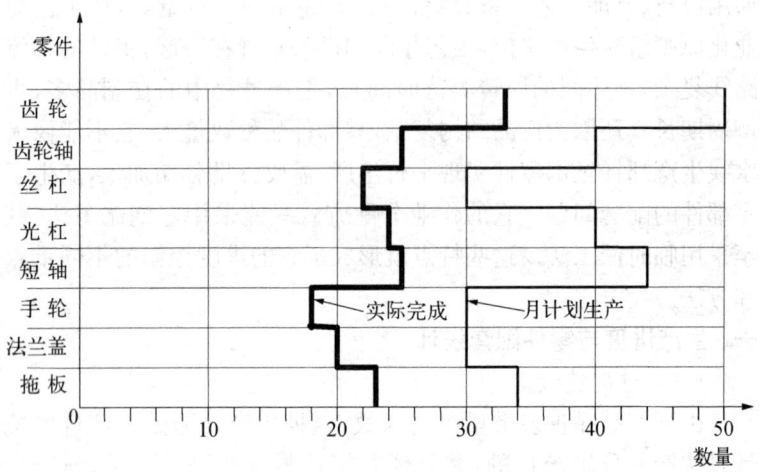

图 12 - 4　零件生产统计图示

（二）零件配套率计算

对于进度控制来说这是一项十分重要的工作。如果生产的零件不能配套,这些已生产的零件就不能投入装配,产品就出不来。同时又使生产周期变长,大量在制品积压。通过建立一套考核配套性的指标,既可以保证生产进度,又可以防止车间班组盲目追求工时产量,随意增加个别零件的生产量,或者随意改变零件加工的进度计划。计算配套率有以下两种方法。

公式一:

$$K_{成套}^1 = \frac{S_实}{S_计} \times 100\%$$

式中: $K_{成套}^1$ ——第一种配套率指标;

　　$S_实$ ——按最短缺零件计算的实际配套量;

　　$S_计$ ——计划配套量(即成品出产计划量)。

例 1　有 4 种零件组成的产品,月计划生产 105 台,零件计划和生产统计数据见表 12 - 1。表中 03 号零件的产量最低,仅完成

了 100 台，是 4 种零件中的最短缺零件，由公式计算

$$K^1_{成套} = \frac{100}{105} \times 100\% = 95.2\%$$

表 12-1　零件生产统计表

零件序号	每台件数	计划产量（件）	实际产量（件）	计划完成率（%）	实际完成台份数（台）
01	3	315	320	101.5	106.6
02	3	315	315	100	105
03	2	210	200	95	100
04	1	105	110	104.7	110

公式二：

$$K^2_{成套} = \frac{n_{实}}{n_{套}} \times 100\%$$

式中：$K^2_{成套}$——第二种配套率指标；

　　　$n_{实}$——完成计划的零件品种数；

　　　$n_{套}$——计划要求的配套零件种数。

上例中，$n_{实} = 3$，$n_{套} = 4$。

按第二种计算法配套率为：

$$K^2_{成套} = \frac{3}{4} \times 100\% = 75\%$$

第一种方法考核完成的零件数量，第二种考核完成的零件品种数，所以两种方法应该同时使用。

二、影响进度的原因分析

本章第一节讨论的几个影响生产进度的原因对多品种周期性生产仍然成立。但由于生产组织方式的不同，主要原因与流水线生产差别很大。这种组织方式具有较大的灵活性，设备故障在通

常情况下不会成为主要原因。

设备故障固然会造成停产影响进度,但在这样的生产系统内,由于大量使用通用设备,相同设备多,机时利用率比较低,为临时调整生产作业提供了可能条件。机器发生故障后,很容易找到性能相同,甚至型号完全相同的机器,只要工作需要,可以很快调整生产任务。不过这种生产类型的计划工作比较复杂,很有可能满足了这项工作,影响了另一项工作,最后还是影响总装计划。

质量问题大多数发生在个别零件上,如某批零件中有少量的不合格品,完工数量少了会直接影响配套率,进而影响产品的总装计划。当发生质量问题时可以增加投料,但由于要办理申请等手续,还会影响下面的计划按时执行,实际生产中一般采取先欠交后补上的办法。在这种工厂里,管理难度大,工作头绪多,很容易把欠交的事情疏忽了,直到最后总装时才发现,这时候再投料加工已为时过晚。推迟交货已不可避免。

由此可见,种种原因最后都影响到零件的配套率。是否设备故障与质量问题解决了,就不会发生零件不配套的问题? 回答是否定的。消除了这两方面的不利因素对进度控制是有利的,但是多品种周期性生产的配套率问题在计划阶段就已经埋下了隐患。

流水线生产的计划可以做到厂部集中计划,从产成品到部件再到零件一竿子到底,全都由厂计划部门做。虽然有些工厂实行分级计划,但车间计划只是把厂部计划分解为零部件计划,再作小的数量调整,这些计划内容都可以集中到厂部。其原因是,在流水线生产系统内,一个产品的全部零件可以平行制造,不存在零件加工的工件排序问题,而多品种成批生产有这项要求,计划难度要大许多。

以某大型纺机厂为例,一台普通的纺纱机有近千种零件,上万个零件,有生产记录的产品品种数有 2 000 种,实行工厂与车间两级计划。厂生产计划部制订产品计划,计划任务书内容包括合同订单,产品型号和数量,完工日期。计划按月制定,每月的产量数约 300 台,品种数 30 余种。生产周期有 3 个月,第一个月制造毛坯,第二个月金属加工,第三个月装配。对前两个车间厂部下达月计划,对装配车间下达旬装配计划,要求每 10 天出一批产品。车间根据厂部的产品计划编制零件加工作业计划,车间制订计划时的原则主要是考虑管理方便。先加工什么,后加工什么,某个零件在哪台设备上加工,何时完成,既要考虑进度,又要考虑设备负荷,情况十分复杂,这些都是车间的任务。车间要保证完成当月任务,否则会影响后阶段的计划进度。车间内部的计划厂部不管,实际上因工作量大难度高,厂部人员无力顾全。计划执行过程中出现问题,运用调度手段随时处理。由于计划是手工作业的,很难把握全局,所以在生产中经常出现的现象是生产不均衡,到了月底特别忙。厂级调度抓产品计划,车间调度抓配套,班组忙于补足短缺零件,总装任务全集中在下旬靠突击加班完成,没有完成的任务结转到下期是十分平常的事情。

总之,这种生产类型出产进度不易控制的最基本原因与计划质量不高有关。厂部只计划产品计划,大量的最难的作业计划却放到下面,这等于放弃了进度控制的主动权。改进的方向首先应该是厂部做计划从成品延伸到零件;其次把计划期的长度由一个月缩短到旬或周;第三采用先进的计划手段,把全厂生产信息汇集在厂部集中处理。

三、提高计划平衡能力是关键

多品种周期性生产进度控制的重点是抓零件的配套,而保证配套的关键是计划准确可行。即计划要解决两个问题,一是零件出产计划要配套,满足装配要求;二是计划要与加工能力平衡,保证计划可行。目前提出的种种工件排序优化方法其优化目标都集中在时间参数,很少考虑配套率,并且它只讨论流水型加工顺序的排产问题。对于多品种周期性生产表现出的 n 种零件经由 m 种设备加工、加工顺序不同、加工工序数不等的排序问题还无能为力。现有的比较好的方法首推计算机模拟法。

模拟方法在发达国家已有比较广泛的使用。据统计企业运用模拟方法的程度仅次于线性规划。例如,美国休斯飞机公司的一个制造车间采用成批生产方式,有 1 000 台左右机床,组成 120 个加工中心,每个中心每天承担着 2 000 至 3 000 个工作单的加工任务。该车间的计算机作业计划与控制系统使用一个计算机模拟装置,可以为每位工长拟订一天计划期长度的详细进度计划。工长可以在此基础上,根据新情况和自己的经验做修正,据说这个系统工作效果很好。按计划完工的零件数提高了,每张工作单的周转时间缩短了,在制品数量下降,调度工作量大大减少。

采用 MRPII 系统是解决这类问题的更理想方法,MRPII 计划方法使工厂把计划对象由产品延伸到零件,同时,计划时间段也设定得很短,大大提高了生产计划的详细程度和精度。本书第十五章有详细讨论。

但是引入计算机技术并不意味着可以放松基础管理工作,恰恰相反,它对基础管理提出更高要求。计算机的作用仅仅在于把人们早就想到的、只因缺乏手段而无法实现的计划方法实现了。目前企业所使用的加工路线单、单工序工票等作为原始数据的采集手段,对于进度检查和作业核算仍然是十分有用的。

加强设备维护保养,减少设备故障率;加强质量管理,减少不良品率等企业基础管理工作对于保证生产进度计划的顺利执行都有着重要意义。

复习思考题

1. 进度控制包括哪些内容?
2. 企业为什么非常重视生产进度控制?
3. 影响生产进度的主要原因有哪些?
4. 控制生产进度有哪些基本措施?

5. 流水线生产进度控制的主要措施是什么？为什么？
6. 多品种周期性生产的进度控制有何特点？如何控制？
7. 能举一服务企业的日作业计划的调度问题吗？

第十三章 库存控制

库存现象到处存在,上自国家下至家庭,为维持正常的活动都有一定量的物资储备。在工商企业中,由于库存所起的重要作用及其管理的复杂性,有人认为运营管理就是对库存的管理,所以投入大量精力从事库存管理和研究。至今,在库存控制方面所取得的成果和数学模型是最多的。但是由于市场的多变性、库存的动态特性和复杂性,优化模型有很大的局限性。而在实践中产生的准时化概念,经过几十年的发展积累了成功的经验,在理论上也取得很多成果。本章从实用性的角度出发,较全面地介绍库存控制的思想与方法,作者认为在信息技术的支持下,准时化原理及方法是现阶段解决库存的最佳途径。

第一节 库存管理的基本概念

一、库存的作用

必要的物资库存是保证经济系统稳定运行的重要手段。一家制造企业的库存在制造流程中的位置见图 13 - 1。

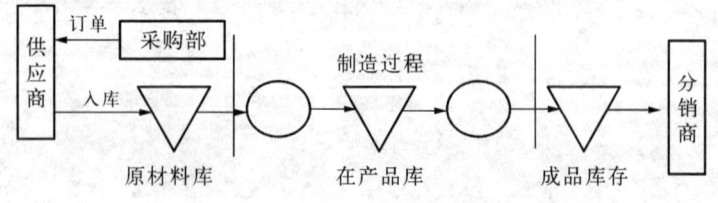

图 13 - 1　库存位置与类型

在整个过程中库存是必需的，特别是原料库存与在制品库存，成品库存对有些企业而言产品下生产线就发运，几乎是零库存，其实是供应链上的在途库存，到了分销商处就成为入库库存。三个阶段的库存分别对应生产准备资金、生产资金和商品资金，少了哪部分生产就无法正常进行。从库存的重要性程度分类，有主要作用和次要作用之分。

1. 主要作用

为了保证生产的连续性，生产过程的各阶段要求按精确规定的时间和数量取得生产资源，这就需要在不同生产环节设立仓库，储备一定数量的物资（原材料、在制品和成品）。

2. 次要作用

主要包括：在制造业中用库存将各加工工艺阶段分隔开来，减低生产过程的刚性，不至于一个环节中断而导致整个过程中断，称作解耦作用；对不确定事件起缓冲作用，如设备发生短时故障时，靠库存维持供应；低价时过量采购可以避开不利价格；大批量采购可以获得价格折扣，由此而产生库存。

库存也有负面影响，大量库存引起成本上升，掩盖管理中存在的问题，等等。

二、库存管理的重要性

由库存作用可以知道库存的重要，库存量少了不行，多了不好，分析表明由于库存量大引起的成本增加十分显著，所以库存管理成为一个很重要的业务内容。

1. 库存控制的两难问题

从库存在生产中的作用看，生产部门希望库存量越多越好。但是，从财务部门看库存数量必须有所限制。过量的库存有诸多弊端：占用大量的流动资金，并增加资金周转时间；需要占用大量的仓库面积或生产面积，同时又增加管理工作量；由于物资的长期存放，会增加物资损坏变质率，造成浪费。因此，希望库存越少越好，应该加强库存管理。库存控制就是要在既能保证生产的连续性,又能合理使用流动资金这两者之间找到一个两全俱美的结合点。

2. 库存控制与物流加速

最近 10 年,企业对物流管理的重要性有了新的认识,把它称作为"第三利润源泉",这利润是通过对物流过程的系统管理使物流加速而产生的。在产品的生产链上,生产对象处于被加工的时间要远远低于等待加工的时间,处于等待状态的物品就是库存,库存减少有利于提高物流速度。而对库存控制也有新的认识,不仅仅是费用优化,还有物流速度问题。设计一个好的加工流程,制定一个好的作业计划,使加工过程各个环节实现无缝连接,减少等待时间,物流速度加快了,同时也减少了库存。

从现实情况看,企业占用的库存资金是惊人的。据美国十大公司的统计,库存资金约占销售总额的 10%~20%,甚至更多。如波音公司 1993 年的销售收入为 254 亿美元,而库存资金达到104 亿美元,如果将库存资金压缩 10%,省出资金 10.4 亿美元,这笔资金如按利润率 5% 计算,每年可增加利润 0.5 亿美元。因此,国外的企业十分重视库存管理。当前,我国企业的库存管理问题十分严重,最突出的就是库存量过大,占用资金过多。如曾经是我国合资企业的佼佼者易初摩托车公司,库存资金高达年销售额的一半。此外,因库存的存在而需要管理,同时会有费用支出,据美国统计,这部分费用占到库存资金的 30% 左右,按此比例计算,波音公司 1993 年的库存管理费用在 30 亿美元左右。可见库存控制是个大问题,如不解决将会严重影响企业的经济效益。

3. 有利于全面提高企业管理水平

这是丰田公司首先发现的。他们发现企业往往把正常的生产,即保证生产过程不中断连续地进行看得很重,为此不惜加大库存,而客观地实事求是地分析,这种处理问题的思路有问题。例如,供应商供货不稳定,这是供应商管理的问题,但解决问题的方法却是增加库存。再如,因设备故障影响对下游工序的供货,解决问题的措施也是加大库存,设备发生故障时动用库存救急,不设法控制设备故障,认为那是一件很难做到的事情。此类现象在企业中比比皆是,靠库存应付各类突发事件,表面看生产没停下来,问题解决了,但所花出的代价是很高的。所以丰田公司改变策略,从源头上解决问题,并且主动减少库存定额以发现管理中存在的问题,一有发现就积极解决。提出了零库存的概念,丰田也承认零库存是不可能的,但推行零库存管理的目的是:通过不断地降低库存定额,可以持续地暴露出被库存掩盖着的问题,把问题暴露出来,解决它,管理水平就不断提高。丰田的前总经理大野耐一有一名言:一条从不中断的生产线不是最糟糕的,就是最好的。最糟糕的是因为依靠大量库存维持着连续生产,最好的是依靠出色的管理而不是靠库存来保证持续生产。

三、库存管理的决策要素

从库存形态看有原材料库存、在制品库存和商品库存,对它的管理方法有共同点。库存决策有需求、订货/生产、目标和库存策略四要素。

1. 需求

库存首先是为了满足需求。根据需求的时间特征,可将需求分为连续性需求和间断性需求。在连续性需求中,需要随着时间连续地发生,因而库存也连续地减少;在间断性需求中,因需求是间断发生的,因而库存呈阶梯式地减少。根据需求发生时刻和数量的可预见性,可将需求分为确定性需求和随机性需求。在确定性需求中,需求发生的时间和数量是确定的。如生产中对原材料、元器件的需求,或在合同环境中对商品的需求,都是确定性需求;在随机性需求中,需求发生的时间或数量是不确定的。如在非合同环境中对产品或商品的需求,很难在事先知道需求发生的时间及数量。对于随机性需求,需要了解需求发生时间和数量的统计规律性。

此外,在企业的所有库存项目之间存在着某种需求关系,在后面另作说明。

2. 订货/生产

当库存减少时需要通过订货或生产来补充库存,没有补充,或补充不足或不及时,会无法满足新的需求。从开始订货(或生产指令)到物品入库需要经历一段时间。这部分时间如从订货后何时开始补充的角度看,称为拖后时间;如从为了按时补充需要何时订货的角度看,称为提前时间。在同一库存中,拖后时间和提前时间是一致的,只是观察的角度不同而已。在实际库存问题中,如果拖后时间很短,则可以忽略,拖后时间为零,此时可以认为补充能立即开始。如拖后时间较长,则它可能是确定性的,也可能是随机性的。

库存控制就是要给出一个库存策略,用以回答在什么情况下需要对库存进行补充?什么时间补充?补充多少?库存策略必须是可行的,并且能够及时满足需求。

3. 目标

在库存控制中,在满足需要前提下,常以费用作为标准来评价策略的优劣。实际计算时,常用生产计划期(或库存周期)内的总费用或单位时间平均总费用来衡量。库存费用可分为存储费用、订货费、生产费、缺货费等。在计算库存策略的费用时,对于不同库存策略共同发生的相同费用可以省略。

各费用项目的构成和属性大致如下:

(1)存储费用。这项费用主要用于维持库存活动,包括:仓库使用费、物资保管费用、物资损坏变质损失、投资的机会成本等等,它一般和物资库存数量和时间成正比。显然,为了降低这部分费用,应该采用较少库存量和经常地小批量补充的策略。

(2)订货费。向外采购物资的费用,包括两部分:一是订购费用,如手续费、差旅费等,它与订货次数有关,而和订货数量无关;二是物资进货成本,如货款、运费等,它与订货数量有关。

(3)生产费。企业自己制造库存物资的费用,也包括两类:一是装置调整费用,如组织或调整生产线的有关费用,它和组织生产的次数有关,而和每次生产的数量无关;另一是与生产的数量有关的费用,如原材料和零配件成本,直接加工费等。

(4) 缺货费。因库存不能满足需求而造成的损失。如失去销售机会的损失、停工待料的损失、延期交货的额外支出、对需方的损失赔偿等。当不允许缺货时,可将缺货费用作无穷大处理。

在实际操作中由于上述的费用很难得到,即财务部门不可能给出这些费用数据,而库存管理更无从处理相关数据,所以以费用为目标的模型和方法很难得到推广应用。

如果把库存周转作为目标,由于是时间量,既直观又容易计算,使决策方法大大简化了。准时化原理就是以库存时间作为追求的目标,取得极大的成功的。如戴尔电脑推行"库存加速"的管理措施,使元器件库存只有几天,而该行业的普遍水平是 30 天,仅此一项使戴尔具有成本优势,可以以比竞争对手低 5% 的价格开展竞争,是它在初期得以快速增长的制胜武器。

库存周转是库存管理中的一个很重要的指标,可以反映库存管理水平和改进方向。与其相关的量还有库存速度,库存周转率,库存资金周转,库存周转期,等等。库存周转反映出资金流,通过库存周转状态足以分析企业的经营状况。

由图 13 - 1 可见,资金周转与库存周转的方向是完全一致的,资金依此变为原材料库存,在制品库存,商品库存后,最后经过销售又回到现金,从中产生利润。周转越快,意味着在等额资金下的利润率越高。因此,周转速度反映企业盈利水平。

库存周转率反映了产品在一定计划期内周转的次数。有多种表达形式,最基本的公式如下式:

$$库存周转率 = 销售数量 / 平均库存数量$$

销售数量指计划年度的数值,平均库存数量是计划期内的平均库存量,简单算法是期初库存量与期末库存量之和的一半。单种商品可以用此公式计算,如果计算全部商品的周转率,由于商品种类不同,不能使用此公式,一般通过使用的资金额来计算,公式如下:

$$库存周转率 = 销售额 / 平均库存资金$$

销售额通常指年度值,平均库存资金为计划期期初库存资金与期末库存资金之和的一半。

计算出库存周转率就很容易求库存周转期,公式如下:

$$库存周转期 = 12 月 / 库存周转率$$

假定库存周转率为一年 4 次,则库存周转期为 3 个月。库存控制的目标是希望加快库存周转速度,以更少的资金做更多的事情。

4. 库存策略

所谓库存策略,是指决定什么情况下对库存进行补充,以及补充多少数量的策略。下面是一些比较常见的库存策略:

(1) t 循环策略。不论实际的库存状态如何,总是每隔一个固定的时间 t,补充一个固定的库存量 Q。

(2) (t, S) 策略。每隔一个固定的时间 t 补充一次,补充数量以补足一个固定的最大库存量 S 为准。因此,每次补充的数量是不固定的,要视实际库存量而定。例如当库存余额为 I 时,则补充数量 $Q = S - I$。

(3) (s, S) 策略。设库存余额为 I,若 $I > s$,则不对库存进行补充,若 $I \leqslant s$,则对库存量进行补充,补充数量为 $Q = S - I$,补充后的存储量达到最大库存量 S。s 称为订货点。在很多情况下,实际库存量需要通过盘点才能得知。若每隔一个固定的时间 t 盘点一次,得知库存量为 I,然后根据 I 是否超过订货点 s,决定是否订货,订多少货,这样的策略称为 (t, s, S) 策略。(s, S) 策略在随机型需求库存控制中有广泛的使用,俗称双堆法。

一个库存系统中,库存量因需求而减少,随补充而增加,是个动态的变化过程。在直角坐标系中,以时间 T 为横轴,实际库存量 Q 为纵轴,则描述库存系统动态变化规律的图像称为库存状态图。对于同一个库存问题,不同库存策略的库存状态图是不同的。库存状态图是库存控制的重要工具。在下面一节中对每一种模型我们都列出相应的库存状态图。

四、需求分类

按库存物品的某些属性可以有多种分类。如按形态可分成原料库存、在制品库存和成品库存,按用途可分为制造用库存、维修品库存、办公用品库存等。从产生库存需求的原因可分为独立需求和从属需求两类,不同的需求类型采用完全不同的库存控制思想和方法。这个看似简单的概念却是库存控制理论的重要发现,大大简化了企业库存管理工作。

1. 独立需求

独立需求是指对某种库存物品产生的需求与其他的库存项目无关,具有某种独立性。从库存控制的角度去理解,其本质含义是:独立需求是指那些不确定的、随机性的、企业自身不能控制的需求。如用户对企业产成品、产品零配件、维修备件等的需求等等,它们无论在数量上还是在时间上与企业内部的某种库存物品毫无关系。市场需求一般都属于这类需求,主要表现为对产成品的需求。

2. 从属需求

从属需求是指某种库存项目的需求与其他库存项目之间有内在的相关性,根据这种相关特性企业便可对这类库存进行确定型的控制。比如,用户对企业产品的订货需求是独立需求,一旦这种订货通过协议方式确定下来,这项订货产品所包含的一切物料需求,包括零部件、原材料、期量标准、时间周期等都随之而确定。这些物品的需求便不再是独立、不可控的,而是与该项订货直接相关,所以称为从属需求。

需要指出的是,制造业中大多数库存物品都属于从属需求。

图 13-2 反映了生产过程中不同阶段库存项目之间的需求关系。对于从属需求的控制,可以利用它们和企业最终产品在需求时间及数量上直接的或间接的确定性关系,对物流和库存进行计划和控制。目前已有成熟的控制模式,如 MRP 和 JIT 等,基本解决了企业的库存管理问题。本教材在第十五章和第十六章有专门介绍。

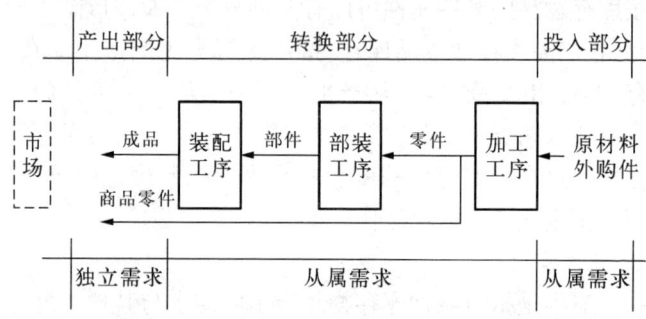

图 13-2　生产过程中的不同需求类型

第二节　几种实用的库存控制方法

虽然运筹学对库存问题作了大量研究,产生了一个独立的分支——存储论。但是在实际生产过程中,一些简便实用的方法仍然得到普遍的应用。

一、ABC 分类法

库存控制中,在库存量与资金占用量之间存在着这样一种关系:少数库存项目占用着大部分的库存资金;相反,大多数的库存物资仅占全部库存资金的小部分。根据这一特点,采取重点管住少数价值高的物品的策略,可以收到很好的效果。ABC 分类法就为体现这个思想而设计的,方法十分简便,但却非常有效。

在全部库存中,占库存资金 80% 左右,而其品种数却仅占库存项目总数的 20% 左右的物资被定为 A 类物资;把占库存资金

15%左右,品种占30%左右的物资定为 B 类物资;把仅占库存资金 5%左右,而品种却占 50%左右的物资定为 C 类物资。ABC 的分类意味着 A 类库存需实行重点管理,对 C 类库存则无须进行精确控制。因此可分别采取连续型和定期型的库存观测系统。而对于两者之间的 B 类库存则应视企业的具体情况采用综合控制方法,或连续、定期方法。图 13-3 为 ABC 分类图。

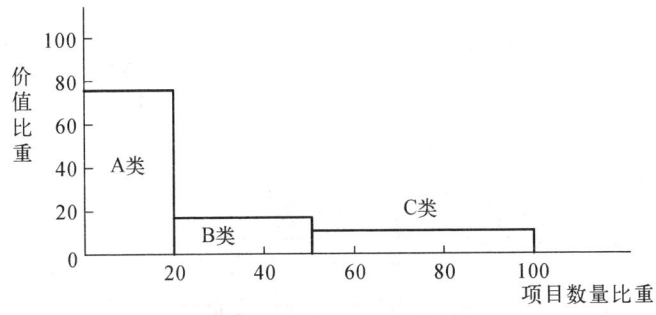

图 13-3　ABC 分类法

　　ABC 分类管理可以用于所有类型与形态的库存,并且对一般的管理问题,甚至很多社会现象都具有普遍的指导意义,所以该方法是一个重要的管理手段。不过需要注意的是,因为 ABC 分类法主要是以库存资金数量为基础进行分类的,没有反映库存品种对利润的贡献、供货的紧迫性等方面的指标。在某些情况下,因 C 类库存所造成的缺件、缺货损失也可能是十分致命的。因此在应用 ABC 分类法时应给以充分注意。

二、Q-R 库存管理

　　库存管理决策有两个最基本的量:一是订购量 Q;另一是订购时刻 R。实际上在 Q-R 管理中 R 并不是时间量,而是库存量,当库存量降低到 R 时,则启动订货程序。此管理方法分为定量控制法与定期控制法两种,决策思路是为简化决策过程,分别把其中一个决策变量固定,只决定另一变量。

1. 定量控制法

定量控制法又称订货点法。它的工作原理是：连续不断地监视库存余量的变化，当库存余量下降到某个预定数值时，就向供应商发出固定批量的订货请求，经过一段时间后，订货到达补充库存。其模型如图 13-4 所示。图中 R 点为补充库存的订货点，每次的订货量固定为 Q。订货提前期为：$ab = cd = ef$。

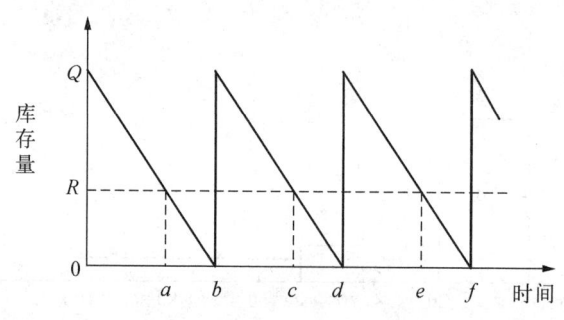

图 13-4　定量存储控制模型

这种库存控制的特点是根据库存项目的重要性，选择价值较大，关键零部件等作为控制对象，为它们规定一个适当的订货批量，以此把库存量控制在一个合适的水准上，进而达到控制库存资金等方面的目的。由于订货点和订货批量固定住了，订货时间就不可能是固定的。由于图中模型假定需求是均匀连续的，此时的订货间隔期也相等了（$ac = ce$），这是一种特例。为了实现这种补充过程，需要为系统事先确定订货点 R 和订货量 Q。

$$订货点 R = 平均日需求量 \times 订货提前期$$

订货批量可以选择经济订货批量（EOQ）。方法如下。

如图 13-4 所示：模型所描述的需求是连续均匀的，设需求速度（单位时间的需求量）为 D；货项集中到货，所以补充时间为零；单位库存费（计划期内单位库存物资的库存费用）为 C；由于不允许缺货，故单位缺货费（单位时间内每缺少一单位库存物资的损失)为无穷大;订购费(每订购一次的固定费用)为 A;货物(库存物资)单价为 P;每次补充量(订货量)为 Q;设计划期总需求量为 N。则有:

$$订货次数 = N/Q$$
$$订货费用 = A \times N/Q$$
$$平均库存 = Q/2$$
$$库存费用 = C \times Q/2$$
$$库存物品价值 = P \times N$$
$$总费用 = 库存物品价值 + 订货费用 + 库存费用$$
$$= PN + A\frac{N}{Q} + C\frac{Q}{2}$$

总费用是订货批量 Q 的函数,对 Q 求导,令导函数等于 0,得下式:

$$-\frac{AN}{Q^2} + \frac{C}{2} = 0$$

解得经济订购批量为:

$$Q^* = \sqrt{\frac{2AN}{C}}$$

由于上述模型的条件过于理想化,实际应用中需求不是均匀的,还要考虑防止缺货损失而建立保险库存,这时的定量库存控制模型如图 13-5 所示。L 为订货提前期。

图中的订货间隔时间明显是不相等的。这种控制方式的缺点是需要经常地检查库存状态,比较适合 A 类物品。

2. 定期控制法

定期控制法也称订货间隔期法,即事先把订货间隔期确定好,它的模型如图 13-6 所示。在这个系统中,以固定的间隔周期 T

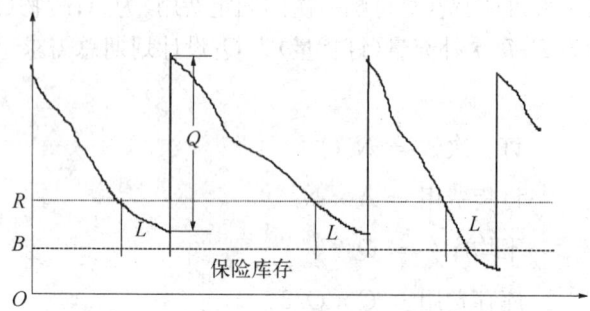

图 13‑5　实际使用的定量库存控制模型

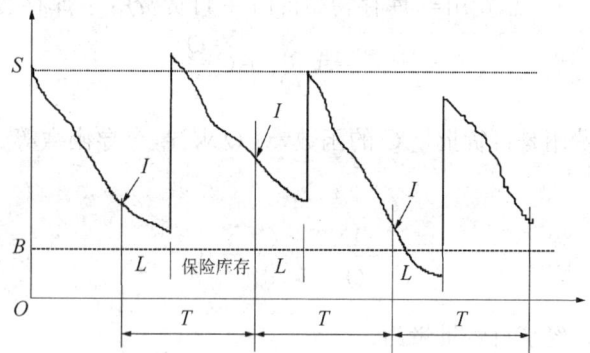

图 13‑6　实际使用的定期库存控制模型

提出订货,不存在固定的订货点,每次订货也没有固定的订货量,需要根据某种规则补充到库存目标量 S。目标库存量 S 与订货周期 T 是事先确定的主要参数。其中 S 的确定主要考虑为库存设定一个控制限额。订货量由以下规则确定。

设订货时的实际库存为 I,则:

当 I 大于 S 时,不订货;当 I 小于 S 时,需要订货,订货量 $Q=S-I+R$,R 为提前期内预计的消耗量。库存量动态图如图 13‑6 所示。

这种控制方式可以省去许多库存检查工作,在规定订货的时候检查库存,简化了工作,缺点是如果某时期需求量突然增大,有可能发生缺货,所以这种方式主要用重要性较低的物资,订货间隔期可以长达 3 个月或更长。

图 13-6 中 OB 保险库存为应对突发事件而设立的,关于保险库存量的设定有定量分析方法,比较实用的方法还是由经验决定,通过统计实际数据经分析后可以大致确定。在现实中由于需求变化不定,没有必要追求精确,以实用为准则。

三、其他实用方法

在企业的实践中总结出很多方法简单效果不错的库存管理方法。列举如下:

1. 寄售方式

当产品具有需求稳定寿命长的特点时可采用此法。供应商把产品寄存于采购方的仓库中,按月计算采购方的使用量,并结算费用。库存物品由采购方负责保管,管理费用也由其负责。对供应商而言只支付库存余额的利息,节省下仓库费用,又实现准时交货。这种方法与供应商管理库存不一样,操作方法更简单些,有点像超市中采用的方法。

2. 随要随发方式

在供应链稳定的环境下可以采用这方式。由双方商定一个库存量,如 1 周的量,物品储存在供应商处,采购方需要时只需按规定提前期提出供货数量,供应方准时发货。供应链物流做得好的例子提前期只需 1.5 h,由看板车准时前来提货。供应链企业区域集中度高的地区可一次运输多家供应商的物品。采购方实现了零库存管理,节省了大量费用,而供应商 1 周的库存在我国目前水平不算高。随着供应链计划水平的提高配合默契,库存还有降低空间。

3. 订购即用方式

有些物品使用量不大、用途有限,价格又比较贵,此类物品企业原则上不设库存,每当需要时,采购合适的数量。关键是与供应商维系牢固的供应关系,供应商保持必要的库存,价格可以高一些,但比自己准备要经济得多。在价格变动剧烈时期也可考虑采用这方式。比如 2009 年的金融危机影响下,铜材、原油价格波动很大,最终端企业不宜建立较大库存,采用这种方式也许比较合理。

第三节　存储论的优化模型介绍

前面介绍的经济批量模型是最简单的模型,本节另外介绍两种库存控制模型,以体会优化模型的特点。

一、允许缺货,补充时间较长的库存控制模型

关于这种模型的使用条件有如下几条假设:

(1)需求是连续均匀的。即假定需求速度 D 为常数。

(2)补充库存需要一定时间。不考虑拖后时间,只考虑生产时间。即一旦有需要,订货马上发出,生产立刻开始,库存也开始得到补充,但生产过程需要一定时间。同时设生产是连续均匀的,生产速度 P 为常数,且 $P>D$。

(3)单位物品在单位时间内的库存费为 C_1,单位缺货费(每物品每延迟交货一个单位时间的赔偿费)为 C_2,一次订购费为 C_3。不考虑货物价值。

在此条件下的库存状态图如图 15-7 所示。

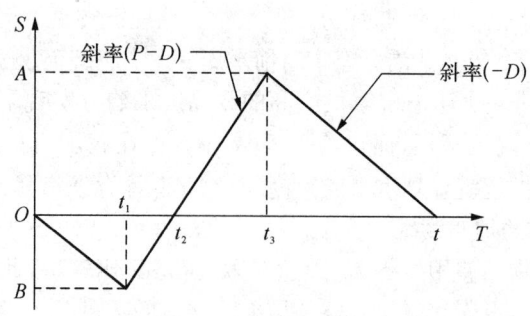

图 13-7　允许缺货、补充时间较长模型

EOQ 公式推导如下：

[0,t] 为一个库存周期，t_1 时刻开始生产，t_3 时刻结束生产；[0,t_2] 时间内库存为零，t_1 时达到最大缺货量 B；[t_1,t_2] 时间内产量一方面以速度 D 满足需求，另一方面以速度 ($P-D$) 弥补 [0,t_1] 时间内的缺货，至 t_2 时刻缺货补足；[t_2,t_3] 时间内，库存一方面以速度 D 满足需求，另一方面以速度 ($P-D$) 增加库存，至 t_3 时刻生产停止，达到最大库存量 A；[t_3,t] 时间内，以库存满足需求，库存以速度 D 减少，至 t 时刻库存降为零，进入下一个库存周期。

根据库存状态图，首先可以导出 [0,t] 时间内的平均总费用（即费用函数），然后确定最优库存策略。

从 [0,t_1] 看，最大缺货量 $B = Dt_1$；从 [t_1,t_2] 看，最大缺货量 $B = (P-D)(t_2-t_1)$。故有 $Dt_1 = (P-D)(t_2-t_1)$，解得

$$t_1 = \frac{(P-D)}{P}t_2 \tag{13.1}$$

从 [t_2,t_3] 看，最大库存量 $A = (P-D)(t_3-t_2)$，从 [t_3,t] 看，最大库存量 $A = R(t-t_3)$。故有 $(P-D)(t_3-t_2) = D(t-t_3)$，解得

$$t_3 - t_2 = \frac{D}{P}(t-t_2) \tag{13.2}$$

在 [0,t] 时间内，库存发生在 [t_2,t] 区间，平均库存量为 $0.5(P-D)(t_3-t_2)$；平均缺货量为 $0.5Dt_1$。

库存费为：$\frac{1}{2}c_1(P-D)(t_3-t_2)(t-t_2)$

缺货费为：$\frac{1}{2}c_2Dt_1t_2$

装配费为：c_3

故 [0,t] 时间内平均总费用

$$C(t, t_2) = \frac{1}{t}\left[\frac{1}{2}c_1(P-D)(t_3-t_2)(t-t_2) + \right.$$

$$\left. \frac{1}{2}c_2 D t_1 t_2 + c_3\right] \quad (13.3)$$

将式(15.1)和式(15.2)代入,整理后解方程组:

$$\begin{cases} \dfrac{\partial C(t, t_2)}{\partial t} = 0 \\[3mm] \dfrac{\partial C(t, t_2)}{\partial t_2} = 0 \end{cases}$$

可以求得模型的最优库存策略的各参数值为:

最优库存周期 $t^* = \sqrt{\dfrac{2c_3}{c_1 D}}\sqrt{\dfrac{c_1+c_2}{c_2}}\sqrt{\dfrac{P}{P-D}}$ \qquad (13.4)

经济生产批量 $Q^* = Dt^*$ \qquad (13.5)

缺货补足时间 $t_2^* = \dfrac{c_1}{c_1+c_2}t^*$ \qquad (13.5)

开始生产时间 $t_1^* = \dfrac{P-D}{P}t_2^*$ \qquad (13.6)

结束生产时间 $t_3^* = \dfrac{D}{P}t^* + \left(1-\dfrac{D}{P}\right)t_2^*$ \qquad (13.7)

最大库存量 $A^* = D(t^* - t_3^*)$ \qquad (13.8)

最大缺货量 $B^* = D t_1^*$

平均总费用 $C^* = 2c_3^* / t^*$ \qquad (13.9)

例1 企业生产某种产品,正常条件下每天生产 10 件。根据供货合同,需按每天 7 件供货。库存费每件每天 0.13 元,缺货费每件每天 0.5 元,每次生产准备费用(装配费)为 80 元。求最优库存策略。

解:据题意符合此模型条件,$P = 10$ 件 / 天,$D = 7$ 件 / 天,

$C_1 = 0.13 \, \text{元} / \text{天·件}, C_2 = 0.5 \, \text{元} / \text{天·件}, C_3 = 80 \, \text{元} / \text{次}。$

利用各公式,可得:

最优库存周期:$t^* = \sqrt{\dfrac{2 \times 80}{0.13 \times 7}} \sqrt{\dfrac{0.13 + 0.5}{0.5}} \sqrt{\dfrac{10}{10 - 7}}$

$\qquad\qquad\qquad = 27.6 \, \text{天}$

经济生产批量:$Q^* = 7 \times 27.6 = 193.2 \, \text{件} / \text{次}$

缺货补足时间:$t_2{}^* = \dfrac{0.13}{0.13 + 0.5} \times 27.6 = 5.5 \, \text{天}$

开始生产时间:$t_1{}^* = \dfrac{10 - 7}{10} \times 5.5 = 1.7 \, \text{天}$

结束生产时间:$t_3{}^* = 7/10 \times 27.6 + (1 - 7/10) \times 5.5$

$\qquad\qquad\qquad = 21.0 \, \text{天}$

最大库存量:$A^* = 7 \times (27.6 - 21.0) = 46.2 \, \text{件}$

最大缺货量:$B^* = 7 \times 1.7 = 11.9 \, \text{件}$

平均总费用:$C^* = 2 \times 80 \div 27.6 = 5.8 \, \text{元} / \text{天}$

在实际应用时,为了方便生产过程的组织,应当在保证供需动态平衡的基础上,对最优库存策略各参数作适当调整。一般来说,费用函数关于最优库存策略的微小变化并不敏感,所以,最优库存策略的适当调整并不会显著影响其最优性。

二、需求为离散型的随机模型:报童问题

在零售业中,需求大多数是离散型的随机变量,报童问题是一个十分典型的例子。该问题描述为:

报童每天售出的报纸份数 r 是一个离散随机变量,其概率已知。报童每售出一份报纸能赚 k 元;如售剩报纸,每剩一份赔 h 元。问报童每天应准备多少份报纸?

报童每天售出 r 份报纸的概率为 $P(r)$,$\displaystyle\sum_{r=0}^{\infty} P(r) = 1$

设报童每天准备 Q 份报纸。

容易知道,报童每天的损失期望值 $C(Q)$ 和盈利期望值 $C'(Q)$

分别为：

$$C(Q) = h\sum_{r=0}^{Q}(Q-r)P(r) + k\sum_{r=Q+1}^{\infty}(r-Q)P(r);$$

$$C'(Q) = \sum_{r=0}^{Q}[kr - h(Q-r)]P(r) + \sum_{r=Q+1}^{\infty}kQP(r)$$

可以证明，无论是用损失期望值最小准则，还是用获利期望值最大准则来确定报童每天的报纸最佳订购量，结果是一样的。最佳订购量 Q^* 可由下式确定：

$$\sum_{r=0}^{Q-1}P(r) < \frac{k}{k+h} \leqslant \sum_{r=0}^{Q}P(r) \qquad (13.10)$$

式(13.10)中，k 和 h 分别对应边际收益和边际损失，而 $N = \dfrac{k}{k+h}$ 则常被称为损益转折概率。由该式可知，不断计算需求 r 的累积概率，当累积概率刚大于或等于损益转折概率时，此时的 Q 值就是最佳订购量。

例 2　某工厂将从国外进口 150 台设备。这种设备有一个关键部件，其备件必须在进口设备时同时购买，不能单独订货。该种备件订购单价为 500 元，无备件时导致的停产损失和修复费用合计为 10 000 元。根据有关资料计算，在计划使用期内，150 台设备因关键部件损坏而需要 r 个备件的概率为 $P(r)$。见表 13-1。

表 13-1　备件需求概率表

r	0	1	2	3	4	5	6	7	8	9	9 以上
$P(r)$	0.47	0.20	0.07	0.05	0.05	0.03	0.03	0.03	0.03	0.02	0.02

问工厂应为这些设备同时购买多少关键部件的备件？

解：当某设备的关键部件损坏时，如有备件替换，则可避免 10 000 元的损失，故边际收益 $k = 10\,000 - 500 = 9\,500$ 元；当备件

多余时,每多余一个备件将造成 500 元的浪费,故边际损失 $h = 500$ 元。因此,损益转折概率

$$N = \frac{k}{k+h} = \frac{9\ 500}{9\ 500 + 500} = 0.95$$

根据表 13 - 1,计算备件需要量 r 的累积概率 $F(Q) = \sum_{r=0}^{Q} P(r)$,可得

$$\sum_{r=0}^{7} P(r) = 0.93 < N < \sum_{r=0}^{8} P(r) = 0.96$$

因此,$Q^* = 8$,即工厂应同时购买 8 个关键部件的备件,可使损失期望值最小。

例 3 某商品每件进价 40 元,售价 73 元,商品过期将削价。削价为每件 20 元后一定可以售出。已知该商品销售量 r 服从泊松分布:

$$P(r) = \frac{\mathrm{e}^{-\lambda} \lambda^r}{r!}$$

根据以往经验,平均销售量 $\lambda = 6$ 件。问商店应采购多少件该商品?

解:每件商品销售赢利(边际收益)$k = 73 - 40 = 33$ 元,滞销损失(边际损失)$h = 40 - 20 = 20$ 元。

损益转折概率 $N = \dfrac{33}{33 + 20} = 0.623$。

销售量 r 累积概率 $F(Q) = \sum_{r=0}^{Q} \dfrac{\mathrm{e}^{-6} 6^r}{r!}$。

查泊松分布累积概率值表可得

$$F(6) = 0.606\ 3 < 0.623 < F(7) = 0.744\ 0$$

所以,商店应采购 7 件该商品,可使损失期望值最小。

该模型是最简单、最基本的随机型库存模型,常用来解决独立的一次性订货问题。

还有需求是连续的随机变量问题,此处不作介绍。

三、关于模型实际使用的讨论

以上介绍的决策模型是库存控制中最基本、最简单的模型,也是库存控制定量研究的基础。实际中的库存问题没有那样理想化。例如:需求率和补充率往往不是常数;库容、资金、一次订购的数量可能会有种种限制;在制造业的多级库存系统中,各级之间的库存互相影响,各级库存的补充成本、库存费用、满足需求所产生的效应是不同的;库存策略的评价准则可能不只是费用最小化,因而构成一个多目标库存决策问题;实际库存量可能需求盘点后才能知道,而盘点工作要花费时间和费用;缺货损失往往难以精确计算,可能要用一个随机变量来表达。

一般来说,越接近实际,库存问题就越复杂。无论是对问题的数学描述,还是对模型的数学求解都会发生困难。解决库存问题的许多现代决策技术或方法是否能解决具体问题,有关的报道很少。在使用中必须清楚地了解模型的假设条件,不顾这些假设条件随便套用模型的态度是不可取的。另外,上述这些模型都是适用于独立需求的,对于从属需求,使用 MRP 方法最为有效。对于比较复杂的库存问题,尤其是随机型库存问题,模拟技术可能是目前比较可行的控制手段。

第四节　准时化原理与库存控制

理想的库存控制应该是对库存的正面作用得到加强,使负面作用受到有效抑制。负面作用主要表现为不恰当的库存使库存成本上升。然而,各种各样的以成本最小化的优化模型并没有说明"不恰当库存"含义,也就没有解决问题。实践证明准时化是控制库存量的最好途经,随着对准时化原理的逐步深入了解,准时化的应用范围越来越宽。但准时化生产方式虽然在企业界已广泛了解,准时化往往与看板管理、零库存等概念联系起来。在实践中运用准时化原理解决库存问题除了汽车业等行业,并不十分普遍。而研究库存问题的学者们仍热衷于优化模型,把研究随机型模型作为热点,但相关成果没有取得实际应用成果。我们认为准时化原理是现阶段唯一解决库存问题的有效理论。

一、准时化原理的发现背景

第一个有关库存控制的定量模型也许是 1915 年提出的经济订购批量模型,由于其过于理想化,在现实中鲜有成功应用案例。到 20 世纪 30 年代,人们首次感到只有按照在需要的时候,按需要数量安排库存,才是有效的库存控制思想。西方首次提出按产品的市场需求,确定产品的交货期和交货量后再计算零部件需求量和时间就可以避免库存的盲目性,按这思路发展出 MRP 理论与方法。在东方的丰田公司的丰田喜一郎也发现了这个原理,在实践中经常发生不需要的材料零部件偏偏库存不少,而急需要的物品却正好缺料缺货,他责问自己为什么不能在需要的时候按实际需要量准备库存呢?怎样才能避免这种愚蠢的做法呢?按这思路逐渐发展出准时化生产方式。所以准时化原理并不是某个人想象出来的,而是对实践中发生种种不合理的库存现象,经过思考分析后产生的新思想。通过长期的实践,不断地改进才形成了准时化理论与相应的库存控制方法。

二、准时化对"不恰当库存"的解释

过早准备库存,数量又超过实际需求被理解为"不恰当库存",这是一个关于计划期长度的相对概念。而准时化也是关于计划期的一个相对概念。如果计划期长,则长一些的提前天数是可以接收的,没有不恰当的感觉。例如,制定的是月计划,要求提前 10 天备料,不会被认为太早。同样,假定月计划产量为 1 万件,相关物品多准备 100 套,只占产量的 1%,也不会认为是过量。如果改为周计划,这时提前 10 天备料被认为是不妥,因为它超过计划期长度。超过计划量 10％的物品库存也被认为是过量了。准时化要求把计划期缩短,丰田公司把计划做到每天的投产顺序计划,按小时计算。则提前时间也只能以小时或天计算,价值量大的以小时计,价值低的以天数计。按准时化计划,由于计划期以天、甚至小时计算,所以需求数量小。提前期短,以天计,解决了"不恰当库存"问题。

三、准时化对库存正面作用的强化

库存的正面作用是保证供应满足需求,不至于因缺料、缺货导致生产中断。需求有三要素:一是需要什么;二是需要多少;三是什么时候需要。EOQ、Q/R 模式,或其他更复杂的优化模型,都在这三个要素不清楚的情况下作决策。首先假定某种库存是有需求的,需要建立库存以备日后需要,然后再从需求是确定性的,还是随即性的,可缺货还是不可缺货,补货规则是怎样的等方面研究决策方法。问题就出在假设前提,如果库存对象是独立需求,这是由市场决定的量,往往是不确定的,是个很难估计的量。建立在假设前提上提出的模型,只要实际情况不满足条件,模型就毫无使用价值。而准时化原理要求在需求三要素都明确后再做库存计划。对于独立需求允许作预测,但这是对较长计划期内的需求作预测,对于直接执行的产出计划,如周计划、日计划,则需求三要素都是明确的,如此计划不会发生缺货现象。

至于采购价格问题、突发事件问题等引起的次要作用,准时化原理主张通过其他管理途径解决,而不是靠增加库存解决。例如,价格折扣问题,通过供应商的长期合作,稳定供应渠道,共同降低成本,把价格稳定住;对付设备故障问题,通过全员参与的设备管理系统,消除设备故障,取消缓冲库存。

四、准时化消除库存负面作用

库存最大的负面作用是库存持有成本,这是一个很可观的数量。以美国波音公司为例,每年的年销售收入可达数百亿美元,但每年的平均库存价值也在 100 亿以上。库存持有成本百分比以

30%计(这是美国的平均值),这部分费用高达几十亿美元。

1. 准时化对库存量的作用

库存控制首先是控制库存量,进而实现控制库存持有成本费用。从库存持有成本计算公式知道,成本与平均库存价值成正比,而平均库存价值又与平均库存量成正比,平均库存量的计算方法是计划期内每天库存量累计后除以计划期内天数。因此又可推断采购批量大,平均库存量也大。可见只要有效降低每次的采购量,就能降低平均库存量,就能达到降低库存持有成本的目的。

准时是个模糊概念,从"在需要的时候按需要的数量生产,不提前不过量"的概念出发,按月采购相对于按年采购,是准时化,按周采购又比按月采购准时,按日采购更准时。如果年需求总量不变为 N,不同准时化程度的结果如表 13-2 所示。

表 13-2　不同准时程度的采购结果

准时化程度	采 购 次 数	采　购　量	平均库存量
一年采购一次	1	N	$N/2$
每月采购一次	12	$N/12$	$N/24$
每周采购一次	48	$N/48$	$N/96$
每天采购一次	240	$N/240$	$N/480$

注:设全年工作日 240 天,每周 5 天工作日。

准时化隐含着确定性的含义,当需求明确后才可能采取准时化措施。从表 13-2 可以看出,只要技术上可行,如果每天的需求都是确定的,则每天采购一次可以把平均库存量降低到很低的水平。从丰田公司的实例看,这已经不是理想状态,而是已经实现的事实。

2. 减少库存损耗

由于准时备料,库存的使用场合,使用的数量和时间都是确定的。库存数量少,在库时间又短,在几天或1周内都被消耗掉,所以几乎不可能发生货损。

五、MRP 中的准时化原理

在准时化思想问世以前从未从需求的性质认识库存对象,只从库存形态和使用条件方面认识库存。从需求性质看库存对象,可分为独立需求和从属需求。独立需求往往是用于销售的最终产品,由外部条件决定,主要由市场决定。而从属需求都是零部件、原材料,可以从独立需求计算得到。把库存对象按需求性质分类,分为独立需求和从属需求是 MRP 对库存理论的重要贡献。一旦独立需求被确定,其他所有的零部件、原材料的需求量都可以用简单的算术方法求得,需求的时间可以通过提前期参数推算出来。以图 13 - 8 中的 Y 产品为例,说明 MRP 中的准时化原理。

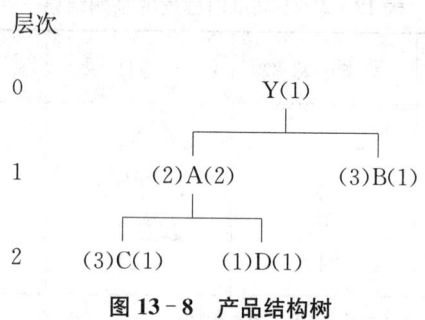

图 13 - 8　产品结构树

结构树给出三个有用信息:第一,层次结构,Y 表示最终产品,A 为部件,B,C,D 均是零件。C,D 是在 A 中的零件,属于下一层次。紧邻两层为父子关系。第二,上下层之间的数量关系,字母左侧括号内数字表示每个父项所对应的子项的数量,如一个产品 Y 包含有 2 个 A 部件。第三,字母右侧括号内数字为提前期信息,即生产或采购所需要的时间。

根据图 13 - 8 Y 产品的结构所提供的提前期信息,可以得到有关的采购提前时间,如图 13 - 9 所示。

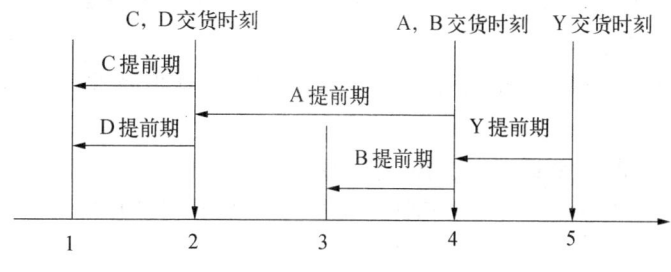

图 13 - 9　MRP 的采购提前期

MRP 把需求的三要素,对象、数量、时间确定下来。把准时化的思想表达得淋漓尽致。

六、适当的信息传递技术支持准时化

准时化原理是很科学的,是解决库存问题的最符合实际、最符合逻辑的途径。但是,建立在准时化原理之上的方法体系的实现需要合适的信息技术。在丰田公司准时化生产的初期,他们使用看板作为生产指令或发货指令的手段,在品种单一、传递链短、距离近的范围内是有效的。当供应链长,品种复杂,信息处理量很大时,就需要更先进的信息技术。我们说,准时化隐含确定的意思,当需求明确了再干。其本质含义是以"信息替代库存"。无论是MRP 的采购计划,还是 JIT 的计划体系,它们所发出的都是关于需求的信息,包括了物品对象、数量和需要的时间。上游部门接到此信息后,它不必立即准备库存,因为需求已经明了,只要在适当的提前期启动物流程序就可以保证满足下游的需求。以信息形式替代了盲目准备的库存。

复习思考题

1. 库存控制对于企业生产效率和效益有什么影响?

2. 库存在生产过程中起着怎样的作用？

3. 库存费用有哪几种？库存中的流动资金是企业财产还是企业债务？

4. 为什么说最能反映库存本质的分类标准是库存的需求特性？

5. 怎样理解 MRP 的准时化原理？

6. 库存模型的决策目标是成本最小化,在实际应用中受到哪些限制？

第十四章 成本控制

产品成本是企业在生产过程中所支出的各种费用的总和,它是一个反映企业生产活动各项工作质量的综合指标。成本控制就是在企业生产经营活动中,以预定的控制目标,对产品成本形成的整个过程进行监督,并采取措施及时纠正偏差,使实际成本的各种费用支出限制在规定的标准范围之内。成本控制还有促使成本不断降低的任务,做好企业成本控制工作,不断降低经营成本,是提高企业经济效益的最直接最有效的手段。降低成本是企业的基本功,一个成本控制不力的企业很难有竞争力。

第一节 关于成本控制的几个观点

人们普遍认为,控制成本的目的无非是为了增加利润,但增加利润的途径并非只有降低成本一条道,可以采用增加销售提高价格等手段。甚至有观点认为在原料价格与工资持续上涨情况下,成本难以控制,更不可能降低。本节讨论几个有关控制成本的观点。

一、降低成本是提高效益的主要途径

我国企业在原材料和劳动力方面的低成本优势正在逐步消失,生产成本居高不下。有些行业,如冶金、石化、棉纺等行业的产品价格与国际市场价持平,加上产品性能和质量不如人家,产品竞争力下降了。在供大于求的形势下,想通过提价和扩大销售量的手段增加利润是不现实的。企业只有摆正自己的经营观,在降低成本上下工夫,才会出现转机。

丰田公司的大野耐一曾经提出两个简单的公式来说明企业的经营观。公式一：价格＝成本＋利润，称之为成本主义，以这个观念经营企业肯定要垮台。公式二：利润＝价格－成本，它的经济意义是价格由市场决定，企业要获得利润只有靠降低成本，成本节约1分，利润就增加1分。丰田公司是以公式二作为企业经营观的，奋斗几十年成为经济效益最好的汽车制造企业。

也可以作一简单的定量分析来说明这个问题，表14-1给出计算结果：

表14-1　成本对利润的影响分析

	占收入比重％	按比重排序	降10％成本％	新的比重％
材料费用	45	1	4.5	40.5
直接人工成本	8	5	0.8	7.2
制造成本	22	2	2.2	19.8
销售成本	11	3	1.1	9.9
企业管理费	9	4	0.9	8.1
税前利润	5			14.5

为了使问题简化，假定价格和销售量不变，则收入也不变；再假定每个成本科目一律降低10％，这时原料的降低额占收入的4.5％，见上表第四列，其他的降低额比例也在该列给出，第五列给出降低成本后的成本与利润的分布比重，最有意义的是毛利润的比重由原来的5％上升到14.5％。请注意，成本降低10％，利润增加会超过10％，本例中，毛利润几乎增加了200％。

从这个例子可以说明"降低成本"与"利润增加"是等价的。除此以外，降低成本有利于提高产品竞争力。所以，我们应该充分认识降低成本的重要意义。

二、降低成本比扩大销售更有效

如果将讨论的前提限制在单纯增加利润上，那么采取降低成本的措施比扩大销售更有效。在上面计算的基础上可作进一步的计算分析。假定以上计算的对象是个年销售收入为 1 000 万元的公司。计算结果表明，成本占总收入的 95％，总成本为 950 万元，税前利润为 50 万元。成本降低 10％以后，总成本降为 855 万元，而利润上升到 145 万元，即增加了 95 万元，增长了 190％。

通过增加销售量的办法也可以增加利润，如果要增加利润 190％，销售收入必须从目前的 1 000 万元增加到 2 900 万元（即利润增加到 145 万，2 900×5％＝145）。这是一个不小的增加量，在市场格局基本稳定条件下，可以说是不现实的。何况为增加销售量必须扩大生产规模，需要大量投入。相比之下，选择降低成本的方法并不要求增加运营资金的投入，无须向银行借款，不需要额外增加人员、设备，而产生的利润增加量是直接的，不花钱的。

当然上述结论是有前提的，并不能由此得出企业不应扩大销售规模的结论，在此只是强调了降低成本的重要意义，无论何时何地企业都应该对成本控制常抓不懈。

三、成本是可以降低的

社会经济发展的历史表明生产成本是不断降低的，降低成本的根本途径是科技和管理。福特发明了流水生产线，使汽车成本大幅度下降，是采用管理手段降低成本的典型例子；几十年来个人电脑不断降价是因为芯片成本不断降低，这是科技发展导致成本下降的典型事例。科技和管理技术的发展永远不会停顿，所以降低成本也永无止境。冶金工业是个古老的行业，近来在炼铁工艺上有重大突破，可以降低 1/3 的炼铁成本，这就是例证。

我国大多数企业面对原材料和工资不断上涨的趋势，认为成本上升趋势不可逆转，这是不切实际的。其实我国企业降低成本的空间还很大。即使像丰田汽车这样的大公司，生产规模世界第一，持续几十年重视成本控制，在全球市场成本优势最强，也存在着降低成本的巨大潜力。有人从汽车车身的冲压开始到组装完成所花的时间长度作对比，日产公司一辆车花 28.3 h，通用公司要花

44.6 h,如果通用能达到日产的水平,可节约成本 500 亿美元。通用公司有如此巨大的降低成本空间,何况我国的企业。事实上,我国有许多企业在降低成本方面都有出色表现。

1993 年,原海信电视机厂把从松下引进的生产线节拍从 51 s 减少到 50 s,从中节约成本 500 万元。鞍钢到 1995 年累计亏损 2.2 亿元,学习邯钢的"模拟市场核算,实行成本否决"管理模式以后,1996 年前 8 个月盈利 3 亿元。东风汽车集团从 20 世纪 80 年代末开展"挖金山"活动,可见降低成本的潜力有多大。宝钢从 1985 年投产开始始终抓紧成本管理,从当初的成本核算,依此经过"成本节约阶段"和"成本控制阶段",进入到现在的"提升成本竞争力阶段",使公司的现金盈利能力达到世界先进水平。

四、控制成本是经营企业的永恒主题

企业间最早的竞争主要集中在成本优势,以后逐步演变成质量竞争、服务竞争、时间竞争,等等。而最近在供大于求的形势下,成本竞争又被重视起来,宝钢提出了"竞争成本论"观点,并付诸实践,取得明显效果。原宝钢董事长谢企华说:"成本管理能力是企业各种管理能力的综合集聚,通过成本管理理念和方法的不断完善,成本管理要形成一种能力,使成本管理具备渗透能力、影响能力和控制能力,最终形成企业的核心能力。"并认为"如何持续地将降本增效能力转化为一种核心能力是一个永恒的主题",这是企业家对成本管理的客观的理性的认识,是科学的论述,还原了成本管理的真面貌。可见建立成本优势仍然是企业的重要管理任务之一。

五、控制成本不是财务部门一家之事

成本控制与质量控制的相同之处在于两者都是全员全过程的控制。成本与质量一样,它也是形成于产品的全过程,对它的控制也应该从产品开发到物料采购、加工制造,直至产品推销实行全过程控制。与质量控制不同的是,成本控制是从价值量上对其他各种控制活动的综合反映,所以,成本控制还必须与其他各项控制活动结合进行。如果认为成本控制是财务部门的事情，则成本控制肯定搞不好。下一节集中讨论此观点。

第二节　全面成本控制

细心的读者也许已经注意到谢企华的"成本管理能力是企业各种管理能力的综合集聚"的观点，具有丰富管理经验的她自有其深刻的准确的把握。从成本的具体组成看，企业中的每一部门每位员工都与成本密切相关。运营部门自不必说，它是成本的最大动因，几乎90％的成本都发生在这个部门，所以是成本控制的最主要部门，但其他部门也多多少少有直接的成本发生额。运营部门的成本发生额与其他部门有间接关系，与其他部门的工作质量直接相关。例如，成本控制需要及时准确地核算，如财务部门不能提供这些数据，则运营管理部门的控制效果不可能有效，同样如果人力资源部门拿不出科学合理的考核制度，则很难引导控制作业走上准确轨道。

一、运营管理是成本控制的重点

在绪论中我们已经定义了运营管理的对象与内容，运营系统的主要功能就是转换，这过程中采购来的原材料等经过机器设备加工与人工的作业，把输入（各种资源）转换成输出（企业规定的产品或服务），同时也是成本形成的过程，包括了原料成本、设备厂房折旧、能源消耗、劳动力消耗、其他一些生产辅料等物资消耗。这些消耗量的大小、合理与否取决于运营管理水平的高低。在此不妨回顾一下本教材以前所讨论的部分管理与成本控制的关系，其余的请读者自己思考。

1. 地址选择与成本

一家企业产品的销售价与销售地区基本无关，但其成本与生产地区紧密相关，这是因为构成成本的要素在不同地区的差异很大。因此费用原则往往成为地址选择的最重要因素，西欧的传统工业大规模举迁东欧,中国一直被认为是理想的投资国家,其中成本优势是最主要原因。而近年来沿海地区企业西迁也与成本有关。服务业虽然必须接近消费者,但服务业的有些后台处理业务无需与顾客接触,这些业务也可以选择在低成本地区完成。例如美国的金融中心在纽约,但银行的信息处理业务却选择在成本较低的州,如佛罗里达等。现在更有转移到亚洲的趋势。

2. 产品设计与成本

有文献报道产品设计环节决定了产品成本的 60%。产品设计环节要完成产品的整体结构,零件的工程图绘制,原材料元器件选择等。产品结构对装配效率影响很大,零件设计对加工效率有影响,原材料等的选择与采购成本有直接关系。如果把产品规划也放在这里考虑,则设计对成本的影响更大。有经验的企业都知道开发产品的代价是很高的,因此产品要成系列,以满足广泛的需要,系列规划得合理,设计与试制工作可以大大简化,有利于降低成本。在本章第四节介绍价值工程在设计中的运用。

3. 生产过程设计与成本

生产过程设计决定了产品在制造过程中的物流,可以称作生产物流,该设计与物流的效率有关。请参看第四章第三节上海拖拉机厂齿轮车间的案例。

4. 编制定员与成本

此项工作直接与人工成本相关,在我国由于工资较低人口多,再加上工作效率低,与国外相比同样规模的企业,人员配置要多许多。如年产量相同的煤矿,我国的企业员工数量是发达国家的5~10倍。即使是生产效率与国外先进企业相差无几的我国的优秀钢铁企业,管理人员也要多出人家好几倍。当我国的工资水平不断改善,随着差距的缩小,科学定员将会成为降低成本的主要手段。本章第五节会具体讨论此方法。

5. 生产计划与成本

生产计划分长期、中期和短期三个层次,无论哪一层次的计划决策都对成本有影响,甚至影响巨大。长期计划主要体现在生产能力的规划上,能力扩张的决策风险很大,低成本扩张是企业家首先考虑的方案;在中期计划中本教材详细讨论了综合计划,该计划的目标就是追求成本最小化的年进度计划;短期计划的重点是作业计划,设备能力和劳动力资源的安排,在保证完成任务的前提下,追求成本最小的作业计划。

6. 生产控制与成本

运营管理的四大控制,除成本控制外的进度、质量、库存控制都直接与成本相关。不能按时交货会产生罚款费用,及隐性损失,质量问题直接产生质量成本,因质量报废、不良品返修、质量检验活动、客户包修、甚至质量赔偿都会引起成本增加;库存与成本关系在第十三章已有介绍。

运营管理承担着成本日常控制的主要职责。

二、其他管理与成本

1. 人力资源成本

企业竞争首先是人才竞争,但高质量的人才意味着高人力资源成本,在企业和员工之间在人力资源成本上是个矛盾体,使用高层次人才代价当然高,但高层人才能为企业带来更多收益,在人力资源成本与企业利润之间可以找到一个平衡点,是企业与员工实现双赢。早在1964年美国的郝曼森提出"人力资源会计"概念,至今已形成一套比较完整的理论体系。核心思想是用好人力资源,让他们在组织内发挥最大效用。

2. 设备事故成本

设备事故导致的成本包括:与质量相关的成本、停产损失成本、维修成本。防止发生设备故障可以避免损失,但防止措施的实施本身需要消耗一定的资源,如计划停机检修可以降低设备故障率,但它本身会造成停机损失。现代设备管理通过对设备停机价值的研究,发现降低计划停机时间和故障停机时间是同样重要的。通过优化生产组织,减少计划检修时间和生产计划停机时间,开展设备综合效率管理,开展设备故障成本分析,降低故障损失,可以大大降低设备事故的成本。

3. 环境成本

环境问题已成全球性问题,随着经济发展已成为关注的焦点。环境污染是需要付出代价的,对企业的直接代价是罚款,或排污费。清洁生产可以减少三废,但本身需要相当大的投入。这个问题已渐渐形成一门学科在研究。本书最后一章集中讨论此问题。

有充分的理由相信成本管理是全员全过程的全面管理。

第三节　成本控制的机构及其职能

成本控制有自己的特殊性,它与企业每个人每件事都有直接联系,内容十分广泛,它又以价值形式出现,所以成本控制要复杂得多、困难得多。企业的基本成本管理内容主要是成本预算和成本核算,都由财务部门承担,很容易被误解为成本控制就是财务部门的工作。成本控制是全员全过程的控制活动,不仅是企业财务部门一家的管理职能,它也是一项机能管理,涉及企业横向所有的职能管理部门。所以,建立成本控制的组织机构,明确每个部门的控制任务是实现成本控制的必要条件。

一、成本控制的程序和任务

成本控制机构的设置和确定相应的管理职能,必须和成本控制程序以及任务结合起来。

（一）成本控制程序

1. 制定成本控制目标

成本控制的目的是为了不断地降低成本,获取更大的利润,所以制定目标成本时首先要考虑企业的目标盈利总额;其次,企业利润的最后实现必须完成产品在市场上的"惊人一跃",因此成本目标又要考虑有竞争力的销售价格。由于成本形成于生产全过程,费用发生在每一件事情每一项活动上,所以又要把企业总的目标成本层层分解,各种物耗要按产品分零件制定标准,各种费用要按部门层层分解到最基本活动单位。

制定目标是一件工作量大精度要求高的任务。目标不能太粗太少,否则不利于分清责任,邯钢共制定了 10 万多个考核指标,可见工作量之大。目标要定得恰当,高了难以达到,群众没有信心,低了又失去了控制的意义。制订控制目标时需要财务人员与直接执行者共同讨论反复测算才能确定。开始时要投入大量人力,执行以后要不断修正完善。

2. 核算成本控制绩效

为了能及时控制成本支出,在成本形成过程中,要依据控制目标对发生的成本费用进行检查和监督,与目标值作比较分析,及时发现脱离目标的偏差量,以判断成本控制的绩效。成本核算值小于目标值称为顺差,表明成本处于有效控制状态;反之,称为逆差,说明控制绩效不佳,需要分析原因,加强控制。

然而这项工作的难处在于成本核算不是每天进行的,财务管理中的成本核算职能通常按月执行,这样获得的信息远远滞后实际发生量,只能用于事后控制,这是难点之一。成本控制与进度控制不同,进度控制的目标——进度计划,可以详细到每一天,而成本控制的目标是不可能分解到每天的,也没有这个必要,但必须摸清成本发生规律,掌握成本发生进度,才能实现事中控制,这是难点之二。成本核算的工作量很大,要做到及时控制的工作量更是成倍增加,仅靠财务人员是办不到的,要靠全员参与,但是生产作业人员看到的是实物量,而控制的是价值量,中间需要作换算,情况比较复杂,这是难点之三。

3. 偏差分析与控制决策

影响成本的原因太多太复杂,作出有效的控制决策必须对失控原因作仔细的分析。此项工作要与进度控制、质量控制和库存控制结合起来进行。质量对成本的影响十分直接,无须多说。库存量与成本是一对矛盾,库存多了有利于进度控制,但是会增加成本。反之,有利于成本控制,但是会影响进度。进度控制得好有利于按时交货,加快资金周转,能间接的降低成本。反之,增加在制品数量与生产周期,会增加成本。偏差分析又要做全过程的检查,包括产品设计、工艺设计、选用的工具、采购费用、生产组织的合理性、工人技术水平等等。可见控制的具体措施可能会涉及许多部门和人员。

4. 实施控制措施

控制决策形成以后需要组织各有关部门和人员贯彻执行。局部的控制措施可由各部门在本部门内实施纠正,跨部门的控制措施可通过专门的协调会议,如定期召开的经济活动分析会等,由企业总会计师统一落实。

在一个动态的生产系统中,大大小小的成本控制活动存在于企业每个角落。不论活动规模的大小,每项控制活动都有相同的程序,只是具体的内容有所不同罢了。

(二) 成本控制的内容

成本控制的内容非常广泛,但是,这并不意味着事无巨细地平均使用力量,成本控制应该有计划有重点地区别对待。各行各业不同的企业有不同的控制重点。控制内容一般可以从成本形成过程和成本费用分类两个角度考虑。

按成本形成过程可分为以下三部分。

1. 产品投产前的控制

这部分控制内容主要包括:产品设计成本;加工工艺成本;物资采购成本;生产组织方式;材料定额与劳动定额水平等。这些内容对成本的影响最大,可以说产品总成本的 60% 取决于这个阶段的成本控制工作的质量。这项控制工作属于事前控制方式,在控制活动实施时真实的成本还没有发生,但它决定了成本将会怎样发生,基本上决定了产品的成本水平。

2. 制造过程中的控制

制造过程是成本实际形成的主要阶段。绝大部分的成本支出在这里发生,包括原材料、人工、能源动力、各种辅料的消耗、工序间物料运输费用、车间以及其他管理部门的费用支出。投产前控制的种种方案设想、控制措施能否在制造过程中贯彻实施,大部分的控制目标能否实现和这阶段的控制活动紧密相关,它主要属于事中控制方式。由于成本控制的核算信息很难做到及时,会给事中控制带来很多困难,在实际工作中多数企业采用事后控制法。

3. 流通过程中的控制

流通成本包括产品包装、仓储、运输、广告促销、销售机构开支和售后服务等费用。在目前强调加强企业市场管理职能的时候,很容易不顾成本地采取种种促销手段,反而抵消了利润增量;此外科学的物流管理也能大大降低流通成本。所以流通过程中的成本控制将成为新的利润增长点。

按成本费用的构成可分为以下四方面。

(1) 原材料成本控制。在制造业中原材料费用占了总成本的很大比重,一般在 60% 以上,高的可达 90%,是成本控制的主要对象。影响原材料成本的因素有采购价格、库存费用、生产消耗、回收利用等,所以控制活动可从采购、库存管理和消耗三个环节着手。

(2) 工资费用控制。工资在成本中占有一定的比重,增加工资又被认为是不可逆转的。控制工资与效益同步增长,减少单位产品中工资的比重,对于降低成本有重要意义。控制工资成本的关键在于提高劳动生产率,它与劳动定额、工时消耗、工时利用率、工作效率、工人出勤率等因素有关。

(3) 制造费用控制。制造费用开支项目很多,主要包括折旧费、能源费、修理费、辅助生产费用、车间管理人员工资等,虽然它在成本中所占比重不大,但因不引人注意,浪费现象十分普遍,是不可忽视的一项内容。

(4) 企业管理费控制。企业管理费指为管理和组织生产所发生的各项费用,开支项目非常多,也是成本控制中不容忽视的内容。

上述的成本控制任务讲的是绝对量的控制,即在产量固定的假设条件下使各种成本开支得到控制。在现实系统中要达到控制单位产品成本的目标。

一个有效的成本控制系统应该有一个功能齐全的组织机构承担起上述全部的控制任务,才能有条不紊地执行每一项程序和控制任务。

二、建立分级归口成本控制机构

成本控制的全员全过程的特性决定了它的管理机构应该是分级的集中归口的,通常可分为三级,即工厂、车间和班组。

厂部一级可组建成本控制中心,负责全厂成本控制的管理工作。成本控制中心应该由财务部门、生产部门(包括技术、物资)、市场部门、劳动人事部门的负责人组成,由总会计师领导。中心的任务是负责整个企业的成本控制工作,制定分级归口的责任制,明确划分各级、各口的成本控制的职责范围;负责制定和审定成本控制目标,并落实到有关部门和人员。做到全厂上下目标明确,责任分明。中心的日常事务归口到财务部门。

企业成本责任分成横向和纵向两方面。横向责任即为企业各职能管理部门所应该承担的成本控制责任,这些部门都与生产活动有关,都会发生一定的费用,有的部门与产品成本的关系密切,影响重大。横向责任按性质可分为两类:一类是本部门发生的费用;另一类,也是更重要的,是为降低产品直接成本所负的责任,如设计和供应部门都有这类责任。纵向责任是指把有关的成本控制责任自上而下分配给车间、班组,甚至个人。

生产车间是中间一级,是成本控制的主要责任单位,产品成本的绝大部分在车间内形成,生产现场成本控制主要由车间组织实施。在车间也可以建立职能小组,配备受过专业训练的财务人员,负责车间一级的具体的业务职能,并负责指导工人开展成本控制活动。车间主任是当然的车间成本控制的负责人。

生产班组是企业进行生产活动的最基层组织,成本中的物耗和工时消耗大部分在班组发生。班组成员对生产活动的了解最直接最具体,他们对物资和劳动力的消耗情况最清楚,因此也最能提出改进措施,所以班组也应该确定为责任单位。通过班组可以进一步把控制目标分解到个人,实行人人控制。

建立分级归口的机构是为了在组织上加强成本控制的责任制,同时也规定了信息传递路线和方式。它的运作形式是,从上而下把成本控制总目标分解后具体地落实到企业所有部门的人员身上,自下而上逐级反馈,归口到各职能部门,最后汇总到财务部门(成本控制中心),如图 14-1 所示。

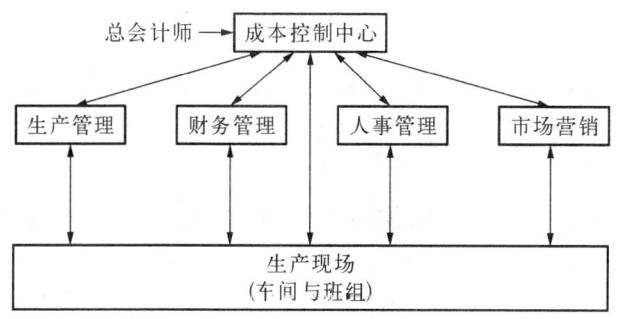

图 14-1 分级成本控制机构

在加强责任的同时还应进行主人翁精神教育,特别是车间、班组两级人员,他们的积极性发挥得如何对能否实现事中控制是十分重要的。

三、厂级各管理部门的成本控制职能

1. 财务部门

该部门肩负着资金运作和核算的职能,成本控制是其中一项重要任务。在整个成本控制系统中,财务部门起着领导、组织与协调的作用,全面指导成本控制业务。具体负责控制目标的制订、分解,厂级控制绩效的核算与分析,是全厂成本控制活动的中枢。

2. 生产部门

这是一个与生产成本关系最密切的部门,从产品设计开始到加工制造完毕(其中还包括原材料采购),有投产前的成本控制、制造过程的成本控制,是最直接最主要的执行部门。

设计科主要控制产品的性能价格比,它是这个指标的归口部门。产品成本主要决定于设计阶段的观点已为人们普遍接受,产品设计时就应该考虑到目标成本,必须按目标成本设计产品,否则就没有开发价值。目标成本=市场价格-目的利润,这是市场的铁的规律。设计人员可以从产品性能、产品结构、材料选择、加工工艺等方面采取措施,为控制产品成本创造良好的前提条件。与这指标直接有关的其他部门主要有物资供应和生产车间。

物资供应科是控制原材料成本的归口部门。首先,要保证最低的采购成本;其次,要控制好库存费用;第三,要监督原材料实际消耗。

生产科是生产管理的主要职能部门,主管生产制造过程,是制造费用的归口部门。它通过生产计划、生产组织获得一个有序高效的生产系统来大幅度降低制造费用。它与生产车间之间的联系最密切最广泛,是责任最大的部门。

3. 劳动人事部门

它是工资费用的控制归口部门,管理对象主要是人力资源。具体内容包括制定劳动定额、定员定编、工时考核、劳动生产率考核、工资奖金的发放标准等。

4. 市场营销部门

该部门全面负责流通成本控制,制定科学的营销策略和库存策略,选择科学的运输方式与路线等。今后的趋势是物流由第三方物流企业承担。

厂级的其他部门,如质量、设备动力都负有成本控制责任,但相对轻一点不作一一介绍。

厂级各部门采取的控制方式大都是事前控制方式和事后控制方式,工作的重点放在对可能影响成本的重大因素进行监视、预测,及时作出前馈控制措施;对生产现场反馈信息作仔细的分析,提出切实可行的反馈控制措施。

由于成本控制是全员全过程的控制,需要处理的信息量很大,又要求及时处理现场信息,建立相应的管理信息系统是必要的。MRPII实现了对企业生产全过程的信息管理,具有较强的成本核算功能,为成本控制提供了良好的基础,详见第十五章。

四、车间的成本控制职能

车间成本控制是厂部成本控制和班组成本控制的中间环节,起到承上启下的作用。一方面要贯彻执行上级的意图;另一方面要根据实际情况灵活支配车间的生产资源。车间一定要注重事中控制,如果车间未能及时采取控制,会失去了事中控制的最好机会。主要控制内容是:

1. 材料等可变成本控制

车间对材料的控制要抓住两头:一头是领料发料;另一头是实际消耗核查。领料是与工人本职岗位无关的生产准备工作,属于辅助生产活动,由车间负责既可节省操作工人的时间,又可严把定额领料关。核查实际消耗可以发现材料定额是否合理,操作中是否有浪费。因此要求车间管理人员抓好班组的日报工作,经常深入班组掌握第一手资料,协助班组做好日常的成本预测,以便及时发现问题,迅速研究改进措施,达到事中控制的目的。

车间对燃料动力,即对水、电、煤、气的管理也应有定额。此外,燃料动力消耗水平与加工工艺有关,改进工艺可以降低能耗。

2. 人工成本控制

人工成本在西方文献上作为可变成本,理由是车间人工成本与产量成正比。产量高可多雇工人,低了可少用工人。现在很多企业实行工资总额承包,人工成本与产量的关系变复杂了。可通过考核劳动生产率来控制人工成本,工资增长率必须低于劳动生产率的增长速度。改进生产组织形式,改进操作方法,提高人工作业率,提高工时利用率是提高劳动生产率的有效途径。

3. 车间费用控制

车间费用属于间接费用,对它的控制比对直接成本要复杂一些。除辅助材料、管理人员工资等少数科目外,多数科目不易计算定额。车间费用可分为固定费用和半可变费用,可分开处理。但只要提高对成本控制的认识,设置车间费用明细账,登记每一笔费用支出,经常分析费用支出的合理性,最终可以确定消耗定额。

五、班组成本控制职能

产品的直接成本是在班组内发生的,控制直接成本是班组的主要任务。班组就是生产现场,伴随着生产的进展,直接成本与之同步发生,班组是实行事中控制的最好场所。

1. 材料成本控制

材料成本受材料消耗与采购成本两个因素的影响。控制采购成本是供应部门的职责,班组则负责控制生产过程中的消耗量。班组对材料消耗超定额的原因最清楚最了解。一般是原材料质量原因、工人操作原因、机器运转失常等。一旦发生消耗超定额,班组长负责立即把原因查清并纠正。

2. 人工成本控制

人工消耗的标准就是劳动定额。班组控制人工成本的最有效方法是控制工人的有效工作时间。根据劳动创造价值的原理,只有直接生产工人的劳动才能创造价值。因此可采取两个措施:第一,充分保证他们的生产时间,不创造价值的活动尽可能不让他们干;第二,不断改进操作方法,提高劳动定额水平。具体措施是抓好生产现场管理,创造一个良好的工作环境,使设备保养、任务安排、材料供应、工件运送等服务工作得到可靠的保证,可以节省操作工人的大量时间。

班组要认真做好成本控制报告,为控制决策提供准确的原始资料。报告有报表和文字报告两种形式,报表主要有材料耗用日报表和工人劳动效率日报表,见表14-2和表14-3。

表 14-2　材料耗用日报表

班组:
材料:
单位:公斤　　　　　199×年×月

日期	本　日　数				本 月 累 计 数				本 年 累 计 数			
	实际用量	定额用量	差异	差异(%)	实际用量	定额用量	差异	差异(%)	实际用量	定额用量	差异	差异(%)
余额									51 200	50 000	1 200	
1	2 080	2 000	80	4	2 080	2 000	80	4	53 280	52 000	1 280	2.5
2	2 150	2 050	100	4.88	4 230	4 050	180	4.44	55 430	54 050	1 380	2.55

表 14-3　工人劳动效率日报表

班组:　　　　　199×年×月×日

姓　　名	工 作 内 容	实际完成工时	定额工时数	效率百分比较%
丁　磊	车丝杠	8	6	75
陈　实	车法兰盘	7	8	114.3

第四节　成本控制方法

一、设计成本控制方法

在产品设计阶段就要确定它的目标成本,如果设计成本达不到目标水平,就要研究降低成本的方案,直到有了可靠的措施,并能确保产品性能与质量,才能批准产品设计和试制投产。价值分析法是处理这个问题最理想的方法。

价值分析法的原理是从用户的需要出发的,用户购买产品的愿望是价廉物美,即性能价格比高。价值分析法把价值定义为:

$$价值＝功能/成本$$

价值是指产品对用户的实用价值,功能指产品本身具有的用途,成本指产品寿命周期总成本,由制造成本和使用成本构成。运用价值分析法,力求以尽可能低的成本(费用)实现产品的必要功能,追求的是价值最大化,在这一点上与用户的愿望是一致的。实施步骤分下面三步进行。

1. 确定研究对象

从理论上说,企业所有产品的设计和试制工艺都应该成为价值分析的对象,但由于企业人力所限,有重点地选择研究对象是取得控制成效的关键。要选择那些对产品功能影响大,成本又比较高的零部件作为分析对象。

确定研究重点也有许多操作方法。比较简单的是经验估计法,企业一般都积累有一定的经验,知道哪个产品利润厚,哪个产品利润薄,据此可以确定分析对象。也可使用 ABC 法,即把产品的零件按成本大小顺序排列,然后绘制成本累积排列图,把占总成本 70％左右的少量零件(约占零件总数的 20％左右),作为价值分析的对象。由于价值分析法追求的是功能与成本的最大比值,以上方法就显得有点简单化,因此可使用强制确定法。

强制确定法考虑零件对产品功能的重要程度和成本比重两个因素,得出的结论比较可靠。先将各零件列出,排列成方阵,按其对产品功能的重要性作两者之间的对比,重要的零件得 1 分,次要的零件为 0 分,按行相加得每个零件的评分值。用每个零件的评分值除以全部零件总分,算得零件的功能评价系数。表 14 - 4 给出计算例子。

表 14-4　打分与评价系数计算

序号	零件名称	A	B	C	D	E	评分值	功能系数
1	A	×	1	0	1	1	3	0.3
2	B	0	×	0	1	1	2	0.2
3	C	1	1	×	1	1	4	0.4
4	D	0	0	0	×	0	0	0.0
5	E	0	0	0	1	×	1	0.1
	合　计						10	1.0

　　同时列出零件成本,每个零件成本除以零件成本总数,得到零件的成本系数。此时可算得零件的价值系数,即零件的功能系数与成本系数的比值。十分明显,价值系数反映了零件对产品功能的重要性与成本支出之间的关系,价值系数为 1 者,表示成本支出与重要程度相当。所以应选择价值系数小的零件作为价值分析的重点对象,见表 14-5 给出的计算例子。表中最后一列成本差异的含义是,正值表示该零件的节省数量,负值表示该零件有改进的余地,可以选定为降低成本的对象。

表 14-5　零件的价值分析

零件名称	功能系数	目前成本(元)	成本系数	价值系数	按(4)分配成本	成本差异
	(1)	(2)	(3)	(4)=(1)÷(3)	(5)=(2)×(4)	(6)=(5)-(2)
A	0.3	1 200	0.2	1.5	1 800	+600
B	0.2	2 100	0.35	0.57	1 200	-900
C	0.4	900	0.15	2.67	2 400	+1 500
D	0.0	1 080	0.18	0	0	-1 080
E	0.1	720	0.12	0.83	600	-120
合计	1.0	6 000	1.0		6 000	

2. 功能分析和评价

选定了研究对象（比如某个产品）以后需要对它作功能分析，目的是确定该产品究竟应具有哪些功能，再结合实现功能的成本，评价产品的价值量。这是应用价值分析法的关键步骤。可再分三步进行。

首先作功能定义，即用简明准确的语言描述产品的功能。功能是反映产品内在本质的一个概念，通过功能定义，明确产品功能的实质，为选择方案提供依据。定义产品功能一般用动词加名词的短语来表达。如杯子的功能为存放液体、钻床的功能是钻孔。描述要抽象，动词部分使用有助于扩大思路的词汇。如钻床功能定义改为打孔，"打"的含义广泛得多，可以联想到用电脉冲、激光等手段打孔。这样有助于想出与旧产品不同的新原理、新结构、新材料。

然后进行功能整理。产品及其零部件，常常含有多种功能，它们的重要程度、使用性质是不同的。功能整理的目的是通过功能分类（使用功能和艺术功能、基本功能和辅助功能、上下位功能和并列功能），根据功能之间的相互关系，整理出功能系统。进而确定哪些是必要功能，哪些是多余的不必要的功能，以便从整体出发，寻找提高价值的途径。

最后作功能评价。就是对产品的功能系统的每个功能作价值评价，以确定作价值分析的重点功能，对价值低的功能要采取措施加以改进，提高其价值。

3. 提出改进方案与方案评价

根据功能分析确定了工作重点，并提出改善重点功能的各种设想，可以从修改设计、改进工艺、更换材料等方面提出具体的改进措施，产生几个在技术上、经济上比较完善的方案，通过对方案的评价，选出最好的方案，并组织实施。

产品需要不断改进，加工的技术在不断发展，人们的认识在不断提高，所以，运用价值分析方法降低成本是无止境的。只要能够把群众的主人翁精神发挥出来,把价值分析工作普及化、日常化,在降低成本活动中会产生极大的效果。

二、标准成本控制法

标准成本控制法是一种较理想的事中控制成本的方法。它的基本原理是对控制对象事先确定标准成本,并设立标准成本卡,在生产过程中,不断地将实际消耗量与标准成本作比较,计算成本差异,分析差异原因,采取控制措施,将各项成本支出控制在标准成本范围之内。

标准是一个相对概念,标准成本有理想标准和正常标准之分。正常标准是指在正常条件下,企业通过一定的努力,提高效率减少浪费后应该达到的成本。使用正常标准比较现实,理想标准可以作为不断追求的目标。

标准成本包括生产成本中的材料、人工、费用三项,直接材料标准成本应根据技术部门确定的材料消耗定额和物资部门的标准价格算得;直接人工成本标准应根据劳动人事部门制定的劳动工时定额(财务上称为标准工作时间)乘上标准工资率求得;制造费用分摊标准可以按设备的生产能力分摊,应该运用弹性预算原则,把标准分摊率分为固定和变动两部分。标准成本控制方法是典型的会计方法,本书不作赘述,可参阅相关会计书籍。标准成本法中最重要的步骤是确定标准成本,或称目标成本。下面通过邯郸钢铁公司的圆钢案例来说明运用方法。

邯钢实施的"模拟市场核算"法从特征上分析属于标准成本法,其核心就是确定目标成本,从市场价格和目标利润倒推出某项产品的目标成本,用公式表示就是:

单位目标成本 = 市场价格 - 单位产品负担的期间费用
- 单位目标利润

该公式表示邯钢的成本计量方法由过去以"计划价格"为依据的"正算法",改变为以市场价格为依据的"倒推法",即:将过去从产品的原材料进价开始,按厂内工序逐步结转的"正算"方法,改变为从产品的市场售价减去目标利润开始,按厂内工序逐步推算的"倒推"方法,使目标成本等项指标真实地反映市场的需求变化。

以邯钢的圆钢生产为例,圆钢生产工艺流程如下:

炼铁—炼钢—开坯—轧材

由公式:目标利润=本年预计单位利润×(1+计划年度利润增长率),可以求得圆钢的单位目标利润。利润:上年度圆钢单位销售利润为 370.50 元,计划年度目标总利润比上年增长 5%,则计划年度该产品目标销售利润为 370.50×105%=389 元。圆钢产品售价为 2 200 元,单位产品负担的期间费用 238 元,单位目标利润 389 元,则这种圆钢的单位目标成本(制造成本)=2 200-238-389=1 573 元。

计算出圆钢的目标成本之后,关键在于如何用倒推法挖掘各工序的潜在效益,将指标层层分解下去,逐步落实到各责任单位和责任人,以保证目标成本的完成。有了计划年度的目标成本,通过本年度圆钢的单位成本可以确定计划年度成本降低任务。假设上年度圆钢产品单位成本为 1 627 元,则计划年度圆钢每吨成本应降低 54 元(1 627-1 573),这 54 元的成本任务需要用倒推法通过指标挖潜核定产品生产流程中各工序的目标成本。

由圆钢的生产工艺流程,邯钢做法的第一步首先从轧材厂挖潜,挖潜的方法就是主要技术指标比先进、找差距。看这些指标是否达到本企业历史最高水平,和国内外同行业同类型设备的先进水平比有多大的差距,这个差距就是潜力,再从本单位实际情况出发,制定出通过努力能够实现的既先进又合理的指标。指标定下来了,该工序的挖潜额也就可以计算出来。通过圆钢目标成本挖潜测算表测算出轧材成本吨材成本可以降低 7 元,即从 1 627 元/t 降为 1 620 元/t,见表 14-6。

表 14 - 6　圆钢目标成本测算

成　本　项　目		计量单位	本年度预计单位成本		指标挖潜		计划年度目标成本	
			单　耗	金　额	单耗	金额	单　耗	金　额
原材料	坯	t	1.046	1 499.96	0.004	5.74	1.042	1 494.22
	减：回收	t	0.015	20.25	0.003	4.05	0.012	16.20
轧制费用	轧昆	kg	1.180	6.72	0.030	0.17	1.150	6.55
	油脂	kg	0.055	0.24			0.055	0.24
	树脂瓦	kg	0.004	0.05			0.004	0.05
	焦油	kg	35.500	28.40	0.750	0.06	34.750	27.80
	电	kWh	68.400	21.90	9.400	3.02	59	18.88
	水	t	2.126	0.81	0.126	0.05	2	0.76
	直接工资	元		13.71				13.71
	职工福利	元		1.92				1.92
	制造费用	元		73.54		1.47		72.07
单位制造成本		元		1 627		7		1 620

上表进一步把轧材工段降低成本 7 元的目标分解到该工段内的 11 道工序上。

对照轧材供需挖潜的方法,可以分别求得开坯工序的挖潜潜力为吨坯降成本 8 元,影响吨材成本降低 $8 \times 1.042 = 8.34$ 元;炼钢工序的挖潜潜力为每吨钢降成本 28 元,影响吨材成本降低 $28 \times 1.26 \times 1.042 = 30.93$ 元;要求吨材成本降低 54 元,还有 7.73 元的差距(50－46.27),这可以倒推到炼铁这道工序。这就是说,通过倒推法,如果这 4 个加工步骤都能实现各自的挖潜任务,每吨圆钢成本下降 54 元就有了保证,从而成功地实现"模拟市场核算"。

成本控制实现事中控制才有价值,由于成本核算的滞后时间较长,月成本核算少则几天,多则 10 天半个月,成本已发生了,所谓控制只能对下个计划期实施。标准成本法如果能像邯钢这样把目标成本分解得很细,再提供单位资源的成本值,就有希望实现事中控制。以邯钢为例,由于每个岗位上的工人都掌握了资源单价数据,自己随时可以计算成本消耗量,他们也最清楚成本发生的合理性,使成本的形成过程时时掌控在第一线员工手中。

第五节　降低成本实务

本教材十分强调降低生产成本在生产管理中的重要地位,几乎每一章节的内容都与成本有关,本节集中介绍若干实用的降低成本的方法。

一、简化组织结构减少管理费用

企业组织理论告诉我们,组织结构随着业务的发展会有复杂化倾向,组织内每一层次上都会发生人员增多的现象,这样既会降低工作效率,又会增加工资支出,所以需要经常地对组织机构进行分析。分析要遵循以下三条规则。

(1)控制管理幅度。一名经理主管的下属不能超过 10 人,又不能少于 7 人。

(2)监督重要部门。公司负责人应该直接分管对利润影响最大的部门。

(3)减少管理层次。公司主管与基层管理部门之间的管理层次保持在最低程度。

关于管理幅度和层次在管理学中有详细讨论,此处不作赘述。要指出的是在企业行政管理中,部门经理的控制范围必须在 7～10 人之间,多了精力分散,少了浪费资源;工种复杂班组以 15 人为限,工种简单的班组,组长可管到 50 人。

企业中采购部门是个对利润影响重大的部门,采购部门经理经手的费用占到企业总收入的 50%,对公司的盈亏状况有很大影响,但很少有企业主管将其置于自己的直接管理之下,这种情况应该引起重视。

图 14-2 是一个具有代表性的机械制造厂的生产组织结构图。你会注意到,只有 3 个部门级经理向主管生产的副总经理直接汇报;厂长仅有 4 个直接下属;总调度管 2 位车间主任。该组织层次多达 7 层,管理幅度小。工资总额为 424 000 元。改进后的组织结构如图 14-3 所示。

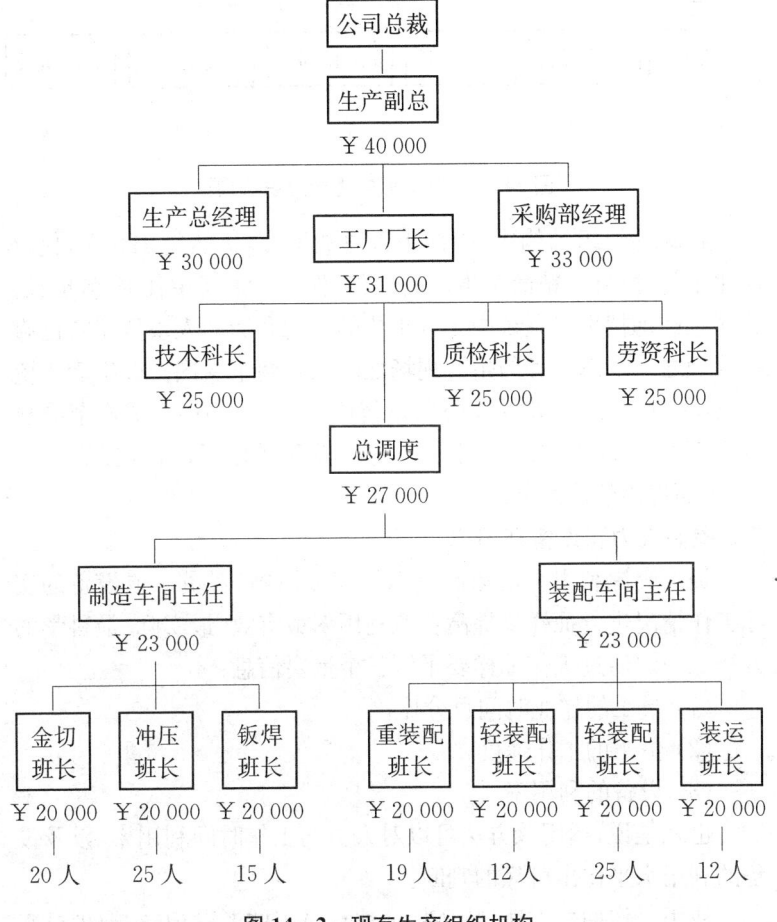

图 14-2 现有生产组织机构

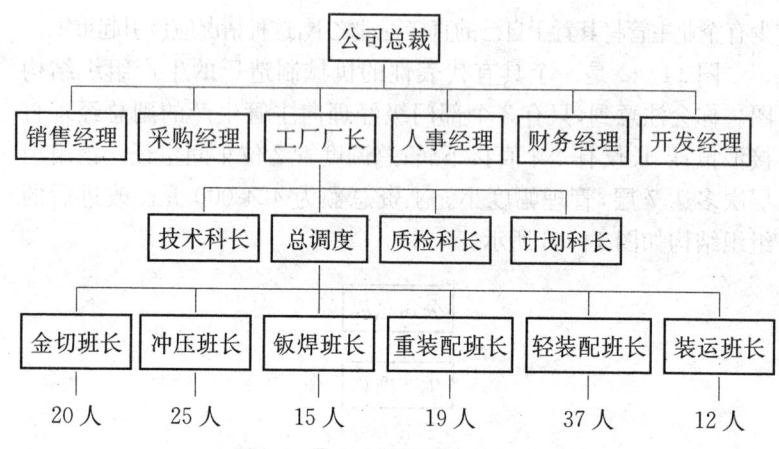

图 14 - 3 改进后的生产组织机构

在新的组织结构中,生产工人总数不变,仍然是 128 人,仅仅简化了管理机构,精简了生产副总经理、2 个车间主任、1 名班长。公司总经理把生产系统中十分重要的采购和劳动人事置于自己直接管理之下。总经理与生产现场之间只有两个层次。改组后工资少支出 10.6 万元,如果该公司销售收入为 500 万元,成本节省额占 2.12%。另外,因减少管理层次,联系增强了,可以提高生产率,进而提高经济效益。

二、提高人力和设备利用率

提高资源利用率是降低成本的有效措施,对员工或设备的实际工作情况进行抽样是提高资源利用率最有效、最实际、最科学的方法之一。通过工作抽样要了解三个重要信息:

(1) 员工的作业时间百分比;

(2) 员工的工作速度;

(3) 设备的利用率。

也就是说,运用该方法可以对人员的工作时间利用率,以及设备的利用水平作出可靠的判断。

使用工作抽样方法,特意提请注意员工的考勤记录,缺少员工的出勤资料，会使得以工作抽样计算的工时利用率很不正确。事实上，当你最后决定某个部门所需配备的人数时，缺勤资料起着很重要的作用。比如，工作抽样表明一个有 20 名人员的部门，可以减少 10% 的人员，即 2 人。但事实上该部门的出勤率只有 90%，这意味着还可以减少更多人，至少可减去 3 人。

通过对设备利用率的检查可以发现一些有价值的问题。如发现设备的准备时间所占比重较高，就意味着存在某些低效率原因；如果设备的准备时间正常，而修理时间所占比例较高，说明设备保养有问题，或者设备老化了；也可能各方面都正常，就是机器空闲时间为 30%，那么就表示设备有余，或者生产管理不善。

经验表明用工作抽样方法可以在很短时间内把资源利用率提高 10%，这方法又是防止人员臃肿现象回潮的唯一途径。

三、确定降低成本的主要方向

上述两种方法可以作为短期的降低成本的应急措施，降成本作为一项长期任务，应该寻找主要方向。方法十分简单，只要列出成本核算表，并计算每项成本占销售收入的百分比就可以确定。见本章第一节表 14-1。按百分比由大到小排列：材料（45%），制造成本（22%），销售成本（11%），企业管理费（9%），直接人工成本（8%）。该企业材料成本所占份额最大，应该作为降低成本的主要方向。

企业的种类不同，各成本科目的比重不尽相同。以手工作业为主的服务业，人工成本会有较大比重；在采掘业，以人工作业为主的，人工成本最主要；以机械化作业为主的，制造费用比重很大；在制造业中，原材料比重一般都很高，有的可达 90% 以上，如饲料加工业。抓重点的思路很简单，首先抓住花钱最多的部门，能实现最大的节约。

四、加强采购管理

降低采购成本对提高利润的重要性无论如何不能低估。现实中企业主管对材料采购是十分重视的，不过他们关心的是材料是否准备充足，而对降低采购成本的认识还是十分缺乏的。对于采购工作企业主管要记住的是三项关键的采购原则：一要学习采购，参与采购工作；二要让你的采购经理把精力集中在花费最大的材料的选择、交货和周转上；三不要急于完成采购，要和销售与生产计划配套。以下一些具体的工作方法是很实用的。

1. ABC 管理方法

此方法虽很古老，但仍然十分有用，把主要力量放 A 类零件上，然后是 B 类零件，最后才是大量的低价值的零件。

2. 采购公开，引入竞争机制

采购部门向所有的供应商公开采购清单，重申采购政策。不要不恰当地依靠一家供应商，不拒绝会见任何一家公司的推销员，引进供应商之间的竞争是有益的，有利于降低报价。

3. 采购标准材料

材料标准化在采购领域中是一个重要的然而常常被忽视的成本节省技术。标准的、普通的材料因大量制造大量供应其价格都不昂贵。采购以降低总成本为目的，为了在总体上有更大节省，即使某些方面成本稍有增加也是可取的。例如对几种材料的订货，即使每单位价格便宜些，但需分别订货和检验，反倒可能增加总费用。不如材料种数减少，即使单价高一点，因减少手续费用，总费用可能会低一些。最好在产品设计时就考虑材料的标准化问题。

4. 采购人员的廉洁

降低采购成本的必要措施是给采购人员谈判的自由度。但采购部门又很容易产生诱惑力，所以对采购人员为了私利而损害企业的行为，要采取措施保证采购人员的廉洁。除了职业道德教育以外，对外采取预防措施，如公司向供应商重申公司政策；对内采取监督措施，如货比三家、材料检验入库后再付款，甚至加工成零件后再付款，等等。

五、重新设计产品

提高利润的一个重要机会是重新设计现有产品。通过恰当的重新设计有利于降低材料成本、人工成本和制造费用，还能提高质量,使产品更具竞争力。需要对产品重新设计的原因有很多,如产品结构不合理、零件材料价格上涨、加工工艺落后等都可能使产品成本过高,不再有利可图。对于市场畅销产品,因其销量大更有利可图,也需要重新设计。在许多情况下,对畅销产品只需对内部零部件进行重新设计,外观不宜变动。

关于成本控制的方法以及降低成本的措施有很多很多,每一种方法每一项措施都只能是局部有效,并且有它自身的适用条件。抓成本不能把成功的希望寄托在几种方法上,最重要的还是靠企业自身的自我加压机制,靠企业全体员工上下一致的决心和创造精神。丰田汽车公司40年紧抓成本和质量不放松,使一个年产仅万余辆车的企业发展成世界第一大汽车制造企业。邯郸钢铁公司从抓成本入手,使企业摆脱了亏损的困境,掌握了经营管理的主动权,短短数年企业规模翻番,单位产品经济指标已居国内首位,整体指标直追宝钢。这些企业的成功不是偶然的,说明了控制成本在生产经营中的重要地位,是企业管理的永恒主题。

复习思考题

1. 如何理解降低成本是提高效益的主要途径?

2. 增加利润有哪几种途径?请作利弊分析。

3. 控制成本为什么不是财务部门一家的责任?

4. 目标成本是怎样确定的?

5. 成本控制包括哪些内容?

6. 企业各职能管理部门在成本控制中是怎样参与控制的?

7. 车间与班组有哪些成本控制责任?

8. 价值分析在成本控制中起什么作用?

9. 采购部门在成本控制中处于什么地位?可以采取哪些采购手段降低成本?

第十五章 MRP，MRPII 与 ERP

20 世纪 60 年代初，随着电子计算机技术的不断完善，利用电子计算机强大的信息处理能力，开始进入企业管理领域，起先用于编制物料需求计划(material requirements planning，MRP)，使企业的物资计划与控制取得了极大成功，令企业物资管理进入一个新的阶段。而后经过 10 年的发展，扩展到生产系统的制造资源计划(manufacturing resource planning，MRPII)，大大提高了计划的质量，提高了对生产过程的控制能力。在此基础上又把管理的范围延伸到销售管理与财务管理。因此，制造资源计划(MRPII)的概念已不再局限于制造资源计划，它已把企业的主要职能管理的信息集成于一个统一的系统，为企业建立管理信息系统(management information system，MIS)打下坚实的基础。这种管理系统适用于多品种小批量生产类型。到 20 世纪 90 年代，管理功能扩展到企业的所有方面，实现对全企业资源的计划和控制，于是出现了企业资源计划(enterprise resource planning，ERP)。本章主要介绍有关的基本原理和方法。

第一节　MRP　概　述

加工装配式生产的工艺顺序是：将原材料制成各种毛坯，再将毛坯加工成各种零件，零件组装成部件，最后将零件和部件组装成产品。如果按照要求的交货时间交付一定数量的某种产品，就必须按照恰当的数量、在恰当的时间准备各种毛坯、生产或采购相应的零部件，最后组装成所需要的产品。要使各生产阶段和环节相互衔接,必须准确地确定原材料、毛坯和零件的投入产出时间和数量。现代工业产品日益复杂,一种产品常常包括成千上万个零件,而加工这些零件需要各种不同的原材料,可以想象,要把每种零件和每种原材料的需要量和需要时间计算出来,其复杂性和工作量可想而知。过去,由于缺乏现代化生产管理的方法与工具,只能采用手工方式编制生产作业计划,对这样复杂的计算无能为力。随着电子计算机的广泛应用,电脑可以帮助管理者快速和准确地完成这种复杂的计算。从最初的物料需求计划(MRP)到制造资源计划(MRPII),再发展到企业资源计划(ERP),计算机技术在企业管理中得到了广泛的应用。因此研究 MRP 的有关概念及方法,无论对于消化国外的 MRP 软件,还是结合本企业的特点自行开发 MRP 系统,都有十分重要的意义。

一、独立需求与从属需求

我们都知道,按需求的来源不同,企业内部的物料可分为独立需求和从属需求两种类型。独立需求是指需求量和需求时间由企业外部的需求来决定,例如,客户订购的产品、科研试制需要的样品、售后维修需要的备品备件等;从属需求是指根据物料之间的结构组成关系由独立需求的物料所产生的需求,例如,半成品、零部件、原材料等的需求。

从属需求是 MRP 的重要原理之一,是对库存认识的一个重大进步,生产中的库存控制主要对象就是从属需求。两者之间的关系可用图 15-1 表示。

当独立需求,即企业的最终产品确定以后,对零部件的需求根据图 15-1 表示的产品与零部件之间的关系可以一一算得。图中列出的是纵向的从属关系,零件取决于组件,组件取决于部件,部件又取决于产品。另外还有横向从属关系,如随产品出厂的备件、附件等,数量很少,是次要的。在 MRP 中,要为每种产品建立一个类似的结构图,称为物料清单,简称 BOM(bill of materials)。

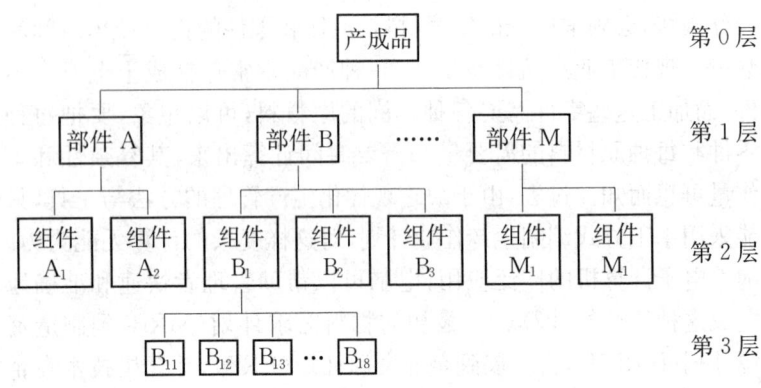

图 15‑1 从属需求

二、MRP 的基本功能和原理

MRP 按反向工艺顺序来确定零部件、毛坯直至原材料的需要数量和需要时间。对于加工装配式生产来说，如果确定了产品出产数量和出产时间，就可按产品的结构确定产品的所有零件和部件的数量，并可按各种零件和部件的生产周期，反推出它们的出产时间和投入时间。所以 MRP 的基本功能是：(1) 从最终产品的生产计划(独立需求)导出相关物料(原材料、零部件等)的需求量和需求时间(相关需求)；(2) 根据物料的需求时间和生产(订货)周期来确定其开始生产(订货)的时间。

然而，要正确编制零件计划，首先必须落实产品的出产进度计划，用 MRPII 的术语就是主生产计划(master production schedule,MPS)，这是 MRP 展开的依据。MRP 还需要知道产品的零件结构，即物料清单(BOM)，才能把主生产计划展开成零件计划；同时，必须知道库存数量才能准确计算出零件的采购数量。因此，基本 MRP 的依据是：(1) 主生产计划(MPS)；(2) 物料清单(BOM)；(3) 库存信息。

物料在转化的过程中，需要不同的制造资源(机器设备、场地、工具、工艺装备、人力和资金等)，有了各种物料的投入出产时间和数量,就可以确定对这些制造资源的需要数量和需要时间,这样就实现了围绕物料的转化过程组织制造资源,按需要准时生产。

综上所述,我们将 MRP 随着其发展过程分为开环 MRP、闭环 MRP 和 MRPII,对其基本原理介绍如下。

早期的 MRP 解决了物料的需求问题,但它没有考虑这些物料需求计划是否有可能按时完成,所以称它为开环的 MRP。它的工作逻辑如图 15-2 所示。

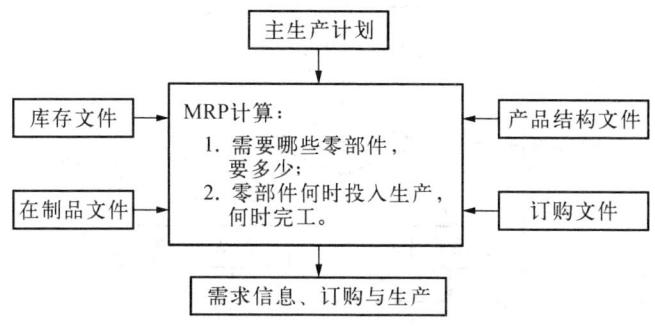

图 15-2 开环 MRP 的工作逻辑

闭环 MRP 是在开环 MRP 的基础上增加了处理生产能力的功能,根据产品出产计划和物料需求计划,进一步作生产能力计划,具有生产能力平衡功能。如果生产能力不能满足计划要求,则能够对计划作相应的调整。此外,它还具有收集生产活动执行情况和记录外部环境信息变化的功能,将它们作为计划调整或下期计划的依据,具备了对生产作计划和实施控制的功能。它的工作逻辑如图 15-3 所示。

MRPII 将企业经营管理的三大职能管理连成一体,所以它不仅具有生产计划与控制功能,还具有对企业计划的实施效果进行模拟的功能,这些功能对企业高层决策具有重要意义。制造资源主要包括原材料、设备和劳动力,闭环的 MRP 基本上实

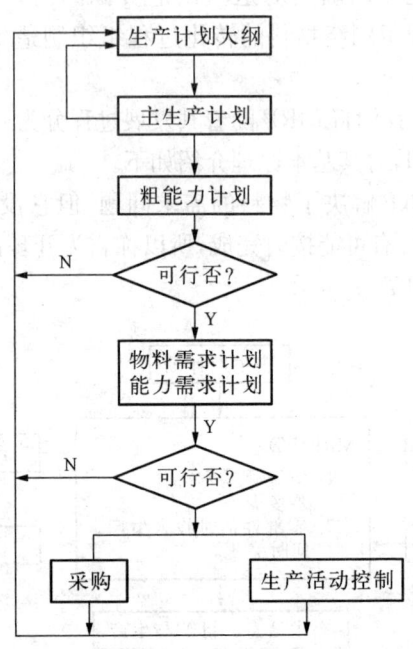

图 15‑3 闭环 MRP 的工作逻辑

现对制造资源的计划与控制,也就是说具有生产的日常管理功能。由于企业系统的整体特性,生产活动与销售、财务活动有着密切的联系,下一步的扩展自然就是把销售与财务管理的有关功能和生产管理结合起来。在 20 世纪 70 年代实现了这些功能,标志着 MRP 发展到了 MRPII。MRPII 的工作逻辑如图 15‑4 所示。

三、MRPII 的意义

由于计算机的强大的计算功能和信息储存能力,使人们对生产经营的管理能力加强了,由原来对产品的管理进入到以零件为对象的管理,实现对企业制造资源的准确计算,避免了库存管理中的盲目性,做到了准时生产,获得显著的效果。此外,它实现了生

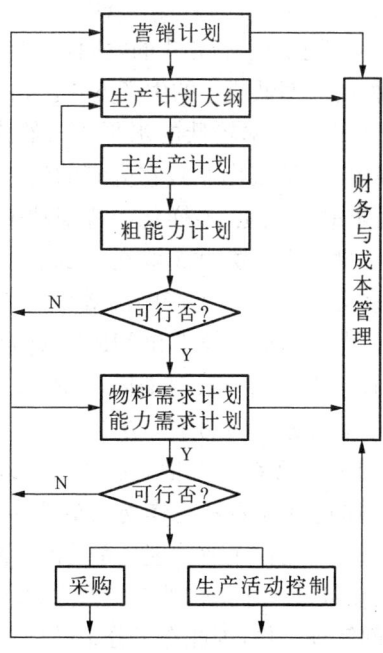

图 15－4　MRPII 的工作逻辑

产数据和财务数据的集成,改变了财务信息严重滞后于生产信息
的现象,并成为指导和修正生产活动的标准,从而达到企业整体盈
利的目标。据对美国成功实施 MRPII 的企业的调查,有以下统计
结果:

库存减少	25％～30％
库存周转率提高	50％
准时交货率提高	55％
装配车间劳动生产率提高	20％～40％
采购资金节约	5％
降低成品库存	30％～40％
缩短生产周期	10％～15％
提高生产率	10％～15％

突击加工减少   25%

自从 20 世纪初流水线生产方式的发明,为少数品种大批量生产类型找到了一种高效率低成本的生产方式。相比之下多品种小批量生产类型一直处于效率较低的水平。虽然成组技术出现较早,但因处理手段落后(手工作业),它应有的优势未能充分发挥。另一方面,社会需求的个性化、多样化趋势却越来越明显,因此在制造业中多品种小批量生产类型企业在数量上占主导地位,社会需要一种适合于多品种小批量生产的高效率的生产方式,MRPII 填补了这个空白。尤其是成组技术和 MRPII 结合在一起,使生产效率大大提高。预计在今后一段时期内,MRPII 将仍然是多品种小批量生产类型企业普遍采用的生产方式。

MRPII 最重要的意义在于在信息技术的支持下实现了企业的系统管理。最早的企业,如家庭作坊式的小企业,企业主集销售、生产和财务管理于一身,企业管理是系统的。随着企业规模扩大,管理业务无论在数量上还是在种类上都大大增加了,企业主一人已不能承受全部管理工作,因此有了分工。自泰罗制以后,形成了以不同管理职能为条线的职能管理体制,产生了各种职能管理专业,如财务、营销、生产等专业。职能管理专业化提高了职能管理的质量和效率,是管理的一大进步,但随之而来的是企业的整体性淡化。随着企业规模的不断扩大,这种倾向越来越严重,企业系统的整体效率降低了,以致在 20 世纪 80 年代,美国企业界发出了"小的就是美的"的呼声。而 MRPII 由原来的物料需求计划逐步发展到实现对企业的系统管理,这是企业管理史上一个新的里程碑。这是管理思想与信息技术相结合的产物,它给人们的启示将是深远的,预示着信息技术在管理科学中将发挥越来越大的作用。

第二节   MRP/MRPII 的输入和输出

任何先进的管理技术或方法都需要基础性工作来支持,要运行 MRP/MRPII 系统,必须首先做好基础管理工作,以便为 MRP/MRPII 系统提供必要的信息。MRP 主要涉及两方面的基础数据,即产品结构文件(BOM)、时间分段和提前期。MRPII 除了上述两方面的基础数据外,还有加工工艺数据和生产资源数据等。这些统称为生产数据库,它是生产管理系统的数据中心,集中了生产经营活动的基本数据,为各部门共享。

一、MRP 的输入和输出

对于一个基本的 MRP 系统,需要有 5 方面的输入数据,即主生产计划、产品结构文件(BOM)、库存文件、订购文件和在制品文件。具体内容说明如下:

1. 主生产计划

这是一个以企业的最终产品(出厂产品)为计划单位的全厂性的生产计划,它与第八章的总体计划中的总产量计划的含义不同。主生产计划需要明确产品的品种型号和完工的时间,即它详细规定生产什么、什么时间应该产出,是个权威性的文件。它的计划期长度必须大于产品的生产周期,可以认为主生产计划就是独立需求计划。

2. 订货文件

能作为独立需求项目的除了产品外,还包括直接用于销售的零部件。订货文件就是指用户对备品备件和用于设备维修的零部件的订货记录。

3. 库存文件

它是关于每个从属需求项目库存的记录文件,记录内容包括项目的库存状态信息和计划参数。前者记录了库存量的动态变化过程,如库存量、可供应量、已分配量等;后者主要是一些用于订货的固定数据,如订货提前期、安全库存、订货批量等。

4. 在制品文件

即库存项目正处于加工过程中的记录文件,包括加工数量与加工进度等信息。

5. 产品结构文件

产品结构文件包括产品结构和零件清单两大部分,统称为BOM 表。

(1) 产品结构。定义产品结构的文件是 BOM,在 MRP 的展开中,BOM 起着引路的作用,以确定每个父项下面各个子项的标识、需求量、记录地址等。BOM 给出两个最基本信息,即父项与子项之间的从属关系和数量关系。如图 15 - 5 所示。

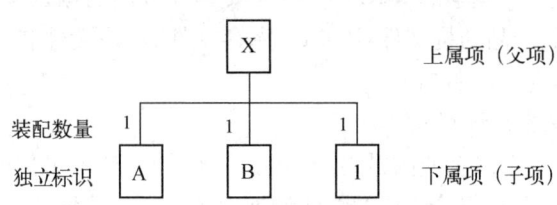

图 15 - 5　物料构成示意

图 15 - 5 中 X 为父项,可以是产品或部件、组件,A,B,1 为子项,每个项目都有自己的独立标识。方框左上方的数字表示需求量。

制造业的产品结构比较复杂,品种规格很多。在基本型产品上会派生出许多变型产品,它们的特点是基本结构相同,个别零部件不同。如在产品结构数据库中对每一产品的结构都作完整描述,会造成数据重复,所以为了适应变型产品不断增加的现实,BOM 应该设计得非常灵活。为此采用把项目描述和结构描述分开的方法。如某厂有独立定义的项目 10 项,分别标识为:X,A,B,C,Y,1,2,4,8,9。其中,X,Y 为产品项,A,B,C 为部件或组件,余下 5 个用数字标识的为零件。图 15 - 6 为用单级描述法表达的产品结构。其中(a)图为 X,Y 两种产品在计算机上的存储方式;(b)图表达了两个产品的完整的结构,即结构描述。

从图 15 - 6 中可以看出,对产品或部件只描述其直接下层,产

366

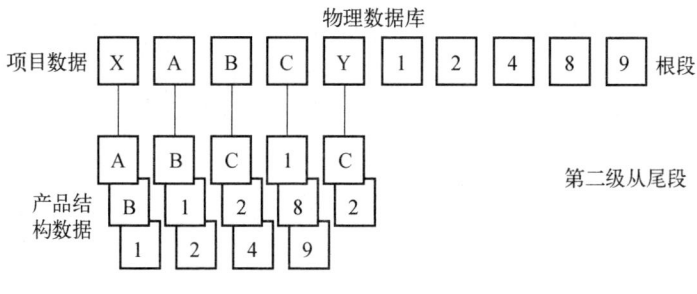

（a）存储的产品结构数据形式

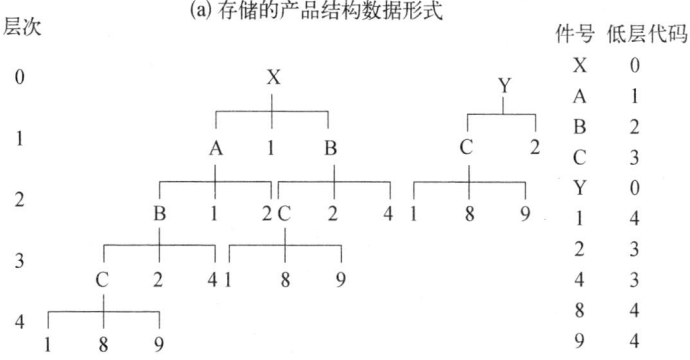

（b）产品结构树和低层代码

图 15‐6　产品单级结构与低层代码

品结构数据按单级零件清单存储，每个单级零件清单只出现一次见（a）图。除结构信息外，还需存储需求数量。单级结构的好处是，虽然某些零部件在多处用到，但只需描述一次。如某部件的结构改变，只需改变它在计算机中的单级零件清单，它在各产品中的结构在运算中自动改正。

（2）零件清单。零件清单是从产品到零件的逐级分解，用于计算产品的组成成分和有关数量。展开型零件清单有三种形式，分别为单级展开、层次展开和综合展开。图 15‐7 表达了产品 X 的三种形式的展开清单。

产品 X	
件号	数量
A	1
B	1
1	1

部件 A	
件号	数量
B	1
1	1
2	1

部件 B	
件号	数量
C	1
2	1
4	1

部件 C	
件号	数量
1	1
8	2
9	1

(a) 单张展开

产品 X

件号(按层次错开排列)	数量
A	1
· B	1
· · C	1
· · · 1	1
· · · 8	1
· · · 9	1
· · 2	1
· · 4	1
· 1	1
· 2	1
B	1
· C	1
· · 1	1
· · 8	1
· · 9	1
· 2	1
· 4	1
1	1

(b) 层次展开

产品 X

件号	总数
A	1
B	2
C	2
1	4
2	3
4	2
8	2
9	2

(c) 综合展开

图 15－7　展开型零件清单

不同展开形式有不同用处，单级展开用于计算部件计划的需求量和计算部件费用；层次展开可用于计算产品计划的需求量和计算产品费用；综合展开检查产品的零部件配套最为方便。

MRP 系统可以按照需要提供多种不同内容与形式的输出,其中主要的是各种生产和库存控制用的计划和报告。结合我国企业情况的主要输出列举如下:

① 零部件投入出产计划。零部件投入出产计划规定了每个零件和部件的投入数量和投入时间、出产数量和出产时间。如果一个零件要经过几个车间加工,则要将零部件投入出产计划分解成"分车间零部件投入出产计划"。分车间零部件投入出产计划规定了每个车间一定时间内投入零件的种类、数量及时间,出产零件的种类、数量及时间。

② 原材料需求计划。规定了每个零件所需的原材料的种类、需要数量及需要时间,并按原材料品种、型号、规格汇总,以便供应部门组织供料。

③ 库存状态记录。提供各种零部件、外购件及原材料的库存状态数据,随时供查询。

④ 将要发出的订货。

除此以外 MRP 还能输出其他与库存管理有关的信息,但不是它的基本功能。

以上是开环 MRP 的功能,它比较成功地解决了物料需求计划和库存物品的控制,在压缩库存,减少流动资金,保证生产过程不因配套原因而中断等方面取得了成功。

二、MRPII 的输入和输出

生产资源不仅仅只有物资一种,生产过程能否正常进行还与包括人力和设备在内的生产能力资源有关,人们的视野就从物料需求计划扩展到制造资源计划。MRPII 在开环 MRP 管理系统基础上增加生产能力平衡计划。包括粗能力平衡计划、能力需求计划和生产活动控制等功能。

粗能力平衡计划。它是在物料需求计划以前进行,目的是通过对初步确定的主生产计划进行生产能力上的初步分析,判断主生产计划的可行性,如不可行,则修正主生产计划,最终为了得到一个基本可行的主生产计划。此时对生产能力粗平衡的能力计量单位是产品,所以是比较粗线条的。工作流程已在图15-2表明,在粗能力平衡以后有一个判断功能,返回到前面修正主生产计划。生产能力平衡通常使用模拟方法。由于主生产计划的时间跨度比较长,模拟也只能是比较粗线条地确认生产能力是否有保证。

能力需求计划。它是一个短期计划,根据物料需求计划,按时间分段、按加工中心精确地计算设备负荷,以判断生产能力是否与加工量相匹配。如发现能力不足,一般是调整生产能力,即采取各种短期的能力调整措施(具体方法可参阅本书第七章内容)。如果能力无法平衡,则返回到前面的主生产计划,重新修正主生产计划。此时的生产能力是指设备的加工机时,计划程度是比较细的。

生产活动控制。它是对生产的派工,生产活动的输入输出信息的控制。具体来说把物料需求计划的输出信息作为制造过程的输入,编制设备或加工中心的作业顺序和作业完工期。然后将这些信息返回到主生产计划,以验证主生产计划可行与否。

上述三个环节的反馈控制由粗到细逐级展开,第一步虽然是粗能力平衡,但它为下一步的能力需求计划提供了成功的基础,减少返回修正主生产计划的次数。生产能力需求计划的精度细分到时间分段和加工中心,提高了下一步的生产过程模拟的成功率。经过三个环节的计算或模拟,计划的准确性很高。

另外,MRPII在物料需求计划的基础上向物料管理延伸,实施对物料的采购管理,包括采购计划、进货管理、供应商账务管理及档案管理、库存账务管理等等;由于系统已经记录了大量的制造信息,包括物料消耗、加工工时等,在此基础上扩展到产品成本的核算、成本分析;主生产计划和生产计划大纲的依据是客户订单,因此,向前又可以扩展到销售管理业务。因此已不能从字面上来理解"制造资源计划(MRPII)"的含义。

所以,MRPII 的输入在 MRP 的基础上还应增加加工工艺数据、生产能力资源数据、工厂日历、车间控制数据、成本数据,等等。

1. 加工工艺数据

它记录着各零部件的加工工艺流程,以及各加工工艺与所使用的设备的对应情况。加工工艺数据库可分工艺阶段数据和工艺路线数据。阶段划分以工艺大类或车间为标志,如机械行业中的铸造车间、锻造车间、金工车间、热处理车间等。数据包括车间名称或代号、起止工序、提前期、价值增量等,为编制计划、生产衔接、经济核算提供数据。工艺路线数据包括:工序号、工序所在的工作中心号、可替代的工作中心号、工时定额、工序提前期等数据。有了该数据,就可以计算出零部件加工对各种设备的需求情况,以及投入和产出的时间节点。

2. 生产能力资源数据

它包括设备和人力两种资源,在机械化程度高的企业中设备资源最为重要。需要把相同或相似工艺的设备划分成工作中心,生产作业量和能力的平衡以工作中心为单元。它的数据项包括:工作中心号、中心描述、设备数、人数、工作班次、每班工作时间、时间利用率、加工排队时间、工时单位成本、工缴费用等数据。

3. 工厂日历

它是专门用于编制计划的日历,由普通日历去掉所有不生产的日子,再按顺序编排得到。采用工厂日历的目的是为了排除停产时间的影响,便于排计划,也可提高计划的准确性。

MRPII 所包含的功能非常丰富,并且越来越强。一般有关销售管理、物料管理、财务管理、生产计划与控制,以及报表等功能,因此 MRPII 的输出内容也非常丰富。结合我国企业情况,MRPII 在 MRP 的基础上,主要输出列举如下:

（1）工艺装备机器设备需求计划。提供每种零件不同工序所需的工艺装备和机器设备的编号、种类、数量及需要时间。

（2）零部件完工情况统计，外购件及原材料到货情况统计。

（3）对生产及库存费用进行预算的报告等。

第三节　生产管理子系统的工作流程

生产管理子系统是 MRPII 的核心部分，体现 MRPII 基本原理的种种管理方法都集中在该系统，通过本节对操作层面技术的介绍，对 MRPII 会有更深更具体的了解。

一、MRP 参数的确定

为了使 MRP 系统正常工作，在前面输入的基础数据的基础上，还要输入同组织生产相关的项目定义数据。主要如下：

（一）期量参数

1. 计划展望期

系统生成的物料需求计划所覆盖的时间长度称为计划展望期，其实它就是主生产计划所覆盖的时间长度。它必须大于最长的累计提前期（采购、制造和装配提前期的累加）。

2. 时间分段

从理论上说时间分段长度可以任意选择，但实际使用中，大部分企业取一周为分段单位。也有一些新的系统以日为单位，计划得更精确。计划展望期是以时间分段为计划单位。

3. 提前期

提前期是指一项任务从开始到完工所花费的时间长度，一般由两部分时间组成，一是任务下达前的准备时间，称作管理提前期；另一是制造周期，即零件的投入提前期。关于提前期的数据可在加工工艺数据库中获得。

4. 批量

即一次计划生产（或订购）的数量，生产批量不一定要与净需求量相同,可根据生产需要适当确定批量。在实际使用中有两种处理方法:一种是固定某个批量,这个数量可能适合于生产,也可用经济批量法求得;另一种是直接批量法,即以净需求量为批量,批量随需求而变动。

5. 安全库存量

安全库存是为了应付不可预料事件而采取的预防性措施,因此即使没有毛需求,只要实际库存低于安全库存量,也会产生净需求,也要生产(或订货)。由库存理论知道,安全库存多了少了都不好,但要确定一个合理的安全库存实际上是一件不容易的事情。在 MRP 系统中,如果生产能力比较宽余,安全库存量可小一些,甚至可以取消安全库存量。

(二)主生产计划项目选择

MRP 是根据产品结构确定从属需求项目,产成品就很自然地作为独立项目成为主生产计划项目,实际情况未必完全如此。主生产计划项目应选择产品结构各层次中项目最少的那个层次项目。产品由部件组成,部件由组件构成,组件又由零件组成,一般而言,产品结构从产品层到零件层逐级往下,项目数量逐渐增大。如汽车、电视机等机电产品一般都具有这一特征,产品项目数最少,因此选择产品为主生产计划项。但由于受市场需求多样化影响,有的企业产品的派生系列不断增加,形成了最终产品的项目数大于部件数,这时候,如果为每种产品建立 BOM,则工作量很大,重复计算多,是不经济的,这时应该选择部件为主生产计划项目。主生产计划项目选择一般有三种情况,如图 15 - 8 所示。

(a)图和(b)图上文已有说明,(c)图表示使用较少种类的原材料或零部件制造大量品种规格的最终产品,这时选择的项目要靠近下层一些,这种情况比较少见。

二、物料需求展开的计算方法

物料需求计算分三步进行,即依次计算毛需求、净需求、对订

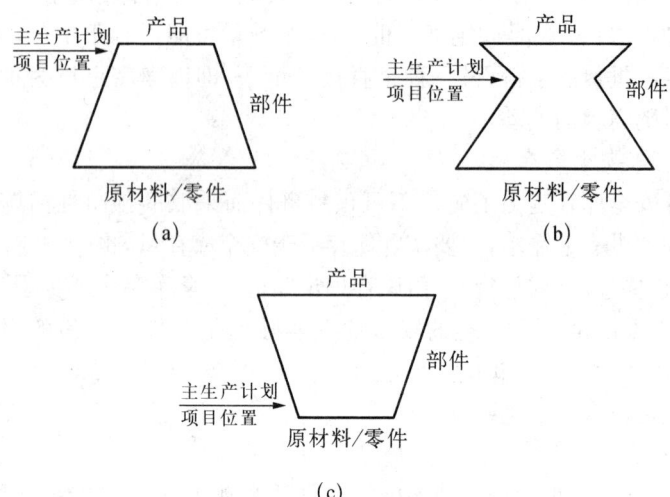

图 15‑8　主生产计划项目选择

单数量和下达日期作计划。

（一）计算方法

1. 毛需求量计算

一个项目的毛需求量等于它的所有父项的计划下达订单数分别乘上各单位父项的使用数量,再加上该项目预测的独立需求量。

2. 净需求量计算

净需求量需要根据库存量作调整,在算得第 1 个周期的净需求后,再推算以后各周期需求量（以下计算假设安全库存为零）。

第 1 周期计算公式：

预计库存量 ＝ 现有库存＋计划入库量－已分配数－毛需求量

公式右边前两项之和为库存供应量,后两项之和为消费量（需求量）。如预计库存为正,说明供应量有余,则第 1 周期净需求为零。反之,如预计库存为负,意味着产生了净需求,其数量等于预计库存的相反数（即净需求量＝－预期库存量）,这样净需求恰好补偿了预计库存量,所以此时预计库存量为零。以后与此相同。

以后各周期计算公式:

预计库存量 = 前期库存量 + 计划入库量 − 毛需求量

当预计库存为正时,净需求量为零;当预计库存为负,且库存供应量(前期库存量 + 计划入库量)为正时,则净需求为预计库存的相反数。

3. 订货数量与订单下达计划

按照物料提前期和批量政策确定订单下达计划,在一个时间分段(周期)计划只下达一个订单,保证净需求数量。

(二)计算举例

为了便于理解,我们以图 15-6 中的产品 Y 为例作方法介绍。表 15-1 给出了产品 Y 零部件的有关信息。

表 15-1　产品 Y 的制造信息

物　料	描　述	提前期	批　量	单　位	采购/自制
Y	产品	1	直接批量	个	M
C	部件	1	直接批量	个	M
2	零件	2	直接批量	个	M
8	零件	1	固体批量	个	M
1	采购件	2	直接批量	个	P
9	零件	1	固定批量	个	M

表 15-2 给出了产品 Y 的主生产计划。

表 15-2　产品 Y 的主生产计划

周　期	1	2	3	4	5	6
数　量	35	30	30	25	40	35

表 15 - 3 给出了零部件的现有库存量。

表 15 - 3 **表 15 - 3　现有库存信息**

项　目	C	2	1	8	9
数　量	5	10	40	15	45

另外已知项目 1,2,8 在周期 1 有计划入库量,分别为 10 个、40 个、20 个。计算结果列于表 15 - 4 至表 15 - 7。有关说明如下:

(1) 表中计划入库量指计划开始时已有的订货,本例仅第 1 周期有该数值,其余都为零。

(2) 第 $(t-1)$ 期的预计库存量就是计算公式中的第 t 期的前期库存量。

(3) 第 0 周期的预计库存量为公式中的现有库存。

(4) 由于项目 1,8,9 是项目 C 的子项,所以它们的毛需求根据 C 的净需求算得。

表 15 - 4　项目 C 的 MRP 展开表

提前期:1 周;订单下达政策:1 周净需求之和

计　划　周　期	0	1	2	3	4	5	6
毛　需　求　量		35	30	30	25	40	35
计　划　入　库　量							
预　计　库　存　量	5	0	0	0	0	0	0
净　需　求　量		30	30	30	25	40	35
计　划　订　单　入　库		30	30	30	25	40	35
计　划　订　单　下　达	30	30	30	25	40	35	

表 15－5 项目 2 的 MRP 展开表

提前期：2周；订单下达政策：2周净需求之和

计 划 周 期	0	1	2	3	4	5	6
毛 需 求 量		35	30	30	25	40	35
计 划 入 库 量		40					
预 计 库 存 量	10	15	0	0	0	0	0
净 需 求 量			15	30	25	40	35
计 划 订 单 入 库			45		65		35
计 划 订 单 下 达	45		65		35		

项目 9 的计算与项目 8 相同，读者可自行试算。

三、能力需求计划与平衡

在订主生产计划时已进行粗能力计划平衡，但它难以保证每个时间分段、每加工中心的能力平衡，此处订短期的能力需求计划及其平衡。主要步骤叙述如下。

（一）编制工序进度计划

有倒序排产法和顺序排产法两种，倒排工序计划用得比较普遍。下面结合一个简单例子作说明。

1. 信息汇总

从已下达的车间订单文件和计划下达订单文件中得到订货量与交货期。如表 15－6 中项目 2 在第 2 周计划下达订单数量为 65 个，第 4 周交货（理解为第 4 周末或第 5 周初），以工厂日历表示，见表 15－8。

表 15－6 项目 8 的 MRP 展开表

提前期：1周；订单下达政策：固定批量＝50个

计 划 周 期	0	1	2	3	4	5	6
毛 需 求 量		30	30	30	25	40	35

计 划 周 期	0	1	2	3	4	5	6
计 划 入 库 量		20					
预 计 库 存 量	15	5	0	0	0	0	0
净 需 求 量			25	30	25	40	35
计 划 订 单 入 库			50	50		50	50
计 划 订 单 下 达		50	50		50	50	

表 15 - 7　项目 1 的 MRP 展开表

提前期：2 周；订单下达政策：2 周净需求之和

计 划 周 期	0	1	2	3	4	5	6
毛 需 求 量		30	30	30	25	40	35
计 划 入 库 量		10					
预 计 库 存 量	40	20	0	0	0	0	0
净 需 求 量			10	30	25	40	35
计 划 订 单 入 库			40		65		35
计 划 订 单 下 达	40		65		35		

表 15 - 8　项目 2 交货信息

项　　目	订 货 数 量	交 货 期
2	65	第 4 周

　　从加工工艺文件中获得有关加工信息，列在表 15 - 9 中，假定项目 2 的工序 5 和工序 7 需要分别在工作中心 1 和 2 上加工。

表 15 - 9　项目 2 的工艺信息

加工次序	工序号	工作中心	准备时间(h)	单件加工时间(h)
1	5	1	1	0.4
2	7	2	0.6	0.2

从工作中心文件得到有关的排队时间信息,如表 15 - 10 所示。

表 15 - 10　工作中心排队时间信息

工 作 中 心	平均排队时间(天)	平均移动时间(天)
1	1	1
2	1	1

2. 计算对工作中心能力需求

即计算每个工作中心的每道工序的作业时间,它等于整批的加工时间加上准备时间。此例的计算为:

工序 5 的作业时间＝65×0.4+1＝27(h)

工序 7 的作业时间＝65×0.2+0.6＝13.6(h)

目前各中心只有一项加工任务,它的工序作业时间就是对工作中心的能力需求。

3. 计算工序的交货日期和开工期

采用倒排法,从项目的交货日期往前逐个推算出每道工序的交货期和开工期。推算的依据是提前期,提前期由作业时间、排队时间、移动时间等构成。将作业时间换算到以天为单位时需要用到工作中心的两个参数:利用率和效率。假定两个工作中心的利用率都是 0.9,效率都是 0.95,每天开一班为 8 h,则每天的有效工作时间为:8×0.9×0.95＝6.84 (h)。

为加工项目 2 的工序 5 所需要工作中心 1 的时间为:27/6.84＝3.94(天),定为 4 天。

工序 7 所需工作中心 2 的时间为：13.6/6.84＝1.98(天)，定为 2 天。

由于工序 7 是后道工序，所以日程计划从工序 7 排起。它的提前期等于排队时间(1 天)、作业时间(2 天)、移动时间(1 天)之和，共有 4 天。同理，工序 5 的提前期为 6 天。根据项目 2 的 MRP 展开的计划，这 65 个零件应当在第 4 周的星期五下班前完工，则工序 7 的开工时间提前 4 天，应该是第 4 周的星期二，它的能力需求日期为第 4 周的星期二到星期五，4 个整天。把工序 7 的开工时间作为工序 5 的完工日期，则工序 5 的开工时间是第 3 周的星期一。整个排产情况由图 15-9 表达。

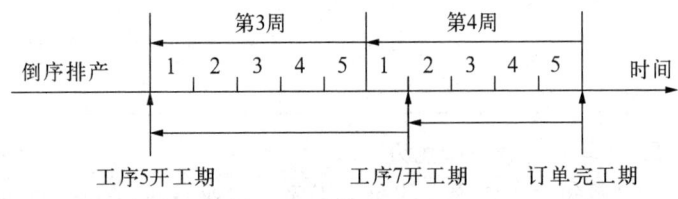

图 15-9　零件 2 的工序排产图

由于 MRP 的项目 2 的提前期为 2 周，与上面的计算完全一致。该计划没有一天保险日期，只要不发生意外，按上述计划生产不会发生延期交货。较一般的情况是项目提前期大于排产提前期，这时有一定的机动时间。如果把 MRP 订单下达时间作为订单开工时间，它就是订单的最早开工时间，而倒序排产得到的开工时间则是最迟开工时间。

（二）编制工作中心负荷图表

当所有订单的工序进度计划编制完成以后，要编制以工作中心为单位的负荷图。

1. 计算工作中心负荷

对每个工作中心按时间周期把所有订单的能力需求累加起来，求得工作中心的负荷量，通常汇总成表格形式，并制成直方图。如在计划期产品 X 和 Y 的全部零件需要在工作中心 1 加工，负荷计算的结果已制成表格，如表 15-11 所示。

项目号	周					期				
	1	2	3	4	5	6	7	8	9	10
2	0	0	40	35	20	30	0	0	0	0
4	0	0	0	25	15	30	45	0	0	0
8	0	0	0	0	30	45	50	45	0	0
9	0	0	0	0	0	0	35	45	50	55
累　计	0	0	40	60	65	105	130	90	50	55

2. 计算工作中心的可使用能力

它是中心的机器数、每班工作时间、每天班次数、每周期工作天数、机器利用率、效率的乘积。全部数据可在工作中心文件和日历文件中取得。

3. 工作中心负荷报告和负荷图

负荷报告和负荷图是根据工作中心的总负荷量制成的。总负荷由工作中心计划负荷和已下达的负荷工时组成。报告形式和内容见表 15‑12 所示。负荷图见图 15‑10。

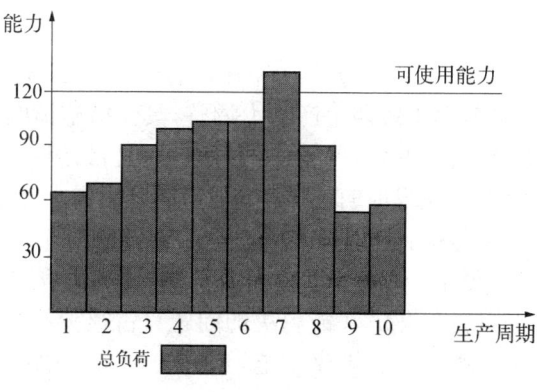

图 15‑10　工作中心负荷

表 15 - 12　工作中心负荷报告

计 算 内 容	周 期									
	1	2	3	4	5	6	7	8	9	10
已下达负荷工时	65	70	50	40	40	0	0	0	0	0
计划负荷工时	0	0	40	60	65	105	130	90	50	55
总 负 荷 工 时	65	70	90	100	105	105	130	90	50	55
计 算 内 容	1	2	3	4	5	6	7	8	9	10
可 使 用 能 力	120	120	120	120	120	120	120	120	120	120
超 / 欠 能 力	55	50	30	20	15	15	—10	30	70	65
能力利用率 %	54	58	75	83	87	87	108	75	42	46

（三）负荷与能力平衡

如果工作中心的负荷与能力严重不平衡，需要进行能力平衡。造成能力不平衡的原因可能有：主生产计划不当；粗能力计划时没有平衡好，存在瓶颈工序；提前期数据不当等等。针对原因逐一分析检查，一一加以纠正。

如采取上述措施后能力仍不平衡，就要对能力或负荷作调整。这时的能力调整属于短期生产能力调整，具体措施请阅读第七章第四节。调整负荷的措施一般有：减小加工批量；组织交叉作业；减少准备时间；修正提前期等等。重复计算能力需求计划，反复平衡，直到取得满意的计划方案。

多品种批量生产类型的作业计划中，作业排序是一件十分麻烦的事情，目前的优化方法能解决的问题只占很少部分。目前的MRPII 软件中都有作业排序功能，可在使用手册中找到使用方法，此处不作介绍。

目前的 MRPII 的商业化软件的功能十分强大,关于库存管理、销售管理、财务管理的模块功能都很强,由于那些内容只是管理手段的电算化,不代表 MRPII 的技术特征,所以对那些内容不作介绍。有兴趣的读者可查阅有关文献。

第四节　ERP　简　介

进入 20 世纪 90 年代,世界经济格局发生几个显著变化。第一,全球冷战时代结束,加速全球经济一体化的进程;第二,以 IT 技术为代表的新经济开始起飞,在社会生活中占据越来越重要的位置;第三,市场需求呈现多元化、个性化的需求变化,企业已不能单纯靠扩大规模来降低成本和增加利润,生产模式向混合型变化。MRPII 已不能适应新的需求特征,MRPII 需要发展。

1990 年,提出了评估 MRPII 的内容和效果的软件包,这些软件包被称为 ERP。从最初的定义来讲,ERP 只是一个为企业服务的软件,在这之后,全球最大的企业管理软件公司 SAP 在 20 多年为企业服务的基础上,对 ERP 的定义提出了革命性的“管理＋IT”的概念,定义为:ERP 就是通过利用信息技术,实现企业内外部资源的共享和协同,克服企业中的官僚制约,把客户与供应商的相关业务纳入管理范围,使得各业务流程无缝平滑衔接,从而提高管理效率和业务的精确度,降低交易成本,提高企业的盈利能力。它有以下 4 个要点。

(1) ERP 不只是一个软件系统,而是一个集组织模型、企业规范和信息技术、实施方法为一体的综合管理应用体系。

(2) ERP 使得企业的管理核心从“准时化原则”转移到“准时化＋利润最大化原则”,这种管理方法和手段的应用范围从制造业扩大到了其他行业。

(3) ERP 的管理范围从单个企业顺着供应链扩大到上游的供应商和下游的分销商或者客户,上下游的合作伙伴也成为企业的重要资源。

（4）就软件结构而言，现在的 ERP 必须能够适应互联网的应用，可以支持跨平台多组织的应用，并和电子商务的应用具有广泛的数据、业务逻辑的接口。

ERP 软件系统应该包括财务管理、供应管理、生产管理、质量管理、销售管理、设备管理，以及与之相配套的企业业务流程管理，覆盖所有企业主要的管理业务。

复习思考题

1. 叙述 MRPII 产生的背景、发展的过程和意义。

2. 把需求分为独立需求和从属需求有什么积极意义？

3. MRP 的时间分段是什么含义？时间分段的长短对计划有什么影响？

4. MRP 有哪些输入文件？各起什么作用？

5. MRPII 的粗生产能力平衡与能力需求计划及平衡有什么不同？

6. 确定主生产计划的计划展望期遵循什么原则？为什么？

7. 用单级描述法表达产品结构有什么好处？

8. 零件清单有几种形式？各起什么作用？

第十六章　精益生产方式

精益生产方式产生于日本丰田汽车公司,是福特流水线生产发明以来,对流水线生产方式最重大的变革。它经受住了1973年石油危机的冲击,在当时世界各大汽车企业普遍陷入困境时,丰田公司却一枝独秀,获得丰厚的利润。这种生产方式的强大的竞争优势在市场萧条环境中充分体现出来,受到了各大厂商的关注。首先在日本掀起一股研究、学习、推广的热潮,10余年经久不衰,使日本制造业的整体水平大大提高,到20世纪80年代使日本制造业赶上并超过美国。80年代后,这种生产方式在发达国家受到重视,并结合自己的国情纷纷采纳应用。本章任务是:第一,介绍精益生产方式的管理思想和基本方法;第二,实施精益生产的途径。

第一节　精益生产方式的产生及其意义

百余年的汽车工业发展史上有过两次生产方式的重大变革:一次是福特的大批量流水线生产方式否定了单件生产方式;另一次就是丰田的精益生产战胜了大批量流水线生产方式。这两次变革不仅极大地推动了汽车工业的发展,还大大推进了世界经济的发展。

一、精益生产方式产生的背景

汽车在德国诞生于1886年,到1914年为止,都是采用单件生产方式,那时的汽车工业生产率低、数量小、成本高、价格贵,汽车市场十分狭小。1914年,福特流水线生产方式为汽车工业带来一场革命。其管理思想是实行单一品种的大量生产,采用高效的专用机床组织起零件生产线,采用移动式的装配线,这样可以充分发挥分工带来的提高生产率的优势。据有关资料介绍,实行流水线生产以后,每台发动机的制造工时由 750 min 降低到 226 min,每辆车的总装工时从 750 min 降低到 93 min。由于生产率的成倍提高,生产成本大幅度下降,汽车价格不断降低,得以使优质价廉的汽车大量进入普通百姓家庭,培育起一个巨大的汽车消费市场。但是这种生产方式不能适应多品种需求的缺陷,随着社会的进步,面对社会需求多样化的发展趋势,变得越发明显。社会需求呼唤着新的生产方式。

二战以后,日本的汽车工业开始起步。当时的丰田公司决定全面生产轿车和货车,但很快发现公司面临着很大的困难。一是国内的汽车市场很小,并且对品种的需要很复杂,如果采用大批量生产方式,既不可能,也没有足够大的市场。二是战后的日本缺乏资金和外汇,不可能大量引进最新的生产技术和设备。当他们考察了美国的汽车制造厂以后意识到,日本的汽车工业要发展,只能结合自己的国情走出一条自己的新路来。

在 50 年代初,有人估计日本的生产率只有美国的 1/9,而丰田公司认为日本的汽车工业比这更落后,也许还不到 1/10。但他们十分清楚,不是日本的工人个小,10 个工人才抵上 1 个美国工人,而是自己做了傻事,肯定在什么地方存在大量浪费,为了提高生产率,不是多花力气的问题,而是应该消除所有的浪费。这一思想就成为探求新的生产方式的出发点,精益生产方式中的许多具体的管理方法都是围绕这个思想展开的。丰田公司从这个管理思想出发,经过 20 多年的努力,最终形成了精益生产方式。

二、精益生产方式的基本特征

精益生产方式是在流水线生产基础上发展起来的,因此它具有流水线生产的基本特征,即生产组织采用对象专业化形式,实行流水线生产。但为了克服流水线生产柔性低的缺点,在经营思想与操作方法上作了重大改进,具有自己新的特征。

1. 在生产制造过程中生产指令采用后工序拉动方式

为了完全适应市场多品种需求,企业必须根据市场的需求来安排制造计划,要做到准时生产及时满足,即市场需要什么产品就生产什么产品,需要多少就造多少,不提前生产,不过量制造。传统的生产指令顺着加工流程从前工序推向后工序的方式已不能实现这个目的,精益生产方式采用看板管理方法成功地解决了这个问题,它极大地提高了适应市场多品种需求的能力,同时又大大降低了在制品库存量。它是一种由市场需求拉动的准时化生产方式。

2. 组织作业小组,充分发挥每位员工的积极性

市场情况复杂多变,企业要提高自身的应变能力,仅靠少数的决策者是不可能的。企业要具有一种"自律微调"的功能,每个岗位上的人都能根据实际情况,主动地及时地调整自己的作业。尤其当丰田公司在探索一种新的生产方式时,没有每个员工的支持与积极参与是不可能成功的。在组织上赋予作业小组(team work)一定的权力和责任,作业小组除了完成生产任务以外,还参与企业管理和各种改善活动。精益生产方式是靠全体员工的主动协调精神,支撑着整个管理体系,实现生产系统的柔性,可以说,作业小组是实行精益生产方式的基础。

3. 在生产组织结构上,精益生产采用专业协作化形式

汽车制造业的传统组织形式是纵向一体化,企业的效率比较低。而精益生产方式,整车厂只把表征汽车关键技术的 30% 部分留给自己设计制造,其余的全部委托给协作厂完成。这样使整车厂的业务真正集中到汽车事业,简化了公司业务,又抓住了重点;同时有利于企业迅速决策,便于企业有效地组织人力物力财力,投入新技术和新产品的开发。在产品开发方面,精益生产采用"主查"负责制与并行工程相结合的方式。

所谓"主查"就是项目负责人,挑选业务素质高、组织能力强的

人担任新产品开发小组组长。在组织上实行"主查"负责制式的矩形结构,工作方式采用并行工程,这就大大提高了产品开发的工作质量,又缩短了开发周期,使企业拥有的产品品种成倍增加,及时满足了多样化的市场需求。

4. 管理简化

为了适应市场需求,需要企业能快速反应,而一个机构庞大、层次重叠、管理复杂的企业是不可能做到的。精益生产追求"简化",它的组织结构是简化的,业务管理流程是简化的。它创导只要是不增加价值的一切活动,都应当简化掉,所以它的工作效率非常高。从前面几个特征也可以体会到"简化"的思想,如准时生产,可以简化库存管理;推行作业小组可以简化繁琐的生产现场管理;采用专业协作化的产业组织形式,大大简化了整车厂的业务管理;"主查制"产品开发方式,简化了产品开发过程中大量的部门之间的协调工作。"简化"是精益生产方式的灵魂。

丰田方式从外表看变一家造为大家造,形成一种新的生产方式,经过20余年的不断改进与完善逐渐形成供应链的雏形,并产生了许多供应链管理的思想与方法。

三、精益生产方式的竞争优势

日本的汽车工业主要是从二战以后崛起的,五大汽车厂商(丰田、日产、东洋工业、三菱和本田)的产量占了全国总产量的8成以上,其中,丰田和日产就占了一半。这个格局持续到1973年的石油危机,丰田公司凭借其精益生产方式的优势把老对手日产公司甩到了后面,结束了日本汽车工业的两强时代。丰田公司自豪地称精益生产为"经济萧条时期也能挣钱"的生产方式。1973年以后,日本的其他汽车制造商开始学习丰田的生产方式,形成了各具特色的生产经营方式,但他们的基本特征是相同的。

自70年代起,随着精益生产方式在日本汽车业的普遍推广,日本汽车工业开始进入高速发展的历程,到了1980年,日本汽车的年生产总量达到1 100多万辆,首次超过美国,使美国第一次失去了世界汽车市场上的领先地位。二战结束时的一个汽车小国，又是经济穷国，能够取得如此卓越的成就，可以说精益生产方式起了决定性的作用。

欧美汽车业曾把日本汽车业的成功总结为三条原因：一是日本的低工资；二是日本政府的保护政策；三是大量采用高新技术和先进设备，如机器人等。但进入80年代以后，前两条理由已不复存在，而欧美各大汽车制造商也纷纷投入重金，采用最新技术，意在提高自己的竞争能力，欲在汽车市场上与日本厂商一争高低，但并没有取得明显效果。为了揭开日本汽车工业成功之谜，从1985年起，美国MIT筹资500万美元，进行一项名叫"国际汽车计划"的研究。组织53名专家学者，历时5年，调查了14个国家的90家汽车制造厂，并对传统的大量生产方式与丰田生产方式进行全面的比较研究，研究日本本土的工厂，也研究了日本在北美的汽车厂，还研究了福特公司运用精益生产方式以后的变化，得出的结论是：最根本的原因是美国厂商的生产系统的竞争力不如日本对手。调查认为，精益生产在以下方面具有明显优势：

（1）人力资源利用优势。采用精益生产方式，全员劳动生产率是大量生产方式下的2倍。

（2）新产品开发周期短。日本企业开发一辆全新的车只需4年左右，而美国需要6～7年。

（3）在制品库存极少。日本企业的在制品库存量只有大量生产企业的1/10。

（4）厂房空间小。采用精益生产，同样规模工厂的生产面积只有大量生产方式工厂的1/2。投资也只有1/2。

（5）成品库存低。由于是准时化生产，严格按需要投产，成品库存是大量生产方式库存水平的1/4。

（6）产品质量高。产品质量提高3倍。

精益生产为日本企业提供了大量的品种多、质量高、价格低的汽车，才得以使日本的汽车厂商在市场上保持着竞争优势。

四、精益生产方式的意义

精益生产为汽车工业带来一场革命,也为其他制造业带来新的生机。

如果说 20 世纪初的福特流水线生产方式拉开了现代化大生产的序幕,把制造业从手工生产推进到大规模生产的新时代。那么精益生产方式则是一架"改变世界的机器",它在社会进入到需求多样化的新阶段时应运而生,它是一种既具有大批量流水线生产的高效率低成本优点,又具有单件小批量生产灵活多变优点的新的生产方式。经过几十年的发展演变,精益生产已经形成一整套完整的管理理论和方法体系,包括从企业的经营理念、管理思想到生产的组织、计划与控制,以及人力资源的开发利用等等。这种生产方式虽然产生于汽车业,但对于一切重复性程度高的生产类型是普遍适用的。它的消除一切浪费、不产生附加值的活动就是浪费的观念,准时化生产的思想,对所有类型的生产活动也都是适用的。这种生产方式使人类可以更有效地利用生产资源,制造出更多、更好、更便宜的产品,使人们得到更多的实惠。

所以 MIT 的研究报告认为,世界上真正的生产危机不是生产过剩,而是缺乏像精益生产这样的有效的生产方式。他们认为,精益生产还处于初期阶段,就像 20 年代初期,大量生产方式的处境一样。他们确信,精益生产方式必将在工业的各个领域取代大量生产方式与残存的单件生产方式的阵地,成为 21 世纪标准的全球生产体系。由于精益生产,"世界将会变得大不一样,并将变得更加美好"。

值得一提的是:丰田公司把自己的生产方式称为"丰田生产方式",而后美国人把它称作"准时化生产"(just in time),但又是美国学者于 1990 年把它改称为"lean production"。中文有多种翻译方法,较常见的译成"精益生产",也有译作"精良生产",也见有译成"精细化生产"的。这些译名较好地解决了问题,但却丢失了英文名的精髓。把"just in time"改成"lean production"并不是做毫无意义的文字游戏,而是对丰田生产方式准确理解与把握。英文单词 lean 只有瘦肉的意思,并没有精益、精良、精细的含义。美国学者是按照大野耐一的解释:"客户要什么给什么、客户不要的不给他"这个思想改名的,其核心思想是"尽可能满足客户需要"。就好比养猪,既然客户都只想吃精肉,那么就只生产瘦肉型猪。如果我们把"满足客户需要"给忽视了,那么尽管把车造得精良,也有可能不是客户想要的车。

第二节　制造过程的精益生产管理系统

丰田公司开始时的本意就是企业应该为用户提供真正需要的产品,用户所得到的就应该正好等于所付出的。当时的丰田公司到处存在浪费,而所有的浪费又都计入成本,最后全转嫁到用户头上。消除一切浪费就成为丰田生产方式的核心思想,在这核心思想的指导下创造出各种各样的管理方法,思想与方法在制造过程中的结合与应用,构成了精益生产的生产管理系统。

一、基本管理思想

1. 一个核心思想

大野耐一在他的《丰田生产方式》一书中把"杜绝一切浪费"看成是丰田生产方式的核心思想。一个落后的生产系统之所以落后是因为效率低,投入的人力物力财力没有得到应有的回报,说明系统中存在浪费。多用了人力与物料是浪费,制造了不合格产品是浪费,设备空闲是浪费,这些都是看得见的浪费,传统概念上的浪费。除此以外还有哪些浪费? 精益生产方式认为无效劳动就是浪费,所谓无效劳动是指不能增加附加值的劳动。按照这个观点企业到处存在大量的浪费,许多已经熟视无睹的现象都是浪费。例如仓库中的过量库存物使流动资金沉淀下来没有增值,是一种浪费;设备故障要找修理工,质量检验要找检验员,更换模具要找调整工,这些活动因为没有增加价值都在浪费之列;搬运工件在工厂里随时可见,但搬运活动不增加附加值,不合理的搬运就是一种浪费。只要找到了浪费,消除了浪费,一分的劳动创造一分的价值,生产效率自然得到提高。

2. 准时化生产

"只在需要的时候,只生产所需要的产品"这个思想丰田喜一郎在30年代就已经悟出了。当时丰田公司资金紧张,而仓库中又沉积着大量的流动资金,这个现象使喜一郎萌发了准时生产的念头。准时生产的好处很多,可以减少库存,节省流动资金;库存少了又减少了库存管理工作量,减小了仓库面积,减少了库存损失。由于准时化生产是严格按照市场需求安排生产的,避免了生产过剩,及随之引发的一系列的人力、设备、库存等方面的浪费。所以准时化被大野称为支撑丰田生产方式的两根支柱之一。"准时化生产"的管理思想是符合客观规律的,但要达到企业每个环节精确无误地按时按量完成作业这样一个很高的境界,要做出极大的努力。

3. 系统应该具有自动检错功能

提出这一思想主要从提高产品质量考虑的。质量差是大量浪费的原因之一,如何避免因质量问题而造成大量浪费呢? 汽车工业是大规模生产,采用大量的高效专用设备,设备稍有问题,在很短的时间内,就可能造出大量废品。如果给机器配上自动检错装置,发现问题能自动停车,就能控制这种浪费。经过改造,到60年代,丰田公司的设备几乎都具有这种功能。这个管理思想也被运用到手工作业现场,在一条手工作业流水线上,任何一位工人,他只要感觉到有问题,都赋予停止整条流水线生产的权力。停产是为了防止生产不合格品,停产后大家一起查问题,解决问题,制定预防措施,防止以后再犯同类错误。丰田公司称这为"自动化",并喻为支撑丰田生产方式的另一根支柱。

4. 注重人的管理

在形成精益生产方式的整个过程中,自始至终贯彻以人为本的思想,把开发人力资源,激发每个员工的工作热情放在首位。丰田是在比美国对手落后 10 倍的基础上与之竞争的,他们技术落后、资金匮乏,唯一具有的就是人员。因此公司想通过提高员工的地位,使他们由机器的附庸变为主人,通过在企业中培植起彼此信任、相互尊重、团结协作的精神,充分发挥员工们的智慧和创造才能,克服技术与资金上的劣势,去创造竞争优势。他们成功了。所以 MIT 的研究人员认为精益生产方式特别适用于发展中国家。

5. 提倡否定传统的逆向思维方式

在精益生产方式的体系中,可以发现许多思想与方法都是倒过来想、倒过来干的,看问题的角度与传统的做法相反。丰田生产方式的成功与这种逆向思维方式不无关系。例如:MRPII 也强调准时化生产,但它是推动式的,精益生产方式却是逆向拉动式的。相比之下,精益生产靠的是一块廉价的纸板和员工的主动性责任感实现的,优势不言自明。又如,历来把销售看作是生产经营活动的终点,但精益生产却把它看成是起点。按照这一思路,他们通过销售活动,与用户建立起密切的联系,收集了大量的用户信息,一方面做好售后服务;另一方面从用户处直接得到生产订单,使销售确确实实地成为企业生产经营过程的起点。类似例子在精益生产方式中俯拾皆是。大量的实践证明,推行精益生产,在技术上不存在什么大的困难,难的是企业员工观念上的转变。丰田公司在刚开始推行看板管理时,不仅遭到工人的反对,在管理层也有许多人不理解不支持,是大野利用自己担任工厂制造部部长和厂长的权力,由部门到全厂逐步推行,前后花了 13 年时间。所以在企业中推行科学的思维方式,重视员工思想意识方面的教育和训练,无论对于推行精益生产还是进行其他的改革,都是非常重要的环节。

6. 不断进取,追求理想境界

"二战"后,丰田下决心要把汽车工业搞上去时的起点之低是不可想象的,它只是一个落后的小厂,前13年轿车产量的总和还不到福特公司鲁奇工厂一天产量的40%。但他们充满信心,相信能找到一种适合自己的有效的生产方式,在世界汽车市场上能占有一席之地。他们决心,即使条件再差,在茅草屋内也要造出质量最好的车来。经过20多年的艰苦努力,终于把理想变成了现实。在这中间,精益生产方式的追求无止境的尽善尽美的经营思想起了很重要的作用。以产品质量为例,大量生产方式为自己规定一个有限目标,可以容忍一定的废品率,他们认为进一步改善目标会增加成本,是不经济的。但精益生产方式却主张应当追求尽善尽美的境界,要追求零缺陷。其他,如追求零库存、低成本等。在这个思想指导下,使人们不断地探索、进取、奋斗,最终使精益生产方式取得了对大量生产方式的竞争优势。

二、制造过程中的主要方法

精益生产方式创造了大量的具有特色的管理方法,这些方法处处体现出它的基本管理思想,管理方法是在管理思想指导下产生,方法是为实现思想服务,是实现管理意图的手段。在众多的方法中,作用最大,影响最深的是看板管理方法。

1. 看板管理

准时化生产的概念在理论上是非常正确的,但在实际操作中会碰到一系列问题。尤其在汽车制造业,包含几千种零件加工制造的生产过程,完全依赖计划书对整个生产过程进行准确的排程是不可能的,运用看板方法成功地解决了这个难题。

(1)看板管理的基本概念。准时化生产的概念是按市场的需求安排生产,生产的产品应能马上销掉,强调准时。反之,如果没有确定的需求,就不生产。传统的做法是,为了保证后工序有活干,在前面的工序准备了较多的库存,不管后工序需要与否,前工序按计划生产,然后送往后工序。显然,这违背了准时化生产的原则。看板管理方法按照准时化生产的概念把后工序看成用户,只有当后工序提出需求时,前工序才允许生产,看板充当了传递指令的角色。使用看板管理才有可能控制准时化生产的进度,才能实现对作业计划根据市场最新变动作随时微调。

（2）看板的形式。看板是一种记载着生产信息的卡片。有两种看板:(a)"取货看板";(b)"生产看板"。"取货看板"起取货指令作用,接到"取货看板"就应该按看板上的数量立即发货;同样道理,"生产看板"起着生产指令作用,上面标有前工序应该生产的数量,当前工序接到后工序发来的"生产看板",即命令他立即生产卡片上规定的数量。看板形式如图 16-1 所示。

前　工　序 _____车间 _____工位	零件号_____ 零件名称_____		后　工　序 _____车间 _____工位
	数　量	发行张数	
	_____件	3/5	

说明:1. 前工序为取货地点。
　　　2. 发行张数:3/5 指共有 5 张看板,此是第 3 张。

(a) 取货看板

送: _____车间 _____机床	零件号　_____ 零件名称　_____ 生产数量　_____

(b) 生产看板

图 16-1　看板形式示意

看板的形式可以是各种各样,只要能表达清楚指令内容就行。在实际使用中,有的工序之间采用某种专用容器作为"看板",甚至用发出某种打击声作为"看板"。

（3）看板使用方式。图 16-2 示意了看板的控制作用。

图 16-2 中假设零件加工、组装、总装 3 个工艺阶段为 3 道工序,每道工序有物料存放点,A 表示工序进口处存放点,B 为工序

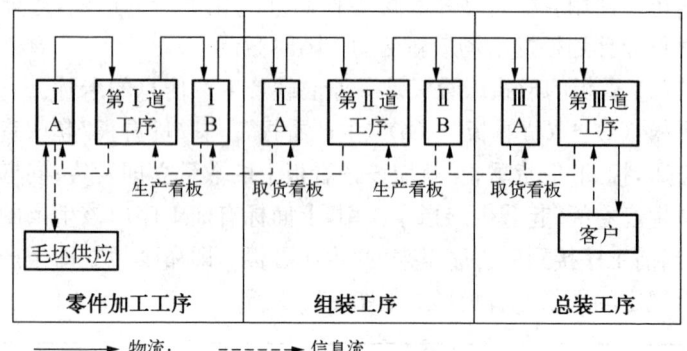

图 16-2 看板对工序作业的控制示意

出口处存放点,每个存放点规定少量的在制品定额。生产指令从总装工序开始发出,总装根据客户订单生产,它向ⅢA存放点发出取货看板,ⅢA存放点接到看板,按看板上表明的数量发货,看板随货送回,工序开始生产;如ⅢA存放点需要补充库存,向ⅡB存放点发出取货看板,ⅡB存放点看到看板立即发货,看板也同时送回ⅢA存放点;ⅡB存放点为了补充库存,向本工序发出生产看板,这时组装工序向ⅡA存放点取货,然后生产,并将组件送到ⅡB存放点。如此逆向往前,生产流程在看板的拉动下,有次序地运转起来,达到准时化生产的目的。当然,仅靠看板管理一项措施还不可能完全实现准时化生产,还需要其他许多措施的配合,不过看板起了最关键的作用。

在实际的生产过程中,不同的场合采取不同的看板发送方式,有单板方式和双板方式,看板流程也不尽相同。如果在一条生产线上生产多种产品,要为不同产品设计不同的看板,生产时,根据需求发出某种产品的看板。具体方式可以多种多样,但实行的原则是一致的:① 不见看板不发料,按看板规定的数量发料,看板跟着零件走;② 按看板规定数量生产,当生产多品种时,必须按看板送来的次序生产;③ 不合格品不准送往后工序;④ 看板使用的张数要逐步减少。

2. 零库存管理

（1）库存的两面性。库存控制部分讨论过库存问题。而精益生产方式对库存的理解与管理也许是最精辟的。它对库存问题的逆向思维充满辩证思想。在财务报表上，库存是企业财产。换个角度看，它占用了流动资金，又可以看作是企业债务。如果认为它是财产，库存多些不是坏事；如果看成是债务，就应当减少库存。精益生产把库存看成是债务，所以尽可能地降低库存。

准时化生产不允许有较大库存。库存量大占用资金多，沉积起来的库存游离出了资金的流动过程，不能增值，又降低了资金利用率，是一种浪费；库存的存在需要仓库和保管人员，库存量大品种多时，库存管理变成一项十分复杂的工作，以至于建立自动化高架仓库，如果没有库存，就少了这笔费用，所以这也是一种浪费；如果过早地生产一些零件存放在库内，万一市场不再需要这些产品了，这些库存物品就成了一堆废料。可见库存的负面影响也很多。

（2）库存掩盖了管理缺陷。精益生产认为过量库存掩盖了许多管理不善的问题，通过减少库存去发现问题，解决问题，可以提高管理水平。关于这个观点有一个十分形象的比喻，如图 16 - 3 所示。

图 16 - 3　过量库存掩盖了许多管理缺陷

仓库好比一个湖泊,库存就是湖中的水,管理中存在的问题好比是礁石,湖水多了就把水中的礁石淹没了,行船不知道会在什么地方触礁,只有把水位降低,露出暗礁,并把它清除,航行才能安全。

(3) 零库存管理的哲理。库存量大了以后把管理中存在的大量问题掩盖住了。例如,因质量管理不善,过量的废品影响生产进度,用增加库存的办法可以对付过去,但掩盖了质量管理上的问题;因设备故障影响生产,也用增加库存的办法对付,库存掩盖了设备管理上的问题,如此等等。总之,按传统的生产管理观点,强调设备不能停,确保生产不能中断,对付种种影响生产的因素只靠增加库存一条措施,所以系统效率是比较低的。精益生产主张减少库存,最好降到零。当然,要达到零库存的理想状态是不可能的,但零库存管理的目的是,通过降低库存,发现管理中存在的问题,然后解决这些暴露出来的问题,使生产系统得到改善;再进一步减少库存,再发现新的问题,再解决之,这样使生产系统得到进一步的改善。改进的过程是没有完结的,是一个不断提高的循环过程。零库存管理体现出精益生产追求尽善尽美的管理思想。

在生产现场通过减少看板使用数量来减少库存量,库存一少,生产会出现问题,使生产中断,这时大家一起找问题出主意解决问题。所以大野说一条不停顿的生产线,要么是最好的生产线,要么是最糟糕的生产线。好,是因为不存在问题,生产正常;坏,是因为库存掩盖了所有问题,生产虽然维持着,但效益不会好。

3. 平准化生产

(1) 平准化生产的含义。平准化生产是丰田公司创造的新名词,它的含义是同一条生产线上均匀地混合制造多种产品。因为按照准时化生产的要求,市场需要什么产品就应该生产什么。市场不可能今天只需要 A 产品,明天只需要 B 产品,后天又只需要 C 产品,市场每天对产品的需求肯定是混合的,所以生产也必须是混合的。可以说平准化生产是实现准时生产的必要条件,也是减少库存量的一项重要措施。

（2）专用设备通用化。精益生产的生产组织方式仍然是对象专业化，采用高效专用设备。为了实行平准化的混合生产，设备应该具有通用性，一般通过在专用设备上附加通用性大的工夹具来解决。

（3）平准化的生产计划。实现平准化生产需要在计划上给予保证。一般采用两阶段的月生产计划：第一步要提前 2 个月制定初步的产品品种与数量计划；再提前 1 个月详细修订生产计划。这两份计划资料都要及时传送给各协作厂。第二步进入计划执行阶段，根据前面的月计划，制订每天的生产计划，要求做到品种平准化。例如 A 型车的月计划是 10 000 辆，月工作日是 20 天，那么 A 型车的日生产计划是 500 辆，其他车型也是如此平均分配。在投产前两天作日计划的投产顺序排程，并立即将投产顺序下达给总装配线和主要部件厂商。最后用看板方式执行平准化的计划。

4. 缩短生产周期

（1）生产同步化。生产周期是指从零件投料开始到成品产出时的全部日历时间。生产同步化指一件产品所有的加工作业同步进行，要求机械加工和装配线几乎平行作业，这样显然可以缩短生产周期。达到同步的难度很高，要做到完全的同步化是不可能的。在这里看板管理又起了保证作用，总装配线将要装配的计划通过看板传递到各条零件生产线，零件生产线保证在需要的时刻，让总装线得到需要的零部件。

（2）一个流生产。即要求工序间不设库存，前工序加工完毕，立即送往下一工序，所谓一物一流。这实质上是指工序间采用平行传送方式，使生产周期最短。

（3）小批生产。对于铸造工段、锻造工段、压制工段等必须采用成批生产，为了缩短生产周期，应当减小生产批量。要减少批量必须采取措施减少设备调整时间，批量只能随设备调整时间的缩短而成比例地减少。例如：假定调整时间为 1 h,制品的单位加工时间是 1 min,批量是 1 800 件,则总生产时间(调整时间＋总加工时间＝1 h＋1 min×1 800)为 31 h。如果把调整时间缩短到 3 min,是原来的 1/20,那么生产批量也可以减少到原来的 1/20,即 90 件,生产效率不变。因为反复生产 20 次,生产 1 800 件仍然是 31 h[(3 min＋1 min×90)×20]。但由于批量减小 20 倍,生产周期可以大为缩短。

(4) 快速更换工装。工装是生产过程中各种工具的总称,如刀具、夹具、模具、量具等。当转换产品时,往往同时也需要更换工装,更换工装消耗的时间是不创造价值的,如果时间很长,是一种很大的浪费。所以企业一般不采取多换工装的办法,宁可加大批量。但为了准时化生产,必须减少批量,频频转换产品,只有通过快换工装的办法来解决这对矛盾。实践证明快换工装是可以做到的。

5. 少人化管理

少人化是降低成本的重要手段之一。在丰田公司看来,如果改进一项工作仅仅是使工作变得轻松一些,人员没有减少,那么是不可取的。他们认为应该通过提高生产率减少人员。具体有两个含义:一是生产工人数量随生产工作量而变动。因为准时化的原则要求严格按需求生产,不提前,不过量。只要需求发生波动,产量就应该有高低,生产人数应该作调整。产量大,人数应该多配备一些,反之,则减少人数。二是通过作业改进不断减少作业人数,达到提高效率降低成本的目的。为达到这个目的,有如下两条重要措施:

(1) 培养多能工。培养多能工的目的是为了便于随时调整生产线上的作业任务,可以灵活自如地安排工人实行多机床看管。工人掌握的技能越多,越有利于调整生产线的作业安排。

(2) 设备 U 型排列。U 型排列的关键是把生产线的入口和出口布置在同一位置,如图 16-4 所示。

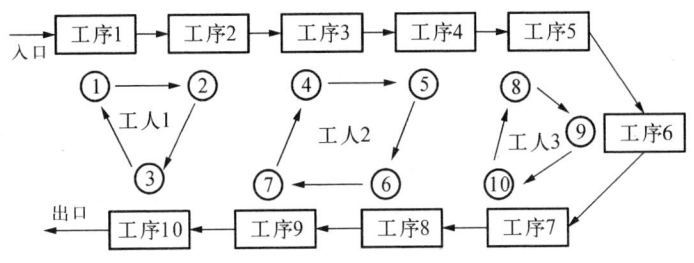

图 16-4　设备 U 型排列图示

图 16-4 中所示该生产线配有 3 位工人,生产线的第一道工序和最后一道工序都由工人 1 负责加工。他加工完最后工序,运走一个工件,在入口处投入一个工件开始加工,可以严格控制加工的节奏,也使线内在制品保证恒定不变。如果生产任务减少 1/3,按少人化的要求,人员也应该减少 1/3,减为 2 人,这时的生产线作业安排如图 16-5 所示。

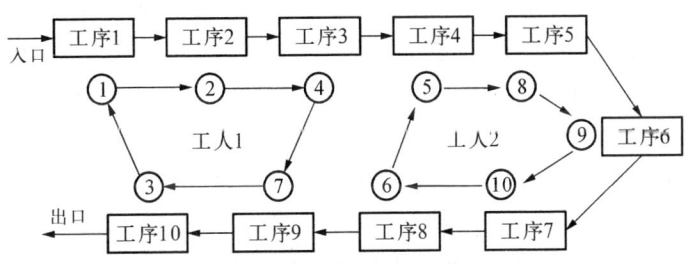

图 16-5　生产任务减少 1/3 后的作业分配

很显然这时设备之间会产生等待现象,但每个操作工人的负荷不变,仍然是饱满的,这时的节拍变慢了。精益生产的指导思想是:宁可停设备,但不停人;宁可损失设备机时,但不过量生产造成产品积压。

在大多数情况下,根据产量调整后的人数不大可能正好是整数,丰田公司采用几条生产线设备的联合 U 型布置,通过在几条生产线上的调整,达到减人的目的,具体方法可参阅文献[1]。

6. 小组工作法

这是指企业的生产组织以小组为单位,强化小组功能,小组内的工人不仅仅完成生产任务,还参与管理和经营。小组要对质量负责,参与物耗控制,担负设备调整,负责设备保养和简单修理,还要从事生产现场的改进完善工作。小组工作法是劳动组织上的一项变革,是实现精益生产核心思想——杜绝一切浪费——的组织保证。

(1)小组工作法的特点。小组工作法坚持以人为本,强调协作与团队精神,组内的事情大家关心,共同解决。每个成员都要学会多种技能,学会本组内每个岗位的操作,在需要的时候可以相互支援帮助。

(2)小组工作法的意义。它的意义是十分深远的。它有利于人力资源的开发,在小组内为每位工人提供了表现自己的舞台,为他们提供了发挥才智的机会;小组工作法把部分权力下放,使权力和责任结合于小组,减少了管理层次,简化工作程序,使小组可以独立自主地、创造性地完成任务;小组工作法有利于缩短员工之间的距离,成员之间上下信任、相互尊重、团结协作,增加企业的凝聚力。

(3)实施方法。小组工作法是对建立在分工基础上的传统的组织方式的一场革命,在实施中统一认识非常重要。由于对工作的考核由原来的对个人考核转变为对小组的考核,可能因个别人的原因没完成任务,需要全小组加班劳动,所以培养团队精神是搞好小组工作法的基础。实行小组工作法的目的是为了把生产搞得更好,所以小组需要定期制定改进目标,并定期检查完成情况。一项目标完成后,需制定下一期目标,改进目标永无止境。小组成员一般由生产过程中共同承担某一部分作业的人组成,是比较稳定的。也有为了解决某个特定任务临时组成工作小组,任务完成后小组解散。以前这种方式为多见。

三、精益生产方式的生产管理系统体系

精益生产的管理思想十分丰富,管理方法也很多,如果孤立地

看每一个思想、每一种方法,不能把握精益生产的本质。例如:有人把精益生产理解为看板管理,也有人理解为零库存管理、零缺陷管理,这些都是片面的,从这些不同角度去理解精益生产是不可能学会精益生产的。精益生产的每个管理思想,每种管理方法都不是孤立的,互相之间有联系有层次,一种方法支持另一种方法,方法又保证思想的实现,只有把管理思想与方法有机地组合起来,构成一个完整的生产管理系统,才能发挥每种方法的功能,才能达到系统的最终目标——质量是好的、成本是低的、品种是多的、时间是快的。图 16 - 6 比较完整地表达出精益生产方式的生产管理系统的体系结构。

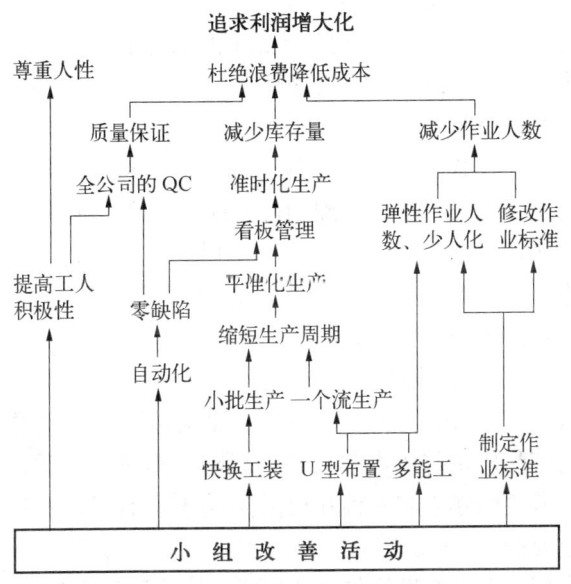

图 16 - 6 精益生产的生产管理系统体系

图 16 - 6 表明精益生产追求不断地增加利润,这是最高层次的目标。要增加利润只有一条路可走,就是通过杜绝一切浪费,降低成本。丰田公司奉行的经营观是:利润＝价格－成本,价格由

市场决定,企业不能控制,所以增加利润只能靠降低成本。当时丰田公司的浪费主要发生在三方面,即不良品多、库存量大、劳动利用率低,生产管理体系中就在这三方面采取降低成本的措施。具体思路是分别通过控制质量、减少库存和减少作业人数来达到三方面的节约。减少库存的途径是准时化生产,为了实现由市场需求拉动的准时化生产,生产指令只能从后道工序向前道工序发出,使用看板管理可以使生产指令逆向传递。如果系统管理到此为止,还是不能实现准时化生产的,还需要采取平准化生产管理措施,而平准化生产又要求缩短生产周期,如此等等,一直可以追到最底层。到了最底层我们可以发现每一项工作都离不开小组的改善活动。随着小组工作法的普遍开展,并不断取得成果,系统的工作质量也随之提升,与此同时工人的积极性也得到提高,人的素养也提高了。整个系统进入良性循环。

四、协作配套管理

精益生产方式主张大部分的零部件交给独立的零件商生产,整车厂的主要任务是整车装配和代表汽车技术的部件制造。如丰田公司一辆轿车的总成本中,本公司的费用只有 27%。如何把众多的协作厂组织起来,纳入自己的经营轨道,精益生产方式形成自己的一套管理思想与方法。

1. 整车厂与协作厂的关系

精益生产方式认为,整车厂把大量的零部件交给协作厂生产,协作厂的产品质量与成本都会直接影响到整车厂的质量与费用,如何在两者之间建立起一种互相依存、互相信任、同舟共济的关系是十分重要的。

整车厂采取了互助协作会的形式把协作厂组织起来。为了能贯彻整车厂的意图,采取一系列具体的措施,如定期开会交流信息,帮助培训干部,指导管理工作,帮助提高产品质量降低成本,甚至提供低息贷款。为了便于掌握情况,双方都派人员到对方工厂工作了解对方的需求,协调双方的配合。整车厂对主要的协作厂还采取参股、控股方式,使双方的利益结合得更紧。

在组织方式上整车厂采取分级管理的办法,即整车厂只和第一层的协作厂联系,只向第一层的协作厂要货,再下层次的协作关系是协作厂的事情。组成一个金字塔形的协作群。在日本几个主要的整车厂直接联系的协作厂不到300家,而美国的同行却要联系1 000~2 500家。所以前者的采购工作量小,如丰田公司只有337位采购人员,而通用汽车公司采购部有6 000名人员。

2. 协作厂的选择

大量生产方式选择协作厂采取招投标方式,是一种简单的买卖关系,双方互不信任,互相保密。协作厂有时为了中标不惜亏损投标,以后再借故提价。精益生产方式则作长远的考虑,注重协作厂的实际能力和一贯的表现,选择那些有产品开发能力,质量可靠,有一定的生产规模的厂家。同时要满足就近原则,运输路途时间在2 h以内,以便组织直达生产现场供货。在确定同一零部件的供应商数量时,除复杂零部件只选一家外,一般零部件选几家。当某家供应商表现不佳时,就把部分订单在一段时期内转走,以示惩罚,改进后再考虑增加订单,不像美国企业采用开除协作关系的方式。丰田这样做的方法比较简单,但效果却不错,既在协作厂之间形成一种竞争压力,又与协作厂保持一种稳定的关系,有利于提高产品质量和降低成本。

3. 与协作厂的利益分配方式

精益生产方式充分认识到整车厂与协作厂之间在利益分配上的一对矛盾,双方的利益此消彼长,但从长远看双方的利益又是一致的,双方都以对方的存在而存在。因此整车厂放弃以往那种以大压小、讨价还价的做法,建立起一种合理分配利益的体系。

首先,在产品开发时大家确定一个有竞争力的价格作为目标价格,再进一步把目标价格分解到零部件,大家一起考虑如何达到目标成本,使大家都有利润。整个过程是公开的。

其次,当产品投产后,还要不断地采取措施降低成本,整车厂派出人员到协作厂协助工作努力降低成本。由于整车厂尊重协作厂的利益,承认它们获取合理利润的权利,所以协作厂向整车厂是完全开放的。双方还规定了谁出力谁得利的分配原则,如果是双方共同努力降低了成本,则利益双方分享。

4. 协作厂的供货方式

精益生产方式在整车厂与协作厂之间的生产指令也采用看板管理,生产顺序计划提前 1~2 天通知主要部件厂,协作厂距离又近,双方的利益又紧紧地捆在一起,为定时定量地直达供货直送工位的供应体制创造了条件。在 80 年代,日本的 16% 的小零件协作厂做到按周供货;52% 的协作厂按日供货;而 31% 的复杂部件配套厂则按小时供货。由于取消了中间在制品仓库,只在生产现场保持少量周转库存,在整车厂平均只有 0.2 天的存量,协作厂只有 1.5 天,总共才 1.7 天。

传统的做法是,整车厂都建有很大的协作件仓库,协作厂按合同规定的交货期交货,货物送到后需要检验入库,再从仓库发货到生产现场。在整车厂和协作厂都建立起较大的库存,两者总计库存可达 2 周左右。

在对待次品的做法上,两种不同生产方式的差别很大,精益生产不允许传送次品,保证运送到后工序的产品 100% 合格,否则会影响后工序进度。而大量生产方式下,协作厂参照一定废品率多发货,受货方如果发现次品不多,就随手扔掉,如次品多,则拒收并退货。为了不影响生产,就必须建立一个庞大的仓库。

第三节　精益生产方式实施

精益生产是门大学问,问世 40 余年后对它感兴趣的学者与企业仍然不少,旧的著作还在不断印刷,新的著作仍在不断出版。在我国实施精益生产的企业日渐增多,但十分成功者不多,这与对精益的理解深度不够和实施方法不科学不无相关。有的企业实施精益生产动作很大,参观学习,培训考核,制定全面的计划,但效果未必很好。原因可能是太看重整体计划,而忽视了操作细节。其实客观的常识告诉我们,企业从一种状态转移到另一种状态是不能采取跳跃方式,只能是过渡的方式,是个渐变的过程。因此,从局部开始转变也许更现实一些,更容易成功。我们的讨论仅限于一家企业内,跨企业是属于供应链管理范畴了。

一、精益思想 5 原则

学习精益生产的企业很多,各企业的方法差异很大,大多数企业都是从准时化认识开始,从实施看板着手,由于认识上的片面,很难学深学透,取得初步成果以后就迷失方向,不知该如何继续下去,所以就不能取得持续的经久不衰的进步。其实要了解精益生产的精髓并不难,只要记住"lean production"本意是:消费者喜欢瘦肉,所以工厂应实施"瘦肉型生产"。精益思想 5 原则就是从怎样生产瘦肉一步步深入的。

詹姆斯·P·沃麦克、丹尼尔·T·琼斯在 1990 年发表了《改变世界机器》一书以后,认为仅仅向世界介绍什么是精益生产是不够的,还应该告诉人们怎样实施精益生产,于 1996 年又出版了《精益思想》一书,以引导想学习精益生产的企业推行精益生产,提出了实施的 5 步骤:确定价值,识别价值流,流动,拉动,尽善尽美。按这 5 步骤做必能取得好处。

1. 确定价值

确定价值是实施精益生产的关键出发点。设想企业某产品销得不理想,可能原因是成本较高,价格无法下来,希望通过实施精益生产把产品销量促上去。这时要做的第一步就是确定价值,所谓价值就是指客户想要怎样的产品,具体内容归结到价格、性能、质量三要素。很显然确定价值这项活动必须与客户(消费者)沟通,详细了解他们对产品的具体要求。

很容易犯的错误是,自认为价值是生产者创造的,所以产品的价值是什么,生产者自己说了算,即使有市场调查,但还是以自己的想法为主，不能真正接受价值由最终用户确定的概念。产品是客户使用的，只能从客户的立场上审视产品，才能做到满足客户需求。

2. 识别价值流

产品的制造过程也是价值的形成过程。具体表现在产品制造成了，包含有特定的性能、质量和成本，这三要素是客户最关心的，如果能符合客户的要求，他们就愿意购买。对企业而言从这过程中还看到了它又是增值过程，附加值越高，意味着盈利能力越强。现在我们要做的第二步就是识别这个过程。这个过程通常由三项性质不同的管理任务组成。它们是：第一，从概念产品的设想，经过工程设计，到投产过程中要解决问题的任务；第二，从接收订单开始，经过制订进度计划，最后到送货的全过程中的信息管理任务；第三，从原材料开始，经制造成产品，再到送达客户手中的过程中的物质转化任务，即制造与物流任务。

识别价值流只是本阶段的开始，接下来要做的是进一步分析，在这三种任务中存在着哪些不合理的任务和做法。实践告诉我们价值流分析通常能暴露出大量的浪费，有一眼就能看到的，也有隐蔽的不易察觉的。一般这些任务在增值过程中的作用可分成三类：第一类是明确的能创造价值的作业，这些作业的特点是帮助形成使用价值，如加工作业，把成品运往市场的作业等；第二类是虽然不创造价值，但在目前条件下又是不可避免的，如有些质量检验作业；第三类是不创造价值，可以立即去除的作业，这些是纯粹的浪费资源。消除第三类，做好第一类，改进第二类，就可以取得立竿见影的效果。

3. 流动

确定价值是为了了解需求找准方向，认识价值流是为了消除明显的浪费，流动则是使那些保留下来的创造价值的任务或作业更好地衔接起来，不要中断，让产品在制造过程中没有停顿地流动起来。流动是实施精益生产最精彩的阶段，要做到这一点，需要完成更新自己的固有认识。

想象一下福特把汽车总装转变为流水线后的情景,车子在传送带上不断流动,每到一个工作站工人只花很短时间完成任务,使T型车的总装工作量减少了90%。以后又把生产零件的设备,按零件组成流水加工线,试着从原材料到整车装配的整个过程没有间断地流动起来,也同样大大提高效率。

使生产过程无间断地流动起来,其关键措施是零库存,没有了库存就迫使产品不停地流动起来,当然没有库存是不可能的,但流动原则所强调的无非是库存尽量小,库存少了,流速就快,浪费也就少了。

4. 拉动

拉动与流动有密切的关系,如果你的企业内库存实在太多,通过减少库存可以使物流流得快一些,但真正想要物流快起来唯一的办法就是采用拉动式管理,即社会上早已熟悉的需求拉动。明确了需求才生产,在准确的时候,以确切的数量生产,不提前不过量,这真是丰田公司最早的想法。而今由于信息技术的发展,实现拉动式管理的方式可以很多,不一定还使用丰田早期发明的看板形式,应该尽量使用最新的信息技术。其实丰田公司早在20世纪80年代已经引进计算机技术,取代硬纸板样式的看板。

5. 尽善尽美

现在让我们思考一下,当你使劲地拉动,想方设法使物流加快,流得更快些,这时会出现什么现象? 很显然阻碍流动的障碍就会暴露出来,接下来的任务就是消除新发现的障碍。尽善尽美原则告诉我们,生产系统的改进是无止境的。因为社会在发展在不断进步,社会的需求在演变,只要社会的发展不停止,需求就会不断提出新的要求,也就需要企业重新确定价值,认识价值流,这时会发现价值流又不适应新的价值了,需要采用拉动手段,使物流流动起来。这一过程是无穷无尽的。

到了供应链竞争阶段,精益生产也进入到新的阶段,除确定价值没变,还是由最终用户决定外,价值流则延伸到供应链,流动指供应链上物流,拉动则要跨越整条供应链。

二、一汽集团应用实施精益生产介绍

一汽推行精益生产方式已有 20 多年历史,经历了一个不断认识、逐步深化的过程。早在 1978 年,一汽派出以厂长为首的小组去日本考察汽车工业的管理经验。1981 年,丰田生产方式的创始人之一大野耐一先生应邀到一汽传授经验。一汽先后在不同部门开展了看板管理、标准化混流生产、数理统计、QC 活动、设备点检、滚动计划、网络技术、目标成本、价值工程等现代化管理方法的应用,使一汽跳出了 50 年代以来的管理工作老框框。但是,由于当时正处于改革初期,基本上还是计划经济那一套,所开展的现代管理项目未能推开,甚至已开展的有些也未能坚持下去。1983 年 7 月,一汽开始了以"换型改造"为内容的规模宏大的"第二次创业"。通过这次换型改造,不仅改进了车型,而且各项管理基础工作也得到了整顿和创新,为进一步推行现代化管理积累了经验,打下了一定基础。

1987 年,第二次创业刚刚结束,一汽就不失时机地开展了以调整产品结构、上轻轿为主要内容的"第三次创业"。为了使一汽的管理工作适应轿车生产的需要,在引进轿车技术的同时,也引进了"准时化"生产方式,建立了第一个全面推行精益生产方式的样板厂——变速箱厂,在成功经验的启示下,涌现出一批不同类型的积极推行精益生产方式的专业厂和车间。

从 1993 年开始,一汽连续举办了 13 期"厂处级领导干部精益生产方式学习研讨班"。强调推行精益生产方式关系到公司的发展、前途和命运,要求每个领导干部都成为"精益迷"。公司积极推行精益生产方式的成功案例,进一步提高认识、统一思想,使精益生产方式稳步推进发展。一汽走精益化之路已经成为全公司上下的共识,在全公司形成了一股群众性变革生产方式的洪流。具体做法如下:

1. 确定实施精益生产的目标,狠抓思想观念的转变

精益生产是消除无效劳动和浪费的一种新生产方式,追求尽善尽美无止境。根据这个基本原则,一汽结合各厂(部门)的实际,确定推行精益生产方式的总目标。

以较早实施精益生产方式的铸造厂为例,提出了"四无两优一提高"的总体目标和要求。生产管理追求无库存,质量管理追求无缺陷,设备管理追求无停台,成本管理追求无浪费;优化生产,优质服务;提高劳动生产率。

(1) 生产管理追求无库存。要彻底改变以超量库存保证装车的传统做法,变以造型为中心的推动式生产为以清理为起点的拉动式生产。实行期量流或一个流生产方式,逐步扩大看板生产品种,造型生产线实行柔性生产,生产作业计划和生产统计应用计算机管理,大幅度地压缩工序、在制品和成品库存,最大限度地降低资金占用,提高生产组织管理水平。

(2) 质量管理追求无缺陷。要不断提高质量管理水平,从"全面质量管理"转向"零缺点管理",进一步减少不良损失,用精益思想研究和实施质量改进和攻关,提高产品的工艺水平。落实质量责任制,严格厂内 Audit 质量评审,严肃工艺纪律,使每个环节、每道工序、每名职工都切实做到精心操作,严格把关,确保铸件内在质量和表面质量达到优质品标准。

(3) 设备管理追求无停台。要提高设备的可动率和开动率,提高工装的工艺水平和使用寿命。要坚持以生产现场为中心,抓好现场巡检,现场维修,实行设备封闭管理。工装采取快速换模方法,满足小批量多品种生产的需求。要通过采用一系列有效措施,不断提高设备工装的技术状态,为保证生产顺利进行和生产优质铸件提供可靠的必要条件。

(4) 成本管理追求无浪费。要狠抓投入产出管理,做到少投入,多产出,优质低耗,降低成本。深入开展三级经济核算,抓好铸件收到率、砂芯使用率、炉料投入、铁水产出、芯砂出芯率、造型成

型率、清理合格率等环节的考核。要整顿库房,对原材料、产成品、备品、备件等重新制定最高最低储备限额,做到用最低的储备满足生产的需要,大幅度地降低消耗,减少浪费,活化资金,降低铸件成本。

(5) 优化生产。全厂每个生产环节都要达到整体优化标准,建立起以车间主任为首、以生产工人为主体、以生产现场为中心的现场"三为"管理机制。实施生产要素一体化管理,强化现场 5S 管理和定置管理,现场工位器具标准化、改善生产现场环境,提高现场文明生产水平,使生产要素达到最佳状态。

(6) 优质服务。强化科室为一线,后方为前方服务。职能科室要切实转变工作作风,提高工作质量、服务质量和工作效率,充分发挥指导服务的职能。要变"找上门"为"走出门",建立起各职能部门人员和后方辅助服务人员服务到第一线的机制,保证生产正常运转。

(7) 提高劳动生产率。通过采取一系列有效措施最大限度地为企业增加效益。除加强内部管理,提高产量,提高质量,抓好技术改造外,重点是坚持以人为中心,提高人员素质素养,充分发挥人的主观能动性。要改变分工过细的传统办法,加强职工多技能培训,培养一批一专多能型人才,实行多机操作,多工序管理,维修工人应具备机电一体化知识,提高人工作业负荷率和作业班多能化率。

2. 由生产管理入手实现生产过程的精益化

一汽学习日本的丰田生产方式,偏重于生产制造过程,实现生产过程的精益化。从集团实施精益生产的实践过程中,可以看到实行拉动式生产对于整个制造环节带来了巨大的收益,非常值得借鉴。他们坚持"以销定产"的原则,把后道工序作为前道工序的用户,以各条汽车装配线为龙头,以总装拉总成,以总成拉零件,以零件拉毛坯,以毛坯拉材料物资供应,实行拉动式生产。除了转变思想外,主要抓了以下几个环节:

（1）努力实现均衡生产。均衡生产是拉动式生产的前提，均衡不仅是数量，而且包括品种、工时、设备负荷的全部均衡。设备、工装始终处于良好状态，材料、毛坯供应准时，工人技术水平和出勤率稳定等都是实现均衡生产的前提和保证。为此，全厂全方位地加强了管理，组织了材料（毛坯）、工具、机床备件的准时化供应工作。各方面管理都全神贯注地投入，后勤努力提供准时化的优质服务，建立准时化生产体系。

为实现均衡生产，公司每月按销售要货计划编制装车计划，并根据市场需求，适时调整，做到不畅销的产品迅速停止生产，市场畅销的产品尽快做出安排，初步实现了多品种汽车混流装配，不断提高均衡生产水平。

（2）搞好生产作业现场的整体优化。包括调整设备平面布置，合理工艺流程，把一字型生产线改造成 U 型生产线，大批量轮番生产线改造成多批次、小批量生产线等。生产现场优化是实行看板生产的基础。例如铸造厂，全厂有 10 条造型生产线，其中 8 条线是多品种生产，过去采取集中生产一种铸件，储备足了再生产另一种铸件的办法。每种铸件生产周期最短三五天，有的长达十几天。现在采用多批次小批量生产方式，缩小了每种铸件的期量标准。为适应快速更换品种的需要，改进更换工装模具工艺，采取提前预热等措施，更换型板时间由过去的 4 个多 h 压缩到 20 min；成品储备已由 7 天降到 3 天，为实施拉动式生产打下了基础。

（3）组织看板生产。厂际之间的看板取送货，在中型车生产上已经比较成熟，但在轻型车和奥迪国产件生产上还没有完全走上正轨，看板生产还只是在部分专业厂和部分生产线上推行。看板生产使在制品储备大量压缩，仅在 1994 年，全公司在制品比 1993 年下降了 40%，一些推行精益生产好的单位比推行在制品储备下降 60%～80%。

（4）计算机辅助生产管理。在推行精益生产过程中还积极推进两项工作：一是在生产处应用计算机进行全部技术文件管理、整车计划管理、零部件计划管理和生产统计、分析管理。并准备与销售、供应、协作、财务等部门联网，实现资源信息共享。二是总装配厂和个别专业厂试行计算机对生产过程的作业控制，逐步实现多品种平准化生产，整车与总成、总成与零件的同步化生产，把拉动式生产真正提高到现代化管理水平上来。

三、奇瑞汽车应用实施精益生产介绍

奇瑞公司是一家国有股份制企业，于 1997 年由 5 家安徽地方国有投资公司投资 17.52 亿元注册成立，并于同年 3 月破土动工。从 1999 年 12 月 18 日第一辆轿车成功下线，到 2006 年完成销售 30.52 万辆，市场占有率达 7.2%，位居全国乘用车行业第 4 名，强势挺进以往被合资品牌所垄断的中国汽车行业第一阵营，在自主品牌汽车企业中遥遥领先。这与奇瑞学习先进管理技术有关。在奇瑞生产线上，经常可以看到了外国专家和工人们一起操作，手把手地指导工人，在奇瑞总装二厂，有一块"寺田真二生产线"的牌子，这是公司专门请来日本专家进行精益生产方式管理的一个典型。

奇瑞的日常管理中，TPS(丰田生产方式)、六西格玛等优秀的管理思想及 ISO9001、ISO/TS16949 等全球先进汽车制造商采用的质量控制体系，都是一种制度性的存在。奇瑞对这些管理思想和质量控制体系，并没有生硬地"照搬照用"，而是结合实际情况进行了"本土化"改造。奇瑞认为自己的管理模式是：

丰田管理理论＋奇瑞实践＝奇瑞管理模式

对于 TPS 来说，奇瑞认为虽然 TPS 于 20 世纪 80 年代初就开始在国内汽车企业中推行，但成效一直不理想，奇瑞总结其原因为：一是领导层不够重视；二是方法不当。奇瑞认为适合自己的方法才能创造辉煌，所以决定在推行 TPS 上独辟蹊径。

2003 年 9 月，奇瑞从日本三菱汽车公司聘请了寺田真二为顾问，并成立了一个小组负责全面推行丰田生产方式。寺田真二顾

问带领小组成员选择"东方之子"生产线为现场试点,推行精益生产管理方式,针对员工不及时解决问题,以及解决问题不能持续等方面的毛病,提出了一系列改进措施。通过半年努力,该生产线在管理、劳动效率、物流和产品质量等方面都得到了大幅度的提高。此后,奇瑞又以该生产线为样板,把获得的经验推广到其他生产线上,均获得了较大的成功。总结奇瑞汽车实施精益生产,有以下几方面的经验值得借鉴。

1. 节拍平衡和5K改善

通过现场观察员工的作业动作与顺序、物料摆放、设备布局、测量员工的作业时间,编制节拍平衡。通过节拍平衡图的原理来消除"瓶颈工序"和平衡劳动强度,再辅以5项改善。

2. 机时利用分析

将工作日按"时"划分为时段,观察每日实际产量与计划产量的差异,并详细记录导致停产原因,编制机时利用曲线图。通过曲线图帮助管理者了解生产计划未完成和不均衡化的原因,再采取对策进行控制。

3. 直行率和单车缺陷

在装配线和质量检验点对下线车辆进行检查,记录所有车辆单车缺陷数,编制单车缺陷表和直行率图。根据这张管理表分析产量质量的原因,并采取对策,从而提高直行率。

4. 物流JIT

为降低库存,实现准时化生产,物流导入看板管理,并与ERP结合,开发了电子看板系统,确保所有零部件的上线达到准时化。

5. 狠抓质量

奇瑞在推行精益生产方式时始终把狠抓质量当作头等大事,通过稳定的生产过程来实现稳定的质量。奇瑞提出了"抓质量不疯狂就死亡"的口号,全员行动,向质量宣战,提出"力争3年达到韩国现代的质量水平,6年达到丰田的质量水平,7年时间内达到奥迪的质量水平"。

奇瑞在精益生产的实践中所创造的奇瑞管理模式为公司的腾飞提供了基础和条件。2003年以来,奇瑞汽车公司充分发挥规模优势,结合信息化管理手段,全面推广精益生产方式,产品性价比不断提升,市场竞争力显著增强,产销量持续走高,成为中国汽车行业自主品牌企业的先锋。

学习国外先进经验必须聪明地学,所谓聪明是指理解精髓,结合实情,有所创新。以上两企业在这方面都有成功经验。

复习思考题

1. 叙述精益生产方式产生的背景和意义。

2. 精益生产方式有哪些基本的管理思想?

3. Lean production 的准确含义是什么?

4. 看板管理的工作原理是什么? 有观点说准时化生产就是看板管理,这个观点是否正确?

5. 零库存管理在精益生产方式中起到什么作用?

6. 平准化生产对准时化生产有哪些帮助?

7. 小组工作法在整个精益生产中起着怎样的作用?

8. 请仔细思考一下精益生产管理系统体系,自问是否搞清楚了。

9. 精益思想5原则在实施过程中分别起哪些作用?

第十七章　大规模定制与供应链管理

进入 20 世纪 90 年代以来,市场需求呈现多样化、个性化的趋势,竞争日趋激烈。传统的规模经济理论正经受严峻的挑战,旧的生产方式已经不适应市场环境的变化。在新的市场环境中,企业需要一种新的生产模式:既能定制产品,又具有大规模生产的效益,大规模定制生产模式应运而生,而这种生产模式又只能在供应链的环境中才能得以正常运行。供应链从整体上说是一个由设计、生产、销售、物流、财务、众多企业构成的虚拟组织,组成一个更大的系统。供应链管理则强调以系统化的思想优化供应链的资源配置,使采购、制造、分销三个阶段实现无缝对接。

第一节　大规模定制时代

早在 1970 年,美国著名未来学家阿文·托夫勒(Alvin Toffler)就在他的《未来的冲击》一书中对大规模定制作出预见。1986 年美国勒海大学的亚科卡研究所发表的“敏捷制造”(agile manufacturing)报告中指出,面对市场需求多样化个性化的潮流,企业将只能以更新的生产方式来满足客户的定制要求。1993 年美国 B·约瑟夫·派恩二世(B. Joseph Pine Ⅱ)在其《大规模定制——企业竞争的新前沿》一书中对大规模定制的内容作完整的描述。几年来,国外已不断有企业采用大规模定制生产方式,其发展势头大大超出托夫勒 30 年前的预见。

一、大规模定制的基本概念

大规模定制是指以大规模生产的成本和速度,为单个客户或单件(或小批量)多品种的市场,定制加工制造任意多数量的产品,是一种全新的生产经营模式。在大规模生产中,低成本主要是通过规模经济实现的——通过大批量和生产过程的高效率降低产品和服务的单位成本。在定制模式中,低成本主要是通过范围经济实现的——应用单个工艺过程便可以方便快速地生产多种产品和服务。所以在大规模定制过程中,若以较低的成本对定制的产品进行大规模生产,需要将两者兼顾,即用标准化零部件实现规模经济,零部件按多种方式进行组合,形成多种最终产品,从而实现了范围经济。

大规模定制是优化供应链、增强对顾客反应能力的一种有意义的方式,它给传统的生产、流通和消费模式带来冲击。大规模按顾客订单定制不仅仅是一个制造过程、物流系统或营销战略,它还可能成为 21 世纪公司的组织原则,就像大批量生产是 20 世纪的组织原则一样。

二、大规模定制是社会发展的必然产物

大卫·M. 安德森在《21 世纪企业竞争前沿》一书中对企业生产模式的演化规律作了较深入的探讨,如图 17-1 描述。

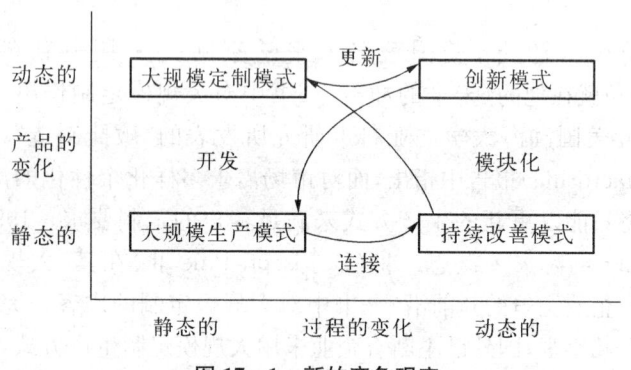

图 17-1 新的竞争现实

以 20 世纪初为讨论的起点,当时的单件小批量生产对应图中的创新模式。在那时,生产力水平主要取决于手工作业者的技能,

社会消费需求有限,客户需要的产品往往是企业从未生产过的,但工匠们会想方设法为客户定制,企业的产品和制造工艺都处于动态的变化中,从这层含义上称它为创新模式。

福特的流水线生产具有高效率低成本的优势,创造出巨大市场需求。此时的市场需求以数量大价格低为特征,企业就选择了大规模生产模式。企业的产品和工艺很少改变,处于一种静态。新产品新工艺的开发依靠其他的创新机构(多半是企业自己的研究机构)。到20世纪70年代为止,美国经济的快速发展得益于这种模式。

但随着社会经济的发展,需求变得更复杂,除了数量、价格以外,对质量和不同性能有了要求,大规模生产模式的静态特性越来越力不从心。丰田公司发现,通过持续地改进工艺,能够提高制造柔性,可以使成本更低质量更好,经过20多年的不懈努力,创造出持续改善模式(精益生产)。他们终于取得了对竞争对手的明显优势,至80年代,日本的制造业全面赶上美国全靠这种模式。

90年代将如何发展?MIT的学者当时预计存在两种可能。也许生产系统为适应需求多样化变得更具柔性;也许精益生产方式的柔性也增至极限,放慢了开发新品种的步子。但最近10年社会发展之快是人们无法预料的,当MIT的学者们在1990年断言精益生产方式方兴未艾并将取代其他不适应潮流的生产方式时,由于需求的个性化和信息技术的迅猛发展,社会酝酿出更新的生产方式——大规模定制模式。这种模式以固定的但颇具柔性且反应灵敏的加工工艺提供动态的产品流,实现低成本和广泛的个性化定制。

大规模定制模式与持续改进模式的主要差别在于:第一,前者为客户定制产品,满足客户的个性化需求,而后者生产多种产品供客户挑选,满足客户的多样化需求;第二,前者依靠信息技术及时获得客户需求信息,由柔性极高的制造系统实现定制,而后者不必依赖于信息技术,较大程度上靠需求拉动安排计划。

100 年来生产方式经历了从单件小批量生产、大批量的流水线生产、精益生产，直至近年来出现的大规模定制。从本质上分析，它并不是某个企业选择的结果，更不是某个企业家选择的结果，而是社会发展的必然结果，是企业为了适应社会经济的发展，满足新的消费需求特点，不断改进生产方式，提高竞争力的结果。大规模定制要解决的具体问题很多，如何获得个性化需求、定制的产品怎样设计、怎样生产、物流怎样做，等等。事实的发展告诉我们所有这些都是在供应链环境下解决的。

第二节　定制产品与设计制造

由于产品开发设计阶段在定制产品整个生命周期中的重要地位，大规模定制下产品开发技术成为重点。我们设想一下，定制一件普通的服装情况是怎样的。传统的定制服装的规模都很小，这与需要量身、专门设计画样、裁剪的效率很低有关。如果要扩大规模则必须在量身与设计环节提高效率，裁剪缝纫要采用高效率的柔性系统。所以要实现大规模定制服装的经营方式，就需要建立一个分布很广的能接触广大顾客的接单系统，而生产又必须集中，发挥大规模生产的高效率优势，此外需要一个高效的物流配送系统。

一、获取客户定制产品的需求信息

由于客户有自己个性化的要求，在接受订货时双方就必须明确需求与责任，就服装业而言必须面对面地提供服务，量取体形尺寸是必不可少的，还要明确一些其他关于式样、缝制等方面的要求。由于大规模的要求，企业需要有一个遍布市场的庞大的接单系统。该系统说是接单，其实核心业务是承担设计任务，不能把设计任务交后台处理，处理后再与顾客商量，这样的效率会很低，顾客不会满意的。所以必须在现场与顾客讨论要求，并即刻完成设计任务，顾客满意了才能完成接单业务。这需要开发一个计算机辅助设计系统。接单任务传统上是销售部门的业务,在大规模定制下仍然是销售部的业务,所不同的是它的业务内容发生很大变化,承担了产品设计,把设计作业前移,设计完成后再签约。

获取顾客个性化需求信息的方式随产品差异而变。如个人电脑则不需要面对面处理业务,可以在网上、电话里处理。有些 B2B 产品,也需要面对面商讨产品定制,这类产品有一定批量,虽然不是严格意义上的个性化产品,如果把商家看作顾客,也可以理解是个性化,只是量大一些。但其设计的工作量可能较大,涉及具体的加工工艺,不大可能当场解决所有问题,需要设计部门在后台支持。

怎样获取客户需求信息是重要环节,但具体的手段与方法是怎样的,并没有固定的模式,关键要点是:市场覆盖率要高,与顾客沟通的效率要高。

二、产品规划

对大规模定制的普遍误解是客户要什么就造什么,如果是这样的话,企业将无法应对顾客的很多与众不同的要求,使企业面临两难选择,要么接受订货则面临亏损,要么不接受则顾客流失。作为企业亏本的生意是不能做的,除非为了某种特殊目的接受亏损订单。从快速设计的角度看,要求在市场的最前端由销售人员完成设计工作也是不现实的,在实践中发展形成的方法是企业事前规划产品系列,为消费者提供尽可能多的选项,使大部分消费者可以在提供的范围内找到符合他的产品。产品规划要求企业全面了解客户需求,从客户的角度研究定制生产的潜在可能性。客户在表达自己想法和要求的时候,可能会将这些想法和要求限制在可能实现的范围之内。所以企业有必要提出诸如"如果是这样,你需要什么"之类的问题,并且推测客户对那些他们尚不理解的定制会喜欢到什么程度。要了解以下几个问题:

1. 从客户的角度决定应该定制什么产品

集中考虑在未根据可行性排除各种意见的情况下,还需要什么。可行性的判断可能是基于对现实的直觉、新技术的发展以及可能在某些方面改进。

2. 产品系列合理化

首先确定产品系列合理化准则,然后运用帕雷托图分析、ABC分类、主观性因素分析等方法,对产品系列进行优化,取消部分产品。

3. 对用在新设计中的零件、工艺、特征、夹具、刀具和原材料进行标准化

对于现有的产品,取消重复性的零件,用更加通用化、标准化的零件和材料取代原有的零件和材料。

4. 集中讨论如何实现定制

提出几种方案,确定定制在模块化、可调节性以及参数化方面的情况。针对各种方案,将确定了的需求转化为设计、制造、营销和分销方面的具体要求。

产品规划的作用是为了能够向消费者提供一个可选择的范围。

三、产品结构设计

为了尽可能满足顾客的个性化需求,又要使设计简便,并适合大规模流水线生产,把产品结构设计成模块化标准化是唯一途径。所谓模块化标准化是指把提供产品功能的零部件设计成标准模块,只要把这些标准模块组装起来就是一件完整的产品,而结构与模块是可以有多种选择的。个人电脑是一个最典型的模块化标准化产品。顾客可以根据自己使用电脑的用途,确定应具有的性能,然后可以通过选择主板、CPU、显示卡、内存、光驱、硬盘、机箱等标准化的器件组装而成。使一个高科技的产品变得很简单,用户自己也能参与设计与装配。一般要做好以下几项工作:

1. 优化产品系列结构

在产品概念和结构设计阶段至少决定了产品总成本的 60％,并且对功能需求、质量、可靠性等也有很大影响,因此这一阶段的工作应引起足够的重视。

2. 设计产品的装配形式

产品的装配形式应该设计得能够装配/配置产品族中的所有产品类型，而且此时无需诸如查找零件、定位零件、下载程序、校准或者查找并理解指令等生产准备工作。对于柔性装配要做到以下几点：在所有的使用地点必须能够获得所有的零件；使用看板系统自动地补充零件；对夹具的几何形状进行标准化；对加工工具进行标准化；对工艺步骤实行标准化；实时地显示装配/配置操作的指令等。

3. 开发柔性的 CAD 和 CAM

CAD"模板"能够随着客户或者特殊需求的市场的输入而及时地更新。能够用更新后的零件图去更新装配图，以及更新相关的制造程序。

4. 建立订单登录规程

此举用来规范各种允许的模块组合方式，以及可调节的和参数化的定制的范围、步骤。创建一个订单登录数据库或者配置器，用它来协调所有的规则和约束，而且及时地生成有效的订单指令并将其传达给工厂。

关于大规模定制的设计工作并不是以上所述的那么简单，以上只是给出一个大致的工作思路，对于一般的教学能理解其原理已足够了，如果要指导实施大规模定制可参阅专业书籍。但其基本原理十分简单，可以类比为中国古老的智力游戏——七巧板原理。

四、大规模定制下的敏捷产品制造

大规模定制生产模式之所以具有竞争力，是因为它能完全按照订单生产，最大限度地满足客户个性化需求。由于前后生产的两个产品是不同的，这意味着需要工艺转换，甚至加工工具的更换，所以要达到既要快速又要成本低的目的，而这种优势是建立在具有高度柔性与快速反应的敏捷产品制造系统之上的。敏捷制造的能力称为大规模定制的关键条件之一。一般需要采取管理手段和适当采用一些自动化设备,建成柔性加工中心、柔性装配系统、柔性制造系统等。此外还有一些其他措施。

1. 分工协作大家造

模块是产品的基本组成元素,可以通过将它的各种不同组合装配在一起,实现产品的定制。从数学上说,这种组合的数量几乎是无限的。产品结构模块化和标准化可以使加工工艺保持基本稳定,产品的不同性能则通过改变内部结构来实现,所以结构模块化是实现大规模定制的关键步骤,实现大规模定制的最好方法。这也为社会分工创造了条件,一家企业只需承担少数模块的制造任务,是这一方面的专业制造商。如电脑业的光驱制造商、主板制造商等,他可以设计制造多种规格的标准零部件,供应许多整机厂商,达到零部件生产的多品种大批量。

2. 缩短生产准备时间和减少生产批量

大规模定制的目标是在同一工厂生产不同的产品而其转换时间为零。如果先后生产的产品是单件产品和彼此不相同的,那么需要大量的停顿时间来获取零件、更换模具和夹具、下载程序、查找工作指令,或者进行手工检测、调整或进行零件和夹具的定位。这些停顿所消耗的时间被称为生产准备时间。生产准备时间降低了工厂的柔性,同时也阻碍了大规模定制的实施。生产准备时间越长,则生产批量越大,工厂的柔性就越低。减少生产准备时间的目的在于通过缩短生产准备时间来减小"最佳"批量。当生产准备时间为零的时候,"最佳"生产批量为 1,此时就是真正的柔性制造。

3. 实现柔性的自动化

许多企业都存在"自动化孤岛"的问题,自动化设备分布在工厂的各个地方,孤立于信息网络之外。程序通常被储存在软盘、硬盘上。为每一种不同的零件装载程序都是一种生产准备工作,如果这种准备工作减慢了生产线的速度,就应该将其取消。

自动化设备可以作为计算机集成制造系统的一部分,由一台中央控制器进行控制。每台机器把所有程序储存在自己的存储器中，或者存储在几台机器共享的专用文件服务器中。通过快速更换程序，适应多种加工工艺转换的需要。

第三节　采购与供应商管理

采购是企业向供应商获取商品或服务的一种商业行为，企业经营活动所需要的物资绝大部分是通过采购获得的。采购管理的目标是以正确的价格、在正确的时间、从正确的供应商处购买到正确数量和质量的商品或服务。传统上，采购管理理论注重于采购行为本身，考虑如何选择供应商、决定采购的数量、确定合适的价格、签订采购合同，以及如何谈判，使企业在采购行为中获利。而现代采购管理理论则更加强调企业与供应商之间的关系管理，如果制造企业与供应商之间建立起一种"互利双赢"的合作关系，则更有利于双方的长远发展。

一、采购的重要性

采购质量关系到企业产品的质量和成本，并且采购资金在总成本中占很大比重，使得采购在企业经营活动中占有重要地位。随着社会分工的进一步细化，企业经营方式向专业化、协作化方向发展，采购活动在企业中的地位与作用将会越来越重要。

1. 采购成本影响产品利润

在制造业中，企业的采购资金占销售额的 $40\%\sim60\%$，这意味着采购成本的降低将对企业利润的增加产生重要的影响，其增加利润的效果要远远大于在其他方面采取的措施。所以，采购自然成为企业降低成本增加利润的重要环节。

2. 满足制造产品需求

生产部门对采购物品的要求不仅仅局限于数量方面，还有质量、性能与时间等方面的要求。原材料和零部件的性能和质量直接关系到产品的性能和质量。例如，清晰度是电视机的一项重要的质量指标,如果采购的显示器聚焦质量达不到要求,那么无论电视机设计得如何好,由于显示器质量不合格就不可能得到满意的清晰度。时间要求是指当生产需要某些物资时能够及时得到供应。采购部门为了满足这个需求,往往会采取大批量采购的办法来应付,这样又造成了过高的库存水平和较高的资金占用。现代供应链管理要求做到准时化采购,即 JIT 采购。

JIT 采购是 JIT 生产在采购管理中的应用。它的基本原理是按照生产部门或客户的需求数量和时间,及时安排采购计划,对于采购数量与采购时间,尽量做到既不要过量又不要提前,能够准确及时地满足需要,最大限度地降低采购物资的库存水平。生产企业在实施 JIT 采购时需要供应商的大力配合与支持。

3. 采购的战略角色

采购工作在过去一直很少受到重视,这一方面是由于企业对采购的重要性认识不足;另一方面也与社会经济的发展水平有关。而今天,随着市场竞争的日益激烈,企业普遍意识到企业内部的获利空间已经很小,要进一步提高资源的利用率,只能把盈利视角扩大到整个供应渠道上。这是因为:第一,传统的生产方式已经走到了尽头,大而全、小而全的企业结构已经越来越不能适应外部经营环境的变化,社会发展呼唤生产方式的变革;第二,人们发现在企业与上下游企业组成的系统中,存在着巨大的改进空间,可以更好地利用整个供应渠道的资源,争取更多的获利条件。虚拟企业、敏捷制造、供应链管理等新的概念预示着新的生产方式的出现,总的发展趋势是专业化分工协作,采购的重要性应理所当然地提升到企业发展的战略高度来认识。

在这方面十分典型的例子是我国的家电企业,短短十几年的时间发展成为世界第一大家电生产国,但由于激烈的市场竞争家电行业提前进入微利时代,为了获得应有的利润率,国内一些优秀的企业率先实施采购管理创新,如海尔、TCL 都成立了物流中心,投巨资上网。预计通过网上采购可以降低采购成本 15%。

4. 中国企业采购环节改进空间巨大

在计划经济条件下,由于物资短缺,采购管理是企业管理的重要职能。供应部门的工作质量关系到工厂能否正常开工,因而企业十分重视采购工作,往往选派能力较强、有关系的人负责此项工作。但是,由于物资匮乏,即使是计划分配到的物资,也要四处走关系才能买到。所谓采购管理主要是靠关系搞物资,尽可能多地囤积物资,有时甚至不计经济效益。

随着社会主义市场经济的建立与发展,现在大多数企业建立了现代企业制度,实现了自主经营自主盈亏。自 1996 年起,我国经济由卖方市场转为买方市场,从生产资料到生活资料,大多数商品供大于求,随之而变化的是销售部门与采购部门在企业的地位。面对日益激烈的市场竞争,巩固与开拓市场成为企业经营的重中之重,因此销售部门受到大多数企业的重视。采购部门反而成了上游企业销售员的"工作对象",几乎不用外出奔波,就有人送货上门。这时销售似乎成了企业的头等大事,从而忽视了采购管理的重要性。所以,现在强化采购管理能使企业在市场竞争中领先一步,具有特殊的重要性。

在我国,无论是企业界还是管理学界对采购管理长期以来没有足够的重视,在以往的管理文献中有关采购的内容介绍得很少,仅仅介绍 ABC 管理法、库存控制等,另外在 MRP,MRPII,ERP 的相关理论中只是顺便提到采购问题。但是在实践上,我国有不少的企业总结出了较为丰富的经验与理论,如邯钢、亚星化工等企业的采购管理模式。

二、供应商选择

供应商管理是企业保证物资供应、确保采购质量和节约采购资金的重要环节。供应商管理最主要的两个研究领域是供应商的选择和供应商的关系管理。因此供应商管理不仅包括区分供应商级别,对物资供应渠道进行选择以及从质量、价格、售后服务、交货期等方面对供应商进行综合的、动态的评估,还包括如何搞好同供应商的关系。

　　企业之间的竞争将逐渐转变为企业供应链之间的竞争,因此从供应链的角度来提升企业的竞争力已成为企业必然的选择。而选择良好的供应商并同其维持稳定的合作关系将会使企业整体的供应链更具竞争力。但在供过于求的市场环境下,企业面临着诸多可供选择的供应商,并且许多企业推行国际化战略,在全球范围进行采购,这使企业对供应商的选择与评估变得更加复杂。因此供应商的评估与选择在实践中需要科学的方法与规范的程序来指导其运作。

　　1. 供应商评估与选择的步骤

　　(1) 成立供应商评估与选择小组。供应商选择不仅是采购部门的事情,还是整个企业都需关注的重要决策,需要企业各部门有关的人员共同参与决策。对于技术要求高、重要的采购项目特别需要设立跨职能部门的供应商选择工作小组。供应商选择小组一般应由产品开发部、采购部、供应链管理部、市场部、计划部等各部门有关人员组成。

　　(2) 确定全部的供应商名单。通过供应商信息数据库,以及采购人员、销售人员或行业杂志、网站等媒介渠道了解市场上能提供所需物品的供应商。

　　(3) 列出评估指标并确定权重。确定代表供应商服务水平的有关因素,据此提出评估指标。评估指标和权重对于不同行业和产品的供应商是不尽相同的。具体内容将在后面介绍。

　　(4) 逐项评估每个供应商的履行能力。为了保证评估的可靠,应该对供应商进行调查。在调查时,一方面听取供应商提供的情况;另一方面尽量对供应商进行实地考察。考察小组由各部门有关人员组成,技术部门进行技术考察,对企业的设备、技术人员进行分析,考虑质量是否能够保证,以及是否能够跟上企业所需技术的发展,满足企业发展的要求;生产部门考查生产制造系统,了解人员素质、设备配置水平、生产能力、生产稳定性等;财务部门进行财务考核,了解供应商的历史背景和发展前景,审计供应商并购、被收购的可能,了解供应商经营状况、信用状况,分析价格是否合理,以及能否获得优先权。

(5) 综合评分并确定供应商。在综合考虑多方面的重要因素之后,就可以给每个供应商打出综合评分,选择出合格的供应商。具体的方法将在下面作详细介绍。

2. 供应商选择的评估要素

对供应商作评估的最基本指标应该包括以下几项。

(1) 技术水平。技术水平是指供应商提供商品的技术参数是否能达到要求。供应商具有一支技术队伍和能力去制造或供应所需的产品吗? 供应商有产品开发和改进项目吗? 供应商能够帮助改进产品吗? 这些问题都很重要。选择具有高技术水准的供应商,对企业的长远发展是有好处的。

(2) 产品质量。这是一个很重要的评估指标。供应商的产品必须能够持续稳定地达到产品说明书的要求,供应商必须有一个良好的质量控制体系。对供应商提供的产品除了在工厂内做质量检验以外,还要考察实际使用效果,即检查在实际环境中使用的质量情况。

(3) 供应能力。供应能力即供应商的生产能力,企业需要确定供应商是否具备相当的生产规模与发展潜力,这意味着供应商的制造设备必须能够在数量上达到一定的规模,能够保证供应所需数量的产品。

(4) 价格。供应商应该能够提供有竞争力的价格,这并不意味着必须是最低的价格。这个价格是考虑了要求供应商按照所需的时间,所需数量、质量和服务后确定的。供应商还应该有能力向购买方提供改进产品成本的方案。

(5) 地理位置。供应商的地理位置对库存量有相当大的影响,如果物品单价较高,需求量又大,距离近的供应商有利于管理。购买方总是期望供应商离自己近一些,至少要求供应商在当地建立库存,地理位置近送货时间就短,意味着缺货时,可以快速送到。

(6) 可靠性(信誉)。可靠性是指供应商的信誉,在选择供应商时,应该选择一家有较高声誉的、经营稳定的,以及财务状况良好的供应商。同时,双方应该相互信任,讲究信誉,并能把这种关系保持下去。

(7) 售后服务。供应商必须具有优良的售后服务。如果需要他们提供可替代元器件,或者需要能够提供某些技术支持,好的供应商应该能够提供这些服务。

(8) 提前期。提前期是一个重要的计划参数,要求越短越好,除此而外,希望一致性要好,即实际交货时间稳定,波动不能大,否则不利于计划。

除了以上 8 点以外,有时还有一些其他因素,如供应商的信用状况、互惠经营、供应商是否愿意为购买方建立库存等等。

3. 评估与选择方法

供应商的评估与选择是一个多对象多因素(指标)的综合评价问题,有关此类问题的决策已经建立了几种数学模型。它们的基本思路是相似的,先对各个评估指标确定权重,权重可用数字 1～10 之间的某个数值表示,可以是小数(也可取 0～1 的一个数值,并且规定全部的权重之和为 1);然后对每个评估指标打分,也可用 1～10 之间的一个数表示(或 0～1 的一个数值);再对所得分数乘以该指标的权重,进行综合处理后得到一个总分;最后根据每个供应商的总得分进行排序、比较和选择。

三、供应商关系管理

从传统的供应商关系管理发展到现代供应商关系管理,企业在供应商管理方面有了很大的创新。通过表 17－1 的比较可以看出,两种管理模式有着根本的区别。在对供应链管理在企业中的地位与作用有了更加清醒的认识之后,许多企业已将供应商关系管理提高到了公司战略的高度来对待,并且在实践中继续不断探求管理与供应商关系的合适方法与途径。本节就几个有关问题作简单介绍。

表 17-1　传统的供应商关系管理与现代供应商关系管理的比较

	传统的供应商关系管理	现代供应商关系管理
供应商数目	多数	少数
供应商关系	短期、买卖关系	长期合作、伙伴关系
企业与供应商的沟通	仅限于采购部与供应商销售部之间	双方多个部门沟通
信息交流	仅限于订货收货信息	多项信息共享
价格谈判	尽可能低的价格	互惠的价格，双赢
供应商选择	凭采购员经验	完善的程序
供应商对企业的支持	无	提出建议
企业对供应商的支持	无	技术支持

1. 供应商管理目标及战略

现代企业供应商管理在战略方面要考虑的问题是：设计一种能最大限度地降低风险的合理的供应结构；与供应商建立一种能促使供应商不断降低成本、提高质量的长期合作关系；采用能使采购总成本最小的采购方法。

根据这三点要求，供应商管理的具体目标有 5 个：

（1）获得符合企业质量和数量要求的产品或服务；

（2）以最低的成本获得产品或服务；

（3）确保供应商能提供最优的服务和及时的送货；

（4）发展和维持良好的供应商关系；

（5）开发潜在的供应商。

2. 供应商关系分类

企业与供应商之间的关系可以大致分成5种,即短期目标型、长期目标型、渗透型、联盟型、纵向集成型。

(1) 短期目标型。这种类型的最主要特征是双方之间的关系是交易关系,即买卖关系。希望能保持比较长期的买卖关系,获得稳定的供应,但是双方所做的努力只停留在短期的交易合同上。各自关注的是如何谈判,如何提高自己的谈判技巧,使自己获利,而不是考虑如何改善自己的工作,使双方都获利。供应方最多提供标准化的产品或服务,以保证每一笔交易的信誉,当买卖完成时,关系也终止了。双方只有供销人员有联系,其他部门人员一般不参与双方之间的业务活动,也很少有什么业务活动。

(2) 长期目标型。与供应商保持长期的关系是有好处的,双方有可能为了共同利益对改进各自的工作感兴趣,并在此基础上建立起超越买卖关系的合作关系。长期目标型的特征是建立一种合作伙伴关系,双方的工作重点是从长远利益出发,相互配合,不断改进产品质量与服务质量,共同降低成本,提高供应链的竞争力。合作的范围遍及公司内的多个部门。例如由于是长期合作,对供应商提出新的技术要求,而供应商目前还没有能力,在这种情况下,可以对供应商提供技术资金等方面的支持。供应商的技术创新和发展也会促进企业产品改进,所以对供应商进行技术支持与鼓励是有利于企业长远利益的。

(3) 渗透型。这种关系形式是在长期目标型基础上发展起来的。其管理思想是把对方公司看成为自己公司的延伸,是自己的一部分,因此,对对方的关心程度又大大提高了。为了能够参与对方的业务活动,有时会在产权关系上采取适当的措施,如互相投资、参股等,以保证双方利益的共享与一致性。在组织上也采取相应措施,保证双方派员加入对方的有关业务活动。这样做的优点是可以更好地了解对方的情况,供方可以了解自己的产品在对方是怎样起作用的,容易发现改进的方向,而购方可以知道供应方是如何制造的,也可以提出改进的要求。

(4)联盟型。联盟型是从供应链的角度提出的。它的特点是从更长的纵向链条上管理成员之间的关系,难度提高了,要求也更高。由于成员增加,往往需要一个处于供应链上核心地位的企业出面协调成员之间的关系,称为主导者。

(5)纵向集成型。这种形式被认为是最复杂的关系类型,即把供应链上的成员整合起来,像一个企业一样,但各成员是完全独立的企业,决策权属于自己。在这种关系中,要求每个企业在充分了解供应链的目标、要求,以及充分掌握信息的条件下,能自觉作出有利于供应链整体利益的决策。有关这方面的知识,更多的是停留在学术上的讨论,实践中的案例很少。

企业与供应商之间的关系是随社会的发展而变化的。可以预计,随着电子商务的普及,供应链成员之间的联系方式将发生重大变化,供应商关系管理也会发展到一个新的水平。

第四节　生产物流管理

顾客需求导向是供应链管理的指导思想,物流系统最终向顾客提供所需要的产品或服务,以最低的物流成本,提供最好的服务,为顾客创造最大的价值,成为企业赢得竞争优势的重要途径。生产物流管理的对象是制造过程的物流,是对加工过程中的物料进行一系列计划、组织、实施、控制等管理活动的总称。

一、生产物流管理概述

1.生产物流管理的重要性

生产物流管理是整个供应链物流过程中十分关键的一环。生产过程,同时也是各种物料的使用和消费过程。搞好生产物流管理,对于保证和促进生产,节约物资消耗,加速物料流动,缩短生产周期,加快资金周转,降低生产成本,提高经济效益等有着非常重要的意义。虽然生产物流管理并不直接与最终顾客打交道,但生产物流管理中的各项决策会直接影响企业的顾客服务水平,最终影响企业的竞争力。如果生产物流管理不善,会导致产品脱销,顾客将转而寻求其他替代品或供应商。

通过生产物流管理工作,能够按照生产、销售和科研的需要,制定生产物料供应计划,指导整个生产物流;能够协调各方面的关系,正确处理生产物料供需矛盾,保证生产顺利进行;能够降低企业产品成本,使企业取得更多的经济效益。

2. 生产物流管理的目标

生产物流是供应链进行生产的必备物质条件,如果没有有效的生产物流管理,那么就不能实现"在恰当的时间,将恰当的产品以恰当的价格送到恰当的企业的顾客手中"的物流目标。生产物流管理的目标主要在于:协调供应链及节点企业内部各职能部门之间的关系,从整个供应链的角度控制生产活动中的物流,做到供应好、周转快、消耗低、费用省、取得好的经济效益,以保证企业生产顺利地进行。

3. 生产物流管理的发展趋势

随着计算机技术的发展,以及定量分析方法的完善,使得生产物流管理得以不断发展以适应市场经济的挑战,主要的发展趋势有以下几方面。

(1) 从专业部门管理发展到全面综合管理。过去将生产物流管理称为"材料管制"(material control),主要任务是做好对生产所需的原料、材料和用品的供应工作。过去企业主管的主要精力集中在生产和销售方面,生产物流管理部门成为配合生产的辅助部门。实际上,如果生产物流管理有方,对生产、销售和财务管理都会起到很好的促进作用。近年来,企业管理者开始越来越重视生产物流管理。生产物流管理涉及企业组织中的许多部门,如生产、销售、采购、仓库等,只有各部门之间相互合作,实行全面综合管理,才能取得良好的效益。

（2）从单纯的生产物料储备发展到生产物流 JIT 管理。在计划经济条件下，物流管理倾向于大量储备生产物料，造成较高的库存资金占用。在以需定产的市场经济环境下，生产物流管理的目标主要集中在提高质量、降低成本、减少资金占用、支持销售、提供优良顾客服务水平等方面。准时化思想适应了这种需求。实施 JIT 生产物流管理，可以尽力消除不增值的活动和不必要的环节，如生产物料搬运等；达到"仅在需要的时间和地点，获取所需要的生产物流"要求。可以使企业的在制品库存大大降低，提高生产物流响应速度和顾客服务水平等。近年来，JIT 在制造业和物流业中取得了惊人的成效。如 Rank Xerox 公司在 20 世纪 80 年代实施了 JIT 生产物流管理，结果是库存由 3 个月的储备降至半个月，生产物流成本降低了 40％。

（3）从手工操作发展到机械化、自动化。生产物流管理中装卸、搬运、仓库保管等活动是影响物流运作效率的重要环节。过去这些活动多以手工操作为主，随着现代技术的不断进步，广泛采用起重机、叉车、吊车、动力输送机、集装箱、托盘、机械手、电动搬运车、自动分货机等通用或专用的自动化机械设备，大大提高了物流速度和运输的灵活性，减少了生产物流管理中的体力消耗，降低了装卸搬运时的生产物流损耗。同时由于充分利用机械设备，实现了规模作业，降低了整体的物流成本。

（4）从基于物料需求预测发展到 MRP 系统。过去的生产物流预测只对一般的市场信息作一些简单的趋势分析，其结果受到买卖双方和宏观环境等许多不确定因素的影响。而且由于产品结构复杂、加工流程长，预测计算的工作量太大，手工方式难以对每种生产物料作预测，结果是粗线条的，价值不大。随着计算机技术的不断完善，物料需求计划（MRP）在企业中应用广泛，它借助计算机强大的信息处理能力在预测企业生产物料用量、编制生产物流供应计划方面，具体到每个零件，大大提高了计划的准确性和可靠性，使企业的生产物流管理进入了一个新的阶段。

随着市场经济的发展,高新技术不断涌现,企业组织自身的成熟与完善,生产物流管理在企业管理中的角色和地位发生了很大的变化。表 17－2 中列出了传统生产物流管理与现代生产物流管理的几点差异。

表 17－2　传统生产物流管理与现代生产物流管理比较

	传统生产物流管理	现代生产物流管理
市　　场	卖方市场,市场竞争少	买方市场,竞争激烈
产　　品	产品类别少,生命周期长,低技术含量	产品类别多,生命周期短,技术含量高
生　　产	满负荷大批量生产,柔性小,提前期长,自制件为主	满负荷小批量生产,柔性大,提前期短,外购件较多
服务水平	高服务水平,高库存,运输慢,物流流程缓慢	高服务水平,少库存,运输快,物流流程快捷
信息技术	人工数据处理,有纸张消耗	电子数据处理,无纸化工厂
企业战略	面向生产	面向市场

二、生产物流计划管理

生产物流计划是指为保证生产顺利进行而编制的生产物流供应计划,是企业计划期内生产物流供应活动的行动纲领。它是和企业的物流能力、物料需求、制造需求、采购需求等紧密联系在一起的。供应链管理中的计划要求做到同步,即供应链上下游企业根据同一份订单,按照其数量与交货期各自制订生产计划与物流计划,物流计划是对生产计划的保证。

1. 生产物流计划的内容

(1) 确定计划期的生产物料需用量;

(2) 确定生产物料的消耗定额;

(3) 清查库存资源,经过综合平衡,编制出生产物料需求计划、采购计划等,并组织实现。

2. 生产物流计划作用

(1)生产物流计划是订货和采购的依据。企业生产经营所需的生产物料种类繁多,数量不一,规格复杂,只有事先做好周密计划,才能尽可能地避免错订、错购、漏订、漏购等错误的发生。有了生产物流计划,可以对生产物资市场的价格波动进行合理的预测,并作出及时的反应。对价格预期上扬较大的生产物资可有计划地提前做好准备,避免提价损失;反之,如果预期生产物资价格下降,则应控制进货,防止造成资金浪费。

(2)生产物流计划是考核物流管理的标准。生产物流计划设置了一些考核指标,以衡量供应部门、生产车间、仓库管理、运输等部门的工作质量和效率。几个重要的考核指标是:计划准确率、订货合同完成率、库存生产物流周转率、库存生产物流削价或报废的损失率等。工作中对照检查这些指标,考核生产物料使用的有效性,从而能更充分利用资源,发挥生产物流的最大效能,有效降低成本。

(3)生产物流计划有助于存货控制和物流配送。生产物流计划包括生产物料的分配和配送计划。通过运用相应的控制工具和管理方法(如配送需求计划 DRP)可以更好地协调生产与市场之间的关系,即从顾客需求出发,控制从材料到产成品之间的计划和综合。

3. 编制供应计划的准备工作

编制生产物流计划前,必须了解生产物料的市场供求状况、生产物料的需用量、储备量以及生产物料分销要求等情况,然后运用系统分析和综合平衡的方法制订出科学合理的生产物流计划。

(1)做好市场预测掌握生产物流市场动态。市场经济体制下,生产物料市场总是呈现波动状态,这就要求对所需要的生产物料做好市场调研工作,分析货源,调查了解现有的供应量,供货方的生产能力,今后市场需求的变化趋势,有没有相应的替代品;并联系本企业的生产计划,确定某项生产物料的需求计划。

(2)搜集企业内部的相关数据资料。生产物流计划是企业生产经营活动在物资方面的综合反映,对企业的整个生产过程会产生重要的影响,所以编制生产物流计划前需要掌握详尽的企业内部资料。这些资料包括:生产物料消耗定额、生产计划、在制品数量、产品设计更改单、物料供应与物料消耗规律分析、上期生产物流计划在执行中的问题、在途及库存生产物料资源、委托加工生产物料资源、预计计划期初资源等。

(3)制定有关生产物流的消耗定额。生产物流消耗定额,是指在一定的生产技术和组织条件下,为制造单位产品或完成单位工作量所规定的必须消耗的生产物料数量标准。它是现代企业生产物流管理的基础工作和重要手段,又是编制生产物流计划的依据和考核生产物流消耗的标准。

4. 生产物流计划的编制和执行

(1)生产物流计划的编制。企业生产物流计划按计划期的长短可分为年度生产物流计划、季度生产物流计划和月份生产物流计划。三者之中,年度生产物流计划是企业全年生产物流供应工作的依据和基础;季度生产物流计划是在年度计划的基础上编制的,是由年度到月度、由长期到短期的中间环节,由企业物资部门在季节到来之前10天左右时间编制;月份生产物流计划是季度计划的具体化,其任务是把年度、季度生产物流计划中规定的指标,按照月、旬具体地安排到车间、班组,层层落实,保证企业生产计划的完成。物流部门在编制年度生产物流计划时,要考虑一些不确定因素的影响,虽不能预见到全年、全季度的所有变化,但这是必要的,可以增强计划抗突发事件的能力。在生产物流计划的实施过程中,会出现某些不确定的偶然事件,从而破坏年度和季度生产物流计划中原有的平衡。这时,就通过月份生产物流计划来进行调整,月份计划就是从长期到短期,从概括到具体,积极应变,实现组织供需平衡的过程。

（2）生产物流计划的执行与检查。执行计划的重点在于资源，要积极组织力量通过订货、采购、委托加工、协作等形式保证生产物料供应。生产物料进厂后，一方面要及时发放，重要产品生产所需生产物料应优先保证，紧张短缺生产物料择优供应，超储积压生产物料组织利用；另一方面要加强生产物料管理，定额发料，防止浪费。在生产物流计划执行的过程中，要不时对计划的执行情况进行检查，主要检查的内容有：计划需用量与实际耗用量的对比；生产物料到货衔接情况、供货合同执行进度和情况；生产物料消耗定额执行情况；生产物料节约使用情况等。相应地，检查的方法有全面检查与专题检查，经常检查与定期检查，统计资料对比与现场分析，以及在计划期结束后进行的生产物料核销检查等等。

在生产物流计划检查时，应该做到"有法可依，有章可循"，这里的"章"，是指在编制生产物流供应计划时事先制定好的一些重要考核指标，如计划准确率、订货合同完成率、生产物料节约率、库存周转率、库存物料损失率、包装容器回收率、资金占用量及周转率等。工作中对照检查这些指标，可以考核企业生产物流计划的执行结果。

三、生产物流控制

在实际的生产物流系统中，由于受系统内部和外部各种因素的影响，计划与实际之间会产生偏差，为了保证计划的完成，必须对物流活动进行有效控制。因此，物流控制是供应链管理的重要内容，也是供应链管理的重要职能。

1. 生产物流控制的内容

生产物流控制的具体内容有：

（1）进度控制。物流控制的核心是进度控制，即物流在生产过程中的流入、流出的控制以及物流量的控制。

（2）在制品管理。在生产过程中对在制品进行动态、静态以及占有量的控制。在制品控制包括实物控制、信息控制，有效控制在制品对及时完成作业计划和减少在制品积压有重要意义。

（3）偏差的测定及处理。在生产过程中按预定时间及顺序检查计划执行的结果，掌握计划量与实际量的差距，根据发生的原因、差距的内容及严重程度，采取不同的处理方法。首先要根据预测差距的发生，事先规划消除差距的措施，如动用库存、组织外协等；为了及时调整产生差距后的生产计划，要及时将差距向生产计划部门反馈；另外为了使本期计划不作或少作修改，也将差距向生产计划部门反馈，作为下一计划期计划调整的依据。

完成上述控制内容的系统可以采取不同的结构和形式，但都具有一些共同的要素。这些共同的要素包括以下几个方面：

① 强制控制和弹性控制的程度。即通过有关期量标准、严密监控等手段所进行的强制或自觉控制。② 目标控制和过程控制。即控制系统核查生产实际结果。③ 管理控制和作业控制。管理控制的对象是全局，是指为使系统整体达到最佳效益而按照总体计划来调节各个环节、各个部门的生产活动。作业控制的对象是对某项作业进行控制，是局部的，其目的是保证其具体任务或目标的实现。有时不同作业控制的具体目标之间可能会出现脱节或矛盾的情况，需要管理控制对此进行协调，已达到整体最优的效果。

2. 控制程序

物流控制的程序对不同类型的生产方式来说，基本上是一样的。与控制的内容相适应，物流控制程序一般包括以下几个步骤：

（1）制定期量标准。期量标准要合理与先进，并随着生产条件的变化不断修正；

（2）制订计划。依据生产计划制订相应的物流计划；

（3）物流信息的搜集、传送、处理；

（4）实施调整。为了保证生产正常进行，及时调整偏差，确保计划的顺利完成。

3. 生产物流控制原理

在生产物流系统中，物流协调和减少各个环节生产和库存水平的变化是很重要的。在这样的系统中,系统的稳定与所采用的控制原理有关。下面介绍两种典型的控制原理。

（1）物流推进型控制原理。根据最终产品的需求结构,计算出各个生产工序的物流需求量,再考虑各生产工序的生产提前期滞后,向各工序发出物流指令(生产计划指令)。推进型控制的特点是集中控制,每个阶段物流活动都要服从集中控制指令。但各阶段没有考虑影响本阶段的局部库存因素,因此这种控制原理不能使各阶段的库存水平都保持在期望水平。广泛应用的 MRP 系统控制实质上就是推进型控制。

（2）物流拉动型控制原理。根据最终产品的需求结构,计算出最后工序的物流需求量,根据最后工序的物流需求量,向前一工序提出物流供应要求。以此类推,各生产工序都接受后工序的物流需求。从指令方式上不难看出,由于各个工序独立发出指令,所以实际上是一种单一阶段的重复。拉动型控制的特点是分散控制,每一阶段的物流控制目标都是满足局部需求,通过这种控制方式,使局部生产达到最优要求。广泛应用的"看板管理"系统控制实质上就是拉动型控制。

供应链管理中有一个同步计划,即链上各环节同时针对某订单做计划,此概念比较抽象。

以双汇集团为例理解同步计划。旧方法的计划顺序如下:

客户订单—批发商—分公司—销售总部—生产计划部—生产车间—屠宰场。

这时屠宰场开始计算杀几头猪,需要多少 PVDC 薄膜、淀粉、蛋白,从接到订单到屠宰场编制完成计划最快需要 5 天,生产过程中的库存量大。

双汇实施供应链管理后,客户下订单的瞬间,供应链中的所有节点都接收到此订单,并自动生成物料清单、质检通知单、运输清单等,各环节有时间做好充分的准备,执行该订单的生产任务。

第五节　分　销　管　理

分销渠道是维系供应链与客户的主要环节,客户需求信息靠它获取,制造完成后的商品经它交给客户。分销管理对整条供应链的效率影响同样很重要。

一、分销渠道概述

当生产者和消费者之间存在大量"交换"需求时,社会中就发展出了"分销渠道"。分销渠道可以被看作是销售物流的"运动场",承担着产品和服务所有权的交换。分销渠道是决定客户服务质量的一个最重要的业务领域,优越的渠道结构能够带来竞争优势。

产品由分销渠道扩散到客户手中,具有以下几点优势:

分销渠道减少了市场中交易的次数。在交易中,通过分销渠道的中间商(如批发商、零售商等)实现集中采购与配送,从而减少了市场中交易的次数,提高了交易的效率。专业生产商的数目越大,中间商的优势越明显,如图17-2所示。这表明一个厂商在卖给顾客少量产品时,可以通过中间商来持续地降低营销费用和物流成本。

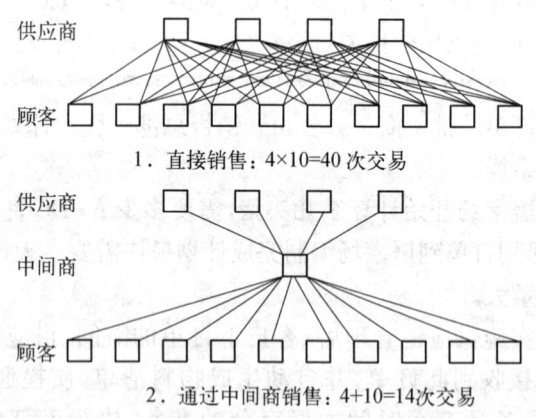

图 17-2　中间商减少交易次数

在图 17-2 中,10 个顾客直接从 4 个供应商处购买产品,交易次数为 40 次,如果通过 1 个中间商间接销售,则交易次数降为 14次,比直接方式的交易次数降低了 65%。显然,供应商和顾客的数目越多,中间商的作用越明显。

专业化的分销渠道设置使分销成本最小化,交易规范化。专业化是提高分销效率的最基本的驱动力。在实际业务中,某些专业企业(如第三方物流组织)因为它们能比其他企业更好地承担基本功能,从而能够提高分销渠道中的物流运作效率。同时,对交易的规范化处理可以加强渠道成员的合作,提高渠道效率。

分销渠道为买卖双方搜索市场资源提供了便利。在市场环境中,买方试图满足自己的消费需求,而卖方(如制造商)则想要预测并抓住这些需求信息,如果这一双向"搜索"过程能成功进行,需求信息能适时高效地流动,那么对买卖双方都是有利的。分销渠道中的中间商分别按不同的行业进行组织,并向各自的市场提供相关市场信息,从而为买卖双方提供了便利,并降低了分销渠道中的相关成本,如销售成本(因为充足的市场信息降低了交易次数)、运输成本、库存成本、订单处理成本、顾客服务成本等。

二、分销渠道结构设计

如图 17-3 所示,制造企业典型分销渠道一般是从制造商起,经过批发商,最后到零售商。因为批发商在分销中的双重角色,造成分销过程的复杂程度加深:一个批发商可以把商品卖给零售商,也可以卖给次级批发商;而分销渠道的复杂性加大了渠道设计的难度。在渠道设计过程中,制造商、批发商和零售商都有可能起主导作用,这主要取决于三者在渠道中相应的市场力量、自身的财务优势以及与其他成员的合作关系等。如果消费者普遍认同某一制造商的品牌和产品,那么该制造商就具有市场力量,批发商、零售商等就会愿意销售或代理它们的产品。而如果一个零售商具有一定的规模,相当的资金优势,并拥有一定范围的顾客偏好,那么它在渠道结构中就具有重要影响和强大的讨价能力。

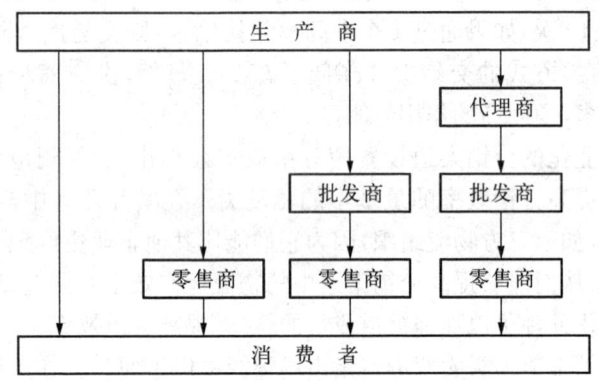

图 17 - 3　制造企业典型分销渠道示意

在具体设计渠道结构时,必须考虑以下因素。

1. **市场覆盖率目标**

首先,我们需要了解潜在客户群的购买动机,以便选择能最有效地实现销售功能的中间商。其次,要选择适合不同类型产品的分销方式。对于某些低值消费品,如面包、汽水等,影响购买的首要因素是"方便易得",所以采取密集分销的方法,在商店、超市、街头小店等场所大量分销;而对于汽车、服装、家电用品等品牌产品,为保证品牌形象和服务质量,通常采用选择性配送或独家代理的方式进行。第三,要考虑所选中间商的物流能力和容量,是否具备所需的专用设备,以及是否具有与企业共同成长的能力等。最后,企业需要考虑以有关方法和措施对渠道成员进行一定程度的控制,以保证产品和售后服务的质量,确保企业的长远利益。

2. **产品特征**

分销渠道中销售的主要是产品和服务,因此,渠道设计中需要重点考虑产品特征。一般来说,渠道的设计者需要分析产品的 9 种特性,分别为:产品价值;产品的技术特性;市场对产品的认同程度;产品的可替代性;产品的体积;产品是否容易腐烂变质;产品市场集中程度；产品的季节性；产品系列的深度和广度，即产品系列覆盖的范围和专业化程度等。

3. 客户服务目标

"客户服务"是营销组合中最重要的因素，它可以使产品产生差异化或影响产品的市场价格。客户服务是一个复杂的概念，为了在分销渠道中获得高水平的客户服务，在渠道设计中，需要考虑产品的可获得性、订单处理周期、客户与制造商之间的信息沟通能力。

4. 利润

渠道设计过程中，设计者可以先设计出一些渠道结构的备选方案，然后以每个方案的成本和收益（估计值）为基础，用财务会计的方法（如方案的可分配利润、边际收益等）判断哪个方案较优或最优。

三、配送需求计划

配送需求计划（distribution requirement planning，DRP）是指应用 MRP 的原则，在配送环境下从数量和提前期等方面确定物料配送需求的一种动态方法。在制造企业分销渠道上，DRP 的应用范围相当广泛，对企业而言，DRP 既可用于规划原材料的进货补货安排，也可用于企业产成品的配送计划。

在逻辑上 DRP 是物料需求计划 MRP 的扩展。但两者之间存在一个根本的差异：MRP 通常在一种相关需求的情况下运作的，由企业制定和控制的生产计划所确定；而 DRP 是在一种独立的环境下运作的，由不确定的顾客需求直接确定存货需求。

企业可以运用 DRP 系统所产生的信息来计划未来的物料（尤其是存货）需求，如：协调同一供应商提供的多项物料的补货需求和安排；选择更有效的运输方式，以及相应的货车或船运的容量规模等；预先做好运输和接货、卸货的人员、设备安排工作；从最终的客户需求出发，利用配送需求条件驱动产生企业的主生产计划，控制 BOM 表，并最终影响物料需求计划的编制。

实际运用中,通常将 DRP 与 MRP 结合起来,形成 DRP/MRP 联合系统,从而综合了原材料、在制品和产成品的计划安排,总体协调存货水平,计划存货运输。综合的 DRP/MRP 系统功能模型图如图 17－4 所示。

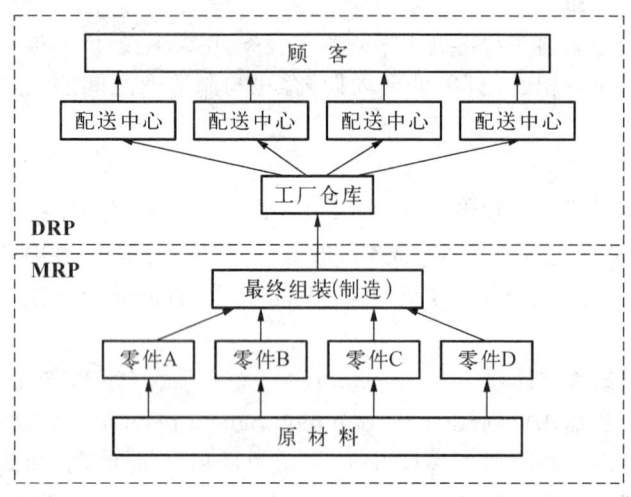

图 17－4　综合的 DRP/MRP 系统功能模型图示

四、分销管理的原则

对分销渠道中的物流、信息流进行高效协调和集成是分销管理成功的关键。现代管理面临着从功能管理向过程管理的转变,从利润管理向盈利性管理转变,从产品管理向顾客管理转变,从交易管理向关系管理转变,从库存管理向信息管理转变,这些重要转变经分销管理实践活动提供重要的指导意义。引申出实施分销管理应遵循以下 7 项原则。

（1）根据客户所需的服务特性来划分客户群;

（2）根据客户需求和企业可获利情况,设计企业的物流网络;

（3）倾听市场的需求信息,以及时发现需求变化的早期警报,并据此安排和调整计划;

(4)"延迟"策略；

(5)与渠道成员建立双赢的合作策略；

(6)在整个分销渠道领域建立高效的信息平台；

(7)建立整个销售物流的绩效考核准则,分销管理的最终验收标准是客户的满意程度。

分销管理获得成功的基础是不断加强企业内部管理,即整合企业内部的产品设计、供应、订单执行、生产制造、运输、库存、销售及服务等各个环节。只有实现了企业内部业务流程的集成,才能更好地实现企业之间协作,将企业内部的业务流程同分销渠道成员的业务流程有机地连接在一起,共享有关信息、缩短距离,提高业务运作及决策的准确性与快速性,在激烈的市场竞争中立于不败之地。

五、提高管理水平的措施

在市场日益规范、竞争日趋激烈的情况下,企业可以采取如下措施来提高分销管理的水平。

1. 明确自己在分销渠道中的定位

分销渠道由制造商、分销商、零售商、物流与配送商及消费者组成。富于竞争力的分销渠道要求渠道中各成员都具有较强的竞争力,不管每个成员在整个分销渠道中起到怎样的作用,都应该发挥各自的专业化优势。分销渠道中任何企业都不可能具备分销渠道的所有功能,它必须根据自己的相对优势来确定在分销渠道中的位置,并且依据在渠道中的地位与作用制定相关的发展战略,比如对自己的业务活动进行调整和取舍,对有些业务进行外包,着重培养自己的核心能力等。

2. 建立物流网络、配送网络

企业的产品能否通过分销渠道快速地分销到目标市场上,实现仓储、运输、配送等物流活动在渠道中高效的运作,其物质基础主要取决于分销渠道中物流、配送网络的构建。物流、配送网络是分销渠道依存的物质基础,组建物流、配送网络时应该最大限度地利用社会上闲置的物流资源,并考虑同专业物流公司的合作实现物流网络低成本快速地扩展。

3. 广泛采用信息技术

信息技术的高速发展与因特网的广泛应用,推动了全球范围的产业革命和重组,计算机集成制造、敏捷制造、企业资源规划、商品快速补货、电子商务等等,都离不开先进的信息技术和产品,销售物流高效的管理同样依赖于信息技术。

目前,我国少数生产企业处在生产引导消费的阶段,大量的生产企业则处于由消费引导生产的阶段,无论哪种情况,都应该尽可能全面地搜集消费信息。零售店铺的 POS 系统可以搜集一部分信息,物流、配送环节的信息就比较难搜集,应该通过应用条形码及其他一些自动数据采集系统进行采集。作为制造业还应该倡导建立面向整个分销渠道的信息平台。

复习思考题

1. 简述大规模定制的基本概念。为什么说大规模定制是社会发展的必然产物?
2. 现实中企业怎样应对顾客的个性化订货需求?
3. 产品结构模块化标准化原理与中国的哪种智力游戏相似?
4. 什么是供应链?供应链管理的目标是什么?
5. 简述采购管理的重要性。
6. 什么是配送需求计划 DRP? DRP 与 MRP 有什么联系和区别?
7. 简述生产物流管理的目标及其重要性。
8. 同步化计划的含义是什么?

第十八章　运营管理中的绿色理念和方法

　　目前日益严峻的环境问题使得企业的生产和经营活动受到越来越多的制约,社会和环境因素越来越明显地影响着企业的生存和发展。从企业层面上看,主要受到三方面的影响。一是国际性公约对进出口的影响。比如,由于绿色贸易壁垒的限制,如果产品环境指标无法达到进口国环境标准,出口企业将蒙受巨额损失。二是各国政府关于资源节约和环境友好方面的法规和标准越来越高。例如,我国政府对汽车生产的尾气排放标准越来越严,对资源浪费大、环境污染重的小造纸厂、小炼焦厂、小炼油厂等的建设和生产采取严格的限制措施等。三是由于全民环境意识的提高对企业生产目的的认识有了新的建树。现代的观点认为,企业在生产经营中首先应该关注消费者的需求,包括消费者潜在的环境需求,为此企业需要努力以与环境和谐的方式来进行生产经营,以满足消费者潜在的环境需求。例如,通过 ISO14000 等环境管理体系、工业生态和清洁生产等途径进行自我规制,已成为跨国公司拓展全球市场取得竞争优势的重要途径之一。另外,对企业而言,处理好环境问题不仅可以节省原材料成本、减少排污费,还可以提高企业公共形象和产品在消费者中的声誉。"资源节约和环境友好"同"经济效益好"一样,正逐渐成为企业经营的目标之一。

　　企业通过采用生态工业和循环经济的生产经营模式,可以有效控制环境问题,不少企业的实践也证明了这一点。然而,这种理想模式的推进需较长时间的尝试,企业一般无法独立处理其面临的所有环境问题。目前,企业主要采取两种途径:(1)通过企业自身在产品设计和生产过程的管理上创新,从源头上大量削减污染物。实际中主要采取绿色设计和清洁生产技术;(2)通过自营或接受环境保护企业的专业化服务,实现废弃物(特别是危险性废弃物)的处理及回收再利用。实际中主要有再制造和逆向物流等形式。下面将对企业常用的绿色理念和方法进行介绍。

第一节　绿　色　设　计

绿色设计(design for environment,DFE)是考虑环境影响的产品设计。与传统设计不同的是,DFE 从产品概念形成到生产制造、使用乃至废弃后的回收、重用及处理处置的各个阶段,考虑产品对环境的影响,从根本上防止资源浪费和环境污染。具体地讲,DFE 在设计时充分考虑产品的可拆卸性、可回收性、可维护性、可重复利用性等的基础上,保证产品应有的基本性能、使用寿命和质量等。

一、DFE 的体系结构

该体系结构将 DFE 划分为 4 个部分,即产品结构设计、材料选择、产品环境性能设计与产品资源性能设计,每一部分都从全生命周期的角度进行设计选择,并通过相关环节(如评价等)相互联系和进行信息交换。各部分关系如图 18-1 所示。

无论是产品结构设计、材料选择、产品环境性能设计与产品资源性能设计,都要考虑产品的生产过程、使用过程和回收处理过程,并通过绿色程度综合评价判断产品是否达到了原始设计要求或相关标准。下面将对 DFE 的 4 个部分简述如下。

1. 产品结构设计

产品的结构除满足普通产品的基本要求外,在 DFE 过程中主要考虑的是结构的易于拆卸与回收处理。良好的拆卸性能和回收性能是 DFE 的主要内容,拆卸是回收的前提,回收则是在产品淘汰废弃后以较为经济的方式实现重新使用。这部分大致包括如下内容。

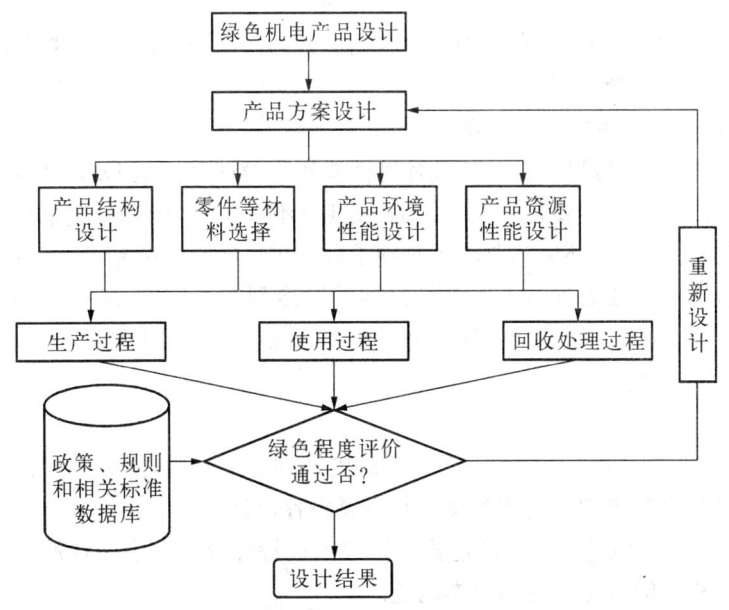

图 18-1　绿色设计的体系结构

（1）产品拆卸设计方法研究。产品的可拆卸性直接影响其回收和再利用，如何确保在拆卸作业对零部件没有伤害的情况，从产品系统中分离出来所期望的部件或零件，是产品拆卸设计的重要目标。

（2）回收工艺方法研究。这部分同拆卸设计是紧密联系的。用什么样的方式将所需要的零部件拆卸下来？是先回收产品再拆卸零部件还是直接拆卸零部件进行回收等是这部分的主要内容。

2. 材料选择

绿色材料是构成资源节约和环境友好产品的基础，DFE 应选择绿色材料。这部分包括以下内容。

（1）材料选择的经济性分析。不同的材料有不同的性能、不同的成本和不同的寿命，如何在不影响产品性能、质量和寿命的前提下选择合适的材料是这部分的主要内容。

（2）材料选择对环境影响的定量化分析。不同的材料具有不同的理化性能，具有不同的再利用途径和价值，通过定量分析作出全面和综合的判断。

3. 产品环境性能设计

在产品设计初期，将其环境性能作为设计目标是 DFE 区别于传统设计的主要特点之一。有不同的环境性能，设计时应根据产品特点、使用环境与要求等分别予以满足。如对电冰箱而言，其环境性能主要表现在不用氯氟烃类的制冷剂和发泡剂，减少或消除酸洗、磷化过程中产生的环境污染物，降低能耗、减小噪声、减少所用材料种类等。

4. 产品资源性能设计

DFE 通过并行考虑产品生命周期的各个阶段，达到使产品的资源得到合理利用和配置。其主要内容包括：

（1）机电产品生产过程的资源消耗特性分析。主要强调制造过程中的资源消耗和成本问题。

（2）产品生命周期的资源消耗分析。产品对资源的消耗不仅体现在制造阶段还体现在使用和回收阶段，例如，机电产品的能耗和产品拆卸和回收时发生的能耗，DFE 强调产品生命周期内的资源消耗最低化。

5. DFE 评价

DFE 的最终结果是否满足预期的需求和目标，是否还有改进的潜力，如何改进等是 DFE 中必须解决的问题。要对这些问题做出回答，需要根据国内和国际上的相关政策、规制和标准，以及企业的环境和资源意识进行 DFE 评价。DFE 评价是 DFE 的重要环节，对指导设计过程的进行和对设计方案的完善具有重要作用。

二、DFE 的实施策略

DFE 以并行工程原理并行地综合地考虑产品寿命周期各个阶段的环境保护、劳动保护、资源和能源优化利用等问题，故设计首先是在产品寿命周期各个阶段的设计"绿色化"基础之上，再从寿命周期整体角度上进行"绿色"优化。因此,进行产品 DFE 时必须十分清楚地知道产品寿命周期各阶段的 DFE 策略。表 18-1 中归纳出了主要的 DFE 策略,供参考选用。

表 18-1　DFE 优先考虑策略

产品生命周期阶段	设　计　策　略	相　关　后　果
制造前	选用回收材料	防止资源枯竭,减轻环境负担
	选用节能型材料	减轻环境负担
	选择环境友善型元件(零件)	操作性好,减轻环境负担
	选用可再生材料	防止资源枯竭,减轻环境负担
	选用可降解材料	减轻环境负担
制　造	选择高产出工艺	减轻环境负担,提高经济效益
	选用节省资源工艺	防止资源枯竭,减轻环境负担
	选择节省能源工艺	减轻环境负担
包装　运输	提高物流管理水平	减轻环境负担,提高经济效益
	选择低能耗和物耗的运输手段(如减轻重量)	防止资源枯竭,减轻环境负担,提高经济效益
	选用可回收包装材料	防止资源枯竭,减轻环境负担
使　用	低能耗、低物耗设计	防止资源枯竭,减轻环境负担
	均衡寿命设计	防止资源枯竭,减轻环境负担
	长寿命设计	防止资源枯竭,减轻环境负担
	操作性好、低污染	减轻环境负担、劳动保护

产品生命周期阶段	设 计 策 略	相 关 后 果
最终处理	可拆卸设计	防止资源枯竭
	可回收设计	防止资源枯竭,面向环境设计
	保护材料特性,防止发生材料变性	防止资源枯竭,减轻环境负担,保证产品性能与质量
设计可行性分析	经济可行性分析	
	技术可行性分析	
	技术、经济、环境三者协调分析	

注:通过降低单位产品加工时间,减少设备因为空运转而造成的能量损失从而实现节能。

从表 18-1 中可以看出,DFE 在考虑产品材料选择时应考虑材料本身制造过程中的低能耗、少污染,产品报废后材料便于回收再利用或者易于降解等;在产品制造时应选用节资节能、低污染的工艺;应大力强化对后勤运输的管理和极小化产品的重量,以尽可能减少产品运输过程中资源能源消耗;产品的包装材料最好采用可回收包装材料以便能进行多次回收利用,从而实现资源的优化利用;在考虑产品使用时,应有针对性地对具体产品使用阶段的资源和能源消耗情况进行节资节能设计(比如家用电器,就应着手于进行节能性设计)。同时还应对产品进行长寿命设计和均衡寿命设计,以延长资源产品化后的寿命和减少甚至消除因产品零部件间寿命不匹配而造成的资源浪费。

此外,产品的易操作性和对使用者良好的保护也必须慎重考虑:要真正实现合理利用资源和保护环境就必须有效地对报废产品进行回收,并实现资源的再生重用,就应对产品进行可拆卸性设计(从原理上讲,可回收设计包括可拆卸设计,而可拆卸设计也基本上完全体现出可回收设计思想），也就是在产品设计时，就根据产品各个零部件的材料特性和经济性等明确了产品将来报废后哪些零部件将要被拆卸并实现回收再利用，并在产品结构层面上充分考虑这些零部件材料性能的稳定性（即能相容材料才进行接触以防止材料间氧化、腐蚀、磨损等原因而变性）和易于无损拆卸等问题。在对产品寿命周期各阶段设计"绿色化"后，还应从总体上对设计方案进行经济可行性分析、技术可行性分析和环境技术经济三者协调分析，以确保所设计的方案最优"绿色化"和切实可行。

三、DFE 的主要研究领域及存在的问题

1. 材料选择设计

材料选择设计（design for material selection，DFMS）是在产品开发过程中最早、最重要的设计决策，是将环境因素融入材料选择过程的设计方法。产品所使用的材料、连接方式、能源消耗、可循环利用以及产品的报废处理方式都对环境有显著影响，因此也是考虑环境问题的最主要因素。材料选择需要考虑多种因素，如工程需要、可制造性、性能、环境影响和费用等，但所有这些都必须与产品的可靠性、性能、可维修性以及环境的友好性相一致，使产品整个生命周期内的费用以及对环境的危害最小。

2. 面向制造与装配设计

面向制造与装配设计（design for manufacreability and assembly，DFMA）是使产品更便于加工、易于装配的设计方法学，它提供了从装配和制造的观点出发分析设计方案的系统化方法，使产品更简化、可靠，而装配和制造费用更少。目前，在DFMA 评价理论与方法的研究方面已取得很大进展，目前已开发许多软件来实现这些方法，且产生了可观的经济效益，但 DFMA 仅考虑产品的制造与装配问题，没有同时考虑拆卸问题，这不利于报废产品的重新使用与回收。

3. 面向拆卸的设计

面向拆卸的设计（design for disassembly，DFD）是一种使产

品最容易拆卸并能从材料回收和零件重新使用中,获得最高利润的设计方法学。它研究如何设计产品才能高效率、低成本地进行组件、零件的拆卸以及材料的分类拆卸,以便重新使用及回收。主要手段有设计更容易拆卸的产品、设计最佳的拆卸规划以及拆卸系统的设计和应用,对于应用多种不同材料(金属和非金属)组合的复杂产品,只有通过对产品高效率地拆卸、分类,才能从材料回收与零件、组件的重新使用中获得高回报率或利益。

4. 面向循环的设计(DFR)

面向循环的设计(design for recycle,DFR)是为了提高产品的循环利用能力而进行的设计,产品费用的 70% 左右在设计阶段就已确定,仅有很少一部分费用可以通过其后各环节的优化来获取收益。在设计阶段设计利于循环使用的产品是最好的方法。为了对 DFR 进行评估,提出循环利用过程费用-收益模型,其评估结果能准确、直观、经济地对 DFE 进行评判,确定回收利用的程度。但其数据采集工作量大,计算复杂、费用昂贵,并只能对现有产品进行评估,而对新产品的设计、分析所需的大量数据很难获得。

第二节 清 洁 生 产

一、清洁生产的概念

目前国际上对清洁生产(clean production)并未形成统一的定义,清洁生产在不同的地区和国家存在着许多不同而相近的提法,使用着具有类似含义的多种术语。例如,欧洲国家有时称这为"少废无废工艺"、"无废生产";日本多称"无公害工艺";美国则称这为"废料最少化"、"污染预防"、"减废技术"。此外,还有"绿色工艺"、"生态工艺"、"环境工艺"、"过程与环境一体化工艺"、"再循环工艺"、"源削减"、"污染削减"、"再循环"等。这些不同的提法或术语实际上描述了清洁生产概念的不同方面。

联合国环境规划署与环境规划中心的定义:清洁生产是指将

综合预防的环境策略持续地应用于生产过程和产品中,以便减少对人类和环境的风险性。对生产过程而言,清洁生产包括节约原材料和能源,淘汰有毒原材料并在全部排放物和废物离开生产过程以前减少它的数量和毒性。对产品而言,清洁生产策略旨在减少产品在整个生产周期过程(包括从原料提炼到产品的最终处置)中对人类和环境的影响。清洁生产不包括末端治理技术,如空气污染控制、废水处理、固体废弃物焚烧或填埋,清洁生产通过应用专门技术,改进工艺技术和改变管理态度来实现。

美国环保局的定义:"污染预防是在可能的最大限度内减少生产厂地所产生的废物量,它包括在生产源处削减(在进行再生利用、处理和处置以前,减少流入或释放到环境中的任何有害物质、污染物或污染成分的数量;减少与这些有害物质、污染物或组分相关的对公共健康与环境的危害)、提高能源效率、在生产中重复使用投入的原料以及降低水消耗量来合理利用资源。常用的两种源削减方法是改变产品和改进工艺(包括设备与技术更新、工艺与流程更新、产品的重组与设计更新、原材料的替代以及促进生产的科学管理、维护、培训或仓储控制)。污染预防不包括废物的厂外再生利用、废物处理、废物的浓缩或稀释以及减少其体积或有害性、毒性成分从一种环境介质转移到另一种环境介质中的活动。"

欧洲学术界的提法:清洁生产为对生产过程和产品实施综合防治战略,以减少对人类和环境的风险。对生产过程来说,包括节约原材料和能源,消除有毒材料,减少所有排放物的排放量和毒性;对产品来说,则要减少从原材料到最终处理的产品的整个生命周期对人类健康和环境的影响。上述定义概括了产品从生产到消费的全过程,为减少风险所应采取的具体措施,但比较侧重于企业层次上。

我国清洁生产促进法中对清洁生产被定义为:清洁生产是指不断采取改进设计、使用清洁的能源和原料、采用先进的工艺技术与设备、改善管理、综合利用等措施,从源头削减污染,提高资源利用效率,减少或者避免生产、服务和产品使用过程中污染物的产生和排放,以减轻或者消除对人类健康和环境的危害。

总之,清洁生产将资源与环境的考虑有机融入产品及其生产的全过程中,着眼于生产发展全过程中污染物产生的最小化,不仅注意生产过程自身,而且对产品(包括服务)从原材料的获取直至产品报废后的处理、处置,整个生命周期过程中的环境影响统筹考虑,因而它对改善传统的粗放经营的生产模式具有重要意义。

二、清洁生产的内容

清洁生产的内容十分丰富,其核心是将资源与环境的考虑有机融入产品及其生产的全过程中。下面将以我国清洁生产促进法中对清洁生产被定义为基础,侧重清洁的生产过程,介绍清洁生产的基本内容。

1. 清洁生产的基本内容

对于一个工业企业,生产过程一般包括原料采购、生产准备、基本生产过程、辅助生产过程以及生产服务等过程。清洁生产的重要内容之一是对一个组织的生产过程实施污染预防的活动。狭义上看,这也是通常所称清洁生产的基本内容。由于不同行业、不同类型的企业情况千差万别,即使同一类型的部门、行业、企业,其产品、生产过程所面临的具体环境问题也不尽相同。因此,不存在一个统一的清洁生产技术方法措施。开展清洁生产需要针对每个企业产品及其生产过程的具体问题、具体情况进行实施。对于一个生产过程系统,实施清洁生产的基本途径可概括为以下 5 个主要方面。如图 18-2 所示。

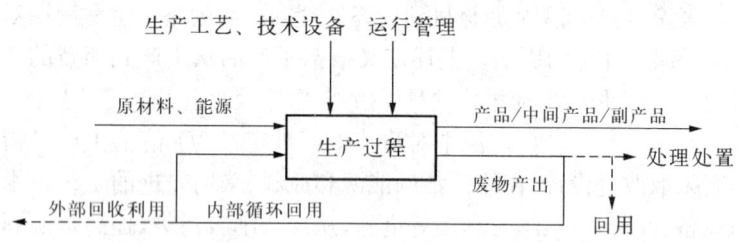

图 18-2 清洁生产的基本途径

(1) 原材料(包括能源)有效使用和替代。原材料是工艺方案的出发点,它的合理选择是有效利用资源减少废物产生的关键因素。从原材料使用环节实施清洁生产的内容可包括以无毒、无害或少害原料替代有毒有害原料;改变原料配比或降低其使用量;保证或提高原料的质量、进行原料的加工减少对产品的无用成分;采用二次资源或废物做原料替代稀有短缺资源的使用等。

(2) 改革工艺和设备。工艺是从原材料到产品实现物质转化的基本软件。设备的选用是由工艺决定的,它是实现物料转化的基本硬件。通过改革工艺与设备方面实施清洁生产的主要内容可包括:简化流程、减少工序和所用设备;使工艺过程易于连续操作,减少开车、停车次数,保持生产过程的稳定性;提高单套设备的生产能力,装置大型化、强化生产过程;优化工艺条件(如温度、流量、压力、停留时间,搅拌强度,必要的预处理,工序的顺序等);利用最新科技成果,开发新工艺、新设备,如采用无氰电镀或金属热处理工艺、逆流漂洗技术等。

(3) 改进运行操作管理。除了技术、设备等物化因素外,生产活动离不开人的因素,这主要体现于运行操作和管理上。我国工业生产产生的污染,相当程度是由于生产过程中管理不善造成的。实践证明,规范操作强化管理,往往可以通过较小的费用而提高资源/能源利用效率,削减相当比例的污染。因此,国外在推行清洁生产时常把改进操作加强管理作为一项最优先考虑的清洁生产措施。如合理安排生产计划;改进物料贮存方法、加强物料管理;消除物料的跑冒滴漏;保证设备完好等。

(4) 产品改革替代。产品制取是工业生产的基本目的。它既是生产过程的产出,又是生产过程的输入。因此,清洁产品是清洁的生产过程中的一项基本内容。它可包括改革产品体系,产品报废的回用、再生,产品替代、再设计等方面。例如无汞电池的设计制造、延长使用寿命或可拆卸产品的开发等。

(5) 生产系统内部循环利用。这里指一个企业生产过程中的废物循环回用。一般地,物料再循环是生产过程流程中常见的原则。物料的循环再利用的基本特征是不改变主体流程,仅将主体流程中的废物,加以收集处理并再利用。这方面的内容通常包括将废物、废热回收作为能量利用;将流失的原料、产品回收,返回主体流程之中使用;将回收的废物分解处理成原料或原料成分,复用于生产流程中;组织闭路用水循环或一水多用等。

此外,在一定情况下,还可考虑将废物收集,作为企业自身或其他生产过程的原料,加工成其他产品。从清洁生产的优先序看,对于废物首先应将其尽可能消灭在自身生产过程中,使投入的资源能源充分利用,即实施上面所提出的前 4 种"源削减"技术措施。

对生产过程实施清洁生产的基础是生产过程评价。它是以生产过程系统为对象,重点通过对构成生产过程的单元操作的功能、状态,包括废物流在内的物、能流现状的分析,揭示生产过程系统存在的缺陷与问题,寻求资源/能源有效利用实施污染预防的途径和方法,从而提供清洁生产的方案。这一过程,通常可通过清洁生产审核(或称审计)程序来完成。其中,生产过程单元操作的物料平衡分析,这是评价工作中的一项重要内容和基本手段。通过物料平衡分析,可提供生产过程中能源物料消耗、资源转化、废物产生排放的信息。如图 18 - 3 所示。

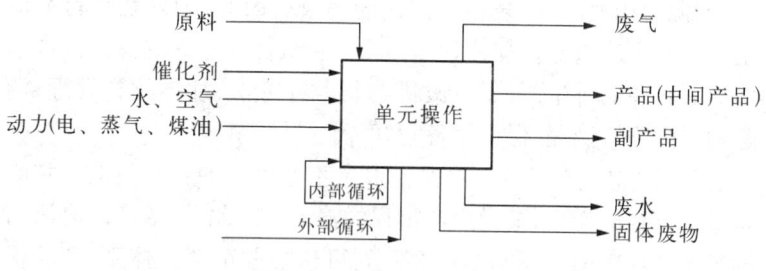

图 18 - 3 物料平衡分析

在生产过程评价即清洁生产审核基础上,最关键的一个步骤是方案的实施。只有对所产生的方案付诸实施,才能检验与衡量审核的效果,实现清洁生产的目标。由于清洁生产是一个相对的动态过程,因此,保持清洁生产的 P(计划)、D(实施)、C(检查)、A(改进)持续改进是极其重要的。

2. 清洁生产审核

清洁生产审核,也称为清洁生产审计。主要指对已建企业,主要是工业企业,运用以文件支持的一套系统化的程序方法,进行生产全过程评价、污染预防机会识别、清洁生产方案筛选的综合分析活动过程。它是支持帮助企业有效开展环境预防性清洁生产活动的工具手段,也是企业实施清洁生产的基础。

由于各国对清洁生产经常使用着不同的术语或表述,清洁生产审核在不同国家也有着不同的名称。例如,美国环保局最早针对有害废物的预防,建立推行的废物最小化机会评价,以及后来将这一技术方法,推广为对一般污染物开展的污染预防审核;联合国环境署(UNEP/IEO)与联合国工业发展组织(UNIDO)为开展清洁生产编制的工业排放物与废物审核。根据国外清洁生产审核方法,结合我国清洁生产审核的实践,我国将清洁生产审核一般过程概括为:筹划与组织、预评估、评估、备选方案产生与筛选、方案可行性分析、方案实施以及持续清洁生产等 7 个步骤,其基本框架如下。

(1) 策划和组织。① 基本内容:a. 取得企业最高层领导的支持和参与;b. 宣传、动员和培训;c. 建立审核小组;d. 制定审核工作计划。② 成果产出:a. 获得企业领导人的支持;b. 建立了审核小组;c. 克服障碍取得效果。

(2) 预审核。① 基本内容:a. 现状调查与分析;b. 确定审核重点;c. 设置清洁生产目标;d. 提出和实施无费/低费方案。② 成果产出:a. 确定了审核重点和清洁生产目标;b. 无费/低费方案的实施。

(3) 审核。① 基本内容:a. 编制审核重点的工艺流程图;b. 确定物料输入、输出以及排污状况;c. 建立物料平衡图和主要污染因子平衡图；d. 废物产生原因分析；e. 提出和实施无费/低费方案。② 成果产出：a. 物料平衡图和主要污染因子平衡图；b. 废物产生原因分析的结果；c. 无费/低费方案的实施。

（4）备选方案的产生与筛选。① 基本内容：a. 备选方案的产生；b. 方案分类；c. 方案筛选；d. 继续实施无费/低费方案。② 成果产出：清洁生产方案。

（5）方案可行性分析。① 基本内容：a. 技术可行性分析；b. 环境可行性分析；c. 经济可行性分析；d. 方案推荐。② 成果产出：实施方案的可行性分析报告。

（6）方案实施。① 基本内容：a. 无费/低费方案的实施；b. 推荐方案的决策与实施；c. 推荐方案的决策与实施。② 成果产出：a. 实施效果；b. 审核总结报告。

（7）持续清洁生产。① 基本内容：a. 建立和完善清洁生产组织；b. 建立和完善清洁生产管理制度；c. 制定持续清洁生产计划。② 成果产出：a. 清洁生产组织；b. 清洁生产管理制度；c. 持续清洁生产计划。

有效的清洁生产审核，可以系统地指导企业：全面评价企业生产全过程及其各个过程单元或环节的运行管理现状，掌握生产过程的原材料、能源与产品、废物（污染物）的输入输出状况；分析识别影响资源能源有效利用，造成废物产生，以及制约企业生态效率的原因或"瓶颈"问题；产生并确定企业从产品、原材料、技术工艺、生产运行管理，以及废物循环利用等多途径进行综合污染预防的机会、方案与实施计划不断提高企业管理者与广大职工清洁生产的意识与参与程度，促进清洁生产在企业的持续改进。

目前，现有的清洁生产审核方法主要还是针对单一企业，并侧重于以生产过程及其运行管理改进为特征的污染预防活动。把基于生命周期环境影响的产品评价融入清洁生产审核过程中，将会极大地促使清洁生产审核向着深层次发展，深化企业的清洁生产。

三、环境管理体系

为了支持可持续发展在全球的实施，1993年国际标准化组织开始了ISO14000环境管理系列标准的研究与制定。ISO14000系列标准是集近年来世界环境管理领域的最新经验与实践于一体的先进体系。包括环境管理体系（Environment Management System，EMS）、环境审计（EA）、生命周期评估（LCM）和环境标志（EL）等方面的系列国际标准，与其他环境质量标准、排放标准完全不同，它是自愿性的管理标准，为各类组织提供了一整套标准化的环境管理方法。ISO14000环境管理体系旨在指导并规范企业（及其他所有组织）建立先进的体系，引导企业建立自我约束机制和科学管理的行为标准。它适用于任何规模的组织，也可以与其他管理要求相结合，帮助企业实现环境目标与经济目标。

环境管理体系是ISO14000的重要组成部分，是一个组织内全面管理体系的组成部分，它包括为制定、实施、实现、评审和保持环境方针所需的组织机构、规划活动、机构职责、惯例、程序、过程和资源。还包括组织的环境方针、目标和指标等管理方面的内容。可以这样描述环境管理体系：这是一个组织有计划，而且协调运作的管理活动，其中有规范的运作程序、文件化的控制机制。它通过有明确职责、义务的组织结构来贯彻落实，目的在于防止对环境的不利影响。环境管理体系是一项内部管理工具，旨在帮助组织实现自身设定的环境表现水平，并不断地改进环境行为，不断达到更新更佳的高度。

为促进组织将单纯侧重污染末端治理的环境管理，转向基于污染预防的环境管理体系，应将清洁生产的推行与ISO14001环境管理体系的实施有机结合起来。实施环境管理体系，承诺污染预防的原则就要将清洁生产纳入体系建设，积极采取清洁生产的对策措施，切实实现环境管理体系的预防效果。反之，清洁生产的有效开展与持续实施，也需要环境管理体系的组织和系统管理支持。

第三节　再制造与逆向物流

一、再制造与逆向物流形式

对于使用后或者废弃的产品,企业进行回收,形成了同一般物流相反的物流流向,即逆向物流。回收的目的是再制造或再利用。因此,再制造与逆向物流是相辅相成的,逆向物流是再制造的基础。美国物流管理协会对物流的定义为:"逆向物流是以重新获得价值或有效处理各种废品为目的,无论是在运营上还是成本上高效地规划、实施和控制从消费点到生产点的原材料、过程库存、最终产品和相关信息流动的过程。"该定义具体突出了物流的4个关键组成部分:物质流动、物质存储、信息流动和管理协调。物流过程是物质产品从供应者到顾客之间复杂的空间流转过程,涉及生产、流通、消费等领域。逆向物流执行协会(Reverse Logistics Executive Council)对于逆向物流的定义为:"逆向物流是以重新获得价值或有效处理各种废品为目的,无论是在运营上还是成本上高效地规划、实施和控制从消费点到生产点的原材料、过程库存、最终产品和相关信息流动的过程。"

比较这两个定义,可以看到逆向物流在本质上包含了物流定义中的所有活动,只不过它的运作方向与物流相反而已。简单地说,逆向物流是以重新获得价值或有效处理各种废品为目的,将物品从其最终消费点向前移动的过程。因此,逆向物流所包括的产品不仅指终端消费者所持有的产品,而且包括供应链环节——批发商和零售商所持有的库存。同样,逆向物流不仅仅指使用后的产品、可再利用的装运容器、回收的包装材料,还包括由于质量问题、季节性库存、过量库存、产品召回等原因所导致的回流物品的处置。企业所采取的回收和利用方式主要分为以下4种。

1. 产品回收(重新使用)

对于那些可再使用的包装物和产品,在经过检测和清洁等一些简单的处理后,就可以在收集后重新使用。这些包装物包括瓶子、托盘和其他一些容器。可再使用的产品包括二手书籍、服装和家具等。在产品回收中,这些回收的包装物和产品可以在原来的市场上被重新使用,也可以在二手市场上重新使用。

2. 零部件回收(重新加工)

在经过收集和检测后,产品被拆卸开以获得其中有价值的零部件。这些零部件可以运用在新产品的装配上,也可以用来修理有瑕疵的产品。这种重新加工的方式保留了产品的主要性能,并力求将产品尽可能地利用到新产品中。这些零部件不仅可以用于同类产品的装配和修理,而且也可以运用到不同产品上。这种回收方式的产品包括:飞机引擎、汽车发动机、复印机和打印机等。

3. 材料回收(循环利用)

材料回收将无法保留原产品或部件的原有功能,其目的是重新利用产品中的原材料。这些回收的原材料可以在原产品市场以外的领域得以利用。通常,产品先被碾碎,然后分离出原材料,再按照期望达到的材料质量水平进行必要的加工处理,最后这些原材料就可以被重新使用了。这种回收方式的产品包括:建筑材料、金属碎片等。

4. 能源回收(焚烧)

产品在焚烧时释放出的能量可以加以利用,这就是能源回收。

图 18 - 4 表示了供应链中的这 4 种回收方式。

二、再制造与逆向物流的主要过程

具体的产品回收过程主要由以下 5 个过程组成,即收集、检测/挑选分类、直接回收/再加工、报废处置和再分销。从图 18 - 4 中我们可以看到产品正向制造和逆向回收的整个过程。

1. 收集

收集是指收回产品并对其进行物理上的移动,到达某一地点以等待进一步处理的所有相关活动,简单地说就是将产品从消费

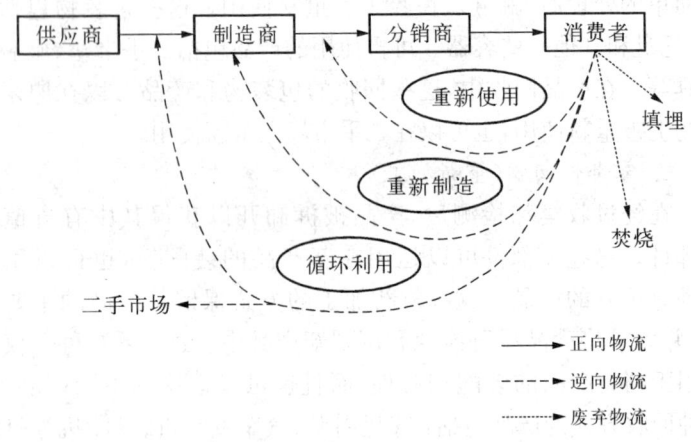

图 18 - 4 供应链中的产品回收方式

者手中收集到回收点的过程。在这一过程中,回收产品将与其他废弃物分离而进入逆向物流系统。

2. 检测/挑选/分类

在这一阶段,产品经过检测(例如质量评价等)以决定其回收方式,即对回收产品的再次可用性和如何使用做出确定的一系列运营活动。根据已计划好的回收方式,按照产品的质量状况和回收线路对产品进行分类。分类往往是整个过程中较为费时费力的,因此它成为物流系统中的瓶颈。如果分类能够在整个过程中较早地完成,或者在产品收集阶段,产品具有标准化的外形或容量,那么分类过程的效率将大大地提高。同样,产品检测能够在较早的阶段完成,将节约一大笔的运输费。比如,在产品拆卸之前或之中进行质量检测,以决定产品是被废弃还是进行原材料重新利用,或其零部件投入重新加工。

3. 直接使用和再加工

直接使用包括产品的重新使用、重新出售和重新分销。再加工意味着将已使用过的或存在各类其他问题的退回产品进行加工,从而转换成再次可使用的产品的生产过程,包括产品的修理、翻新、重新制造、同型装配、循环利用及焚烧和填埋。每件产品在回收中都将经历本节所提到的 4 个过程,不同的产品在前两项和最后一项过程中差异不大,而在本阶段即直接回收和再加工过程中,每类产品或者说每件产品的经历都是不同的。修理、翻新和重新制造都是在质量和技术上对产品进行升级,其区别仅仅在于这种升级的程度。其中修理是升级程度最小的,而重新制造是最大的。

(1) 修理。修理是将其产品恢复到其工作状态。经过修理后的产品,质量会略逊于新产品。产品的修理包括修补破损零部件的调换,而这些操作都不涉及没有问题的零部件。修理涉及少量的产品拆卸和重新安装,因而这项操作可以在顾客处完成,也可以在生产厂商指定的修理中心完成。许多耐用品生产厂商(比如,IBM、DEC、PHILIP)都开展了产品的修理业务。

(2) 翻新。翻新的目标是将产品达到特定的质量水平,这一质量水平往往低于新产品的质量水平。产品先被拆卸为模块,所有关键模块经过检测进行修补和调换,最后合格的模块被装配到翻新产品中。有时,翻新是为了将技术上更为先进的模块来调换产品中过时的模块以实现技术升级。军用及商用飞机就是翻新最好的例子。翻新使得飞机的质量得到改善,并延长了其使用寿命,当然这部分延长的使用寿命要比新飞机的平均使用寿命来得短。

(3) 重新制造。重新制造的目标是使产品达到新产品的质量水平。产品将被完全拆卸开,所有的模块和零部件都必须进行检测,破损或过时的零部件和模块将被新的零部件和模块替代,可以修复的零部件通过修补后进行进一步的检测,合格的被装配到模块上进入新产品中。

重新制造同样也可以用于技术升级服务。一部使用后的机械工具可以通过升级变为全新质量和技术的产品,而其成本只有制造新产品的 50% 到 60%。宝马公司(BMW)已对其引擎、转换器等汽车中的高价值零部件实施重新制造了多年,这些重新制造的部件必须通过严格的检测才能成为公司的调换零部件。这些零部件与新产品中的零部件有着相同的质量和售后保证,但价格上要便宜30%到50%。

(4)同型装配。在前几种回收操作中,回收产品的大部分得到重新使用。而在同型装配中,原产品只有一小部分将得以重新使用。同型装配的目标是尽可能多地回收利用产品中可再使用的零部件,这些零部件将用于修理、翻新和重新制造其他产品的部件。同型装配的质量水平取决于这些零部件最后的使用过程,比如用于重新制造的零部件质量要求将高于用于修理翻新的零部件。同型装配的过程包括有选择性的产品拆卸和对可再使用零部件的检测,而剩余的其他零部件将不再被使用。例如,美国Aurora公司主要从事集成电路的同型装配。他们从电脑上拆卸下他们所需要的零部件,在对其经过检测、整修、抛光后进行销售。从1988年到1993年,公司的销售收入从零增加到4 000万美元。

(5)循环利用。前几种操作的目标是尽可能多地保留产品的原有属性和功能。换言之,也就是尽可能多地重新使用这些使用后的产品及其中的零部件。而在循环利用中,产品和零部件原有的属性和功能将丢失,但其中的物质材料将被回收利用。如果这些回收材料的质量较高,则可用于原来产品的制造中,反之,则可以投入其他产品的制造。循环利用首先将产品拆卸成零部件,然后将从这些零部件分离出不同的材料种类。最后,分离出的材料被重新使用在新产品的生产制造中。循环利用已广泛应用于许多使用后产品的回收处理中。例如,在德国、英国和美国,废弃汽车中的金属材料都将被循环利用(一辆汽车重量中的75%由金属材料构成)。

我们用表18-2来对以上讨论的5种再加工操作,从各自的装配水平、质量要求和最终获得的产品等三个方面做一下比较。

表 18-2 5 种不同再加工操作方式的特征比较

	装配水平	质量要求	获得的产品
修 理	产品水平上	恢复产品到工作状态	固定或替换某些零部件
翻 新	模块水平上	检查所有关键模块并改进到特定的质量水平	修理或替换某些模块,潜在的质量改进
重新制造	零部件水平上	检查所有模块和零部件,改进到新的质量水平	已使用过的和新的模块/部件装配到新产品中,潜在质量改进
同型装配	选择性的零部件水平上	取决于零部件重新使用的工艺	某些部件重复使用,其余部分循环利用或处置
循环利用	材料水平上	质量好的材料生产原生零部件,否则生产其他部件	材料的重复使用,生产出新的零部件

4. 报废处置

报废处置表明产品由于技术或经济的原因不能被再次使用或利用,故而被有控制、有计划地报废丢弃的过程。处置的方式有运送到指定地点进行填埋和焚烧。在产品检测分类阶段以及产品再加工的过程中,某些产品或零部件由于自身质量和性能上的原因造成无法再加以利用,因而被报废处置。然而产品在焚烧时释放出的能量企业仍然可以加以利用。

5. 再分销

最后一个过程就是重新分销,它将处理后的产品返回潜在市场并进行物理上的转移,最终送到新用户的手中。这个过程包括销售(租赁、服务合同等)、运输和储存活动。在产品的重新分销及先前的各个回收过程之间都涉及一个重要的步骤,即运输。运输是逆向物流的一个重要的成本因素,特别是将回收产品从最终用户运送到第一层的处理地点时。由于所涉及的产品收集点为数众多,而每个收集点的产品数量又较少,从而造成运输费用的升高。如果所有的回收产品都必须在以上这些运输过程之间进行运送,而最终只有其中部分零部件得以重新利用,那么所耗费的运输成本也是很高的。因此,如果产品能够在临近收集点处进行拆卸或再加工,则将减少后续的运输量,最终使运输费用大幅度下降。

第四节　再制造与逆向物流的驱动因素

在对再制造与逆向物流进行研究时,我们首先会想到为什么会产生再制造与逆向物流;是什么驱动了再制造与逆向物流的发展。从企业的角度我们将驱动逆向物流的因素归纳为以下三个方面。

一、企业经济利益(直接和间接)的驱动

企业的回收活动会给企业带来直接和间接的经济利益。直接的经济利益是指那些回收活动所直接产生的利润。间接利益是指企业由于进行有效的再制造与逆向物流管理从而在营销战略中获得的较高的顾客满意度以及在竞争战略中获得的竞争优势。

企业从回收活动中节约成本,获得直接收益。这部分收益主要来源于以下两个方面:一方面由于循环利用和重新使用,企业减少了废弃物的产生量,相应的废弃物的填埋成本就减少了,所以企业废弃物的处置成本就减少了;另一方面,回收物品作为原有定义的功能是没有价值的,但是,作为另外的功能则具有较大的价值。回收物品的零部件有可能再次组装物品,甚至分解出来的化学物质都是能产生价值的。循环利用的产品和部件可以出售给第三方,或直接投入新产品的生产过程,因而企业节省了大量原材料和零部件的成本费用。例如,2000年惠普公司从其废旧电脑回收中回收了价值500万美元的黄金、铜、银、钢和铝等金属。据了解,

我国广东一家公司已经开始尝试小规模电子垃圾处理,每加工1 t电子垃圾可以赚到数百元。从这些案例看出企业建立再制造与逆向物流,减少生产消耗、回收废弃物是有收益的。

企业在营销战略和竞争战略中获得间接收益。即使企业没有得到预期的收益,企业也会在市场营销战略或竞争战略的影响下从事再制造与逆向物流活动。这样做一是应对政府今后的相关政策;二是企业可能以产品回收活动来防止其他企业通过回收自己的产品来获得自己的技术或进入自己的产品市场;三是在消费者面前树立环保的形象,或者为了与消费者建立起良好的关系。例如,一家轮胎制造公司为顾客提供轮胎重新压螺纹的服务以减少顾客的支出,从而与顾客建立起良好的关系。

二、环境政策法规的驱动

随着人们对物质生产需求的增长,已使用过产品及材料的再生恢复逐步成为满足急速增长的消费市场需求的关键力量。同时,各工业化国家纷纷制定减少浪费的政策或法规,促使材料循环使用。这些法规包括使用后产品的收集、运输、回收和销毁。具体的做法包括法律、关税、税收、合同、津贴等。例如:1995 年 1 月 1 日,荷兰政府颁布法规要求汽车行业必须回收和重新利用旧汽车;1999 年 1 月 1 日,荷兰政府又规定白色电器和黑色电器的制造商和进口商必须回收和重新利用使用后的产品;1994 年 9 月,欧盟规定其成员国有权拒绝接受其他成员国的无法循环利用的废弃物;1998 年 1 月,欧盟禁止其成员国将无法循环的废弃物出口到非 OECD 国家。

这些政策和法规刺激了再制造与逆向物流系统的建立,使得回收和循环利用无论在规模和范围上都有了巨大的发展,其中主要的复印机厂商施乐、佳能等都投入重力对已使用过的设备进行重新制造,化工行业正致力于对已使用地毯的循环利用,而柯达公司早就开始了对一次性使用相机的回收、再使用和循环利用。

三、公众环境意识的驱动

随着经济的增长人民生活水平不断提高,因此公众对环境问题越来越重视,从而要求企业应负起社会责任,要求企业在消耗自然资源、制造产品的时候,有责任减少这种消耗,并对使用后的物品进行回收。

我们必须注意到,再制造与逆向物流通常是在多种驱动因素的共同作用下发展形成的。短期来看,有些行业的再制造与逆向物流是出于伦理道德原则的行为。但是,从长远来看,必定会带来经济收益。

复习思考题

1. 何为绿色设计? 绿色设计通常包括哪些内容?
2. 绿色设计的主要研究领域和存在的问题有哪些?
3. 试述清洁生产及其基本内容。
4. 试述清洁生产审核含义及其意义。
5. 供应链中产品回收和再利用方式有哪些?
6. 直接使用和再加工的主要途径有哪些?

参 考 文 献

［1］ 潘家韬等：《现代生产管理学》，清华大学出版社，1994 年 2 月。

［2］ 汪星明、施礼明：《现代生产管理》，中国人民大学出版社，1995 年 3 月。

［3］ 北京经济学院工业经济系生产管理教研室：《现代企业生产管理》，北京经济学院出版社，1992 年 9 月。

［4］ 黄金辉、李桂陵：《工业企业生产管理》，警官教育出版社，1994 年 7 月。

［5］ 蒋俊：《工业企业生产管理》，南开大学出版社，1990 年 2 月。

［6］ 李必强：《机械制造企业生产组织学》，机械工业出版社，1981 年 7 月。

［7］ 冯云翔：《精益生产方式》，企业管理出版社，1995 年 5 月。

［8］ 张列平：《制造资源计划——MRPII 原理与实践》，上海交通大学出版社，1992 年 10 月。

［9］ 王雨田：《控制论信息论系统科学与哲学》，中国人民大学出版社，1986 年 5 月。

［10］ 颜光华：《实用经济控制论》，立信会计出版社，1994 年 7 月。

［11］ 联合国国际贸易中心、国际标准化组织：《ISO9000 质量管理体系——发展中国家企业实施指南》，俞明德译，沈瑞云译，中国对外经济贸易出版社，1995 年 6 月。

［12］ 蒋鸿章：《ISO9000 质量管理和质量保证系列国际标

准应用指南》,国防工业出版社,1995 年 6 月。

　　［13］　刘光等:《质量管理学》,清华大学出版社,1996 年 2 月。

　　［14］　刘冬荣、谭久均:《成本会计学》,中南工业大学出版社,1995 年 12 月。

　　［15］　〔美〕沙琳·亚黛尔希莱:《适时管理与人》,郭镜明,等译,上海人民出版社,1995 年 11 月。

　　［16］　〔美〕小哈里·菲吉:《降低成本指南》,姜云龙译,上海人民出版社,1995 年 11 月。

　　［17］　〔美〕E. E. 小亚当、R. J. 埃伯特:《生产与经营管理》,傅介声,等译,中国社会科学出版社,1985 年 6 月。

　　［18］　〔美〕A. S. 伯法:《生产管理基础》,孙耀君,等译,中国社会科学出版社,1981 年 12 月。

　　［19］　〔美〕Richard B. Chase, Nicholas J. Aquilano. Production and Operations Management: Manufacturing Services. Richard D. Irwin, Inc. 7th ed, 1995.

　　［20］　〔美〕大卫·M. 安德森,B. 约瑟夫·派恩二世:《21 世纪企业竞争前沿》,冯涓、李和良,等译,机械工业出版社,1999 年。

　　［21］　〔加〕米歇尔·R. 利恩德斯、〔美〕哈罗德·E. 费伦:《采购与供应管理》,张杰、张群译,机械工业出版社,2001 年 9 月。

　　［22］　〔美〕杰弗里·莱克:《丰田汽车案例》,李芳龄译,中国财政经济出版社,2004 年 11 月。

　　［23］　〔日〕门田安弘:《新丰田生产方式》(第二版),王瑞珠,等译,河北大学出版社,2006 年 5 月。

　　［24］　艾宝俊:《竞争成本论》,中国社会科学出版社,2006 年 10 月。

　　［25］　刘志峰:《绿色设计方法、技术及其应用》,国防工业出版社,2008 年 9 月。

［26］ 王长琼：《逆向物流》,中国物资出版社,2007年1月。

［27］ 张天柱、石磊、贾小平：《清洁生产导论》,高等教育出版社,2006年5月。

图书在版编目(CIP)数据

生产与运营管理——制造业与服务业/龚国华、李旭编著. —3 版. —上海：
复旦大学出版社，2010.3(2022.9 重印)
(复旦博学·大学管理类教材丛书)
ISBN 978-7-309-07094-1

Ⅰ. 生… Ⅱ. ①龚…②李… Ⅲ. ①制造工业-工业企业管理：生产管理-高等学校-
教材②服务业-企业管理：生产管理-高等学校-教材 Ⅳ. ①F407.406.2②F719

中国版本图书馆 CIP 数据核字(2010)第 029711 号

生产与运营管理——制造业与服务业(第三版)
龚国华 李 旭 编著
责任编辑/方毅超 罗 翔

复旦大学出版社有限公司出版发行
上海市国权路 579 号 邮编：200433
网址：fupnet@ fudanpress.com http://www.fudanpress.com
门市零售：86-21-65102580 团体订购：86-21-65104505
出版部电话：86-21-65642845
上海崇明裕安印刷厂

开本 850×1168 1/32 印张 15.25 字数 376 千
2010 年 3 月第 3 版
2022 年 9 月第 3 版第 12 次印刷
印数 61 201—62 800

ISBN 978-7-309-07094-1/F·1567
定价：32.00 元